职场文存

一个律师的工作资料

王克民◎著

法律出版社
LAW PRESS·CHINA

一个人，不论其学历深浅，
不论其能力大小，只要他
热爱养育他的一片土地、
热爱支撑他的那份职业，
就能够在历史的长河中留下
自己的足迹。

——王克凡律师《职场文序》
读后感

江平

2016年11月10日

著名法学家、中国政法大学终身教授江平先生为本书题写的赠言

序

一个偶然的机会，我见到了克民律师作为工作资料的《职场文存》书稿。为其别有新意的书名所吸引，慢慢翻看起来，兴致渐浓，感觉是在浏览一本系统的工作札记和深入的业务探讨笔记，更是在品味一部反映潍坊市律师业几十年发展变革的生动历史和作者本人秉持职业操守的职场阅历，不由生出写几句感言的想法。

记得十几年前我担任山东省司法厅厅长时到潍坊调研，考察的第一家单位就是克民律师供职的全国优秀律师事务所——山东求是和信律师事务所，所主任、潍坊市律师协会会长马东宁接待了我。当时，这个所的不凡业绩和文化氛围给我留下了深刻的印象。现在读到克民律师的《职场文存》，自然有一种相识相知的亲近之感。

克民律师的书稿以律政史料、案例文书、业务探讨、学习交流、职业心得和杂文随笔共6章谋篇布局，收录了50篇文稿，约三十多万字，将作者职场经历中的所作所为、所学所识、所思所悟展现在读者的面前。书中汇集的文件、文书、文章，既保持着原汁原味、原始原貌，又渗透着作者精细筛选、研究、考证花费的心血；既有翔实的珍贵史料，又有颇具示范意义的法律文书以及从业敬业的励志佳作，多角度地折射出一位资深律师丰厚的法律功底、娴熟的业务技能、平实的价值理念和以法为业、执着追求公平正义的责任担当，实在不失为可资研读的好作品，好教材。

马东宁会长在读后感中评价《职场文存》“是用心来书写的”，对此我有同感。大凡事业有成者，必然处事有心，做事用心，谋事潜心。读罢《职场文存》，让人感觉克民律师就是这样实践着的一位法律人。我由衷地为他点赞，为他的书稿点赞，为他所从事和热爱的律师事业点赞。

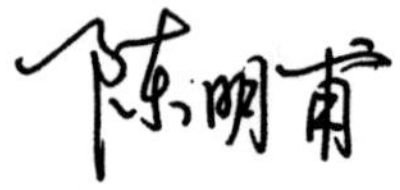

二〇一五年十一月

目　　录

第一章

律 政 史 料

这一章收入文稿 14 篇。前两篇是我在 2014 年整理的潍坊地区律师工作史料和昌潍地区司法行政工作史料补遗。第 3 ~ 12 篇，是我 1981 ~ 1987 年在潍坊市司法局从事律师、公证管理工作期间，写过的部分简报、总结、报告、案例和拟议的试题。第 13 篇是 1999 年鸢都律师事务所业务工作要点。第 14 篇是对 20 世纪 80 年代前期益都县律师工作的回忆。辑录这些资料，旨在反映潍坊地区七十多年的律师工作概况，尤其是恢复律师制度、公证制度初期和中期的相关情况。其中，有的篇页加注了简要说明。

潍坊地区律师工作发展史料
（1931～2000年）

1931年

潍县已有律师执业。有史料记载，1931年，在潍县任职的张子翼律师，代理了北乡高庄村王立耀诉走马岭村争讼土地一案。案由为王立耀购买昌邑县白塔村陈姓的滩涂地40大亩，因滩涂地与走马岭村毗邻，每临收获季节，农作物就被走马岭村抢收一空，为此发生诉讼。当时，王立耀的两个儿子在外经商，家境较富。本案终结胜诉后，王立耀携礼酬谢，张子翼拒酬，其所为得到乡民称赞。新中国成立后，张子翼在青岛市人民法院任职审判，1954年离职。

1934年

潍县建立律师公会，会长曹会儒，有律师胡超、孙懋灿、张燕昌（又名张子翼）、郎益翥、曹会儒、杨寿德、王广文、孙鸿涛、李尔中、谭少源、常肇典、张仁寿等人。青岛地方法院高密分庭始设律师公会，会长罗宪章，副会长傅汝舟，辖律师事务所6处；有律师罗宪章、黄文华、蔡仁端、王伯超、傅汝舟、宋仕乃6人。1936年，该律师公会仿效济南附设了“贫民法律扶助会”。

1936年

安丘县设立律师公会，会长刘慰仑，秘书张可育，辖律师事务所7处。有律师周峰、王伯超、张维烈、张宗旬、于世奇、张鹏远、刘慰仑7人。

1937年

6月，司法行政部在《律师公会会员人数及惩戒》统计中记载:山东本年有律师公会13处,有会员736人;其中潍县20人,安丘6人,高密19人。

民国年间

潍坊籍的律师(含在外地、外省执业者)还有孙惠廷、王相尧、林祥山、于蕴文、孙文斋、张明林、于述栾、赵邦恩、王淑涛、于伦秀、王澄湖、牟东山、孙学敏等人。其中王淑涛是安丘人,在济南执业,是知名律师,对家乡的律师有较大影响。牟东山是潍县人,在西安执业,20世纪80年代曾接受过潍坊市司法局工作人员采访。

民国时期,必须是大学法政学科毕业的人,经审查批准并在当地法院登录,方可担任律师。依当时律师条例的规定,律师公会是律师团体组织,所有律师均为公会会员,公会会长、副会长由会员选举产生。律师公会由政府依法授权所在地方法院直接监督。律师是自由职业者,可依法自愿结合或单独开设事务所。

1949年

10月,中华人民共和国成立。根据《中央人民政府组织法》的规定,建立了中央人民政府司法部,掌管全国的司法行政工作,史良任司法部首任部长。

1954年

7月,司法部指定北京、上海、天津、重庆、武汉、沈阳等大城市试办法律顾问处,开展律师工作。

1955年

4月,山东省召开第一次律师工作会议,传达贯彻全国第一次律师工作会议精神。

1956年

6月,潍坊、诸城、高密、胶县、平度、益都、昌邑、安丘8个县、市筹建了法律顾问处,共配备律师干部28名。每处多者6名,少者2名,一般3名。各法律顾问处人员构成情况为:潍坊市:张龙骧、顾一龙、赵曰梦(女)、吕雨亭、王波、张凝台;诸城县:于同森、从删滋、马庆云;高密县:荆如合、左世琇、陆峰;胶县:孙训南、袁忠贤;平度县:孙景山、辛治有、毛正让、于桂兰(女);益都县:高汉臣、王乐亭、路志忠、刘长颜、董修德;昌邑县:刘玉池、张立忠、辛发民;安邱县:董佃明、黄宝太。

7月,昌潍地区中级人民法院司法行政科举办两期训练班,培训8县、市的律师人员,每期七八人,时间一周。学习内容:(1)安定思想情绪,树立从事律师工作的事业心;(2)注意、防止违背法律条文规定及避免出现偏袒被告人的倾向;(3)与检察院、法院搞好配合,既要相互制约,又要相互支持。

9月,全国抽调3000名干部作为律师骨干。山东省从法院的审判员、助理审判员、书记员中抽调193名干部作为山东律师骨干,组建40个法律顾问处。

1957年

10月,山东省人大常委会批准成立山东省律师协会筹委会。同月,举行成立大会,省司法厅副厅长梁度世当选为主任,潍坊市法律顾问处主任张龙骧为筹委会委员。

1957年,山东省昌潍地区共有法律顾问处8家,全区律师担任刑事辩护425件,代理民事案件42件,代写法律文书3348件,解答法律咨询2655件,提供法律意见56件,共计收费8932.53元。山东全省共有法律顾问处46家,律师人员167人。共计担任刑事辩护2440件,代理民事案件497件,代写法律文书18,239件,收费49,321元。

1958年

3月,昌潍地区全区各法律顾问处相继撤销。

1959年

4月,中华人民共和国司法部撤销,司法行政工作移交最高人民法院管理。

1979年

9月,中华人民共和国司法部重新设立,任命魏文伯为司法部部长。

11月,山东省委组织部根据中央分配给山东司法行政机关的编制名额,决定给律帅定编303人。

12月,山东省司法厅成立,山东省委任命冯乐进为山东省司法厅厅长。

1980年

5月,山东省委组织部和省编委决定,增编涉外律师6名,全省律师编制总数增加到309名。

7月,潍坊市法律顾问处在昌潍地区最先恢复设立,执业律师为张凝台、陈秉信、李荔、文中先。

山东省司法厅举办全省第一期律师训练班。昌潍地区冯效武(安丘)、于椿茂(益都)、高鸿福(昌乐)、左世琇(高密)、陈会先(诸城)、周先成(昌邑)、庞德月(寿光)、张继宽(五莲)、刘金文(临朐)、赵德昌(潍县)、陆峰(平度)、高建成(平度)12人参加学习40天。

8月,山东省长办公会决定,每个县再增加1个律师名额,全省律师编制为441人,要求1980年年底,将全省应建立的法律顾问处普遍建立起来。

8月26日,《中华人民共和国律师暂行条例》,经第五届全国人大常委会第

15 次会议通过并于同日公布。

9 月,山东省司法厅批准设立昌潍地区法律顾问处,地区组织部调张振华(20 世纪 50 年代担任过临朐县人民法院院长)任主任,后未实际组建。

山东省司法厅抽调 8 名律师人员参加司法部举办的第二期全国律师训练班,昌潍地区于希杰参加。

10 月,昌潍地区行政公署公布建立昌潍地区司法局。昌潍地区中级人民法院副院长王仁德调任司法局局长。昌潍地区中级人民法院司法行政科撤销,该科干部傅玉忠、刘成瑜、张惠中、严伟、宋光全、陈颖等人一同调入司法局。刘增荣、徐希孔、曹玉贵、王泽臣、汪文林、郭汉欣、杨升松、马冠军、王金国、赵智华、李爱玲等人从其他部门相继调入。当时,拟建"大司法",局机关内设人事处、公证律师管理处、法院工作处(后改称调解工作科)、宣传教育处、办公室。当年配备司法行政干部 16 名,暂借昌潍行署第三招待所西二排平房办公。

11 月,赵正来由昌潍教师进修学院中文系毕业,分配到昌潍地区司法局,成为分配到昌潍地区司法行政机关的第一个大学生。

山东省司法厅举办全省第二期律师训练班。昌潍地区王洪山(昌邑)、栾兆山(安丘)、王培升(高密)、李荔(潍坊)、袁晓兰(寿光)、王臣长(五莲)、尹怀禄(临朐)、孙典举(平度)8 人参加学习两个月。

山东省召开全省第一次律师代表大会,选举产生了山东省律师协会第一届理事会,山东省司法厅厅长冯乐进当选会长,牟言伦当选秘书长。昌乐县法律顾问处主任高鸿福当选理事会理事。

12 月,临朐、高密、安丘、昌邑四县法律顾问处成立。

1981 年

1 月,寿光、益都、昌乐、诸城、五莲、平度、潍县 7 个县法律顾问处成立。至此,全区 12 个县、市法律顾问处全部建立,36 名律师人员全部配齐。从配备人员质量看,20 世纪 50 年代的老律师 3 人,从政法系统调配 14 人;大学文化程度 4 人,高中文化程度 9 人,初中文化程度 23 人。平均年龄 41 岁。

昌潍地区司法局在行署第三招待所举办律师人员训练班,参加学习人员 14 名。主要内容是学习文件,交流经验,熟悉律师工作五项业务。

6 月,司法部在济南召开 12 省区审批律师资格试点工作座谈会,山东各地、市司法局局长列席会议。

为了考评审批律师资格,山东省司法厅协助昌潍地区司法局对全区 31 名律师人员统一进行了政治、业务考试。

7 月,昌潍地区易称潍坊地区。

王克民由昌潍师专中文系毕业,分配到潍坊地区司法局公证律师管理科工作。

10月,山东省司法厅举办全省第三期律师训练班。张信基(益都)、侯佃恩(寿光)、孙建坊(诸城)、胡殿隆(昌乐)、王培坤(安丘)、牟玉玺(潍县)、张德兴(临朐)7人参加学习两个月。

张继深由潍坊地区公安干校副校长调任潍坊地区司法局公证律师管理科副科长。

11月,潍坊市法律顾问处指派律师文中先代理潍坊地区拖拉机厂与甘肃省天水地区农机公司40多万元的购销合同纠纷一案,案件胜诉后,为拖拉机厂收回货款42万多元。当时,此案属于较大经济纠纷。

12月,省司法厅审批了恢复律师制度以来全省第一批律师。全省有196人取得律师资格,22人取得实习律师资格。潍坊地区的陈秉信、庞德月、张信基、刘金文、高鸿福、栾兆山、陈会先、孙建坊、于同森、左世琇、王培升、王洪山、孙世刚、赵德昌、陆峰、高建成16人取得律师资格。袁晓兰、胡殿隆、王培坤3人取得实习律师资格。

1981年,全区各县、市律师机构均对外办公。至年底,全区共有法律顾问处12家,共有律师人员36人。除上列被授予律师资格的16名律师和3名被授予实习律师资格的律师外,其他知名律师人员还有:潍坊市的文中先、李荔,益都县的董修德、冯玉成、于椿茂,临朐县的张德兴、尹怀禄,高密县的张喜让,安丘县的冯效武,诸城县的王茂,潍县的牟玉玺,昌乐县的高玉玲,五莲县的王臣长、张继宽,昌邑县的周先成,寿光县的侯佃恩,平度县的孙典举等人。

全区律师共代理民事诉讼49件,担任刑事辩护253件,代书645件,解答法律询问2873件,业务收费2.16万元。全省有法律顾问处125家,共有律师工作人员643人,全年代理民事诉讼402件,担任刑事辩护2576件,代写法律文书4087件,解答法律询问25,355件,业务收费13.9万元。其中,菏泽2.17万元,济南2.13万元,烟台1.70万元,青岛1.53万元,德州1.22万元,其他地市0.15万～0.79万元。

1982年

1月1日,《中华人民共和国律师暂行条例》开始施行。

2月,王万鈞由潍坊地区公安处副处长调任潍坊地区司法局副局长,分管律师工作。

杨明文、刘洪庆由潍坊地区检察院调入潍坊地区司法局。

3月,郎丰和由潍县运输公司调入潍坊地区司法局。

吴希宝、袁津溪、吴显贵、李长贵、李言富、王林、王文璧、郭成熙、李学山、岳战春、赵振尊、王维茂、徐立华、姜言钦、张振中15名军转干部，分配到潍坊地区司法局。其中王文璧、李学山、徐立华在公证律师科工作。

张荣福、贾秀扬、任建群、丁元磊、刘同华、李桂清、肖文瑞、崔金辉、田世平、于正方、王秀华、马云富、姚振华、姜宜松、刘宗宝15名军转干部，分别充实到县市法律顾问处，全区律师人员由37人增至52人。

4月，潍坊地委任命吴希宝、袁津溪为地区司法局副局长。地区人事局任命王文璧、李学山为公证律师科副科长。

潍坊地区司法局在行署第三招待所召开全区律师和公证工作座谈会，各县、市司法局局长和法律顾问处、公证处主任参加。会议贯彻全省律师工作座谈会精神；益都县法律顾问处主任张信基、平度县法律顾问处主任陆峰分别介绍了关于刑事辩护中庭前交换意见和经济代理的经验；地区司法局局长王仁德作总结讲话。

5月，苑淑祥由潍坊地区中级人民法院调入潍坊地区司法局。

从5月起，益都县法律顾问处接受著名民族实业家宋裴卿家族的委托，为其代理查证并主张在益都县城被政府占用的房产。

6月，益都卷烟厂聘请益都县法律顾问处律师张信基担任法律顾问，成为全区首家常年法律顾问单位。合同约定，应聘律师每周到厂办公一天，有事随时联系，顾问酬金为每月200元。

山东省司法厅抽调10名律师参加司法部举办的第四期全国律师训练班，寿光县法律顾问处主任庞德月参加，1983年1月结业。

下半年，地区司法局根据司法部《关于审批律师资格试行办法》的规定，对全区20多名律师人员进行了考察、考核，并上报省司法厅。

9月，山东省司法厅举办全省第四期律师训练班。潍坊地区张振中（地局）、马云富（临朐）、丁元磊（五莲）、王秀华（诸城）、张德顺（高密）、刘宗宝、姚振华（平度）、张荣福、贾秀扬（潍坊市）、肖文瑞（潍县）、崔金辉（寿光）、田世平（昌乐）、王静（益都）、李桂清（昌邑）14人参加训练两个月。

11月，潍坊地区司法局编印律师、公证业务宣传画11,000张，发至全区各单位张贴宣传。

潍坊地区司法局在行署第三招待所召开律师工作座谈会，各县、市法律顾问处主任参加，地区司法局副局长王万鈞在会上作总结讲话。

1982年，全区共有法律顾问处12家，律师人员52人，其中兼职律师7人。全区律师共计担任法律顾问1家，担任刑事辩护425件，代理民事诉讼67件，办理非诉讼法律事务114件,代写法律文书905件,解答法律咨询4227件,业务收费4.28万元。

1983年

2月,益都县妇联聘请益都县法律顾问处律师董修德担任法律顾问。

3月,全区开展“文明礼貌月”活动,全区律师走上街头,为群众免费代书、解答法律咨询,受到群众欢迎。

山东省司法厅举办全省第五期律师训练班,潍坊地区李学山(地局)、刘同华(昌邑)、姜宜松(平度)、张继宽(五莲)、任建群(潍坊)、陈会先(诸城)6人参加训练两个月。

4月,山东省司法厅在济南召开全省律师工作经验交流会,重点交流律师担任企业法律顾问和承办经济纠纷代理方面的经验。益都县法律顾问处主任张信基、潍坊市法律顾问处律师陈秉信、临朐县法律顾问处主任刘金文分别作典型发言。

5月,潍坊地区司法局在行署第三招待所召开全区律师工作会议,贯彻落实全省律师工作经验交流会精神,各县、市司法局局长、法律顾问处主任参加。地区司法局副局长袁津溪在会上讲话,强调要大力开展法律顾问工作,提高经济代理工作质量。

7～8月,潍坊市法律顾问处律师陈秉信、贾秀扬代理潍坊市供销社与青岛土产站两万立方米进口木材纠纷一案,经多次协商不成,最后通过青岛工商局仲裁,青岛土产站付给潍坊市供销社全部货款和迟延付款利息共计836万多元。当时,该案属于巨额经济纠纷。

8月,潍坊地区司法局协助地区妇联建立起法律顾问室。昌邑县妇联聘请昌邑县法律顾问处律师孙世刚、刘同华担任法律顾问。法律顾问的主要工作,是维护妇女儿童的合法权益。

9月,严厉打击严重刑事犯罪的斗争全面展开,遵照省司法厅指示,刑事辩护工作暂停。潍坊地区司法局在昌邑、诸城、益都分片召开会议,传达省厅指示。

潍坊地区撤销,组建地专级省辖潍坊市。潍坊地区司法局改称潍坊市司法局,原潍坊市法律顾问处改称潍坊市潍城区法律顾问处,原潍县法律顾问处改称潍坊市寒亭区法律顾问处。因区划调整,平度县司法局、法律顾问处划归青岛市司法行政系统。

10月,潍坊市司法局分别在益都、潍坊、诸城召开各法律顾问处主任会议,传达贯彻司法部372号文件,强调在严厉打击刑事犯罪活动中,开展刑事辩护工作。全市律师在严厉打击刑事犯罪活动中,共计担任刑事辩护200多件。

1983年,全市有法律顾问处13家,共有律师人员58人。全市律师共计担任法律顾问30家,担任刑事辩护343件,代理民事诉讼64件,办理非诉讼法律事务177件,代写法律文书1272件,解答法律咨询6762件,业务收费7.71万元。

1984年

1月,坊子区法律顾问处成立,李学山调任坊子区法律顾问处主任,寒亭区法律顾问处律师赵德昌调任坊子区法律顾问处副主任。

山东羊口盐场聘请寿光县法律顾问处主任庞德月担任常年法律顾问。

2月,省司法厅厅长陈天有在潍坊召开淄博、青岛、烟台、潍坊四地市律师工作座谈会,传达司法部邹瑜部长在山东召开的关于对律师工作实行承包责任制的会议精神。

潍坊市司法局召开潍城、寒亭、坊子、寿光律师人员座谈会,讨论研究实行承包责任制的办法,并确定在寿光法律顾问处先行试点。

3月,王仁德局长调任潍坊市人大常委、教科文卫委员会主任。潍坊市人民检察院副检察长张春玉调任潍坊市司法局副局长、党组副书记。

维坊市编委以潍编(84)第114号文件,批准潍坊市法律顾问处内设办公室、接待室、刑事辩护科、厂企顾问科。内设机构为正科级。

益都县王母宫乡14位农民自发创立青州大寿股份有限公司,益都县法律顾问处律师张信基、冯玉成受聘为该公司担任法律顾问,先后为公司起草了公司章程、招股章程,并帮助召开了创立大会,发行了股票。

4月,张信基律师调山东省司法学校任教。

根据省司法厅要求,潍坊市司法局整理呈报了律师在严厉打击刑事犯罪中的6个刑事辩护案例。其中,有的是无罪辩护,有的是法定从轻辩护,还有1件是因被告人拒不认罪律师当庭声明拒绝辩护。

5月,马光诚由益都县人民法院刑事审判庭庭长调任益都县法律顾问处主任。

潍坊市委组织部任命罗荣祥担任潍坊市法律顾问处主任,张振华任法律顾问处调研员。

6月,潍坊市法律顾问处正式成立。汪文林、于希杰、李言富、冯富堂、徐风亮等人从市司法局和其他单位调入法律顾问处开始对外办公,地址在市人大办公楼。

潍坊市司法局组织全区各法律顾问处主任,分别在潍城、诸城、益都召开会议,传达省司法厅律师工作承包座谈会议精神,并对各法律顾问处的承包工作进行了检查指导。

7月,潍坊市人事局任命李言富任潍坊市法律顾问处办公室副主任,汪文林任潍坊市法律顾问处厂企顾问科副科长。

王玉亮由西南政法学院毕业,分配到潍坊市法律顾问处,成为分配到潍坊地区从事律师工作的第一位法学学士。

省司法厅审批了第三批律师,全省共有114人取得律师资格。潍坊地区罗荣祥、侯佃恩、王茂、牟玉玺、李荔、冯效武、于椿茂、张喜让、周先成、王臣长、张继宽等11人取得律师资格。

9月,益都县法律顾问处为宋裴卿家族代理主张房产事宜,经过律师和统战部门的共同努力得到圆满解决,益都卷烟厂赔偿宋氏家族房产31万多元。宋家从中拿出2万元捐献给益都县少年儿童委员会。

10月,潍坊市司法局在市府第三招待所召开各县、区法律顾问处主任座谈会,座谈讨论推行承包责任制的做法、经验、问题和改进意见,并提出了1985年律师工作的初步设想。

11月,潍坊市司法局在益都召开全市律师刑事辩护工作座谈会,各县区司法局分管局长、各法律顾问处主任参加。会议抽查刑事辩护卷宗一百多个,重点推广了益都县法律顾问处"庭前交换意见"的做法和经验。

潍坊市法律顾问处主任罗荣祥被吸收为市政协委员;王玉亮律师被推选为市青联常委。

12月,山东省第二次律师代表大会在济南召开,山东省司法厅副厅长江仁宝当选省律师协会会长。益都县法律顾问处兼职律师张信基(省司法学校老师)、潍城区法律顾问处律师陈秉信、昌乐县法律顾问处主任高鸿福当选省律协第二届理事会理事。

临朐县法律顾问处尹怀禄、张德兴经司法厅审批取得律师资格。

1984年,潍城区法律顾问处陈秉信、张荣福、贾秀扬等律师,在为潍坊市蓄电池厂担任法律顾问的同时,集中为该厂清理积年经济纠纷50多件,帮助该厂追回外欠款27万多元。市司法局对此进行了介绍推广。

潍坊市法律顾问处先后为潍坊染织二厂、潍坊地毯厂、潍坊柴油机厂、市科协等7家企业和单位担任法律顾问,共为顾问单位索回欠款62万多元。

潍坊市司法局在寿光县法律顾问处进行律师工作承包试点并在全市推广。市司法局制定了《潍坊市律师工作承包责任制试行意见》。该意见提出:在形式上,法律顾问处集体对司法局承包,包任务,包收费,包质量。完成业务、质量和收费指标，奖励收费数额的10%；超额部分奖励30%。当年，全市各法律顾问处均超额完成任务，并兑现了奖金。有的法律顾问处还用业务收费，购买了吉普车、摩托车、写字台和文件橱。在山东省律师经验交流会上，潍坊市司法局介绍了试行律师工作承包责任制的做法和经验。

本年，全市共有法律顾问处13家，律师人员68人。全市律师共计担任法律顾问54家，担任刑事辩护297件，代理民事诉讼185件，办理非诉讼法律事务314件，代写法律文书1484件，解答法律咨询7068件，业务收费13.07万元。其中，收费全省最高。（济南为11.99万元，青岛为11.77万元。）

1985年

1月，省妇联、省司法厅联合下达《关于为各级妇联法律顾问机构培训法律人才考核审批律师资格的通知》。年内，潍坊市妇联的郝彦美、安丘县妇联的赵桂梅、临朐县妇联的马军梅3名妇联干部，经考核审报，被批准开展兼职律师工作。

2月，潍坊市召开第一次全市经济法制工作会议，市司法局副局长张春玉《积极提供法律服务，为振兴潍坊经济多做贡献》的报告，扩大了律师工作及司法行政工作的影响。

3月，山东省司法厅、财政厅联合下达《关于改革法律顾问处、公证处经费管理办法的通知》，规定：两处经费实行“以收抵支，结余留用”的办法。年内，各法律顾问处推行单列账户，独立核算。

在省司法厅和市司法局的统一组织下，潍坊市律师张信基、庞德月、罗荣祥、马光诚及潍坊市司法局张继深、王克民等人，参加在青岛举行的首次山东省对外经济技术合作和贸易洽谈会，为潍坊的涉外经济活动提供法律服务。

孙华林由部队转业至潍坊市法律顾问处工作。

7月，于爱平、王杰生由华东政法学院毕业，于爱平分配到昌邑县法律顾问处工作，王杰生分配到寒亭区法律顾问处工作。

于清友由山东大学法律系毕业，分配到潍坊市司法局工作，成为分配到潍坊地区司法行政机关的第一位法学学士。

8月，潍坊市司法局开始进行第三次律师资格审批工作，审批工作采取考察与考核相结合的方法。

山东省司法厅抽调13名律师参加司法部举办的第五期全国律师训练班，临朐县法律顾问处主任刘金文参加。

9月，华东地区第二次律师工作经验交流会在江苏无锡召开，山东省参会律师5人，寿光县法律顾问处主任庞德月带论文参加。

潍坊市法律顾问处律师汪文林作为民营企业潍坊康乐公司的法律顾问,参与了康乐公司投资电视连续剧《红楼梦》的合同起草、谈判、签约等活动。

10月,潍坊市司法局对本市部分律师人员进行律师资格统一考试,试题由公证律师科拟定。

11月,山东省司法厅和潍坊市司法局对张春玉、王万鈞、张继深、王克民等人的政治思想、工作态度和业务水平进行审查考核,同意授予他们律师资格,担任兼职律师。后经省司法厅审核批准,四人被授予律师资格。

1985年,潍坊全市有法律顾问处13家,共有律师工作人员86人。共计担任法律顾问139家,代理民事案件243件,担任刑事辩护232件,办理非诉讼法律事务253件,办理涉外法律事务64件,业务收费23.59万元。

山东全省有法律顾问处149家,共有律师工作人员1468人,担任法律顾问2011家,代理民事案件3109件,刑事辩护2728件,非诉讼事务2439,业务收费总计229.0146万元。其中青岛市36.79万元,烟台市28.02万元,济南市27.65万元,其他地市5.39万元至14.67万元。

1986年

1月,潍政干(86)第15号文件,公布张春玉为潍坊市司法局党组书记,并提名为司法局局长。

杨宝玉、顾元宝、高学英、曲学孔由部队转业至潍坊市司法局工作。其中后来杨宝玉调入潍坊市公证处;曲学孔调入潍坊市律师事务所,又调入潍坊市法律援助中心。

2月,于树本由潍坊市委办公室保卫科科长调任潍坊市司法局副局长。

3月,张信基、庞德月、罗荣祥、王玉亮等律师及市司法局王克民,再次参加山东省对外经济技术和贸易洽谈会,为会议提供涉外法律服务。

4月,省司法厅抽调9名律师参加司法部举办的第六期全国律师训练班,昌邑县法律顾问处主任刘同华参加。司法部自1980年至1986年举办"全国律师训练班"6期,全省选送54名律师参加,潍坊地区先后有4名律师参训。

5月,王克民任潍坊市司法局公证律师管理科副科长。

山东省司法厅在烟台召开山东省律师为经济建设提供法律服务专题研讨会,青州市法律顾问处主任马光诚、潍城区法律顾问处主任张荣福及市司法局王克民参加。

6月,山东省司法厅授予潍城区法律顾问处律师陈秉信、潍坊市法律顾问处工作人员刘敬尧先进工作者。

7月,全国律师代表大会在北京召开,党和国家领导人乌兰夫、习仲勋、杨尚昆、乔石、陈丕显、宋任穷、彭冲、荣毅仁、郑天翔、杨易辰、康克清、钱昌照、王光英等接见了全体代表并合影。胡耀邦、彭真、邓颖超、胡乔木、陈丕显、彭冲、荣毅仁、陆定一等为大会题词。乔石在开幕式上做题为《为建设有中国特色的社会主义律师制度而努力》的讲话。代表大会通过了《中华全国律师协会章程》，选举产生了全国律师协会理事会，中华全国律师协会正式宣告成立。山东省有6位代表出席大会，山东省司法厅副厅长梁德超、曲阜市法律顾问处主任孔祥荣被选为理事。吴爱华、殷明泉由华东政法学院毕业，分别分配到潍坊市法律顾问处和潍坊市潍城区法律顾问处工作，吴爱华成为分配到潍坊地区从事律师工作的第一位女法学学士；杨莉由山东大学法律系毕业，邵汝卿、邱玉亮由华东政法学院毕业，三人均被分配到潍坊市司法局工作，杨莉成为分配到潍坊地区司法行政机关的第一位女法学学士。

8月，潍坊市司法局组织全市尚未取得律师资格、准备参加全国首次律师资格统考的40多名律师工作人员，在樱桃园宾馆进行15天集中学习，邀请山东省司法学校张信基、司法厅初晓燕、刘爱卿、刘典平等人授课辅导。

9月，华东地区第三次律师工作经验交流会在安徽黄山召开，山东省参会律师10人，潍坊市法律顾问处主任罗荣祥带论文参加。

省律协第二届理事会第二次会议在济南举行，潍坊律师张信基、陈秉信参加。全省律师工作会议、刑事辩护理论研讨会同时举行，潍城区法律顾问处主任张荣福、青州市法律顾问处主任马光诚、潍坊市法律顾问处主任罗荣祥及市司法局王万钧、张继深、王克民参加。

全国首次律师资格统一考试在全国同时举行。省司法厅在济南、烟台、青岛、潍坊、济宁、聊城设置6个考区23个考场。潍坊、临沂、淄博三地市考场设在潍坊。全省报名参加考试的人员共计876人，实际应试的796人。潍坊地区尚未取得律师资格的律师工作人员和部分机关、企业的兼职律师人员共计65人，在潍坊考场参加了考试。

10月，山东省司法厅抽调潍坊市司法局王克民、寿光县法律顾问处主任庞德月，到济南参加为期10天的全国首次律师资格统考阅卷工作。司法部统一划定的合格分数线为总分240分，潍坊参考律师人员平均成绩为272分。

山东省编委、财政厅、人事厅、司法厅联合下达通知，决定给律师增编220人，经费由同级财政安排。

12月，省司法厅、省律师协会选派8名律师，到北京、福建就涉外业务、为横向经济联合服务、律师管理体制改革等工作，进行考察学习，寿光县法律顾问处主任庞德月参加。

潍坊市法律顾问处主任罗荣祥被推选为山东省法学会理事。

山东省司法厅组织5名律师,参加司法部、全国律协在北京联合召开的“横向经济联合中的律师实务暨法律问题讨论会”,潍坊市法律顾问处主任罗荣祥参加。

在潍坊柴油机厂、潍坊市机械局、潍坊拖拉机厂工作,已被授予企业法律顾问资格的于松茂、马振武、孙建民等人,被潍坊市潍城区法律顾问处聘为兼职律师。

1986年,调研工作和理论研讨进一步开展,潍坊市司法局先后调查了律师为经济建设提供法律服务的情况,律师执行职务受阻的情况,律师人员调离的情况;还组织撰写了8篇论文,参加了省、部召开的律师实务研讨会。

在其他编制冻结的情况下,国务院单独批准为律师增编4000人,其中分配到潍坊的增编名额为17人。

全市有法律顾问处13家,律师人员89人。全市律师共计担任法律顾问184家,代理民事诉讼251件,担任刑事辩护364件,办理非诉讼法律事务263件,办理涉外法律事务11件,代写法律文书1701件,解答法律咨询16,980件,业务收费29.42万元。

1987年

1月,山东省司法厅、潍坊市司法局在青州市法律顾问处进行自收自支试点。

潍坊市法律顾问处主任罗荣祥被选为潍坊市政协委员,并担任法制工作组组长。

2月,潍坊市司法局向市委、市政府呈报《关于我市律师工作情况和今后意见的报告》,对全市律师工作情况进行了具体汇报。报告中,建议进一步加强对律师制度的宣传;建议工商、银行、税务、财政、外贸、保险、邮电等部门密切配合,为律师履行职务提供方便;建议对非法干预、刁难、侮辱等妨害律师工作的事件,要严肃处理;建议再增加20名律师编制,以解决律师队伍的不足;还建议为几名中年骨干律师解决家属农转非问题。

4月,山东省司法厅与潍坊市司法局组成联合调查组,由刘典平、刘爱卿、王克民对潍坊市律师为横向经济联合提供法律服务的情况进行专题调查。调查报告在6月召开的山东省律师为横向经济联合服务讨论会上进行了交流。

5月,潍坊市司法局下发《关于全市律师受聘为194家企事业、社会团体等单位担任常年法律顾问的通报》,将各法律顾问处担任的法律顾问单位予以公布通报,要求进一步大力加强和开展企业法律顾问工作,并强调向更广阔的领域和更高层次上发展。在194家法律顾问单位中,潍城40家,寒亭11家,坊子9家,青州17家,诸城16家,临朐21家,高密9家,安丘9家,五莲6家,寿光10家,昌乐4家,昌邑20家,市法律顾问处23家。在194家单位中,有1986年度"重合同,守信用"企业24家。

6月,山东省司法厅授予潍坊地区汪文林、王玉亮、高玉玲、孙华林、张荣福、贾秀扬、任建群、肖文瑞、郑和祥、李学山、刘同华、李桂清、于爱平、崔金辉、田世平、闫其昌、王静、王绍平、冯恩尧、李孝罡、于正方、王秀华、赵金秀、丁元磊、栾庆海、张曰信、邓所东及机关、企业干部郝彦美、邢晓梅、于松茂等31人律师资格。

山东省律师为横向经济联合提供法律服务讨论会在日照举行,潍坊市法律顾问处主任罗荣祥、临朐县法律顾问处主任夏恒信、潍坊市司法局王克民参加。

7月,在潍坊市十届人大常委会第二十五次会议上,市司法局局长张春玉《关于全市律师、公证工作情况的汇报》,引起市人大、市政府的重视。

沈万怀由山东省司法学校毕业、张传奎由华东政法学院毕业,二人均分配到潍坊市司法局工作;耿洪利、董瑞霞由华东政法学院毕业,分别分配到潍坊市法律顾问处、诸城县法律顾问处工作。

8月,山东省司法厅选派10名律师参加中华全国律师协会和美国国际人民交流协会在北京联合举办的"中美贸易、投资法律讨论会",潍坊市法律顾问处律师王玉亮参加。

临朐县法律顾问处主任夏恒信调任临朐县政法委员会副书记。

王金国任潍坊市司法局公证律师管理科科长。

9月,省司法厅从济南、东营、烟台、潍坊抽调王广仁、王年平、张永清、王克民4名律师,参加司法部在中国政法大学举办的全国第一期涉外经济法律人员进修班,1988年1月结业。

山东省司法厅、省律师协会选派8名律师到吉林、辽宁两省,就律师为政府担任法律顾问工作进行考察,潍坊市法律顾问处律师高玉玲参加。

山东省司法厅授予潍坊市法律顾问处工作人员刘敬尧个人二等功,授予临朐县法律顾问处律师张德兴、高密县法律顾问处律师朱兆祥先进工作者。

10月,昌乐县法律顾问处律师胡殿隆调任昌乐县人民法院副院长。

11月,潍坊市法学会召开成立大会,潍坊政法系统、市直机关、企业、学校等共计推选代表102人。潍坊市司法局张春玉、于树本、马冠军、王克民4人,律师罗荣祥、张荣福、庞德月、丁元垒、栾兆山、肖文瑞、王培升7人作为代表出席大会。山东省法学会会长陈天有出席大会并致贺词。大会选举李惠民、戴耀西、王慨彰为名誉会长，张春玉为会长，陈会江、马兴华、王福金、张廷智、于树本、张让彩、罗荣祥为副会长，马冠军为秘书长。

12月，华东地区第四次律师实务经验交流会(从本次会议开始沿用此名)在厦门召开，山东省参会律师11人，潍坊市司法局王克民、临朐县法律顾问处主任王绍平带论文参加。

山东省司法厅、省律师协会在曲阜召开全省律师担任政府法律顾问工作座谈会，各市、地司法局分管律师工作的局长、科长、论文作者和省府办公厅、省人大法工委及新闻记者共110人参加会议。会议较好地解决了三个问题：一是提高了政府聘请律师担任法律顾问重要意义的认识；二是明确了律师为政府担任法律顾问的职责和任务；三是强化了推动律师工作向高层次扩展的措施。

王国梁由部队转业至潍坊司法局，任副局长。

1987年，全市有法律顾问处13家，有律师人员122人。全市律师共计担任法律顾问249家，代理民事诉讼360件，办理非诉讼法律事务413件，担任刑事辩护474件，办理涉外法律事务26件，代写法律文书2380件，解答法律咨询23,921件，业务收费39.92万元。

1988年

2月，王克民由潍坊市司法局调至潍坊市法律顾问处工作。

山东省第五届对外经济贸易洽谈会在青岛举行，全省组织28名律师到会提供法律服务，潍坊法律顾问处主任罗荣祥、律师王克民参加。

辛以海由潍坊市劳动教养管理所调至潍坊市法律顾问处工作。

司法部高级律师职务评审委员会代为山东省评议通过了10名律师的高级律师职务任职资格，其中一级律师为梅永湘(济南)、王耀(青岛)；二级律师为孔祥荣(曲阜)、郝传洞、牟传琳(烟台)、华仲光、焦金甲(聊城)、王昕、(淄博)、苗丰钦(烟台)、罗荣祥(潍坊)。

3月，潍坊市司法局和潍坊市职改办公室，联合召开县市区司法局局长、法律顾问处主任和县市区职改办公室人员参加的律师职称评聘工作会议，张春玉局长对律师职称评聘工作做了部署，市职改办负责人讲话。

山东省司法厅抽调青岛、烟台、威海、潍坊、济宁分管律师工作的副局长，参加司法部举办的全国第二期涉外经济法律人员进修班，潍坊市司法局于树本参加。

4月，潍坊市潍城区法律顾问处改称潍坊市第二法律顾问处，潍坊市寒亭区法律顾问处改称潍坊市第三法律顾问处，潍坊市坊子区法律顾问处改称潍坊市第四法律顾问处。

司法部、全国律协在深圳召开律师办理非诉讼法律事务经验交流会，临朐县法律顾问处主任王绍平参加。

潍坊律师系列首次进行律师职务评审，潍坊市律师职务中级评审委员会（临时）第一次评审会议召开，评审委员会对全市律师系列第一批职改单位的高、中、初级人员90人进行了评审。

4～5月，按照市政府要求，潍坊市法律顾问处指派本处律师王克民为潍坊市农委、市农业局担任法律顾问，全程参与了潍坊市农业技术开发公司与新加坡外商合资设立“新潍农发有限公司”的可行性研究、合同与章程的起草、谈判、签约等活动。这是潍坊市实施沿海经济战略以来成立的第一家合资企业，时任市委书记于潮、市长邵桂芳出席了合资企业的签字仪式。

6月，全市律师职务评审工作结束。经上报市、省评审机构，批准刘志纯、陈秉信、高鸿福、冯效武、于同森、庞德月、丁元垒、于椿茂、赵德昌9人为二级律师职务任职资格；张喜让、马光诚、汪文林、王克民、李荔、张荣福、贾秀扬、侯佃恩、孙世刚、栾兆山、朱兆祥、陈会先等30人为三级律师职务任职资格；吴爱华、高玉玲、邓所东、张曰信、冯恩尧、王世和、栾庆海、于爱平、邱同义、李孝罡等22人为四级律师职务任职资格。秦霞、杨香亭、韩新光、殷明泉、高卫刚、杨新波、董瑞霞、陈金德、耿洪利、王毅、刘敬尧、宋莉、赵守俭、魏仕敏等22人为律师助理。

潍坊市人民政府聘请潍坊市法律顾问处律师罗荣祥、李荔、王克民担任法律顾问，潍坊市人民政府为三位律师颁发了聘书。市政府法律顾问的主要任务是：对市政府重大决策、制定规范性文件、重大行政措施的合法性进行论证，从法律角度提出建议和意见；为市政府领导处理经济和社会发展事务及重大涉外争议、纠纷、事件提供法律咨询；接受委托，参与市政府确定的国内外重大经济、技术项目的谈判；对政府法制建设提出建议；承办市政府领导交办的法律事务和有关事项。法律顾问的联络工作，由市政府办公室法规议案科负责。自此之后十几年期间，受聘律师在政府法律事务、地方法规、部门涉诉等方面，及时为市政府提供了法律服务。（1988年至2000年，邵桂芳、齐乃贵、王大海、王玉芬先后任潍坊市市长。）

司法部、全国律协在烟台召开“律师为沿海地区经济发展战略提供法律服务座谈会”，司法部副部长陈卓出席会议并讲话。会议主要对律师为“三来一补”、“来料加工”和“三资企业”提供法律服务进行了讨论。潍坊市司法局局长张春玉、潍坊市法律顾问处主任罗荣祥、律师王克民参加。罗荣祥以《关于发展外向型经济的几点认识和涉及的法律问题的初探》为题作交流发言。

山东省司法厅印发《昌乐县法律顾问处律师岗位练功规则》予以推广。

7月,杨少敏、程玉波、陈林山由华东政法学院毕业,王学功由山东省司法学校毕业,杨少敏、程玉波、王学功三人均分配到潍坊市司法局工作,陈林山分配到寒亭区法律顾问处工作。

8月,中华全国律师函授中心开设法律专科高等教育自学考试助学机构,潍坊市司法局相应设立教学辅导站,全市共有493名注册学员参加了律师函授学习。

9月,华东地区第五次律师实务经验交流会在杭州召开,寿光县法律顾问处主任庞德月带论文参加。

本省抽调3名律师参加司法部举办的第三期全国涉外经济法律人员进修班,寒亭区法律顾问处主任肖文瑞参加。

10月,第二次全国律师资格统一考试举行。当年,全市有164人参加考试,后有28人批准授予律师资格。

1988年,全市有法律顾问处13家,有律师人员135人。全市律师共计担任法律顾问367家,代理民事诉讼598件,办理非诉讼法律事务611件,担任刑事辩护642件,代写法律文书2347件,解答法律咨询23,501件,业务收费55.1万元。

1989年

3月,山东省律协组织5名律师,出席中华全国律师协会、中国国际贸易促进委员会、欧洲共同体律师协会、国际律师协会共同组织召开的"中国—欧洲共同体在华投资法律与实务讨论会",寿光县法律顾问处主任庞德月参加。

山东省司法厅批复潍坊市司法局,同意成立潍坊市对外经济法律顾问处,为市司法局领导下的副局级事业单位,所需编制自行调剂解决(后未实际成立)。

4月,山东省司法厅、省律协在济南隆重举行仪式,代司法部、全国律协向50年代曾献身律师事业、至今仍在律师岗位上工作的27位老律师颁发《荣誉证书》。潍坊地区老律师董修德出席。

山东省司法厅、省律师协会在烟台召开"山东省第二次政府法律顾问工作座谈会"。各地市司法局局长、部分县市的法律顾问处主任参加会议。司法部副部长鲁坚、省政府特邀顾问韩邦聚到会并讲话。潍坊市副市长张文玉、司法局局长张春玉、市法律顾问处主任罗荣祥、市司法局公律科科长王金国参加会议。张文玉副市长在会上介绍了潍坊市政府聘请律师担任法律顾问的做法和经验。

1989年,潍坊华光计算机公司处于兴盛时期,公司与北大方正集团共同研制、由公司生产销售的激光照排印刷系统,被广泛应用于经济日报社、新华社等各大报社。对此,潍坊市法律顾问处律师王克民,作为潍坊华光计算机公司的法律顾问,向公司负责人王廷友、王新华建议与北京大学进行洽谈协商,以尽快解决或确认激光照排的知识产权问题。1989 年 5 月,王克民律师随同公司负责人及有关技术研制人员,专程至北京大学,就华光激光照排的技术专利问题,与方正集团创始人、北大教授、两院院士王选等人进行会谈。期间会谈因故中止,之后未能再谈。

7 月,万正杰由华东政法学院毕业,分配到潍坊市司法局工作。孙邦卿由山东大学法律系毕业,分配到潍坊市法律顾问处工作。赵克志由山东政法学院毕业,分配到潍坊市公证处工作(后调至潍坊市律师事务所)。

9 月,山东省司法厅批准设立潍坊市涉外律师事务所,与潍坊市法律顾问处一班人马,合署办公。

10 月,华东地区第六次律师实务经验交流会在青岛召开,天津市、吉林省、黑龙江省 8 人应邀参加会议,本省律师代表及各市、地律师管理科长 37 人参加了会议。

11 月,司法部、全国律师协会在济南召开全国律师担任政府法律顾问经验交流会,全国 30 个省、市、自治区的 120 名政府领导人、司法厅厅长和部分律师参加会议。司法部部长蔡诚、副部长鲁坚出席会议并讲话;山东省委常委、副省长高昌礼在讲话中肯定了山东的政府法律顾问工作;潍坊市、曲阜市和苍山县政府,济南市司法局,曲阜、滕州、招远法律顾问处在会上介绍了政府法律顾问工作的做法和经验。潍坊市副市长宋希焕代表潍坊市政府发言。

12 月,山东省司法厅为青州法律顾问处记集体二等功,为寿光县法律顾问处主任庞德月、高密县法律顾问处律师朱兆祥记个人二等功。

1989 年,全市有法律顾问处 13 家,律师人员 152 人。全市律师共计担任法律顾问 460 家,代理民事诉讼 1077 件,办理非诉讼法律事务 1237 件,担任刑事辩护 989 件,办理涉外法律事务 21 件,代写法律文书 2749 件,解答法律咨询 22, 129 件,业务收费 74. 37 万元。

1990 年

1 月,经山东省司法厅考核合格,批准授予潍坊市 77 人律师资格,即杨宪军、李万青、王伟、高伟刚、陈金德、田世国、杨新波、孙明军、孙义、唐永平、魏仕敏、殷明泉、耿洪利、王毅、杨莉、韩新光、董瑞霞、尚前、曲洁、齐耐力、张玉铭、赵贵霞、隋如意、李荣贵、王梓、朱新生、齐广东、张学智、张卫东、郎民、谭维权、杨书江、李万兴、杜坚志、崔彪、王焕一、谭国治、王军、柏学银、亓锡云、杨群生、逄文卓、张建平、张坤明、刘胜田、韩庆林、郭永德、李照庆、林宝忠、郎丰彪、孙乐政、李晨羲、张传奎、房德业、夏茂昌、赵延纯、刘树森、刘锦环、孙国鉴、国建春、徐光磊、孙瑞彦、邹正君、赵廷春、徐子庭、侯延昭、师小娟、郭仁兴、高洪亮、张永杰、马军梅、张云征、赵桂梅、李学江、李智、刘桂宗、刘敬尧。

潍坊市司法局授予昌邑县法律顾问处集体三等功。

3月,经市委研究决定,市司法局副局长于树本兼任潍坊市法律顾问处主任职务,罗荣祥任调研员。

4月,山东省抽调15名律师,参加中国高级律师培训中心举办的第二期全国高级律师培训班,诸城县法律顾问处律师陈会先参加。

第十四届世界法律大会在北京京西宾馆举行,全省11名律师组团出席,青州法律顾问处主任马光诚参加;潍坊市中级人民法院院长高新亭作为省法官团成员参加。

7月,迟春江、游江、王贤臣由华东政法学院毕业,李兵由山东大学法律系毕业,迟春江、游江、李兵三人被分配到潍坊市法律顾问处工作,王贤臣被分配到安丘法律顾问处工作。

8月,第三次全国律师资格考试举行。

9月,本省抽调15名律师,参加中国高级律师培训中心举办的第三期全国高级律师培训班,昌邑县法律顾问处主任李桂清参加。

12月,王金国由潍坊市司法局调至潍坊市法律顾问处工作,辛以海由潍坊市法律顾问处调任潍坊市司法局公证律师管理科科长。

1990年,全市有法律顾问处13家,律师工作人员148人。全市律师共计担任法律顾问565家,代理民事案件1139件,担任刑事辩护819件,办理非诉讼法律事务1734件,办理涉外法律事务30件,业务收费94.52万元。

全省有法律顾问处165家,律师工作人员2159人。共计担任法律顾问6725家,代理民事案件11,571件,担任刑事辩护9053件,办理非诉讼法律事件9546件,办理涉外法律事务527件,总计收费1200.60万元。其中青岛211.4万元,济南175.49万元,烟台145.9万元,淄博104.5万元。其余地市5.75万元至82.98万元。

1991年

4月,山东省司法厅抽调16名律师参加中国高级律师培训中心在上海举办的第四期全国高级律师培训班,潍坊市贾秀扬、李荔参加,同年7月结业。

5月,第二次全国律师代表大会在北京召开,邹瑜代表第一届理事会做工作报告,司法部部长蔡诚作题为《努力健全我国社会主义律师制度》的讲话。大会通过了修改的全国律协章程，选举产生了由120人组成的第二届理事会。本省律师代表8人参加，梁德超、于锡仁、孔祥荣、陶祥英当选为理事。

7月，马东宁由华东政法学院毕业，分配到潍坊市法律顾问处工作。

8月，根据省司法厅、省编委通知的规定，各法律顾问处改称律师事务所。潍坊市机构编制委员会下文批复：潍坊市法律顾问处改名为潍坊市律师事务所，同时挂潍坊市涉外律师事务所的牌子。

11月，潍坊市司法局组织于树本、辛以海及潍城、诸城、昌乐、坊子、临朐等县区律师事务所主任一行10人，到济南、济宁、洛阳等地，就律师工作目标规范管理、政府法律顾问等进行参观学习。

1991年，全市有律师事务所13家，有律师人员175人。全市律师共计担任法律顾问737家，代理民事诉讼217件，代理经济诉讼926件，办理非诉讼法律事务5258件，代理行政诉讼22件，担任刑事辩护824件，代写法律文书3463件，业务收费110.6758万元。

1992年

3月，全国律协业务委员会聘任潍坊市律师事务所律师王金国为非诉讼业务委员会委员。

4月，潍坊市司法局授予潍坊市、青州市、潍城区、寿光县、昌邑县、高密县6家市县区律师事务所为1991年度律师工作先进单位。

山东省司法厅授予青州市律师事务所主任马光诚个人二等功。

山东省物价局、省财政厅转发国家物价局、财政部重新审查发布的《律师服务收费管理办法》和《律师服务收费标准表》，并提出了贯彻执行意见。省司法厅于同年7月转发各市地司法局执行。

6月，牟令岱由部队转业至潍坊市司法局工作。

7月，高明芹由山东大学法律系毕业，分配到潍坊市律师事务所工作。杨莉由潍坊市司法局调至潍坊市律师事务所工作。

8月，第四次全国律师资格考试举行。

9月，王魁元由潍坊市委办公室调任潍坊市司法局副局长。

临朐县律师事务所律师李孝罡、杨宪军停薪留职，在临朐创办临朐县经济律师事务所（后改称公望律师事务所）。

10月，华东地区第九次律师实务经验交流会在南京召开，山东省参会律师8人，潍坊市律师事务所律师王金国带论文参加。

12月，在潍坊柴油机厂工作的于松茂、郎民、张学智、郭永德、孙成刚等人，停薪留职，在潍坊创建潍坊经济技术律师事务所（后改称碧海律师事务所）。

杨明文任潍坊市司法局公证律师管理科科长。

因区划调整,五莲县司法局、五莲县律师事务所划归日照市司法行政系统。

1992年,全市有律师事务所13家,有律师人员189人。全市律师共计担任法律顾问774家,代理民事诉讼172件,代理经济诉讼1001件,办理非诉讼法律事务3838件,代理行政诉讼38件,担任刑事辩护705件,代写法律文书3641件,业务收费暂不详。

1993年

1月,律师事务所开始实行效益工资,按个人业务收费提成计算工资,律师成为较高收入者。

2月,山东省第三次律师代表大会在济南召开,省司法厅厅长江仁宝当选省律师协会会长。青州市律师事务所主任马光诚当选第三届理事会常务理事,潍坊市律师事务所律师王金国、寿光县律师事务所主任庞德月当选为理事会理事。安丘县律师事务所和青州市律师事务所作为先进律师事务所受表彰,马光诚、冯效武、罗荣祥、孙华林、庞德月、闫其昌、赵德昌、贾秀扬、韩新光等律师作为优秀律师受表彰。

3月,青州市经济律师事务所成立,青州市律师事务所主任马广诚调任经济所主任,执业律师有赵金聚、房德业、刘学军、尚前等人。

潍坊市委组织部举办涉外知识函授进修班,组织本市有关方面人员编写“涉外知识函授进修班学习教材”5册,其中,《涉外经济合同及外商投资企业法律制度》一册,由潍坊市律师事务所律师王克民编写。

4月,潍坊市司法局授予诸城市、安丘县、寿光县、昌邑县及潍坊市第四律师事务所5家律师事务所为1992年度律师工作先进单位。

潍坊市高新技术产业开发区律师事务所成立,潍坊市第二律师事务所律师贾秀扬调任开发区所主任,执业律师有张玉铭、杨书江、王焕一、李万兴、刘忆等人。该所后称新元律师所、鲁英律师所。

吴爱华、张法科、王玉亮、李万兴、高玉玲、马东宁等青年律师辞去公职,经山东省司法厅批准,在潍坊创立全市第一家合作制律师所——潍坊求是律师事务所,吴爱华律师被推选为主任。一年后,该所由合作制改为合伙制。

5月,潍坊求是律师事务所举行开业典礼,时任潍坊市政协主席刘玉兰,潍坊市人民检察院检察长王福金,潍坊市委政法委副书记赵克林,潍坊市司法局局长张春玉、副局长王魁元等出席开业典礼。

王金国任潍坊市律师事务所主任。

潍坊司法局局长张春玉调任潍坊市人大常委会法工委副主任。

李明忠由潍坊市史志办公室主任调任潍坊市司法局局长。

6月,赵金聚、李万清、冯恩尧、邓所东、韩新光、王文浩、秦霞、张志刚、王宁、孙义、李万兴、吴爱华、杨莉、王玉亮、高玉玲、耿洪利、张曰信、张继宽、于爱平、邱同义、田忠国、冯福堂、郑和祥、王臣长、杨香亭、夏海良、马士相、魏仕敏、孙瑞彦29人被评审为三级律师职务。张法科、刘成敬、王掖鎂、谢建华被评审为四级律师职务。

7月,刘俊峰、王宝华由华东政法学院毕业,刘国军由西南政法学院毕业,刘振波由山东大学法律系毕业,4人均分配到潍坊市律师事务所工作。

9月,华东地区第十次律师实务经验交流会在黄山召开,诸城县律师事务所主任于正方带论文参加。

潍坊市召开第一次律师代表大会,出席代表38人。市委副书记王玉芬、市人大常委会副主任任柏榴、市政协副主席李学义、省律协副秘书长刘恒寿出席会议并讲话。会议选举市司法局局长李明忠为潍坊市律师协会会长,副局长于树本、市律师事务所律师罗荣祥为副会长,司法局公律科科长杨明文为秘书长。会议还推举任柏榴、张春玉为名誉会长。

10月,第五次全国律师资格考试举行。当年,全市有69人(含上年过线者)批准授予律师资格。

1993年,全市有律师事务所19家,有律师人员308人。全市律师共计担任法律顾问1569家,代理民事诉讼491件,代理经济诉讼1207件,办理非诉讼法律事务3997件,代理行政诉讼28件,担任刑事辩护693件,代写法律文书3425件,业务收费209.262万元。

1994年

1月,山东省司法厅授予刘学波、万正杰、赵振玺、许志宏、张彩云、王友亭、葛方宁、杜文波、邱志国、郭明州10人律师资格。

纪炳范任潍坊市司法局公证律师管理科科长(同年3月离职)。

3月,张惠中任潍坊市司法局公证律师管理科科长,戴维良任副科长。

庞德月、马光诚被评审为一级律师任职资格,王金国、于正方、肖文瑞被评审为二级律师任职资格。

潍坊市司法局党组成员、纪检组长徐立华兼任潍坊市律师事务所主任。

5月,潍坊市司法局与市委组织部、市财政局、市人事局、市政府办公室联合制定《关于深化律师工作改革的意见》,由市委办公室、市政府办公室批转执行。

7月,山东省司法厅授予(市直)姜言钦、沈万怀、刘俊峰、高明芹、王宝华、刘振波、周宁、王卫国、任红、邱垒、于为凯、王春国、王秀禄、曲学孔、高茂起、杨静、(潍城)张长清、李政欣、吕方妍、包琦勋、王金龙、韩立宏、单连成、张宗文、张建勇、王沂波、杨第、王世成、马军红、张爱军、王学功、陈京山、陈万金、张通远、王春吉、傅廷森、王国利、张有明、王爱红、陈振广、张政燕、刘新亭、张金证、夏茂东、路庆刚、陈秉武、陈衡芝、周子泉、孙军、李敏、王学军、张永华、王玉荣、杨光庆、李兆琳、王晓峰、孙中祯、朱文英、毛忠绪、马庆法、李林、王兆国、侯松寿、范福生、王玉芬、张世国、(寒亭)慈有壮、(坊子)郭善法、傅明东、杜继国、王玉心、刘东艳、(寿光)王吉俊、仉佃虎、卜令东、张家树、张杰、马洪新、李增莲、王欣、郑英杰、崔焕鹏、李增和、孙建仁、杨怀安、徐文德、陈双升、武登亮、王伟、于美丽、张月林、董福庆、张祥森、(青州)王立新、蒋延忠、田海元、文福亮、常承科、宋玉臻、陈洪涛、法云江、于世民、张增顺、刘俊杰、(诸城)潘波、李剑英、王新颜、卢运章、董志仁、刘柏青、郈彤辉、徐清田、王双梅、王武奇、于金相、管延军、赵华、王英、秦丽、刘清波、李除、郑秀萍、周克、张锡宜、(安丘)凌献力、杨春恒、张邦江、韩桂志、李世俭、王建光、王芳、王向民、郑中武、孙英明、高洪文、杨学林、马国泉、魏振福、生力军、王贤红、江培华、杨培国、马东强、(高密)刘伟、刘伟昌、鞠天敬、李永献、李伟、李耀华、楚绍山、孙秀平、赵明霞、(昌乐)韩京锐、高佃贵、赵增全、魏学启、赵万忠、滕春兴、(临朐)王瑞国、刘新锋、窦洪生、孟凡政、崔瑞忠、王明友、沈汝浩、李明国、(昌邑)王莲霞、刘伟、姜雪梅169人律师资格。

郎丰亮由华东政法学院毕业,张延斌由西北政法学院毕业,二人均分配到潍坊市律师事务所工作。

10月,第六次全国律师资格考试举行。

山东省司法厅下达《关于律师事务所"一所两牌"等有关问题的通知》,决定取消一所两牌的做法。

11月,潍坊市律师事务所与美国洛杉矶远东法律事务中心签署合作协议,互相委托办理诉讼和非诉讼和解、商务见证、法律商务咨询、资信证明等法律事务。这是潍坊律师与国外律师签署的第一份法律服务合作协议。时任潍坊市委副书记、市长王大海出席签字仪式。

山东省司法厅抽调8名律师,参加中国高级律师培训中心举办的第七期全国高级律师培训班,潍坊市律师事务所律师王克民参加。

12月,潍坊市机构编制委员会批复,同意给潍坊市律师事务所增加事业编制16人。正式编制由23人增加到39人。

1994年,为便于工作,有的律师开始使用移动电话,有的律师事务所为律师统一配备了传呼机,还有的律师率先购买了私家车。

全市有律师事务所26家,其中国资所14家,合作所8家,合伙所4家,共有律师人员 496 人。全市律师共计担任法律顾问 1076 家,代理民事诉讼 536 件,代理经济诉讼 1494 件,办理非诉讼法律事务 5227 件,代理行政诉讼 69 件,担任刑事辩护 755 件,代写法律文书 3665 件,业务收费 273. 957 万元。

1995 年

2 月,省司法厅、省律师协会联合下达《关于在全省开展律师职业道德和执业纪律教育、整顿活动的意见的通知》。随后,潍坊各律师事务所进行了为期半年的职业道德、执业纪律整顿评查活动。

4 月,市司法局青年干部杨少敏、孙邦卿、万正杰辞去公职,在潍坊创建方舟律师事务所,杨少敏任主任。该所后更名为信义和律师所。

潍坊市司法局授予马光诚(青州市经济律师事务所一级律师)、庞德月(寿光市律师事务所一级律师)、罗荣祥(潍坊市律师事务所一级律师)、赵德昌(潍坊市第四律师事务所二级律师)、汪文林(潍坊市律师事务所二级律师)、贾秀扬(潍坊市高新技术开发区律师事务所二级律师)、王培升(高密市律师事务所三级律师)、于松茂(潍坊市经济技术律师事务所律师、高级经济师)、张志刚(青州市律师事务所三级律师)、孙瑞彦(昌邑市经济律师事务所三级律师)10 名律师为潍坊市“十佳律师”。

5 月,根据司法部《律师事务所名称管理办法》,省司法厅审核确认了潍坊 30 个由“字号 + 律师事务所”构成的律师事务所名称。潍坊市律师事务所改称潍坊鸢都律师事务所。其他县、市、区律师事务所同时改变名称。

在潍坊新立克集团公司工作的齐广东、王玉芬、马庆法等人,创办潍坊万信律师事务所,齐广东任主任。

7 月,第三次全国律师代表大会在北京召开,会议选举产生了中华全国律师协会第三届理事会,北京律师任继圣当选为会长。从本届理事会开始,其成员全部由专职执业律师组成。

8 月,潍坊求是律师事务所接受台湾地区客商陈进琴的委托,指派律师张法科代理其在大陆独资企业广东汕头新达文具用品有限公司与高密彩印厂加工承揽日历合同纠纷案的申诉活动。省高院裁定撤销了一审、二审判决,并驳回了高密彩印厂的起诉。为此,陈进琴向求是律师事务所赠送了“海内存公正,天涯共求是”的锦旗,向潍坊市司法局赠送了“司法明正,律师高尚”的锦旗。

山东省司法厅、省律师协会授予潍坊鸢都律师事务所职业道德建设先进集体。

9 月,华东地区第十二次律师实务经验交流会在宁波召开,山东省参会律师 9 人,潍坊鸢都律师事务所律师王克民带论文参加。

10月,第七次全国律师资格考试举行。当年,全市有61人批准授予律师资格。从1981年至1995年,全市共计批准授予律师资格463人。

12月,潍坊市奎文区设立潍坊潍州律师事务所,李师友任主任。

1995年,潍坊市司法局根据司法部要求,对市直和各县、市、区律师事务所进行了内部审计。

随着改革的深入和司法部《关于深化律师工作改革方案》的推进,合作、合伙所逐年增多。至1995年年底,全市有公望(临朐)、大本(昌邑)、碧海(奎文)、七贤(临朐)、衡盛(高密)5家合作所;有求是(市区)、密水(高密)、都昌(昌邑)、宏大(安丘)、正泰(羊口)、西苑(寿光)、三友(安丘)、龙城(诸城)、方舟(市区)、万信(市区)、中法(市区)11家合伙所;尚有鸢都(市直)、大鹏(潍城)、潍州(奎文)、寒城(寒亭)、双和(坊子)、新光(寿光)、天衡(青州)、潍青(青州)、鲁东(临朐)、昌明(昌乐)、竭诚(昌邑)、兴安(安丘)、理达(诸城)、崇实、(高密)、新元(开发区)15家占编国办所。

1995年年底,全市共有律师事务所31家。有专职律师179名,兼职律师41名,特邀律师25名,非执业律师236名,共计481名。在专职律师中,中共党员98名,女性律师23名。1995年,全市律师共为1174家机关、企业、社团和事业单位担任法律顾问,承办刑事辩护865件,代理民事诉讼938件,代理经济诉讼2086件,代理行政诉讼44件,业务收费353.2万元。

1995年之后,国有企业、集体企业、专业银行普遍聘请律师担任法律顾问。全市律师代理了大量的经济合同纠纷,信贷纠纷,并开始参与国有、集体企业的破产、改制和银行不良资产的剥离及处置。

1996年

4月,省司法厅授予潍坊鸢都律师事务所律师罗荣祥个人二等功。

5月,《中华人民共和国律师法》,经第八届全国人大常委会第19次会议通过并于同日公布。

8月,张法科、夏茂昌、张永华等律师在潍坊成立潍坊鲁潍同心律师事务所,张法科任主任。

山东省律师协会评选出律师优秀论文100篇,潍坊入选4篇。其中,潍坊求是律师事务所徐永前律师的《BOT项目融资和法律实务》获一等奖;潍坊中法律师事务所荆连法、赵海凌律师的《律师民事诉讼代理的发展和要求》、潍坊碧海律师事务所于松茂、杜源军律师的《谈谈第三人在民事诉讼中的地位》获二等奖;潍坊新光律师所事务所于美丽的《从主体着手完善我国的受贿罪立法》获三等奖。

9月，徐立华调任潍坊市劳动教养管理所所长、党委书记，不再兼任潍坊鸢都律师事务所主任。

华东地区第十三次律师实务经验交流会在泰安举行，潍坊求是律师事务所律师徐永前带论文参加。

10月，第八次全国律师资格考试举行，全市996人参加考试，实录27人。

11月，陈甲钊由潍坊市司法局调任潍坊鸢都律师事务所主任（1997年1月离职）。

12月，刘均刚任潍坊市司法局副局长。

1995年至1996年，潍坊市信托投资公司为优化资产，对逾期不良贷款进行依法清收，由潍坊市中级人民法院指派郭良军、李金鹏，潍坊鸢都律师事务所指派律师王克民（信托投资公司法律顾问），与信托投资公司张玉玺等人，组成专门清收小组，通过诉讼、调解、判决，先后办结借贷纠纷百余件；经自行履行、催促履行和强制执行，共计实际收回不良贷款1亿多元。

1996年，全市有律师事务所33家，有执业律师316人（不含非执业律师人员）。全市律师共计担任法律顾问1255家，担任刑事辩护895件，代理民事诉讼1168件，代理经济诉讼2423件，代理行政诉讼83件，办理非诉讼法律事务2496件，代写法律文书3998件，业务收费516.08万元。

1997年

1月，省司法厅授予潍坊天衡律师事务所主任马光诚、潍坊鸢都律师事务所律师汪文林优秀律师。

2月，王桂贞任潍坊市司法局纪检组长。

3月，潍坊市司法局向省司法厅和省青联推荐潍坊鸢都律师事务所律师王克民、潍坊大本律师事务所律师孙瑞彦为"山东省十佳青年律师"候选人。（此次评选后来中止，未继续。）

5月，潍坊市司法局公证律师管理科撤销，分设为公证管理科和律师管理科。

牟令岱任潍坊市司法局律师管理科副科长。

潍坊市司法局下达1997年全市律师所业务收费指标，要求全市律师完成业务收费920万元。其中鸢都所150万元，求是所68万元，大鹏所68万元，碧海所50万元，天衡所30万元。

潍坊经济技术开发区成立潍坊北海律师事务所，执业律师为杨香亭、赵振玺、周海林，杨香亭任主任。

全省第四次律师代表大会在济南召开，司法厅厅长梁德超当选山东省律师协会会长,潍坊天衡律师事务所主任马光诚、潍坊鸢都律师事务所律师王金国当选省律协第四届理事会常务理事。

潍坊市司法局召开全市律师工作会议,传达全省第四次律师代表大会精神,讨论《潍坊市司法局关于加强律师事务所建设的意见》和《潍坊市文明律师事务所建设标准(试行)》,司法局局长李明忠、副局长于树本到会讲话。

6月,《中国律师》杂志第6期刊登潍坊求是律师事务所律师徐永前撰写的《BOT项目融资:谁是大赢家》。

7月,省司法厅批文设立潍坊市法律援助中心,为正科级事业单位。人员从鸢都律师事务所和市司法局调配,姜言钦任主任,律师人员有李荔、游江、马士相、曲学孔、姜辉等人。

8月,韩其德由潍坊市委政法委调任潍坊鸢都律师事务所主任。

山东省律师协会评选出优秀论文100篇,潍坊入选5篇。其中潍坊碧海律师事务所陈万金、张学智律师的《用人权和法治的观念与标准重塑我国的刑辩制度》、潍坊求是律师事务所徐永前律师的《BOT项目融资中的风险识别和管理》获一等奖;潍坊中法律师事务所董志仁、高洪明律师的《浅析拒不执行判决、裁定罪的适用》获二等奖;潍坊求是律师事务所王玉亮、李万兴律师的《实行全面质量管理　确保律师事业健康发展》,潍坊中法律师事务所荆连法、赵海凌律师的《论刑辩律师的调查权与辩护证据来源的保障》,潍坊中法律师事务所董志仁、高洪明律师的《试论合同诈骗罪与经济合同纠纷的区别》获三等奖。

9月,全国律协民事业务委员会97年会在青岛召开,会议对提交的近50篇论文进行了评选,共有3名律师获得一等奖,潍坊求是律师事务所律师徐永前为其中之一。

10月,第九次全国律师资格考试进行,全市595人参加考试,实录95人。

11月,王克民被评审为二级律师任职资格。

12月,潍坊市司法局、潍坊市律师协会,在潍坊市司法局培训中心,对全市律师进行为期5天的集中培训,学习新修订的《中华人民共和国刑法》。

临朐县批准成立临朐县法律援助中心。至2000年10月,全市12个县、市、区全部设立了法律援助中心。

1997年,全市有律师事务所34家,有执业律师371人。全市律师共计担任法律顾问1135家,担任刑事辩护1001件,代理民事诉讼1398件,代理经济诉讼2930件,办理非诉讼法律事务3933件,办理涉外法律事务51件,代写法律文书6703件,业务收费768.7万元。

1998 年

1 月，姜言钦、赵克志、游江、马东宁被评审为三级律师任职资格。

潍坊西苑律师事务所律师张秀文（女）被选为潍坊市第十三届人民代表大会代表。

潍坊明清律师事务所主任王贤臣调任安丘市政府副市长。

3 月，刘忆任潍坊市司法局律师管理科科长。

潍坊求是律师事务所徐永前律师，应邀在全国律协受外经贸部委托举办的外经贸企业内部职工持股试点律师业务培训班上，就企业改制和职工持股涉及的法律问题做专题发言。

4 月，省司法厅授予潍坊大本律师事务所集体二等功，授予潍坊市司法局律师科副科长牟令岱个人二等功。

朱平贵任潍坊市司法局副局长。

6 月，《中国律师》杂志第 6 期，刊登潍坊求是律师事务所律师王玉亮、李万兴撰写的《律师事务所的文化建设》。

山东省司法厅在昌邑召开授予潍坊大本律师事务所集体二等功庆功大会，省司法厅纪委书记于阳周参加会议并讲话。

8 月，山东省司法厅、省律师协会组织评选出 1998 年度“百篇优秀论文”，潍坊入选 8 篇。其中，潍坊求是律师事务所张彩云律师的《竞争法与相关经济社会环境关系问题研究》，潍坊中法律师事务所张锡宜律师的《律师的法律顾问工作要适应现代企业制度的要求》，潍坊中法律师事务所荆连法、高洪明律师的《试论企业内部承包经营合同纠纷的处理》，潍坊求是律师事务所王玉亮、李万兴律师的《论律师事务所的文化建设》获二等奖；潍坊大鹏律师事务所刘新亭律师的《浅谈非法融资借贷的几种形式及原因分析》，潍坊中法律师事务所李焕发、秦丽律师的《企业破产案件的再审及抗诉刍议》，赵海凌、董志仁律师的《浅谈如何理解和适用刑法溯及力的规定》，张锡宜、高洪明律师的《浅议公司制企业的规范及律师的业务》获三等奖。同时，潍坊市司法局、市律师协会、潍坊中法律师事务所获山东省第八次律师业务理论研讨活动组织奖。

9 月，省司法厅、省科学技术委员会、省国有资产管理局联合下发《关于公布律师从事科技企业产权界定法律业务资格的通知》，确认全省 14 家律师事务所具有从事该项法律业务的资格。潍坊鸢都律师事务所为其中之一。

瑞士二十多家中小企业和潍坊二十多家对口企业，在潍坊联合召开“中瑞经贸研谈会”。潍坊市政府介绍了潍坊经济概况，瑞士领队尤利律师介绍了投资项目，潍坊鸢都律师事务所主任韩其德、老主任罗荣祥、律师王克民、高明芹、刘国军作为中方法律组参加会议,并与尤利等律师进行了交流。

10月,迟春江、高明芹被评审为三级律师任职资格。庄新波、解彬、闫新来、赵振玺、周海林、谭宁、方强、吕方妍、李玉华、国建春、魏树军、贾化毅、房德业、王武奇、赵华等人被评审为四级律师任职资格。

第十次全国律师资格考试举行,全市818人参加考试,实录109人。

11月,潍坊市司法局举行1998年度律师资格证书颁发仪式,副市长胡岗出席并讲话。

山东省司法厅授予王广仁(济南)、刘正江(青岛)、徐文业(淄博)、于海寅(菏泽)、孙书兴(威海)、胡安宇(济宁)、李保升(烟台)、汪文林(潍坊)、程凤培(聊城)、江运晖等10名律师"全省十佳律师"称号。

12月,王玉亮被评审为二级律师任职资格。

1998年,潍坊市司法局先后制定了《潍坊律师公约》、《十六项承诺》、《市直律师事务所管理办法》、《外设业务机构管理办法》和《潍坊市文明律师事务所标准》等管理制度。

全市有律师事务所34家,有执业律师394人。全市律师共计担任法律顾问968家(下降14.71%),担任刑事辩护997件,代理民事诉讼2303件,代理经济诉讼3542件,代理行政诉讼169件,办理非诉讼法律事务3135件,办理涉外法律事务42件,代写法律文书8643件,业务收费1086.4万元。

1999年

3月,潍坊市司法局召开全市律师工作会议,各县、市、区司法局分管局长、律管科长和各律师事务所主任参加。会议主要内容为总结1998年工作,部署1999年任务,安排1999年度律师所年检和执业律师注册。

潍坊市司法局授予大鹏、西苑、万信、同心、鲁东、兴安、大本、新元、中法律师事务所为全市先进律师事务所。

4月,山东省司法厅授予潍坊鸢都律师事务所律师罗荣祥个人二等功。

山东省司法厅、山东省律师协会,在济南东郊宾馆举行为期4天的全省律师合同法学习班(《中华人民共和国合同法》于1999年3月15日通过,自同年10月1日起施行),潍坊市五十多名律师参加学习。

第四届全国律师代表大会在北京召开,全国共有301名律师出席会议,山东省参会代表15人,潍坊鸢都律师事务所律师刘国军出席。中共中央政治局委员、国务委员、中央政法委书记罗干接见了全体与会人员并发表讲话。会议通过了全国统一的《律师协会章程》,选举产生了新一届全国律协理事会、常务理事会,高宗泽律师当选为新一任会长。

6月,按照《律师事务所名称管理办法》的规定,全市需要更名的律师所一次性通过司法部的检索。新名称取消字号之前的市地区划界别,一律冠以“山东”二字,潍坊求是律师事务所更名为山东求是者律师事务所。

7月,山东求是者律师事务所律师徐永前,转至北京大成律师事务所执业。

8月,山东省司法厅、山东省律师协会组织评选出1999年度百篇优秀论文,潍坊入选3篇。其中,山东求是者律师事务所王玉亮律师和潍坊市司法局刘忆的《论企业改制中律师的主导地位和作用》、山东求是者律师事务所胡冠宝律师的《论未成年学生在校伤害赔偿中责任的划分》获二等奖;山东求是者律师事务所张长清律师的《浅析我国公司收购实践的特点与发展前景》获三等奖。

9月,潍坊市司法局、潍坊市律师协会与中国人民解放军54685部队(炮八师)共同签署《法律双拥实施细则》,确定军地法律工作者定期进行学术交流,司法局和律师协会协助部队进行法制教育,并为维护军属的合法权益提供法律援助。受司法局和律师协会指派,罗荣祥、王克民律师到部队师机关举办了法律讲座。

10月,第十一次全国律师资格考试举行,全市967人参加考试,实录86人。

国务院办公厅下发《关于清理整顿经济鉴证类社会中介机构的通知》(国办发〔1999〕92号),通知指出,依据市场规则进行经济鉴证类社会中介机构的脱钩改制,建立自律性运行机制。国办律师事务所、会计师事务所等划归脱钩改制机构。

11月,潍坊市人民政府经市政府法制局报国务院法制办复核同意,组成第二届潍坊仲裁委员会。潍坊市委常委、常务副市长王伯祥任主任,孙光耀、王辉、隋明善、张春华为副主任。潍坊市司法局调研员、律师于树本,山东鸢都律师事务所二级律师王金国,山东鸢都律师事务所二级律师王克民等8人为委员。同年,仲裁委员会聘请潍坊多名律师为仲裁员。

潍坊市司法局对全市29个律师事务所进行了全面检查,并对检查情况进行了通报。

12月,山东省政府授予潍坊鸢都律师事务所律师罗荣祥个人一等功。

王金国被评审为一级律师任职资格,杨莉、李万兴被评审为二级律师任职资格。

1999年,根据《司法部关于开展律师队伍整顿活动的通知》和司法厅的实施意见,全市开展了律师队伍集中教育整顿活动。

全市有律师事务所31家,有执业律师387人(比1998年减少7人)。全市律师共计担任法律顾问1001家,担任刑事辩护1207件,代理民事诉讼2734件,代理经济诉讼3522件,代理行政诉讼212件,办理非诉讼法律事务3137件,办理涉外法律事务46件,代写法律文书9643件,业务收费1200.30万元。

2000年

1月,《中国律师》杂志第1期,刊登山东潍青律师事务所律师刘成敬撰写的《中国律师之歌》。

山东省司法厅授予山东鲁英律师事务所主任贾秀扬、山东明清律师事务所主任王向民"人民满意的律师"称号,授予潍坊市司法局律师科科长刘忆"人民满意的司法行政干警"称号。

2月,潍坊市司法局对1999年全市先进律师事务所、律师工作先进个人进行表彰。维诚、鲁潍同心、求是者、宝都、同和恒信、潍青、仓圣、大本、宇明9家律师事务所为先进律师事务所。吴爱华、刘国军、陈万金、张法科、王玉芬、赵金秀、高洪明、房德业、王向民、邓所东、刘锋、李孝罡、王欣、国建春、于爱平、隋如意、王焕一17人为律师先进工作者。

司法部、中国证券监督管理委员会下发《关于授予律师从事证券法律业务资格的通知》,山东45名律师获得此项法律业务资格,其中有山东求是者律师事务所律师马东宁、张玉铭。

3月,潍坊市召开第二次律师代表大会,选举产生了第二届律师协会成员。

潍坊市司法局局长李明忠任会长,调研员于树本、鸢都律师事务所律师王金国、市司法局律师管理科科长刘忆任副会长,刘忆兼任秘书长。会议还通过和成立了市律师协会专门委员会。

5月,《中国律师》杂志第5期,刊登山东求是者律师事务所律师王玉亮撰写的《现代企业制度与中国律师事业的发展》。

6月,为了净化法律服务市场,潍坊市司法局与市公安局联合执法,对冒充律师及未经批准擅自从事有偿法律服务的6起事件进行查处。

7月,山东省地方税务局、山东省司法厅联合印发《关于加强律师事务所企业所得税征收管理工作的通知》,确定从2001年1月起,对全省律师事务所实行核定应税所得率征收企业所得税,应税所得率暂定为10%。

国务院办公厅下发国务院清理整顿经济类社会中介机构领导小组《关于经济鉴证类社会中介机构与政府实行脱钩改制的意见》。该意见指出,所有挂靠政府部门及其下属单位的经济鉴证类社会中介机构,一律与政府实行人员脱钩、财务脱钩、业务脱钩、名称脱钩。

8月,司法部下发《关于律师事务所社会咨询服务机构脱钩改制实施方案的通知》,明确了脱钩改制的范围,是已实行自收自支的国资律师事务所和司法行政批准设立的、挂靠政府部门、事业单位、企业和社会团体的社会服务咨询机构。属于脱钩改制的律师事务所，在人员、财务、业务、名称 4 个方面，与政府部门彻底脱钩，不再属行政或事业单位，不再具有行政级别，在编人员退出编制。律师事务所脱钩后，应改为合伙律师事务所或合作律师事务所。

王玉亮、赵传森、范洪义、张坤明、王海东、杨涛、陈衡芝等律师在潍坊成立山东中强律师事务所，王玉亮任主任。

山东省司法厅、山东省律师协会组织评选出 2000 年度优秀论文 124 篇，潍坊入选 8 篇。其中，山东中强律师事务所王玉亮律师的《论同类产品企业价格联盟的违法性——兼论我国制定〈反垄断法〉的重大意义》、山东鲁英律师事务所王强律师的《关于劳动教养的思考》获一等奖；山东中强律师事务所张世高律师的《论股东诉讼》，山东求是者律师事务所张彩云、吴爱华律师的《论民事推定证据法则》，张彩云、覃丽律师的《试析缔约过失中损害赔偿的范围》获二等奖；山东中强律师事务所张坤明律师的《我国刑事证据展示的立法悖论》、山东中强律师事务所赵传森律师的《试论律师的非诉讼业务》、山东鲁潍同心律师事务所夏茂昌律师的《不真正连带债务的确认、承担及内部求偿问题之浅见》获三等奖。同时，潍坊市司法局、市律师协会获 2000 年度律师业务理论研讨活动先进单位。

9 月，潍坊市政府批转潍坊市司法局关于律师事务所、社会法律咨询服务机构脱钩改制的实施意见。

10 月，杨少敏、王掖镁、王宝华、刘国军被评审为三级律师任职资格，孙邦卿、高茂起、刘世伟、李宗习、曾庆春、李兆阳被评审为四级律师任职资格。

第十二次全国律师资格考试进行，潍坊全市 1213 人参加考试，实录 137 人。

经山东省司法厅批准，山东求是者律师事务所和山东信义和律师事务所合并成立山东求是和信律师事务所。合伙人为马东宁、吴爱华、李万兴、张长清、覃丽、张玉铭、杨少敏、孙邦卿、万正杰、高茂起等律师。马东宁律师被推选为所主任。时任潍坊市委常委、市政法委书记王治华，市人大副主任王福金，市政协副主席张文玉，潍坊市中级人民法院副院长杜士忠，市司法局局长李明忠，调研员于树本等出席了成立典礼。

11 月，潍坊市人民政府聘请山东鸢都律师事务所王金国、杨莉、刘俊峰为市政府担任法律顾问，聘期 3 年，市政府法制局负责市政府法律顾问的具体协调联络工作。

12 月，潍坊市机构编制委员会下文注销山东鸢都律师事务所事业单位资格,收回编制39人。各县、市、区有关国资所也在本月注销。

改制后新组建的山东鸢都律师事务所举行成立仪式,时任潍坊市委常委、市政法委书记王治华,市人大副主任王福金,市政协副主席张文玉,潍坊市司法局局长李明忠、调研员于树本等出席成立仪式。

吴爱华被评审为二级律师任职资格。

2000年,全省共有国办律师事务所286家,其中属于脱钩改制范围的251家。9～12月,潍坊市14家国办律师事务所进行脱钩改制(昌乐县未改),律师人员开始分化重组。其中,鸢都律师事务所(原潍坊市律师事务所)改制后,高明芹、刘俊峰、孙华林、庄新波、周宁等律师组建了新鸢都律师事务所(高明芹为所主任);王金国、杨莉、王掖鎂、傅廷森、高明等律师组建了金神州律师事务所(王金国为所主任)。之后,解彬、张延斌等律师另行组建了诚公律师事务所;迟春江、王汝华等律师另行组建了北辰永信律师事务所;王宝华、刘振波、王克民等律师加盟到了求是和信律师事务所;刘国军律师加盟到了中强律师事务所;耿洪利、赵克志、王宁、郎丰亮、王向东、周江涛、张婧、陈建新等律师加盟到了其他律师事务所。韩其德调入潍坊市劳教所。

全市共有律师事务所34家,其中合伙所19家,合作所13家,国办所2家。全市共有律师人员401名,其中专职执业律师308名,兼职律师14名,律师助理、行政人员79名。中共党员143名。女律师51名。一级律师2名,二级律师5名,三级律师43名,四级律师53名。

全市律师共计担任常年法律顾问981家,承办刑事辩护1454件,代理民事诉讼3380件,代理经济诉讼2735件,办理非诉讼法律事务1655件,办理涉外法律事务69件,业务收费1345.55万元。

全省有律师事务所519家。律师工作人员7168人,其中专职律师4847人,兼职律师478人,特邀律师93人,律师助理及行政人员1750人。全省律师共计担任法律顾问17,777家,代理民事诉讼55,012件,担任刑事辩护23,545件,代理经济纠纷39,592件,办理非诉讼法律事务46,491件,办理涉外法律事务827件,业务收费总计26,045.52万元。其中青岛8051.20万元,烟台3838.18万元,济南3627.52万元,省直1456.90万元,淄博1144.82万元,其余12地、市248.46万元至986.50万元。

1984年7月至2000年7月,华东政法学院、西南政法学院、西北政法学院、复旦大学法律系、山东大学法律系、厦门大学法律系、山东政法学院等院校的部分毕业生不断充实到潍坊律师队伍。其中,王玉亮、吴爱华、杨莉、耿洪利、孙邦卿、赵克志、迟春江、游江、李兵、马东宁、高明芹、刘俊峰、刘国军、刘振波、王宝华、张延斌、郎丰亮、王汝华、王向东、陈建兴等人，先后分配或调配到潍坊市律师事务所工作。于清友、沈万怀、杨少敏、万正杰等人分配到潍坊市司法局，并在局机关的法律服务中心从事过律师工作。于爱平、王杰生、邓所东、董瑞霞、殷明泉、杨宪军、房德业、刘成敬、刘新波、法云江、陈林山、郭善法、王贤臣、王洪贞、秦霞、曲洁、张志刚、刘学军、尚前、王向民、张颖、王欣、周子泉、方明辉、曹春明、刘安山等人分配到县区律师所工作。张长清、覃丽、徐永前、范洪义、王国利、曾庆春、刘世伟、王海东、杨涛、葛言、谭家宝、李奇琛等人在求是律师所执业；潍坊学院法学院及市委党校的教师刘桂宗、张彩云、赵敏、王玫、王怡、杨卫华、李智、马奎东等人在求是所、鸢都所担任兼职律师。王玉芬、马庆法、于子龙在万信律师所执业。高茂起、孙洪涛、张建勇、孙志丽、方强、胡志军、周晓明、周海林、尹兆贞、韩海平等在其他律师所执业。此外，在2000年前后的几年间，于子山、杨斌、孙明江、付成民、宿爱堂、窦荣刚、杨秋兰、郭晓艳、付强、郑泽昌、李宗习、王晓峰、陶书键、李金元、孟令华、宿荣魁、李萍、牟斌、孙燕、陈要香、王银霞、李志国、高建敏、魏伟东、郑伟、高磊、高明、周江涛、张婧、张建刚、王卫国、王建华、闫新来、李华伟、王强、高继宽、侯玉林、李俊芹、李世兰、刘元军、孙军、赵海江、闫西香、王学军、张秋华、胡鑫、冯建新、李佰庆、朱全胜、付兴刚、刘德富、张世国、李群、王敏、王小帆、谭宁、韩明、刘志新、马仲华、金涛等一批有志于从事律师工作的年轻人加入到了市区律师队伍，为2000年之后潍坊地区律师工作的发展注入了活力。

1980～2000年，山东省司法厅律师管理处和山东省律师协会的牟言伦、孙明道、傅承先、于春荣、汪永居、王为民、初晓燕、刘典平、刘爱卿、刘恒寿、吕家政、程辉、于国柱、于荣双等处长、副处长和秘书长、副秘书长，经常来潍坊地区总结、指导律师工作。老厅长、老会长冯乐进、陈天有、江仁宝、梁德超、程辉和副厅长、副会长姚成林等人，也多次来潍坊进行考察、指导。

1980～2000年，王仁德、张春玉、李明忠先后任潍坊市司法局局长。丁希祥、王万钧、于树本三位副局长先后分管律师工作。张振华、郭汉欣、王克民、宋光全、于希杰、张继深、王文碧、徐立华、李学山、杨莉、杨明文、李荔、王金国、程玉波、辛以海、迟春江、纪炳范、孙邦卿、张惠中、戴维良、牟令岱、刘忆、安晓东、王远彬、郭炳勇、兰洪顺、韩玉军等20多人，先后在公证律师科和律师科工作。他们都是这一时期潍坊地区律师工作发展的见证人。

附

2000年年底潍坊辖区实有律师事务所名录

名称	成立时间	组织形式	主任	地址	专职律师	兼职律师	特邀律师
双和律师事务所	1984年1月	合作	刘成敬	潍坊市坊子区北海路南首			
求是和信律师事务所	1993年4月	合伙	马东宁	潍坊市奎文区新华路1－8号	24	3	
中强律师事务所	2000年9月	合伙	王玉亮	潍坊市奎文区四平路86号	11		
鲁英律师事务所	1993年4月	合作	贾秀扬	潍坊市奎文区新华路39号	11	1	
倡义律师事务所	1980年12月	合作	王文浩	昌邑市市府街5号	5		
理达环球律师事务所	1981年1月	合伙	田忠国	诸城市和平街74号	5		
升信律师事务所	1980年12月	合伙	邓所东	高密市人民大街397号	11		
密水律师事务所	1993年7月	合作	侯延昭	高密市人民大街367号	6		
德盛律师事务所	1994年3月	合作	李　伟	高密市南关路南首	3		
九州天衡律师事务所	1991年1月	合作	房德业	青州市府东巷1号	12		
公望律师事务所	1992年10月	合作	许瑞臣	临朐县城山旺路76号	6		
仑圣律师事所	1981年1月	合伙	庞德月	潍坊市寿光渤海路720号	12		
明清律师事务所	1980年12月	合作	王向民	安丘市人民路142号	8		
昌明重光律师事务所	1981年1月	国资	高卫刚	昌乐县城利民路313号	10		
维诚律师事务所	1980年7月	合作	李宏伟	潍坊市潍城区东风西街408号	25	4	
联邦律师事务所	1994年7月	合伙	王　欣	寿光市渤海路607号	6		
宇明律师事务所	1980年12月	合作	杨宪军	临朐县城龙泉路75号	9		
潍青律师事务所	1981年1月	合作	张志刚	青州市市东巷1号	11	1	
大本律师事务所	1992年12月	合作	孙瑞彦	昌邑市府街12号	9		
碧海律师事务所	1992年12月	合伙	陈万金	潍坊市潍城区东风西街	17		
鸢都律师事务所	1984年3月	合伙	高明芹	潍坊市奎文区胜利东街326号	18	1	
万信律师事务所	1995年5月	合伙	齐广东	潍坊市奎文区东风街381号	9		
潍州律师事务所	1995年12月	合伙	刘元军	潍坊市奎文区新华路1甲	4		
同和恒信律师事务所	1995年12月	合伙	张　颖	诸城市老母庙东巷1号	9		
鲁潍同心律师事务所	1996年8月	合伙	张法科	潍坊市潍城区健康西街135号	9		
北海律师事务所	1997年5月	合伙	赵振玺	潍坊市奎文区新华路	4		
宝都律师事务所	1998年11月	国资	陈金德	昌乐县利民路55号	5		
嘉诚律师事务所	1996年8月	合作	冯恩尧	临朐县龙泉路75号	10		
飞舟律师事务所	1999年12月	合作	陈林山	潍坊市寒亭区益新街293号	5		

续表

名称	成立时间	组织形式	主任	地址	专职律师	兼职律师	特邀律师
长远律师事务所	1999 年 11 月	合伙	王友亭	潍坊市潍城区青年路 36 号	7	1	
衡源律师事务所	2000 年 9 月	合伙	孙　军	潍坊市奎文区新华路 23 号	5		
昌潍大鹏律师事务所	2000 年 9 月	合伙	隋如意	潍坊市潍城区东风西街 568 号	8		
汶水律师事务所	2000 年 9 月	合伙	王培坤	潍坊市潍徐南路 268 号	3	3	
寿城律师事务所	2000 年 12 月	合伙	孙　义	寿光市文庙街 330 号	3		

说明:(1)本文于2014 年1 ~5 月根据相关资料整理。尽管笔者在整理中力求全面、真实、可靠,但因手头资料有限,又加之本人于 1988 年调离潍坊市司法局,对之后县区律师工作情况了解不够,故难免有误漏。(2)本文资料来源,主要是查阅相关志书、文件和总结材料,也有些来自记忆和采访。(3)文中选录了国家和省级以上机关的部分法规、会议等内容,旨在反映当时律师工作的发展背景。(4)文中还录入了有关人员的分配、调任、受奖和业务活动等情况,是因为人事相连,理应所及。(5)本文采用语体文、记述体,并坚持实事求是、述而不论的原则,力戒失实,不用浮词。(6)本文内容虽跨越 70 多年,但受角度和篇幅所限,并不能全面地概括潍坊地区律师工作的发展历程,故称为“史料”。(7)本文现于求是和信律师事务所所刊发表,仅供本所同事、本市同行参考。疏漏和错误之处,待经潍坊市司法局、潍坊市律师协会审定后补充更正。特此一并说明。

2014 年 1 ~5 月整理

(本文原载《求是和信律师》2014 年第 13 期)

昌潍地区司法行政工作史料补遗
（1948～1959年）

（本文是我在整理潍坊地区律师工作史料时的相关摘录。这些内容，在潍坊市司法局编写的潍坊市司法行政志中未被载入，故称补遗。）

1948年

6月，昌潍行政专员公署在昌乐县城成立，辖昌乐、潍县、安丘、寿光、益临等县。专署机关住昌乐城北关。

1949年

3月，山东省政府改称山东省人民政府，山东省政府司法厅亦改名为山东省人民政府司法厅。司法厅内设行政科、审理科，有干部二十余人，主要负责全省司法行政工作及昌潍、淄博特区和济南、青岛、徐州、潍坊直属市法院的刑事复核和民事上诉案件。

4月，昌潍专署设有司法科，在昌乐城里办公。有工作人员4人，科长孔伯玉，干事张维发，执达员赵学成，文书李宏信。当时，司法科执行法院的职权，承办刑、民初审案件，不服县司法科判决的民事案件，以及复核报省审批的死刑案件。

7月，昌潍专署司法科随昌潍专署搬迁至益都城里。

11月，调潍县司法科张星五任昌潍专署司法科秘书，调潍安县司法科孙在寅任昌潍专署司法科承审员，司法科人员增至6人。当时主要业务是承办复审案件。

1950 年

4 月，潍坊特别市撤销，与昌潍专署合并，同时将原西海专署的昌邑、昌南、潍北三县及寿光、益寿两县划归昌潍专署。昌潍专署由益都搬迁至潍坊市，司法科改称山东省人民法院昌潍分院，人员增至 15 人，设有秘书室、审判室，孔伯玉任院长，周子岐任副院长。

10 月，根据中央指示，山东省人民政府司法厅改名为山东省人民法院，作为全省的最高审判机关，并兼管全省的司法行政工作。

1955 年

1 月，根据《人民法院组织法》的精神，山东省人民法院昌潍分院改称昌潍地区中级人民法院。司法行政工作由办公室主管。

3 月，山东省司法厅重新成立，其职能是掌管全省法院组织建设，司法干部教育训练管理，公证、律师、调解、法制宣传和司法统计等工作。

1956 年

3 月，昌潍、胶州两地区中级人民法院合并，干部增多，辖区扩大。同年 5 月，在昌潍地区中级人民法院内部设立司法行政科，配备干部冯心之、杜洪文、步宪荣 3 人，专管司法行政工作。

6 月，全区有 8 个县(市)筹建了法律顾问处。同年 7 月，昌潍地区中级法院司法行政科举办两期训练班，培训 8 县(市)的律师人员。

9 月，全国抽调 3000 名干部作为律师骨干。山东省从法院的审判员、助理审判员、书记员中抽调 193 名干部作为山东律师骨干，组建 40 个法律顾问处。

12 月，昌潍地区中级法院司法行政科迁址，由潍坊市松园子街 17 号搬至博古街 27 号。

1957 年

昌潍地区中级法院司法行政科先后增配了 4 名干部，有张学彬、林宪钦、郑世强、翟召纯。

1958 年

3 月，整风反“右”斗争结束，机关整编，精简人员，司法行政科撤销。全区各法律顾问处也相继撤销。

1959 年

4 月，中华人民共和国司法部撤销，司法行政工作移交最高人民法院管理。

益都县法律顾问处接受聘请为益都卷烟厂担任法律顾问

（益都卷烟厂是驰名齐鲁的老国有企业，是恢复律师制度之后潍坊地区第一家聘请律师担任法律顾问的生产厂家。本文是1982年8月我到益都县法律顾问处和益都卷烟厂调查后拟写的司法行政工作简报。）

今年上半年，益都县法律顾问处的律师人员，认真贯彻落实省、地律师工作座谈会精神，在积极开展其他业务的同时，着手进行法律顾问的试点工作。4月份，益都卷烟厂遇到纠纷，在律师的帮助下得到圆满解决。6月1日，法律顾问处欣然接受益都卷烟厂的要求，双方正式签订了聘请法律顾问合同。

三个多月来，该处为聘请单位就业务上的问题提供意见，草拟、审查法律事务文书，代理参加诉讼、调解等活动，维护了聘请单位的合法权益，主要做了以下几个方面的工作：

（一）在卷烟厂设立了法律顾问室。法律顾问处指派律师张信基担任卷烟厂的法律顾问，卷烟厂指派一名干部配合律师处理日常业务。这个法律顾问室的工作，接受法律顾问处的统一领导，同时接受厂方党委领导。法律顾问室可以代表厂方处理与外单位的经济纠纷，也可以全权代理参加诉讼。

（二）应聘律师每周星期二到厂办公一天。若厂方遇到特殊情况，可随时与法律顾问处联系；若应聘律师因公务等情况不能到厂办公，由法律顾问处另行指派律师替班。

（三）协助厂方承办民事案件、签订协议、解决与外单位的经济纠纷。其中比较突出的有三件：一件是代理解决了一起房屋搬迁纠纷。居民徐某某的住宅处于卷烟厂扩建厂房的中心，根据上级指示精神急需搬迁，但徐家长期赖着不搬，甚至趁机要挟，无理取闹，直接影响了扩建施工。应聘律师了解到这一情况后，几次找到徐某某，一方面指出她的行为违反国家征用土地和拆迁房屋的法令，另一方面耐心做说服教育工作，终于使徐某某改变了态度。尔后，律师代表厂方与其签订了搬迁兑换房屋协议，徐家按照协议规定按时搬出了扩建区。另一件是代理签订了卷烟厂与益都县公路工程指挥部的改线补偿协议。公路工程指挥部遵照省批计划拓宽济青公路关头至石埠顶一段，按原设计需拆除卷烟厂南墙并向厂内扩伸 2.8 公尺。卷烟厂为不影响当前生产和今后发展，请求将该线路南移，后经上级批准，在不降低原设计标准，并有利于益都县城规划的前提下，同意改变该段公路的线型，但卷烟厂与公路工程指挥部需签订改线补偿协议。为此，应聘律师直接参加了厂长办公会和改线补偿协议座谈会，认真进行了查对、审查工作。最后双方达成协议。协议规定：因变更线路而新筑路面，新修桥涵、增加征用土地、增拆房屋等一切事宜均由公路工程指挥部负责，所需增设资金 20 万元由卷烟厂负担。协议还规定，新改线路中心桩向北 13 米、卷烟厂南院墙以南的旧公路残留地段，归属卷烟厂。对此，双方都十分满意。还有一件是协助厂方妥善解决了卷烟厂与城关镇夏钦园、东关两大队的藕湾污染纠纷。益都县环保局在《关于处理烟厂污染夏钦园、东关两大队藕湾污染问题的通知》中指出：由于卷烟厂的工业废水未经处理连同烟尘排入湾内，致使水质变黑发臭，62 亩藕湾受到不同程度的污染，烟厂应赔偿污染损失 5.04 万元。对此，卷烟厂认为，厂里排放的污水虽然水质不好，但藕湾的藕却是一直生长茂盛，而且正是这些排放污水（一昼夜排放的总量为 1500 立方，其中生活污水为 1200 立方，消烟除尘工业废水仅为 300 立方）成了藕湾的藕赖以生长的唯一水源，因此对赔偿损失难以接受，但又苦于找不到拒赔或少赔的理由。在这样的情况下，应聘律师本着忠于事实、忠于法律、忠于国家和人民利益的原则，积极地向厂方提出了法律的帮助，并会同卷烟厂动力科、化验室，就排放污水的总量、水质、生态及淡水养殖等问题，进行了化验、测试和调查分析，写出了含有科学数据并具有一定参考价值的《关于排污情况的调查报告》。最后，县府和有关单位进行了研究，决定由卷烟厂赔偿夏钦园、东关两大队经济损失 3 万元，从而使这起藕湾污染纠纷得到了妥善解决。

上述法律顾问活动,得到了卷烟厂领导的热情欢迎和称赞。该厂领导反映:“过去,由于我们不懂法律,有些问题虽然花费了不少精力,但不能据理力争。自从我们聘请了法律顾问,我们与外单位的纠纷就能够及时解决了。律师的活动,还促使我们更加自觉地按照客观经济规律办事,从而保证国家计划的完成。我们尝到了甜头,我们非常欢迎和感谢律师为我们担任法律顾问。”

目前,益都县法律顾问处正在认真总结前段法律顾问工作的经验,准备在现有的基础上,帮助卷烟厂建立健全经济管理制度,堵塞经济漏洞,并在厂内开展咨询,解答有关法律询问,对职工的婚姻、债务等问题给予法律上的帮助。同时,通过法律讲演和其他方式,向全厂2500多名职工进行法制宣传教育,提高职工遵纪守法的观念,力争为卷烟厂生产秩序的维护和“综合治理”发挥更大作用。

附《聘请法律顾问合同》

1982年8月6日

聘请法律顾问合同

立合同单位:益都卷烟厂(称甲方)

益都县法律顾问处(称乙方)

为适应四化建设的需要,加强法制建设,迎接经济合同法的施行和试行民事诉讼法,经双方协议,订立下列条款,共同遵守。

一、乙方接受甲方聘请,指派张信基律师担任甲方法律顾问。

二、期限:一年,自一九八二年六月一日至一九八三年六月一日

三、法律顾问的工作范围:为聘请单位就业务上的法律问题提供意见,草拟、审查法律事务文书,代理参加诉讼、调解或仲裁活动,维护聘请单位的合法权益。

四、法律顾问的业务工作,接受法律顾问处统一领导。为保证法律顾问工作的开展,同时接受厂方党委领导。

五、应聘律师每周二到厂办公一天,如甲方遇特殊情况,随时与法律顾问处联系。

六、被指派的律师,如因公务等情况不能到厂办公,应由乙方另行指派律师到厂办公。

七、顾问酬金:每月200元,月底结算。乙方帮助甲方草拟审查合同、处理有关法律事宜不另付酬金。但对厂内职工个人提供法律帮助,另行收费。

八、本合同一式两份,各执一份,双方签字盖章后生效。如有未尽事宜,经双方协商后另行增补。

甲方:　　　(盖章)

乙方:　　　(盖章)

刑事辩护案例四则

(1984年4月,山东省司法厅行文,要求各地市司法局呈报律师在严厉打击刑事犯罪中的典型案例。根据省厅要求和市局安排,共整理呈报了6件,以下为其中4件。这4则案例,在一定程度上反映了当时“严打”中对案件定性、起诉、辩护、审判、量刑的有关情况。)

一、郑报连阻碍国家工作人员依法执行职务案

案情

1983年11月24日晚,寿光县台头公社北洋头大队放映电影。期间,牛头镇大队和北洋头大队的社员发生争吵,县公安局刑警队侦查员石永亭看见越闹越厉害,便出面制止,但他未着警服没有亮明身份,并从腰里掏出手枪。这时,郑报连(原中央警卫团战士,复员不到一个月,正在公社担任教员集训民兵)听到吵架声,从放映场的西北角赶到现场,黑影里看见一个人拿着手枪,便决定去查验一下持枪人究竟是干什么的。如果是坏人,就把枪夺下来,防止发生危害。在郑报连抓住枪管时,石永亭说:“我是公安局的,有工作证。”郑即放了手。

起诉

检察院起诉被告人郑报连的行为,触犯了《中华人民共和国刑法》第157条之规定,构成阻碍国家工作人员依法执行职务罪。

辩护意见

被告人郑报连的行为构不成犯罪。

(1)被告人没有参与争吵,他不是基于个人恩仇去抓公安干部的枪。

(2)因为天黑,公安干部又没有穿警服,被告人在抓住枪管之前,并不知道持枪人是公安干部,不认为他是在依法执行职务。按照刑法理论,构成阻碍国家工作人员执行职务罪只能是故意的,被告人郑报连不知道石永亭是公安干部,不知道他是在执行职务。因此,被告人缺乏犯罪构成的主观条件。

(3)当被告人知道持枪人是公安人员的身份后,立即就放了手。根据证人的证明,从被告人抓住枪管到知道持枪人的身份,前后不到半分钟,被告人的行为没有给公安干部执行职务造成什么妨害,这在犯罪构成上叫做"没有危害社会的结果",缺乏构成犯罪的客观条件。

(4)当被告人看到在看电影的人群中有人拿着枪,有发生生命危险可能时,便主动挤上前去查证这种持枪行为,以防危险事故的发生。应该认为,从主观来说,被告人是基于防止危险事故的发生这一目的去查证持枪行为的,这种目的是好的,是正确的,是应该给予肯定和支持的。

结果

承办律师将以上意见在庭前与审判人员进行了交换并得到了采纳。此案未开庭审理,郑报连最后被无罪释放。

二、为张某某强奸案当庭拒辩

1983年11月29日,潍坊市人民检察院分院起诉认定被告人张某某(男,现年21岁,益都县人,回族,初小文化程度,无业)于1981年夏、秋期间,与另一被告人乔某某先后在云门路东崖头处和民主大队场院屋后处,两次轮奸原东关大队女青年脱某某。以两人为首伙同他人,将脱某某叫到东关桥下,摁住臂、腿,将脱某某强行轮奸。

1984年1月8日,被告人张某某的亲属委托益都县法律顾问处为张某某辩护。承办律师经阅卷调查、走访证人和会见被害人,认为被告人张某某犯罪事实清楚,但张拒不认罪,法庭调查阶段,仍然矢口否认。据此,律师当庭声明拒辩。拒辩词如下:

审判长、审判员:

益都县法律顾问处根据我国《刑事诉讼法》第26条和其他有关法律规定,接受被告人张某某亲属的委托,并征得被告人的同意,指派我为其辩护。

通过阅卷,两次会见和法庭调查,我发现被告人张某某不如实陈述案情,有意欺骗。据此,根据《律师暂行条例》第6条规定,我拒绝为被告人张某某进行辩护。

最后,法院以强奸罪判处张某某有期徒刑15年。

三、邹某某奸淫幼女案

案情

被告人邹某某，男，32 岁，捕前住甘肃省文县中家公社新农大队。1975 年 8 月 10 日 10 时许，被告人趁本村（五莲县洪凝镇陆家庄子村）邹某某参加社员大会不在家之机，拨门入室，将邹某正在熟睡的幼女（当年 13 岁）奸淫。作案后，畏罪潜逃于甘肃定居，1984 年 1 月 14 日被逮捕。检察院起诉被告人行为触犯了《中华人民共和国刑法》第 139 条第 2 款，构成奸淫幼女罪。

辩护意见

1.《刑法》第一章第 9 条规定，刑法自 1980 年 1 月 1 日起生效。中华人民共和国成立以后本法施行以前的行为，如果当时的法律、法规、政策不认为是犯罪的，适用当时的法律、法令、政策。如果当时的法律、法令、政策认为是犯罪的，依照本法总则第四章第八节的规定应当追诉的，按照当时的法律，法令、政策追究刑事责任。被告人邹某某的犯罪时间为 1975 年 8 月 10 日，应当按照当时的法律、法令、政策追究其刑事责任。

2. 被告人有悔罪表现，坦白认罪真诚。9 年来老实守法，无其他犯罪行为。

判决结果

被告人系《刑法》施行前犯罪，归案后认罪态度较好，有悔罪表现，根据《刑法》第 9 条之规定，按当时的法律、法令、政策，判处被告有期徒刑 3 年，缓刑 3 年。

四、为盗窃团伙犯孙某某辩护

案情

被告人孙某某，男，17 岁，初中文化程度，益都县朱崖公社马岭行大队人。1983 年 6 月 21 日被拘留，同年 10 月 1 日被依法逮捕。被告人的主要犯罪事实是于 1981 年 11 月至 1983 年 6 月，参与以孙某为首的盗窃团伙，盗窃汽车水箱、生铁等物资。

起诉事实

自 1981 年冬至 1983 年 6 月，被告人孙某某伙同孙某 1、孙某 2、孙某 3、孙 ×、赵某某（另案处理）等人，先后盗窃淄博市黑旺铁矿上海产十五吨汽车散热水箱 4 个，生铁管 7 根，矿车插板 5 块，铁枕木两个，生铁 2300 余斤，总价值 3520 元。上列被告将所盗物资砸烂卖得赃款 358 元 5 角 8 分。综上所述，上列被告人目无国法，合伙盗窃，影响很坏，触犯《刑法》第 151 条之规定，提起公诉。请予判处。

辩护意见

(1)检察院起诉书中指控孙某某于1981年冬先后两次参与盗窃黑旺铁矿3个汽车水箱的犯罪活动,对此被告人已供认不讳。

(2)起诉书指控犯罪时间仅指出是冬季,未指出确切日期。根据孙某某的供述和同案人证实,他第一次盗窃水箱的时间是1981年冬天某星期一的下午,天下小雪。第二次盗窃那水箱的时间,是离第一次行窃多天后的一个星期天。经查阅1981年冬季的日历,从10月中旬到12月上旬的星期日分别为10月11日、10月18日、10月25日、11月1日、11月8日、11月15日、11月22日、11月29日、12月6日、12月13日。经查询益都县气象站降水资料,1981年冬季益都地区第一次降雪时间是11月16日,星期一,12时35分到15时30分,降雪量为1.3毫米。据上可以断定:孙某某等第一次盗窃水箱时间是1981年11月16日,第二次当是1981年11月29日。

(3)经走访调查,被告人孙某某于1965年农历11月18日出生,换算公历为12月10日。而孙其某的主要犯罪事实是在1981年12月10日以前发生的,这就说明孙某某作案时还不满16周岁。根据我国《刑法》第14条之规定,年满14周岁不满16周岁的人只有犯杀人、放火、抢劫、重伤、惯窃罪或其他严重破坏秩序的罪行才负刑事责任。被告人孙某某不满16周岁,又不是犯的上列罪行,所以不承担刑事处分。

(4)关于1982年秋孙某某参与盗窃生铁一事。因数量不多,价值不高,尚达不到可罚程度,故请法庭从轻发落。

判决结果

被告人孙某某参与合伙盗窃,但主要作案事实是在16周岁前所为,根据《刑法》第14条规定,从轻判处拘役6个月。

潍坊市试行律师工作承包责任制的基本情况

(本文为1984年山东省律师经验交流会材料。)

我们潍坊市,是于1980年底恢复律师工作的。目前,全市设置法律顾问处13处,共有专职律师47人,特邀、兼职律师14人。近4年来,我市律师做了大量的工作,我们深感律师制度的必要;同时,我们也认识到现行的律师管理体制十分落后,亟须改革。

今年2月,司法部在济南召开了4省6市律师改革座谈会,我局领导参加了会议。会后,我们根据司法部、省厅关于改革律师管理体制、推行律师工作承包责任制的指示精神,本着试行承包、改革体制、促进工作的目的,酝酿研究了具体意见,并加强领导,一抓到底。到8月份,全市12个县区法律顾问处普遍制定了承包责任制试行办法并付诸实施。对此,省厅载报披露我市"锐意改革、勇于实践",并要我们专题进行总结,我们感到惭愧和力不从心。为了便于领导和同志们对我们的工作给予指教和帮助,下边就把有关情况作粗略的汇报。

一、基本做法

在试行律师工作承包责任制的过程中,我们着重抓了三个环节:

1. 端正各级干部和律师人员的思想认识。律师工作试行承包,虽然势在必行,非搞不可;但话好说,道理也不深,就是开始时很难被人们所认识。即使是在我们政法系统,也同样是认识不一，或誉或否。对此，我们首先把工作重点放在统一全市司法行政干部和律师的思想上面，下决心三破三立，即：破除“左”的思想束缚，树立大胆改革的精神；破除等上级红头文件的陈腐观念，树立勇于实践的勇气；破除满足于现状的思想，树立不破不立的责任感和紧迫感。在解决了上述问题以后，大家都有了比较明确的指导思想。这就是：律师工作试行承包责任制，必须解放思想，立志改革，坚持社会主义方向，积极为经济建设服务，为长治久安服务，为广大公民服务。通过承包，把责权利紧密结合起来，调动律师人员的工作积极性，体现奖勤罚懒的原则，更好地开展各项业务，开创律师工作新局面。

2. 精心组织，具体布置。我们把推行承包责任制作为 1984 年律师工作的一项重要任务列入议事日程，多次召开专门会议进行研究，根据人员条件、工作基础和思想状况，确立在寿光县先行试点。寿光县法律顾问处，参考安徽滁县等地的做法，提出了第一个承包方案。为了使之进一步完善可行，市局领导和业务科亲临寿光县研究指导，并广泛征求其他县区的意见。今年 5 月份，全市政法工作会议结束后，我们抓住时机，召开了全市各县区司法局长和两处主任会议，寿光县法律顾问处介绍了试点情况。市局印发了省厅《关于法律顾问处经费管理试行办法》（方案一），局领导对普遍试行承包责任制作了具体布置，提出了试行承包责任制与单立账户同步进行的意见。

3. 加强领导，督促检查。会议之后，各县区司法局与法律顾问处，根据市局意见和寿光的做法，开始研究具体办法。一个月后，我们发现了两个突出问题。一是承包进程不平衡：有的领导重视，行动迅速；也有的虽然重视，但对承包指标达不成统一协议；还有的个别单位持观望态度，到 6 月底，全市只有 6 个县区正式试行承包。二是已经试行承包的单位，承包责任制制订得不够完善和具体；将要试行的单位，有的对承包指标订得过低。针对这两个问题，我们立即组织检查组，先后在潍坊、诸城、益都召开法律顾问处主任片会，及时传达全省律师承包座谈会精神和省厅领导的指示，介绍外地经验，交流本单位的情况，并针对各单位在制订承包责任制中存在的问题，研究具体措施，修订有关内容，对进展缓慢的，给予帮助督促。到 8 月份，全市 12 个县区法律顾问处，全部试行了承包责任制。

二、几种形式

我市律师工作试行承包责任制，是集体承包制加个人责任制。也就是说，法律顾问处作为一个集体，向司法局承包；而主任、律师作为个人则要各负其责、各尽其能，按劳得奖。应当说明，我们搞的较晚，很多方面，是学习、参考了外省、外地的经验和做法，特别是业务收费的留取和分配，基本上是依照省厅

《关于法律顾问处经费管理试行办法》(方案一)执行的。综合各处形式,大体上分为三种:

第一种,承包责任制内容包括承包任务、奖励办法、计费标准、考核评比四项。即在1983年收费额的基础上增加25%,作为1984年的承包任务;完成任务得奖10%,超额完成任务同样按10%提奖,完不成任务扣发节约奖的10%。为体现多劳多得的原则,律师人员的责任制用100分显示,年终按政治学习、考勤、本职业务、五讲四美等四方面的工作表现情况,计算出所得分数,然后以各自的实际分数得奖。每个律师人员的得分和积分,由主任具体掌握,并通过业务和工作分配使积分尽量趋于平衡。

第二种,实行"四定一奖惩"。即定时间、定人员、定任务、定质量,完成业务和收费指标得奖10%,超额完成部分提奖20%,完不成指标扣发节约奖20%。个人奖惩,采取以刑事辩护案件为标准件,以件计分、以分记奖并与平时表现相结合的方法,年终一次评比分级奖惩。其他业务折抵标准件(刑事辩护)的比数是:1件经济代理相当于两个半标准件;法律顾问上班1个月(4天)相当于1个标准件。完成1件刑事辩护记10分;1件经济代理记25分;法律顾问上完1个月班记10分;代书1件记2分;解答法律询问1件记0.5分。如潍城区法律顾问处采取此种形式,全处6人(包括特邀律师3人),今年下半年的承包任务为167个标准件,收费5500元。

第三种:只规定承包任务、完成指标和奖励办法。任务为前3年收费平均数再增加15%;指标落实到五项业务,每项都有具体件数,完成收费指标,根据省厅规定的办法奖励10%,超额完成的部分,20%纳入业务建设,5%作为集体福利,40%上缴财政,15%缴纳税金,20%作为奖金。

上述三种形式虽有区别,但小异大同,不论哪一种,法律顾问处的办公费以及在职人员的工资、福利、医药、公物等费用,仍有各级财政拨款未变。这些形式,既不是"全额管理、差额补助",也不同于"自收自支、结余留用分成"。

从各处几个月的实践看,上述三种形式,以第二种效果较好。今年10月份,我们召开了两次座谈会,采用第二种承包形式的潍城、寒亭、临朐、益都、五莲、坊子等法律顾问处,认为承包任务按标准件计算,以件记分、以分记奖,能够把责任制落实到个人,更能调动律师人员的积极性和主动性;同时,此办法比较具体,看得见,摸得着,每个律师都能根据总件数计算出月件数,从而自觉地考虑每日、每周的工作安排,这样就使得整个工作带有计划性。但这一形式的弊病是削弱了协调性,由于各自外出办案,大家坐在一起共同学习、共同研究案件的时间就少了。而第一种形式,虽不存在此类问题,但计分标准在实际工作中不易掌握。至于第三种形式,则趋于“大众化”。因此,我们准备对承包形式作进一步改进。

三、承包效果

从我市律师工作试行承包五个多月的实践来看,已普遍见效。归纳起来,主要表现在以下几个方面。

首先,试行承包责任制,调动了律师人员的工作积极性、主动性。过去,各处律师虽能按时上班,但工作起来缺乏热情,认为“大锅饭”人人有一份,干多干少照样发工资。承包后就不同了。有的律师说:“搞承包肩上有压力、工作有动力,心里的弦整天绷得紧紧的”。与承包前相比,各处普遍出现了“五多”“两少”的好现象,即主动承担任务争相办案的多了,加班加点,积极工作的多了,刻苦学习、钻研业务的多了,出主意想办法的多了,深入基层和到外省办案的多了;而当班时间闲聊的少了,发牢骚、说消极话的少了。去年,临朐县法律顾问处吃的是“大锅饭”,总认为干好干坏一个样,4 名律师年富力强,但精神不振,缺乏热情,分派办案、等案办案的现象比较突出。结果,全处全年仅承办刑事辩护 23 件,非诉讼代理 18 件,代书 57 件,总共收费 1160 元。今年试行承包后,全处人员统一了思想,深入基层,联系业务,主动承担任务,争着出差办案。仅 1 至 9 月份,就出庭辩护 17 起,代理非诉讼事件 23 件,代书 53 件,办结民事代理 21 件,并担任了县工商局的法律顾问,收费达到了 8000 多元,比去年增长七倍多。

其次,试行承包责任制,有利于全面开展业务,增加办案数量。承包后,由于任务到处,工作到人,各项业务与承包指标挂钩,责权利结合了起来,各处便广泛开展业务,并积极受案,尽快办结。承包之前,我市律师共为企事业单位担任常年法律顾问 18 家。承包后,猛增到 43 家,如寒亭区法律顾问处承包后,在两个月内就与 5 个单位签订了聘请法律顾问合同,今年上半年,全市共代理民事诉讼案件和非诉讼事件 183 件。而承包后 6 至 9 月份,就办结了 172 件。同时,各处改进工作作风,普遍提高了受案数量。过去,有些宅基纠纷和标的较小的经济案件,律师总嫌麻烦或不愿代理,往往不能满足当事人的要求。试行承包后,由于规定了任务指标,这类纠纷就能受理了。如今年 7 月份,潍城区法律顾问处就办理了 2 起宅基纠纷和 1 件标的额仅六百元的经济纠纷。昌邑县法律顾问处试行承包后,坚持便民思想,面向全县两户一体,仅今年第三季度,就为两户一体解决经济纠纷 13 件。这些变化,相对缓和了当前请律师难的问题。

再次,律师工作试行承包责任制,有利于松绑放权,理顺关系。司法行政机关对法律顾问处试行组织领导和业务监督,这在《律师暂行条例》中是十分明确的;但是,在实际工作中,司法局究竟如何实施组织领导,法律顾问处又如何自觉接受组织领导,这个问题近年来一直没有得到很好的解决。再加上工作中出现的某些具体问题,譬如有的司法局在经费管理上卡得太死,有的把法律顾问处看做局内的下属单位;而有的律师则端着"处比局低半格"不放。这样一来,二者的关系就自然不那么融洽了。试行承包责任制后,司法局松绑放权,具体业务放心让律师去干,而法律顾问处单立账户,在经费上扩大了自主权,这就大大改善了过去的关系,从而更好地开展工作。但司法局松绑放权,并不是放手不管,而是在组织上加强领导,在业务上大力支持,具体工作任务由法律顾问处主任负责。

最后,试行承包责任制,增加了业务收费,明确了奖励办法,兼顾了国家、集体、个人三者利益。去年与今年相比,我市律师人数基本相等,但今年 1 到 9 月份比去年同期业务收费增加 3 万多元。截止 9 月份,全市除五莲外,其他 11 县区法律顾问处均已经超额完成了收费指标。有的超出了三四千元。由于收费增加了,指标完成了,大部分单位兑现了一次性奖金,并统一制作了服装。目前,全市各法律顾问处都从业务收费中留取了一定的业务发展基金,并以此购买了两辆吉普车,三辆三轮摩托车,六辆"嘉陵"摩托以及写字台、文件橱、书籍等办公物品和业务资料。这些基本建设,来源于律师工作,又反过来服务于律师工作,更进一步调动了律师人员的积极性。这些都是符合国家得大头、集体得小头、个人得零头的原则的。

四、几点体会

1. 改革之路绝非平坦之路。律师工作试行承包责任制,并不是一帆风顺的,这样那样的阻力,各种各样的议论、犹豫、疑虑、赞成、反对,都是客观存在的。但是,只要按照中央的指示精神大胆改革,就是正确的。我们认为,推行律师工作承包责任制,首要的是解决思想认识问题,也就是解放思想。而解放思想的关键则是认真学习和领会中央指示,在政治上自觉同党中央保持一致,在认识上跟上时代的发展和形式的要求,在思想上有一种不改不可、不破不立的责任感和迫切感。

2. 制订承包责任制,必须实事求是,因地制宜,认真组织,抓好落实。由于各处人员不均,情况不同,前几年的工作基础差异较大,具体承包办法,尤其是承包指标,不宜统一规定,不宜搞一刀切。最好是先行试点,摸索经验,然后推广。一般来说,承包指标既不要偏高,偏高了律师压力太大或完不成任务,影响律师的积极性;但也不要偏低,偏低了则失去承包意义。从我市情况来看,以前几年的工作基础(收费多少)划分,大致分为三种情况:一种是人力较强、工作

"干不完"的单位,每年人均收费在1500左右;一种是虽然人力较强,但工作"吃不饱"的单位,每年人均收费在800元左右;还有一种是人手少,工作尚未打开局面的单位,每年人均收费500元以下。针对上述情况,我们强调因地制宜,放手让各县区自己搞,这样订出来的指标,基本上是切实可行的。

3. 律师工作试行责任承包制,必须紧紧依靠当地党政领导,取得当地党政领导的重视和支持,这是推行承包责任制的保证。要想"依靠"和"取得",我们的主要方法是多请示、多汇报、多做工作。

实践使我们体会到,律师工作试行承包责任制是正确的,必要的。这种办法是解决当前律师人员不足的途径之一,今后应当继续搞下去。目前,我们虽然在全市推行了,但还不完善,还不具体,严格地说起来,"承包"是名不符实的,叫岗位责任制倒更确切些。这种承包责任制还停留在小改小革的程度上,并未真正切中时弊。有的律师反映,承包就像一针强心剂,尚未解决根本问题。这话不是没有道理的。因此,律师工作仍然需要进一步解放思想,大胆进行改革。

今年10月份,我们召集各法律顾问处主任,对试行律师工作承包责任制进行了座谈交流,各处主任提出了一些很好的建议,初步确定1985年全市要继续普遍试行律师工作承包责任制,并认真讨论研究了一些具体意见。我们认为,只要坚持改革,充分调动律师人员的积极性,律师工作就会有更大的发展。

附

潍坊市律师工作承包责任制试行意见

一、为充分调动律师人员的积极性,全面开创律师工作新局面,1985年,全市13个法律顾问处继续普遍实行律师工作承包责任制。

二、法律顾问处实行承包责任制后,其属于司法行政机关领导下的国家事业单位的性质不变,在编的工作人员属于国家法律工作者不变,退休离休后的人员的工资、福利、以及法律顾问处的办公用房、职工宿舍等基金费用仍由国家财政负责不变;办公费以及在职人员的工资、福利、医药、公务等费用仍按现行办法,由各级财政拨款不变。

三、在形式上,法律顾问处对司法局承包。包任务、包收费、保证办案质量。即规定全年的办案指标和收费指标,完成指标得奖,超额完成指标多奖,完不成指标的,根据差额大小扣发当年节约奖的10% ~20%。

四、根据目前的实际情况,法律顾问处实行集体承包制。1985年,市局要求各处人均至少要为一个企事业单位担任法律顾问,并积极承担刑事辩护,开展其他业务;收费指标要比 1984 年的承包指标适当提高。其工作、收费的具体指标,由各司法局与法律顾问处根据各自的实际情况具体研究商定。

五、对法律顾问处的业务收费,要加强管理。考虑到律师制度刚刚恢复不久,各项开支较大,困难较多,暂规定:完成基本承包收费额,50% 作为发展基金,10% 作为集体福利基金,10% 作为奖励基金,20% 上缴同级司法局,5% 上缴市司法局,5% 上缴省律协。若超额完成收费指标,其超额部分的 30% 作为事业发展基金,15% 作为集体福利基金,30% 作为奖金,20% 上缴同级司法局,5% 上缴市司法局。

六、法律顾问处自身提留的三项基金,要专款专用。具体按照省厅 1984 年 4 月 20 日《关于法律顾问处经费管理办法》的规定执行。上缴市司法局的部分,由市局公证律师管理处负责管理,主要用于组织律师代表到外地参观、学习、考察,统一订购书籍、资料等。

七、法律顾问处实行承包后,其日常工作实行主任责任制,并建立考评制度。为了充分发挥每个律师的作用,主任主持工作,要统筹安排,认真负责,既要完成任务,又要保证质量。

八、法律顾问处实行承包后,要单立账户,独立核算。主任负责本处的经费管理,但较大开支要请示司法局领导并征得有关部门同意。同时,要建立健全财务制度,严格遵守财经纪律,并自觉接受同级司法行政和财政部门的监督。

九、法律顾问处实行承包责任制,一方面,要自觉接受同级司法局的领导;另一方面,司法局对法律顾问处要松绑放权,热情支持律师工作,充分调动律师的积极性。

十、本意见为提要式,供各处参考。我们的原则是:实事求是,从实际出发,因地制宜,不搞一刀切。各单位可参阅本意见,结合本地具体情况,在 1984 年的基础上,研究确定 1985 年律师工作承包责任制的具体办法。

潍坊市司法局

1984 年 10 月 14 日

1984 年全市律师工作总结

1984 年，我市律师工作在各级党委、政府的领导和上级业务部门的指导下，认真贯彻执行中共中央〔1984〕1 号文件、5 号文件和全国司法行政工作会议精神，本着为经济建设、社会治安和人民群众积极服务的宗旨，边工作、边改革，开创了新局面，达到了律师制度恢复四年以来的最好水平。

一、各项律师业务有了新的进展

一年以来，全市律师人员牢固树立了三个观点，广泛深入地开展了各项律师业务。

（一）牢固树立为经济建设服务的观点，自觉适应经济形势的飞速发展，大力开展了法律顾问、民事代理和非诉讼代理业务，取得了令人可喜的成绩。

1. 今年的法律顾问业务。有三个突出特点：一是在应聘担任的数量上，大大地突破了原来的设想。全市律师先后接受聘请，为潍坊第二印染厂、潍坊蓄电池厂、潍坊拖拉机厂、潍坊地毯厂、山东羊口盐场、益都卷烟厂、临朐电子仪器厂、五莲酒厂、寒亭第一农机配件厂、青州大寿股份有限公司、潍坊康乐公司、沂蒙开发贸易公司、寿光振兴葡萄园艺厂、潍坊市科协、昌邑县个体劳动者协会、益都县妇联等 54 家企业、事业、团体单位和联合体、专业户担任了常年法律顾问，应聘数量比 1983 年的 8 家，增长 5 倍多。应聘律师由 12 名增加到 33 名，而且各处均已应聘。其中 6 月份才正式开业的市法律顾问处，在不到半年的时间内，就指派 4 名律师担当了 5 个单位的常年法律顾问。潍城区法律顾问处由去年的 4 家，发展到了 12 家。二是扩大了顾问对象，适应了形势需要。前两年，聘请单位一般是国有企业和集体企业，为了适应经济体制的改革和农村形势的发展,全市律师为 15 家经济联合体和专业户担当了法律顾问,占总数的 28% 。三是法律顾问业务出现了一些新课题。律师不仅要为聘请单位草拟、审查一般的经济合同、代理解决一般的经济纠纷,而且要为一些公司制定章程,搞股份经济,还要为有涉外活动的单位提供法律咨询和项目谈判。

2. 从一年来的情况看,法律顾问业务在快速进展中取得了可喜成绩,受到聘请单位的一致称赞。据统计,全市律师共为聘请单位办理经济法律事务 219 件,而且能够结合聘请单位的实际,及时提供法律帮助。

在为工矿企业担当法律顾问中,法律顾问的主要做法是代理解决经济纠纷,抓好经济合同的签订履行,协助厂矿负责人正确实施了国家经济法规;同时,根据实际需要,向广大职工进行了法律知识宣传教育,提高了职工的法制观念。如潍城区法律顾问处采取了上述做法,为市蓄电池厂解决积年经济纠纷 50 多件,总标的 27 万多元。一年来,该厂在产销活动中,再未发生新的纠纷,也没有发生刑事案件,经济效益大大提高,实现利润 20 多万元,比去年翻一番。

在为经济联合体和专业户担当法律顾问中,律师通过帮助制定各种规章制度,排难解纷,依法维护了他们的合法权益。青州大寿股份有限公司是益都县王母宫乡 14 户农民自发创立的,也是我国北方第一家由农民发起的股份公司,该公司的法律顾问反复学习中央一号文件和党的有关政策,翻阅了大量法律法规资料,起草了公司章程、招股章程、用人制度等一系列法律文书,继而又协助该公司召开了创立大会,发行了股票。对此,市委、县委都很满意,公司更高兴。他们说:“我们请了律师当顾问,真是如虎添翼。”不少个体户、专业户反映,有些单位对他们巧立名目,乱收费用,法律顾问及时向有关单位反映和交涉,使问题得到了较好的解决。

在涉外法律顾问方面,办理了两项业务。一项是在 8 月份,美国华盛顿西雅图海洋渔业公司有意向我山东羊口盐场投资养殖大虾,顾问律师提出了书面意见,指出该项目以补偿贸易的方式为好。另一项是青州大寿股份有限公司与日本国东工物产株式会社合作经营汽车租赁公司,律师拟定了《项目建议书》,并就谈判中遇到的问题,提供了很好的意见。这些涉外业务虽然还办的不多,但律师从中摸索了一些经验。

3. 今年的民事代理和非诉讼代理业务,也有了新的突破。一年来,全市律师共接受委托代理办结民事案件 185 件,为 1983 年(64 件)的 2.9 倍,代理办结非诉讼案件 314 件,为 1983 年(177 件)的 1.8 倍。以上案件中有经济案件 165 件,经济纠纷 301 件。律师通过代理,共帮助委托单位避免经济损失(解决诉讼和纠纷标的)643万多元,直接为经济建设做出了积极的贡献。

在实际工作中,各处律师还十分注意优先接收两户一体的委托,为他们排忧解难。大部分法律顾问处,专门印发了为“两户一体”提供法律帮助的宣传材料。昌邑县法律顾问处还送法上门,热情服务,全年办结经济纠纷案件85件。其中为“两户一体”办结40多件,受到了县委的表扬。

此外,今年9月份,我市律师为著名民族资产阶级实业家宋裴卿家族落实了一份历史遗产。1982年5月,宋氏家族便前来主张在益都城里万寿宫巷(今卷烟厂)的100多间的房产。益都县法律顾问处先后接受委托,代理查证和主张房产赔偿。经过两年多来的走访调查,取得了充分的证据,在中央、省、市、县统战部门的关怀支持下,终于圆满地解决了这起时隔30多年的“悬案”。宋氏家族成员在接到31万多元的房产赔偿之后,连称“共产党英明伟大”,并拿出2万元捐献给益都县少年儿童工作委员会。

(二)牢固树立了为国家长治久安服务的观点,认真履行了辩护职责,为正确审理刑事案件发挥了职能作用。

一年来,全市律师承办刑事辩护案件297件,约占全市法院审结数的19%,由于认真贯彻了中央〔1984〕5号文件的指示精神,辩护数量比1983年增加54件,增长22%。据统计,在所有辩护的案件中,法院指定的52件;被告人及其家属委托的245件;严重危害社会治安的7类案件被告人134名。其中,有6类案件6名被告人被无罪释放,有18起改变了定性,有84起被减轻从轻。11月份,在全市律师工作座谈会上抽查了100个刑事辩护卷宗,经大家讨论分析,认为辩护观点正确或基本正确的能够达到90%偏上,卷宗装订也基本合乎要求。元旦前夕,部分法律顾问处还邀请公检法机关的有关人员座谈征求意见。他们一致反映,在“严打”斗争中,律师依法履行职责,积极配合公检法机关落实了一个“准”字,提高了办案质量,发挥了很好的职能作用。另外,律师在服务严打,依法辩护的同时,还通过各项业务活动揭露各类刑事犯罪22起,维护了法律的尊严。

回顾一年来辩护工作,之所以取得了这样的好成绩,主要有以下四个原因:

一是认真贯彻执行了中央〔1984〕5号文件的指示精神,在党委的统一领导下,加强了辩护工作。属于法律指定辩护的重大刑事案件,律师能够全部承担;被告及其亲属委托的,也能积极接受;对于重大疑难案件,及时请示汇报,取得了领导的支持。

二是律师人员认真学习了中央领导和上级有关部门关于律师工作的指示,振奋了精神,坚持了“以事实为根据,以法律为准绳”的办案原则,重调查、重证据,正确适用法律,严把事实、定性、量刑三个关口,在"准"字上狠下功夫。

三是正确处理了起诉、辩护、判决之间既相互配合、又相互制约的辩证统一关系,对于那些有分歧、有争议的案件,律师能够主动与检审人员庭前交换意见。

四是律师在办案中,坚持集体讨论,充分发挥了集体的智慧,对于个别的疑难案件,还组织律师召开了疑难案例分析会,保证了办案质量。

(三)牢固树立了为人民群众服务的观点,加强了解答法律咨询和代书业务。一年来,全市律师解答法律咨询7068件,比1983年增长5%;代写法律文书1484件,比1983年增长17%;在开展这些业务中,共接待群众来访12,253人次,比1983年增长6%。

各处律师普遍反映,今年这两项业务出现了新的特点,即涉及面更加广泛,问题也更加复杂。除了婚姻、家庭、赡养、继承和历史遗留问题外,随着形势的发展,涉及农村承包合同、债权债务以及房屋规划方面的问题明显增多。市法律顾问处于6月1日成立以来,仅半年时间就接待来访群众700多人次。昌乐县法律顾问处只有两名律师,在开展其他业务的同时,全年代写法律文书217件,平均每周代写4件。为了适应新形势的发展,满足人民群众的迫切要求、律师人员反复学习中央文件、深刻领会党的方针政策,努力掌握法律知识,在解答咨询中,做到弄清事实,有的放矢,提供的意见和办法具体可行。代写的法律文书,能把握住案情或事件的关键所在,叙述简明,说理充分,运用法律得当,受到了法院的好评。同时,各处为了方便群众,还进一步改进了工作作风。昌邑县法律顾问处在饮马、围子两个乡镇设立了法律顾问站,每月定期到站解答法律咨询;安丘县法律顾问处对来访群众一视同仁,满腔热忱,为了不使要求代书的当事人久等或再跑一次,他们晚吃饭、不午休,加班加点工作,受到了群众的尊敬。

为了加强社会主义法制,提高企业单位运用法律手段管理经济的水平,提高广大公民群众的法制观念,律师还在百忙之中,接受一些单位的邀请,进行法律宣讲71场次。

律师通过上述工作,一方面加强了公民的法制观念,支持了公民个人的正义主张和正当要求,维护了当事人的合法权益,有利于精神文明的建设。另一方面,预防了犯罪,消除了隐患,促进了安定团结,在综合治理中发挥了积极作用。同时,还密切了司法机关与人民群众的联系,从而有助于司法制度、尤其是律师制度的巩固和发展。

二、在改革的道路上迈出了可喜的一步

从年初开始，市司法局根据司法部、省司法厅关于改革律师管理体制，推行律师工作承包责任制的指示精神，解放思想，积极创新，认真酝酿研究了改革意见，并加强领导，一抓到底，全市12个县区法律顾问处在1984年普遍试行了承包责任制。整个改革、承包的情况，主要有以下几个方面：

（一）在推行承包责任制的过程中，注重了三个环节。

一是统一各级干部和律师人员的思想认识，下决心破除“左”的思想束缚，树立大胆改革的精神，破除等上级红头文件的陈腐观念，树立勇于实践的勇气。在统一认识的基础上，明确了律师工作试行承包责任制的目的。

二是精心组织，具体部署。市司法局把推行承包责任制，作为1984年律师工作的一项主要任务列入议事日程。局领导多次向市委、市府领导汇报请示，并召开专门会议进行研究，然后在寿光县先行试点。寿光县法律顾问处参考安徽滁县等地的做法，提出了第一个承包方案。在5月份召开的各县区司法局长和公证处、法律顾问处主任参加的全市司法行政工作会议上，寿光县介绍了试点情况，市局印发了省司法厅《关于法律顾问处经费管理试行办法》，局领导作了具体部署，提出了试行承包责任制与单立账户同步进行的意见。

三是加强领导，抓好落实。由于各法律顾问处人员不等，情况不同，前几年工作基础差距较大。在制定承包方案中，坚持了实事求是，放手让各县区自己搞。在承包工作展开之后，出现了两个问题。一个是承包进程不平衡。有的单位领导重视，行动较快；有的对承包指标达不成统一协议；还有的持观望态度。另一个是承包内容不够完善具体，有的单位对承包指标订得偏低。针对这两个问题，市局立即组织了检查组，先后在潍坊、诸城、益都召开了法律顾问处主任片会，及时传达了全省律师工作承包座谈会精神和省厅领导的指示，研究了具体措施，修订了有关条款，终于使承包责任制在全市普遍试行，并取得成功。

（二）承包责任制的主要内容，是法律顾问处集体对全年的工作量和收费试行承包，使之人尽其才、各司其职。综合全市各处形式，大体上分三种。

第一种是明确承包任务，规定奖励办法、计分标准和考核评分方法。即在1983年收费额的基础上，增加一定的比数，作为1984年的承包任务，完成任务得奖10%，超额完成任务亦按10%提奖，完不成任务扣发节约奖的10%，律师个人的责任制用100分显示，以考勤、考绩、考德计算分数，然后以实际所得分数得奖。

第二种是实行“四定一奖惩”。即定时间、定人员、定任务、定质量。在承包时间内完成业务和收费指标，得奖10%，超额完成部分提奖20%，完不成指标扣发节约奖 20%。律师的个人奖惩,采取以刑事辩护为标准件,其他业务按一定比数折抵,以件评分,以分计奖,并与平时表现相结合的办法。

第三种是只规定承包任务,完成指标和奖励办法。任务一般为前两年收费的平均基数再增加 15% 以上;指标落实到五项业务,每项都有具体要求。完成任务和指标,根据省厅规定的办法进行奖励。

通过一年以来的实践,各处认为第二种形式比较具体,看得见、摸得着,更能够把责任制落实到个人,更有利于调动律师人员的积极性。

(三)从各处试行承包的实际情况来看,可以肯定,积极推行以改革律师管理体制为主要内容的承包责任制,是正确的,有成效的。

首先,试行承包责任制,大大地调动了律师人员的工作积极性。过去,各处律师虽然能按时上班,但工作起来缺乏热情,认为"大锅饭"人人有一份,干多干少照样发工资。承包后就不同了,有的同志说:"搞承包肩上有压力,工作有动力。"各处普遍出现了"五多""两少"现象,即主动承担任务争相办案的多了,加班加点积极工作的多了,刻苦学习钻研业务的多了,出主意想办法的多了,深入基层和到外省办案的多了;而当班时间闲聊天的少了,发牢骚的少了。

其次,试行承包责任制,有利于全面开展业务,增加办案数量。1983 年,临朐县 4 名律师吃的是"大锅饭",总认为干好干坏一个样,全处全年仅承办刑事辩护 23 件,代理非诉讼业务 18 件,总共收费 1160 元。今年试行承包后,全处人员统一思想,全面开展了业务,承办了刑事辩护 32 件,代理非诉讼业务 46 件,代理民事案件 11 件,代书 189 份,并应聘为 5 个单位担任了常年法律顾问,全年收费达到了前三年收费总和的 3. 5 倍。可以说,全年全市律师工作之所以大有进展,试行承包是最主要原因。

再次,律师工作试行承包责任制,有利于松绑放权理顺关系,尤其是法律顾问处单立账户,在经费上扩大了自主权,大大改善了与司法局的关系。

最后,试行承包责任制,增加了业务收费,明确了奖惩办法,兼顾了国家、集体、个人三者利益,利国利民,皆大欢喜。

三、律师人员的两个素质有了新的提高

(一)加强了业务学习,提高了业务素质

近年来,律师业务日益扩大,国家不断颁布法律法令,经济建设一日千里。全市律师人员十分清楚形势发展的需要,自觉地加强了业务学习,用法律知识和理论政策充实了头脑。不少律师重新学习了刑法、刑诉法、民法、民诉法、婚姻法、经济法。有的还认真钻研了国际法,国际私法等涉外法律学科。在注重理论学习的同时,各处还重视了实践,使学习同工作相结合,学习同具体案例相结合，学中干，干中学。年内有2名律师坚持了华东政法学院函授学习，1名考取了省政法干部管理学院，13名同志经省司法厅考核审批，取得了律师资格，很多同志通过进一步学习，实际办案水平有了明显提高。

（二）自觉搞好思想建设，提高了政治素质

社会主义制度，决定了我国律师制度的基本特点。全市50名专职律师人员，绝大多数是党员律师。一年来，他们认真学习和领会十一届三中全会以来的方针路线和政策，坚持抵制和克服“左”的和“右”的错误思想的影响，在政治上、行动上同党中央保持了一致。在实际工作中，坚持了正确方向，使律师工作服从服务于党的总任务、总目标。在今年的年终评比中，有6个法律顾问处被评为先进集体，有1名律师被评为模范党员，有14名被评为先进工作者，有2名律师被吸收为市政协委员，1名律师被推荐为市青联常委，1名律师被推选为省法学会理事，2名律师被推选为省律师协会理事。

（三）遵守职业道德，提高了律师信誉

由于职业的关系，律师有着接受广泛咨询的业务和经常不断的来自各方面的请求，他们的工作是高尚而辛苦的。一年来，我市律师在全部活动中，始终坚持了“以事实为依据，以法律为准绳”的原则，依法办案，廉洁奉公，没有一名律师贪赃枉法，以职权谋取私利。担任法律顾问的律师，以聘请单位为家，急其所急，需其所需，及时地提供法律帮助；出庭辩护的律师准备充分，意见诚恳，辩护有理有节，很好地发挥了职能作用。尤其是参加民事和非诉讼代理的律师，不畏严寒酷暑，奔波四方，有的在外工作日多达半年时间。这些良好的职业作风，为律师赢得了越来越好的声誉，不仅得到了群众的称赞，也得到了领导的重视和支持。

总之，我市律师工作在改革之年开创了新的局面，但工作中还有一些不足。在为经济建设提供法律服务方面，律师的步子要迈得更大一些；在改革的道路上还要不断地创新，以适应经济体制改革的需要。为此，在新的一年里，全市各法律顾问处要继续普遍实行承包责任制，大力开展为经济建设服务的业务，使全市常年法律顾问单位增加到80家以上，办理经济纠纷案件350件以上。同时，积极开展刑事辩护和其他业务，为社会治安综合治理做出新的贡献。

（本文写于1985年1月）

1984 年全市公证工作总结

一、机构人员状况

本年度内,随着区划和机构改革的进行,我市公证机关和公证人员在数量上有所变化:1 月份,平度县公证处正式划归青岛市,潍城、寒亭、坊子 3 区公证处启用新的印章;6 月 1 日,市公证处成立并正式开业。

年末,全市实有专职公证人员 44 名,比去年增加 4 名,其中调出 3 名,新调入 7 名。另外,鉴于工作任务繁重,力量不足的实际情况,各公证机关根据司法部和省司法厅的要求,选聘了部分公证联络员,全市共选聘 110 名。

二、业务开展情况

一年来,全市办理公证 4526 件,完成原计划(5000 件)的 90%;业务收费 61,290 元,超过了原计划(30,000 元)的 104%。与 1983 年相比,办证件数下降 52%;业务收费增长 71%。

虽然办证数量有所下降,但从公证的内容来看,发生了可喜的变化。在全部事项中,经济合同公证 3026 件,占 67%,比去年增长 2072 件,提高 221%,超额完成了原计划;民间公证 1464 件,占 32%,比例适当;涉外公证 36 件,在定点办理涉外公证事项的平度县划出的情况下,仍比去年增长 10 件,提高 38%。

综合分类简析,在经济合同公证事项中,劳动合同占首位 1477 件;其次是农业承包合同 319 件;再次是林业承包合同 129 件;追偿债款协议为第 4 位 119 件;工副业承包、购销合同、建筑工程承揽等其他事项,尚不足百件。在民间公证事项中,新建房屋宅基地居首 500 件;房屋买卖次之 209 件;

再次是协议152件；副本与原本相符居第4位105件；收养子女、确认产权、继承、遗嘱、赠与等都在50件以下。涉外公证，涉及7个国家和地区，其中以美国为最多；文书的使用目的多半是定居，其次是自费学习。

三、工作重点及落实情况

按照上级的指示精神，根据形势发展需要和便民原则，1984年确定了4个工作要点。即大力发展经济合同公证，积极为经济建设提供法律服务；依法维护"两户一体"的合法权益，促进农村商品生产的发展；坚持原则，严格程序，进一步提高办证质量；边工作，边改革，试行岗位（或承包）责任制。对此总结检查，落实情况还是比较好的，而且在某些方面还有所突破。

1. 各处真正服从了党的总任务、总目标，在认真贯彻学习中央1号文件的基础上，牢固树立了为经济建设服务的指导思想。今年的经济合同公证发展快、办得多，一跃成为主流，从而彻底扭转了往年那种民间公证比例过大的局面。各县公证处，主要办理了县属、乡镇企业申办的经济合同公证以及农村承包合同的公证；市区公证处适应经济改革的新形势，积极承办了一些重点建设项目的建筑承揽、产供销、劳务等合同。除了开业半年的市公证处外，各县、区公证处办理经济合同公证少者100件，多者500余件，一般在200～300件，几乎都达到了历年最好水平。

2. 今年为"两户一体"办理各类合同公证940件，占总办证件数的20%。这方面出现了一些好势头：随着乡镇第三产业的发展和农村经济形势的繁荣，有的专业户、重点户和个体劳动者，在经济法律活动中，认识到了公证的作用，主动要求公证机关提供服务。对此，公证人员从便民原则出发，不但热情接待，而且优先办理，有时还不辞劳苦，送法上门。对此，很多当事人把公证人员当做自己的知心人，公证机关的信誉有了明显提高。

3. 在提高办证质量方面，围绕"真实""合法"这两个关口，着重加强了调查研究和政策法律的正确适用。根据事实法律，全市全年拒办各类事项的公证467件，其中经济合同205件，民间事项261件，涉外文书1件。办证发现问题后撤销4件。这是与往年不大相同的。为了确实提高办证质量，市局于11月份召开业务会议，组织各处负责同志"解剖麻雀"，认真抽查了119个公证卷宗，并走访了有关部门和当事人。从检查，走访和各单位年度工作总结看，各公证处在办证过程中都能坚持原则，严格程序，同时，在办证过程中还制止、揭露了多起违法合同和违法行为。因而，总的来说，办证质量是好的，经过公证的合同、协议履约率能够达到98%以上，没有出现或发生错证、伪证或其他质量问题。

4. 从 3 月份开始，市局召集部分公证处就改革公证管理体制的问题，多次进行研究讨论。5 月份之后，昌乐、临朐、诸城、益都、安邱、潍城等县区公证处，相继制定了承包责任制并付诸试行；其他公证处实行了岗位责任制。通过初步尝试，摸索出了一些经验和做法。

四、在新形势下遇到的新情况、新问题

首先，新形势对公证工作提出了新的任务，新的要求。也就是说，随着对内搞活经济，对外实行开放政策的进一步落实，公证工作也随之发生了一些变化。在经济方面，合同、协议公证的任务比往年增大了，而且当事人都要求及时受理，及时出证，时间观念强；在民事方面，收养、继承、特别是房屋租赁、房屋买卖等事项，也比往年有较大幅度增长；在涉外公证文书的使用方面，出国自费学习和探亲的也多于往年；同时，由于青岛、烟台两个对外开放城市的内联，我市已开始办理涉外法律事务。这些新任务、新变化，要求公证人员不仅要在思想上紧紧跟上形势的发展，而且要在业务上加强学习，进一步提高办证能力，确保办证质量。

其次，1984 年，公证工作在经济领域初步打开了局面，公证机关的声誉扩大了，不少当事人慕名而来，一般不用再“找米下锅”了。从接待来访群众和处理群众来信方面看，数量俱增，分别比去年增长 87% 和 95% 。从办理的 3000 多件经济合同公证看，合同标的一般比往年大，因而业务收费比往年显著增长。这些情况，展现了公证工作的前景，从而增强了公证人员开展工作的决心和信心。

从一年来的工作情况看，也遇到了一些新问题，归纳起来，主要有以下几点：

1. 今年以来，新设立登记了很多公司，但有的有名无实，个别的只想赚钱，不讲规范，申办的经济合同条款不完备，权利、义务不对等。

2. 村改后，个别村子的村干部自立章法，推翻了一些以前订立的合同，包括已经公证并在履行中的部分承包合同。

3. 有些倒卖合同标的额大，内容复杂，但相关法律和政策不明确，工作人员拿不准，往往暂缓办理或拒绝公证。

4. 在“三招三转”、收养子女等问题上，个别当事人企图通过办理公证，使其违法行为合法化，以达到个人目的。

5. 信息不够畅通，党和国家制定的政策和颁布的法律法令，公证人员不能及时了解掌握，因而也就不能及时贯彻执行。

6. 在新形势、新任务下，公证队伍更加显得力量不足，事多人少的矛盾更加突出；而且，办公场所比较简陋狭窄，不方便接待群众。

上述问题直接影响到公证业务的开展，但这些问题又不是公证机关本身能够解决得了的，因此需要上级领导和业务管理部门予以重视，并帮助解决。

五、几点再认识

公证工作开展4年了，期间，公证人员艰苦创业，努力工作，积累了一些很好的经验。今年，大家在实践中，对几个基本问题又有了进一步的认识：

1. 想要搞好公证工作，必须处理好三个主要关系。即公证工作与经济建设、社会治安的关系；依法办证与服从党政领导的关系；公证机关与有关部门的关系。正确处理这三个关系的关键是：牢固树立公证工作是为经济建设服务，为社会治安服务的思想；紧紧依靠党委、政府和司法行政机关的领导和支持；同兄弟部门密切协作，相互配合。

2. 公证工作必须加强，管理体制应当改革。加强的主要方面有三：一是党政部门、司法行政机关要加强领导，支持公证人员大胆工作；二是定期或不定期地对公证工作进行检查，发现问题，及时解决；三是增配专职公证人员，继续发展联络员，从根本上解决事多人少的老矛盾。改革的内容主要是改善管理体制，解放思想，松绑放权，在工作、经费等方面扩大公证处的自主权和独立性，并建立健全岗位责任制度。

3. 公证工作前景广阔，任重道远。一年来，我市公证工作取得的成绩是可喜的，它的作用也是比往年更为显著的。目前虽然公证工作中存在的问题较多，但问题是支流，是暂时的；公证工作日益被人们所认识，“今胜于昨，明又复胜于今”是主流，这也符合事物发展的基本规律。

今后，公证工作的任务将会更加繁重。1985年，全市计划完成办证指标6000件，其中经济合同公证要求达到4000件以上，同时全面实行岗位责任制。这就需要全市公证人员继续发扬勇于拼搏的精神，加大措施，克服困难，开拓前进。

我市的1984年的公证工作，仅从以上五个方面予以总结，不实不当之处，请省厅及各县区司法局、公证处指正。

（本文写于1985年1月）

关于我市律师参加省外经贸洽谈会提供法律服务的情况报告

市委、市政府：

遵照中共中央关于"司法部门要积极为经济建设提供法律服务"的指示，最近，我们潍坊市的4名律师在省司法厅的统一组织下，参加了在青岛举行的山东省首次对外经济技术合作和贸易洽谈会。会议期间，市司法局公证律师管理科的两名同志赴青对律师的工作情况进行了深入细致的考察了解，现将主要情况报告如下：

一

这次洽谈会之前，省司法厅调集各地市部分律师进行了短期学习。洽谈会开幕以后，又将各地市的律师划组分派到本地市开展工作。根据洽谈会的内容、程序以及我厂家代表的实际需求，我们潍坊市的律师主要从以下四个方面提供了法律服务：

（一）及时地为我厂家提供法律咨询意见42项

1. 益都变压器厂从日本引进彩色电视机变压器散装件10万套。签约后，厂家代表向律师提出了有关商检方面的咨询，律师提请厂家根据《中华人民共和国进出口商品检验条例》第二章第七、八、九、十条的有关规定，尽早与商检部门取得联系，并鉴于该商品检测手段要求精高，检测仪器在国内寥寥可数的实情，建议根据该商品的所属范围确定自检还是托检，且研究选择最佳检测方案。厂家认为，这样能把住质量关免得吃亏。市里的领导也很重视，要求该厂代表汇报落实咨询意见的情况。

2. 潍坊市合成洗涤厂工程师、副厂长陈海南向律师提出过三次咨询，律师作出了详细解答，其内容有：

（1）意向书、项目建议书、可行性研究报告、协议、合同各自的法律效力及其内容、要点和审批手续；

（2）引进设备和技术转让的价格计算、技术资料的交接和翻译；

（3）引进设备分交部分的资料需要向外商索取并需要调查国内制造厂家的工艺水平以及国内的材料供应情况；

（4）有关运输方面的问题，如离岸价、到岸价、托中国船只承运用何种货币交费、保险可否选择国别等。

另外，律师还向陈厂长就外汇的申请，理顺有关各方面的关系等问题进行了诚挚友好的探索，并将该厂对引进设备的力争精神和有效的、细致的准备工作以及在外汇方面的困难，向市领导作了汇报。事后，陈厂长一再赞叹律师解答法律咨询的广度和深度，感谢律师的热情帮助。

（二）帮助我厂家代表草拟修改意向书4件

1. 诸城县水泥厂与日本国兵库县贸易株式会社就从客方引进射线荧光分析仪多次协商达成意向，并委托中方拟定意向书。中方代表多次寻找律师提供帮助，后于3月30日下午在代表团驻地找到律师。律师就意向书的格式、内容及要求，向厂方代表作出了解释，并帮助起草了意向书草稿。翌日，日方代表欣然同意并签字。

2. 临朐县大理石厂与香港广大实业公司就引进花岗岩及大理石加工设备达成意向。律师参与洽谈并对双方的意向书提出了两条建议：（1）双方应对下一次的洽谈时间和地点作出约定。（2）在其约定时间内，双方不再与第三方就此项目签订意向书。这两条建议，当即被双方接受。客商陈日恒经理对此备加赞赏，向律师讨要名片并赞叹律师业务大有可为。

（三）为6个厂家起草审查了3份协议、4份合同、1份章程其中发挥较好作用、提出较大修改意见的有：

1. 昌邑县富民拉链厂与香港达顺贸易公司合资经营生产塑料拉链，是这次我市中外合资的重点项目之一。该厂厂长张敬文就有关法律问题向律师提出咨询。律师的圆满解答进而使他主动要求律师为其审查修改合资合同。我市几名律师连夜加班，协同作战，着重就引进设备的价格、质量、违约责任、争议的解决以及法律的运用等条款作出了认真研究，在原合同的基础上起草了比较完备的合同草稿。客商代表梁能盛抵青的第二天即在合同上签字，并对合同的内容及文字表述表示赞赏。

2. 山东羊口盐场拟与美国客商合资养殖大虾,并想在这次洽谈会上谈成。但美商未到,易为日客,当律师了解到谈判日近,而合同尚未起草,便连夜拟出。不料在谈判时客方拒绝采用合资而要求采用补偿贸易的形式。律师在帮助修改协议时发现原协议中规定合同生效后4至6个月,乙方(日方)将设备运至我方,但没有提及计息问题,律师要求加上了"计息时间从乙方(日方)提供的设备、材料到达青岛港之日算起"的条款,厂家认为这很重要,可以避免多付6个月的利息,客方也采纳接受,并相约在5月份签订正式合同。

3. 在洽谈会后期,我市律师还帮助齐鲁磁带发展公司审查了中外合资经营合同和章程,提出了修改意见13条,其中主要有:

(1)合同第一条:"香港永声磁带贸易公司在香港工商署登记注册,法定代表黄中春(黄秉),中华人民共和国国籍,香港公民,董事长"。这种表述方法不妥当,中国国籍与香港公民并列与国籍法不通,香港是中华人民共和国的领土,具有中华人民共和国国籍的人就是中国公民。正确的表述方法是:姓名、职务、国籍(中国)、法定住所(香港)。

(2)合同第四章"生产经营的目的、范围和规模"中第八条第二款规定了合营的期限,而第十七章又规定了合营的年限和终结,前后重复,且阐述不清。建议对合营期限作专章表述,可按提前终结、按期终结以及延长合营期限加以规定。因为合营期限问题是中外合资企业合同的重要条件之一,应当单列专章。

(3)合同第三十一条规定合营企业工人的医疗费、劳保费按国家规定不妥。合营企业终结后谁负责,不应照搬国家规定,建议另加修改。

(4)合同第三十九条规定:"合营期满结业时设备及其他财产全部归甲方"。建议改为"合营终结时,折旧完毕的设备和其他财产,不再列入剩余财产,不属清算范围,无偿转归甲方"。

(5)原合同没有税务的规定,建议增加税务专章。应规定:合营企业应按中华人民共和国有关法律的规定交纳各种税款,并享受依法免减税款的优惠待遇。

(6)章程中甲方有两个单位,其中一个是山东齐鲁音像出版社。该单位是事业单位还是经济组织不清。若是事业单位,则不能成为合营企业的主体,该章程中乙方(港方)是四个单位,这样就出现了两个甲方,四个乙方,在权利义务发生纠纷时,将造成混乱局面。建议将参加合营企业的各个法人分别编号,记载清楚。

(7)章程第十九条规定"聘请山东省某某厅某某厅长担任名誉董事长"一款,与党政干部不准兼营企业的国家规定是否抵触,需请示有关部门。

上述修改意见,得到了该公司工程师曲钦章的采纳和赞赏。他说:“我搞了很长时间,没有人和我这样细致地研究过,这次受到律师的帮助真是太好了。”

(四)参与了4个厂家与客商的谈判活动

洽谈会后期,我们律师的服务活动随着大会的进展而转入直接参与谈判阶段。其中,在参与青州大寿股份有限公司与奥地利中耀艺品国货公司合作经营德系安哥拉长毛兔养殖场的谈判中,发挥了重要作用。本来,双方第一次接触十分顺利,可以说一拍即合。但由于外方地处西欧,对我国的合资经营非常陌生,对中方的经济基础也有顾虑,因而在第二次洽谈时要求中方提出投资报价单。中方经过一番努力也真的提出来了,但在进入第三轮洽谈时,外商对中方企业性质和投资报价单提出了异议,双方争执起来,继而形成了中断局面。其时已是上午十一点半了,中方代表打电话向律师告急,要求律师立即出面帮助。律师张信基当即赶到现场,了解原委后就投资报价、中方企业概况作出了说明,重点说明了合作经营不同于合资经营,双方投资不属于作价折股,合作经营是一种契约式经营,双方的权益通过自由协商,在合同中一一规定即可。而青州大寿股份有限公司是我国经济体制改革的产物,是一新的经济联合体,已有注册资本和固定资产几百万元,有着强壮的生命力。外商听后,面露笑容,连说“我明白了,我明白了”。中方代表也对自己的意向叙述不清表示歉意,洽谈气氛随即缓和了。双方遂对一些技术问题进行积极友好磋商后,意向书很快就谈定了。

律师还参加了潍坊钢材厂、临朐大理石厂、昌乐五金厂与外商的谈判活动,也发挥了很好的作用。另外,我市律师还为外商提供了一次法律咨询,得到了外商的感谢。

二

在这次洽谈会之前,单就国内律师业务而言,可以说业已打开了局面。在恢复建立律师制度四年以来的时间里,我市律师在为巩固人民民主专政服务的同时,已为经济建设提供了卓有成效的法律服务(共为我市有关企事业单位,“两户一体”代理调解、仲裁、诉讼,解决经济纠纷或经济案件1200多件,总标的3000多万元)。但涉外经济法律事务尚是一块未被开垦或是刚开始开垦的处女地。在这次洽谈会上,我们的律师作为首批“垦荒队员”,通过实地工作和探索,实践了业务,开阔了知识,不仅了解了涉外经济合作项目谈判的程序及其内容,而且从厂家那里学到了一些设备、技术知识,还了解、运用了保险、商检、海商、税务等有关条法。从微观上讲,我们律师做的工作确实还微不足道,但从宏观上来看,通过上述工作,我们开辟了一条涉外律师业务的道路,为今后我市涉外律师业务的开展打下了良好的基础。我们在取得这一收获的同时还有以下三点主要体会：

（一）涉外经济需要律师提供法律帮助。我市参加这次洽谈会的代表上百人，虽然他们在设备、技术、工艺方面称得上专家，但对于法律特别是涉外经济法律，的确是很陌生的。而与客商合作，从草签意向书到签订合同，以及以后的争议的解决，都与法律密切相关。值得注意的是，不论是在谈判经验还是运用法律方面，客商都比我们丰富、熟悉和谨慎一些。为了维护国家的主权和利益，维护厂家的合法权益，也为了使中外双方的权利义务对等，使所有法律文书具有合法性，聘请律师提供法律帮助是十分必要而行之有效的。

（二）律师工作依靠领导支持。当前，我们国家的法制还不够健全，特别是在经济立法和经济法制方面只是刚刚步入轨道。在这种情况下，人们对于律师工作的性质、任务和作用还缺乏足够的认识，律师在开展工作中还有一些阻力。这就要求各级领导首先重视起来，为律师开展工作理顺关系，疏通道路。在这次洽谈会上，市府领导以及计委、经委的负责同志，为我们律师安排了专车、办公室，并在全市厂家代表会议上介绍了律师制度，要求厂家起草的文书请律师把关。这种支持，进一步鼓舞了律师的工作热情，也是我们律师取得上述成绩的保证。

（三）律师要发挥自己的主观能动性。就是要积极工作，争取主动。这次洽谈会食宿比较分散，律师与我市代表团驻地相距七八公里，为了满足代表的要求，为了提供更多的帮助，我们派出一名律师住进代表驻地，其他律师深入会场，见缝插针。会议期间，市法律顾问处主任罗荣祥同志，走访了数十名厂家代表，并把有关情况向市领导作了汇报。寿光县法律顾问处主任庞德月，益都县法律顾问处主任马光诚，在为自己的顾问单位当好顾问的同时，从大局出发，为其他厂家提供了积极的帮助。还应提及的是省律师协会理事、省司法学校民法、民诉法教研室主任，我市兼职律师张信基同志，以他丰富的实践经验和深广的法律知识，发挥了较为显著的作用。大家认识到，作为一名律师，只有充分发挥自己的主观能动性，用自己的专业知识为企业提供法律服务，才能赢得社会信誉，同时提高自身的地位。

三

通过参加这次洽谈会，我们也看到了我们国家在涉外经济活动中的不足之处，这些不足之处有条条方面的，也有块块方面的。我们相信这些条条块块方面的问题，一定能够通过经济体制的改革得到解决。下面仅从律师的角度，即涉外经济法律的角度谈两点浅见：

（一）从我们接触到的参加这次洽谈会的我中方代表（包括外地、市的代表)的情况来看,在涉外经济活动中,比较普遍存在这样几个问题:(1)法律知识比较匮乏。如有的代表连投资环境的含义都不懂,当客商问及时,答非所问;有的代表不清楚到岸价、离岸价的区别及法律规定,仅以价格的高低为准而坚持离岸价,等等。(2)在几种不同的法律文书中,问题较多的是合同。我们发现,在会前和会间由我方代表起草的合同草稿,多是仿照某些样本拼凑而成,因此也多有纰漏。(3)对于争议的解决,我方代表大都能够提出协商、调解、仲裁这三条基本途径,这是对的。但对于仲裁一则往往只规定提交中国仲裁机构仲裁,甚至在与客商谈判时也不愿做出让步,这种基于对其他国家的法律及其仲裁机构不了解,而以此维护自己利益的愿望是可以理解的;但这是不利于对外开放,不利于外资和设备的引进,不利于对外经济合作和贸易往来的。也正是考虑到这一点,我们国家的涉外法律在这方面有所规定:凡是在中国订立和履行的合同(除我国的法律有规定者除外)应当适应中国法律,但有些合同的当事人,可以选择与合同争议所适用的国家法律,而且也可以提请其他国家的仲裁机构进行仲裁。

上述问题怎样才能得到解决呢?我们认为:目前有两个基本办法:一是加强对经济企业干部的法制教育,增强他们的法制观念,克服在一些人中存在的以言代法、以权代法的错误做法;二是聘请律师担当法律顾问,直接参与涉外经济活动,把住法律关,堵塞漏洞,避免损失。

(二)从我市律师自身的情况来看,素质与实力仍是应当引起重视并应尽快解决的两个问题。这次我市参加洽谈会的4名律师,代表我市的高水平,但与工作的实际需要和厂家代表的热切期望还是有距离的。如上面提到的一厂家代表关于(设备)托中国船只承运用何种货币交费的询问,由于我们不懂,便未能当即答复。这说明我们律师的业务素质还亟待进一步提高。另外,我市地理优越、资源丰富,与外商合作领域广阔。尤其随着对外的进一步开放以及青岛、烟台两市的内联,我们潍坊市的涉外经济会日趋频繁,但我市律师人员屈指可数,共计五十多名,这远远不能适应形势的发展和经济建设的需要。为此,我们建议各级领导以及组织人事部门进一步加强对律师队伍的领导和建设,尽快增配一批律师人员,从根本上解决人少事繁的老矛盾;同时,建议省司法厅在这次外贸洽谈会的基础上,举办一次涉外律师业务培训班,以此提高律师人员的涉外业务能力。

以上报告如有不当,请指正。

(本文写于1985年4月)

潍坊市司法局1985年律师资格统考试题

一、解释题(每题3分,共12分)

1. 社会主义法
2. 犯罪主体
3. 无效合同
4. 律师制度

二、填充题(每题2分,共20分)

1. 根据宪法规定,中华人民共和国公民的人身自由不受侵犯,任何公民,非经＿＿＿＿＿＿并由＿＿＿＿＿＿,不受逮捕。

2. 我国刑罚种类分为主刑和＿＿＿。主刑包括＿＿＿、＿＿＿、＿＿＿、＿＿＿、＿＿＿。

3. 有关数罪并罚的规定,从各国刑事立法来看,大致可以归纳为三种处罚原则,即＿＿＿＿＿＿、＿＿＿＿＿＿、＿＿＿＿＿＿。

4. 所有权是指国家确认的人们对于财产的＿＿＿＿＿、＿＿＿＿＿、＿＿＿＿＿的权利。

5. 我国法定继承的第一顺序为＿＿＿＿＿、＿＿＿＿＿、＿＿＿＿＿;第二顺序为＿＿＿＿＿、＿＿＿＿＿、＿＿＿＿＿。

6. 订立经济合同,必须贯彻＿＿＿＿、＿＿＿＿、＿＿＿＿的原则。

7. 经济合同应具备的主要条款是＿＿＿＿＿＿、＿＿＿＿＿＿、＿＿＿＿＿＿、＿＿＿＿＿＿、＿＿＿＿＿＿。

8.《中华人民共和国经济合同仲裁条例》规定,仲裁机关受案后,应当在＿＿日之内将申请书副本发送被诉人;被诉人收到申请书副本后,应当在＿＿日内提交＿＿＿＿＿

和________。

9.《中华人民共和国律师暂行条例》是自________年____月____日起施行的。

10. 根据我国律师暂行条例的规定,律师进行业务活动,必须__________、__________、__________。

三、判断题(每题3分,共18分,认为正确的打"√",错误的打"×")

1. 某男(21岁)的伯父是某女(25岁)的姨夫,两人去婚姻登记机关办理登记,应发给结婚证。

2. 我国刑法规定,如果数罪中有判处附加刑的,附加刑仍须执行。

3. 张某被控告抢劫他人的自行车,公安机关依法对张某拘留审查。这时,张某委托律师为他辩护,律师应该接受他的委托。

4. 盗窃、诈骗、抢夺公私财物数额较大的,处五年以上十年以下有期徒刑。

5. 公证形式是特殊书面形式的法律行为。

6. 中外合营企业的董事长由双方轮流担任。

四、简述我国律师的主要业务和在业务活动中应享有的权利。(10分)

五、刑事案例分析(20分)

被告人:王某,犯罪时17岁。

案情:1985年9月25日晚12时许,被告人王某在被告人刘某(20岁)的纠集下,到某商店盗窃。在盗窃过程中,由刘某撬开商店的门,两人同时进入商店。商店内很黑,王某用事先准备好的手电筒照明。当刘某在货架上取下两台录音机(价值600余元)递给王某时,王某说:"那边还有衣服",于是刘某又从货架上取下3套毛西装(价值400余元),继而两人离开作案现场。次日,王某提出卖掉1套西装,得款50元,二被告人共同挥霍,其他赃物被平分。归案后,王某如实交代了罪行,退回其他赃物。

(注:分析该案例不要求写成辩护词。只要求:①简单逐条列出辩护理由;②列明对王某适用法定和酌定从轻减轻的刑法条款。不按要求列明的,视答案内容准确程度计分。)

六、民事案例分析(20分)

原告苏芳与被告苏原因遗产继承发生纠纷,原告请求和被告平均分配苏金的遗产,被告则认为自己是儿子,理应多分些。

诉讼参与人于桂平提出,她虽然和苏金离婚,但当时没有共同分割财产,要求对原有的共同财产重新分割。诉讼参与人苏英提出,自己是养女,有权和原被告一起继承苏金的遗产。

法院经调查查明:苏金于1945年与张玲结婚,婚后生育一男一女,取名苏原、苏芳。1947年,苏金又娶妾于桂平,未生育子女。1950年于桂平在未得到苏金同意的情况下,收养了苏英为养女。其后,苏金并未把苏英当成亲身女儿。苏金经营顺大商店,张玲、于桂平操持家务,并参与商店其他杂活。

"文化大革命"初期,苏家被抄。1969年苏金与于桂平双方自愿离婚,未进行财产分割。1974年苏金与张玲先后病故。1980年落实政策,苏原领回发还抄家财物折款4.6万元。

法院又查明,1969年苏金与于桂平离婚时,苏英已参加工作,在苏英的干部登记表上均填写"养母于桂平","自己是养母抚养长大的"。

基于上述案情,根据婚姻法和继承法的有关规定,就下列问题作出判断,并说明理由。

落实政策发还4.6万元,是苏金的个人遗产,还是苏金、张玲、于桂平三人的共同财产?

于桂平有无权利分割发还的四万六千余元,应分得多少?

苏英能否确认是苏金、于桂平的养女?有无权利继承苏金的遗产?

1985 年全市律师工作情况及 1986 年工作意见

一

对于 1985 年全市的律师工作，可以作这样一个评价：这一年，全市律师工作在前四年起步、发展的基础上，迈出了新的步伐，出现了比预料更好的令人满意的大发展的好势头。这种评价有哪些依据呢？就其主要的来讲，有以下几个方面：

（一）法律顾问业务方兴未艾，显示出多种趋势

其一，发展迅速。全市律师年内应聘为 139 家厂矿企事业单位、专业户、经济联合体开展了常年法律顾问业务，比较 1984 年，增加 85 家，人均达到了 2.2 家。

其二，作用显著。顾问律师总计为聘请单位办理法律事务 1765 件，不仅解决了聘请单位的积年纠纷，使被冻结的总额为 1400 多万元的货款重新开始流转，而且预防了新的纠纷的发生，提高了聘请单位的法制观念。

其三，由初级阶段步入较高阶段。法律顾问的业务范围，已由草拟审查法律文书，代理参加诉讼、调解、仲裁这些事后服务项目，扩大到了参与重大经济合同谈判，帮助培训法律人才，提供涉外法律帮助等预防性的工作。

其四，部分县区出现了"法律顾问热"。由于律师为聘请单位提供了富有成效的法律服务，社会影响随之增大，因而不少单位慕名登门到法律顾问处提出聘请，求助心情，较为真切。

上列趋势表明，法律顾问业务，将成为律师主要而长久

性的一项业务。

(二)民事案件、非诉讼事件的代理业务仍占相当比重,且表现出一些新特点

一是量大、标的大。全市律师全年代理办结民事案件 243 件,非诉讼事务 253 件,总计 496 件,相当于最初三年的总和。这其中,绝大部分为经济纠纷案件,总标的额多达 1360 多万,5 年来最为突出。

二是律师在诉讼代理中的地位更加突出。经济纠纷案件的发生,使许多缺乏法律知识、不了解诉讼程序的当事人主动登门委托律师代理。1985 年,全市律师代理办结诉讼案件的数量比 1984 年增加百分之 32%,其原因除了有些非诉讼事件转化为诉讼案件之外,更多的是当事人委托律师直接代理参加诉讼。

三是代理结果令人满意。今年办理的经济纠纷案件,大都错综复杂、难度较大,办起来比较棘手。但律师工作严谨,作风顽强,注重事实,依法办事,委托方满意,法院、工商等有关部门满意,对方当事人也接受。

以上特点,进一步说明了律师在经济建设中,特别是在经济法制中的地位和作用。律师已经成为深受当事人欢迎的代理人。

(三)涉外律师业务开始起步

3 月下旬,我市派出四名律师,参加了山东省对外经济合作和贸易洽谈会,及时为我厂家代表提供了 42 项法律意见,草拟审查了 12 份意向书、协议、合同和章程,还参加了 4 个厂家与客商的洽谈活动。这些工作成绩得到了省、市领导和厂家代表的一致赞誉。会议之后,潍坊、寿光、益都法律顾问处又为本处法律顾问单位的涉外经济活动提供了有效的法律帮助,其中主要有:

1. 为山东羊口盐场草拟了《发展养虾补偿贸易合同》,提供了《关于引进溴素生产技术设备的法律咨询意见》;

2. 为青州大寿股份有限公司起草了该公司与奥地利中耀艺术品国货公司合作养殖德系安哥拉长毛兔的项目建议书;

3. 为潍坊联侨毛纺有限公司提供了法律咨询,修改了合同、章程;

4. 参与了潍坊造纸总厂与法国阿利贝公司关于 PM101 长网纸机技术改造的谈判活动,并审查修改了《补偿贸易合同》。

这些活动,虽属尝试,但开拓了道路,摸索了经验,为我市今后全面开展涉外律师业务奠定了良好基础。

(四)刑事辩护工作提高了质量

一年来,全市律师共出庭刑事辩护 232 起,其中法院指定的 43 起,被告及其近亲属委托的 189 起。据统计,在这些辩护案件中,七类刑事案件 98 起,严

重经济犯罪案件26起。经律师辩护,法院审理,其中有2起(两被告人)无罪释放;6起改变了定性;76起得到了减轻、从轻处罚。这对于防错漏错,不枉不纵,维护被告人的合法权益,保证"严打"斗争的健康发展,起到了积极的作用。

(五)代书、解答法律咨询等业务也有了很大发展

年内、全市律师为当事人代写法律文书2607件,人均达20多件,为前5年的最高件数;解答法律咨询、接待群众来访11,000多件、14,000多人次。

另外,据不完全统计,全市律师还揭露了10起犯罪。"普法"工作开展以来,先后进行法制宣讲235场次,受教育人数多达33,600多人次。

上述各项业务的开展,体现了"四个服务"的观点,体现了人民律师主持公道,伸张正义,为民排难解忧、息诉解纷并通过全部业务活动宣传社会主义法律的职能作用。

二

在过去的一年里,我们潍坊市的律师工作确实是搞得比较好、上得比较快的,当然这与几种缘由是分不开的。对此,我们应当进行回顾总结,以便正确认识过去,从中汲取经验,巩固既有成果,更好地开展工作。根据各法律顾问处的情况来看,主要缘由有以下几点。

(一)党政重视,社会支持

这一点,是我们搞好律师工作的保证。它体现在:

中央领导同志对律师工作十分重视,把加强、重视律师工作提到了是否厉行法制的高度;

市委、市府、市人大,以及各级县区党委、政府经常过问律师工作,并点名把一些疑难案件交给律师办理;

公、检、法等有关部门很重视律师的工作和意见,配合默契、关系融洽;

企事业单位和广大公民非常信任律师,既主动要求律师提供帮助,又对律师的工作提供方便条件。

(二)指导思想正确,工作任务明确

这一点关系到律师工作的方向,是搞好律师工作的前提。事实证明,1985年确定的思想和任务是对路的。其表现为:

依据中央的决定和上级业务部门的指示,提出了律师工作必须服从于、服务于党的总任务、总目标,积极为两个文明建设服务的指导思想;

在端正业务指导思想的前提下,对各项业务的开展提出了明确要求,下达了任务指标;

围绕两个文明建设,有重点地大力开展了法律顾问、经济代理和刑事辩护

业务,并超额完成了任务。

(三)有一支好的队伍

这一点,是基本。因为工作是律师们干出来的,而且只有具有一定的素质,才能把工作干好。这也就是说,八五年我市律师之所以搞得好,一个基本的原因就是我市律师具备了一定的素质。

79名律师人员当中,有70名是中共党员。他们忠于党的事业,响应党的号召,尤其是通过整党学习,政治上是自觉地与党中央保持一致的;

律师队伍的结构日益知识化、专业化。政法院校毕业的已达14人,其他律师也都已受过法律培训并在实践中提高了工作能力。

律师人员牢固地树立了全心全意为人民服务的思想,不讲空话,做实事,不计较个人得失,勤勤恳恳工作,忠于职守,刚正不阿,具有良好的职业道德。

1985年,全市共有6个法律顾问处被评为政法系统的先进单位,有5名律师被评为模范党员,有30名律师被评为先进工作者。

(四)采取了三项整改措施

这一点,是经济体制改革和经济建设的需要,也是不断健全和完善律师制度的需要。三项措施是:

贯彻执行了(85)鲁司字第15号文件,使法律顾问处单列账户,独立核算,以收抵支,节余留用;

用律师收费发展了4名特邀、兼职律师工作者,充实了律师队伍;

普遍建立了岗位责任制,调动了工作积极性。

三

1985年,全市律师工作虽然取得了可喜的成绩,但与客观形势的发展和要求还不能相适应。应当看到,我们的工作还有一些不足的地方,还存在一些问题。一是律师人员少、任务重、力量不足;二是面临一些新任务、新课题,客观现实要求律师必须熟悉本专业以及与本专业有关的法律法令和其他知识,以便为当事人提供高质量高效率的法律帮助;三是工作中还有一些薄弱环节,发展仍然不够平衡。这些问题都需要我们在新的一年里认真对待并努力加以改进和提高。

1986年,是“七五”计划的第一年,是我市恢复建设律师制度的第六年,在这新的一年里,我们要继续遵照党的十二届三中全会的决定,根据市委、市府和省司法厅的要求,坚持为“两个文明”建设服务,为创造良好的经济环境和社会环境服务;要在全面提高工作质量上狠下工夫,确保各项业务的社会效益;要为“七五”计划的顺利实现,为振兴中华、富民兴潍作出积极的贡献。围绕这一指导思想，市局提出以下工作意见；

（一）继续大力开展各项律师业务

1. 要求每名律师到年末平均担任三家法律顾问，全市达到180家以上；已发展到15家以上的法律顾问处，要在巩固的基础上稳步发展；15家以下的，要大力发展；心有余力不足的，要采取必要措施，争取年末发展到10家。

2. 代理民事案件和非诉讼事件，以代理经济合同纠纷案件为主。原则上要求每处全年代理30件以上，全市完成500件。

3. 积极开展涉外律师业务。市、寿光、益都法律顾问处要进一步摸索经验，开拓领域；其他县区要加强学习，尽早起步，以便为引进外资、引进技术、促进我市的涉外经济活动服务。

4. 切实加强刑事辩护工作。调整力量，积极承担，把辩护率提高到40%以上。

5. 更加自觉地投入到普及法律常识这项伟大的社会工程中去。把宣传法律同代书、解答法律咨询、接待群众来访密切结合起来，除了参与普及各项基本法律常识，还要结合宣传《律师暂行条例》，让我国的律师制度通过普法工作，得到全社会的了解、重视和支持。

（二）提高工作质量、确保社会效益

律师工作质量如何，关系到当事人的切身利益，关系到法律的正确实施，也关系到律师的声誉和律师工作的发展，因此，我们必须在质量上下工夫。

首先，在思想上要高度重视。律师是国家的法律工作者，应当具有极强的法律意识，就是说，大脑应当始终受法律和党的政策的支配。应当始终遵循“以事实为依据，以法律为准绳，忠实于社会主义事业和人民利益”的原则。我市律师队伍是好的，但我们也在个别同志身上发现了一些不好的现象，比如特权思想，超越权限，办案缺乏冷静思考等等，这些都要予以改正。

其次，要严肃认真，一丝不苟，准确地运用法律，为当事人提供优质快速的法律帮助，要成为聘请单位名副其实的法律顾问。建立顾问日志，提倡提供以文字形式为主的法律服务，不能只挂名、不办事。在刑事辩护中，要严格区分罪与非罪的界限，不应付，不走过场，吃透案情，把握要害，认真组织辩护意见，大胆进行辩护。

为了提高工作质量，春节之后，市局将继续组织进行质量大检查。

再次，加强业务学习，进一步提高办案能力。各处要安排适当时间作为学习日，有计划地让律师学习专业，并重点学习经济法规和涉外法律知识，坚持不懈，形成制度，改变过去那种只埋头办案，不注重学习，用到什么学什么的不科学态度。

最后,加强信息、经验交流。市局拟于上半年召开一次有实际意义的律师交流会;公证律师科将选择我市部分律师工作素材,整理编辑成《律师工作资料选编》,以此促进律师工作经验的交流和各项业务的开展。

(本文写于 1986 年 1 月)

关于检查律师、公证工作机构为经济活动提供法律服务的情况报告

省司法厅：

1 月 28 日传真电报收到后，我局当即进行了专门研究。考虑到时间紧、任务急，遂安排公律科的人员在春节前到潍城、益都、临朐一区二县的律师、公证机构进行了检查了解；节后，又对市公证处、市法律顾问处进行了走访检查。经检查认为，我市律师、公证机构为经济活动提供法律服务的作用是显著的，好的典型事例是不少的，而有问题的事例尚未发现。现根据电报通知要求，将检查整理的 6 个好的典型事例（有关律师的 4 个、公证的 2 个）呈报于后。不妥处，请指正。附典型事例：

一、律师当顾问　企业面貌新

二、律师提供法律帮助　国家财产起死回生

三、律师担任代理人　巨额纠纷得解决

四、洽谈中断经理告急　律师出面皆大欢喜

五、加强横向经济联合　积极提供公证服务

六、严格审查拒绝公证　避免潜在经济纠纷

潍坊市司法局

1986 年 2 月 15 日

典型事例之一

律师当顾问　企业面貌新

1980年至1982年,潍坊市蓄电池厂的产品一度滞销,资金周转极度困难。为此,该厂开始赊销,但大批产品赊销出去,货款却要不回来,年产利润仅3万元的小厂,外单位欠款竟达50多万元。厂长急了,分派几十个人到外地索要。但由于缺乏法律知识,又因部分产品质量不高,对方硬是欠拖不还。有的人认为要债有理,说话欠当,反而使纠纷越结越大,甚至发展到了顶牛状态。就在这种情况下,潍城区法律顾问处受聘担任了法律顾问。

法律顾问进厂后,深入群众,调查研究,了解和掌握了全面情况,有的放矢地解决了三方面的问题。

一、抓住主要问题,先行处理经济纠纷

法律顾问针对该厂的实际情况,首先建议厂长撤回了要债人员,随即成立了一个由副厂长负责,有财务、供销等有关人员参加的专门班子。这个班子经法律顾问指导培训后,对厂里的积年纠纷进行了分类排队,并分别不同类型研究确定了不同的处理方法。有些纠纷程度较轻,标的较小,相比之下较易解决,法律顾问便协助厂里研究好解决的途径和方法,由厂里派人自己出面解决。有些纠纷时间较长,争执较大,但双方都有解决的诚意,法律顾问便进行非诉讼代理,在促成双方当事人分清是非、互谅互让的基础上,达成和解协议。还有一些纠纷,双方互不相让,久拖不结,和解已无可能,法律顾问便通过诉讼手段解决。

三年多来,法律顾问通过上述做法,已经帮助蓄电池厂妥善解决了70多件经济纠纷,总标的50多万元。厂方非常满意。

二、重点抓好经济合同,运用法律管理企业

蓄电池厂之所以对外纠纷较多,其中合同管理不善是一个重要原因。也就是说,供销人员不熟悉经济合同法的有关规定,签过的合同内容不全,纰漏较多,易于导致纠纷发生。对此,法律顾问协助该厂采取了三条措施。

第一条,所有原材物料的购进、产品的销售,除极少数国家计划调拨的外,都必须签订合同,没有合同不得购销。

第二条,所有合同的签订,都要求手续完备、条款齐全、依法订立。主要合同一律经法律顾问审查,个别重要的由法律顾问亲自拟定。

第三条,严格合同管理制度。标的为1万元以下的合同,有关人员可根据实际经科长审批后签订;标的为1万元以上、5万元以下的合同,由厂长批准。所有合同必须在财务、供销两科同时备案。

以上三条措施,对改善厂里的生产经营产生了明显效果。由于加强了合同制度,全厂各科室、各部门密切了联系,明确了责任。两年多来,该厂在产品购销方面,再未发生新的纠纷。

三、传播法律知识,增强企业的法制观念

法律顾问室成立后,顾问律师建议厂长挑选了6名骨干人员,重点进行传帮带。顾问律师先组织指导这些人员学习有关法律,草拟相关法律文书,然后带着他们一起办案。现在该厂已有5名同志掌握了民法、经济法等有关知识,能够独立办理一些法律事务。

另外,法律顾问还结合厂里的实际和存在的问题,重点宣传经济法规,特别是《经济合同法》。"严打"期间,又重点宣传刑法知识,并根据部分干部职工出现的家庭纠纷,宣传婚姻法。通过宣传,该厂厂风厂纪有了明显好转,自去年以来,没有发生过一起刑事案件。

由于律师做法得当,顾问有方,1983年,这个厂实现利润11万元,1984年达到22万元,1985年增加到30多万元。前不久,该厂被评为全省机械系统"重合同、守信用"先进单位,先后参加了全市经济法制会议和全省机械系统法制工作会议,并在会上作了典型发言。广大工人高兴地说:"律师当顾问,企业面貌新。"

典型事例之二

律师提供法律帮助　国家财产起死回生

1979年2月,益都县供电局与大连市无线电十厂签订了加工20台50千伏安变压器的合同,每台单价2850元,共计57,000元。供方于同年4、5月份分两批交货。供电局付了10台变压器的货款,经测试发现变压器质量有严重问题,因而拒付后10台的货款,遂形成纠纷。

1982年10月30日,大连无线电十厂向大连中级人民法院经济庭提起诉讼,供电局急忙要求益都县法律顾问处代理。当时由于律师忙于其他案件,只帮助供电局写了答辩状。答辩状在驳斥了供方在诉讼中提出的3点理由外,提出了由于供方提供的变压器质量低劣、不符合标准,无法使用,要求供方:

1. 20台变压器全部退货,并承担退货费用;
2. 退还已付的10台货款计30,230.23元;
3. 要求赔偿占用货款的损失1904.5元;
4. 承担供电局被无端起诉的一切费用。

1983 年 5 月，大连市中级人民法院赴益都调查。益都供电局与法律顾问处办理了委托代理手续，代理律师随即以备忘录的形式向供电局提出了 3 条建议：

1. 强调抓质量这一关键。如供方承认变压器质量确有问题，又无出厂合格证书，就表示赞许；

2. 本着对国家物质财富负责的精神，变死物为活物，尽量减少双方的经济损失，建议将五千伏安变压器整修改造降容使用；

3. 建议供电局态度诚恳，意见一致。

之后，代理律师主动找到大连中级法院的同志交谈情况，建议本着对国家物质财富负责的精神，变死物为活物，尽量减少双方的经济损失，并敦促法院在分清责任的前提下进行调解。法院接受了律师的意见，当晚电告供方派代表来益都处理。

由于律师与法院配合得当，双方当事人又有解决问题的诚意，因而只经过一天两轮的洽谈，就达成了协议。20 台五千伏安变压器改造为三千伏安使用，每台由 2850 元降为 2280 元，改造费每台 700 元由供方负担。这样处理，需方可少付货款 24, 500 元，既保护了双方的合法权益，又使搁置 3 年的变压器得以起死回生。

典型事例之三

律师担任代理人　巨额纠纷得解决

1983 年 6 月，潍坊市潍城区供销社卖给青岛土产站两万立方进口美国木材，价值 800 多万元。货到青岛后，双方在交货检尺时发生纠纷，青岛土产站以木材不好为由拒付货款。

潍城区法律顾问处接受供方委托后，代理律师立即赶往青岛，认真了解了纠纷的起因，查阅了合同、单据等有关证据和材料，首先确认了合同的合法性。接着又多次勘查现场，弄清了我国与美国的不同的数量质量换算标准，初步核实了木材的数量和质量。经过两个多月的工作，律师掌握了可靠的证据和事实，认为责任在需方，便主动与需方洽谈协商。可惜需方坚持己见，商谈几次都未成功。

最后，代理律师依法申请到青岛市工商局进行仲裁。经裁决，青岛土产站如数付给了潍城区供销社全部货款和部分迟延付款的利息，共计 840 万元。

典型事例之四

洽谈中断经理告急　律师出面皆大欢喜

在1985年3月举行的山东省对外经济技术合作和贸易洽谈会上,青州大寿股份有限公司与奥地利中耀艺品国贸公司合作经营德系安哥拉长毛兔养殖场的前两轮洽谈比较顺利,但进入第三轮洽谈时,客商对中方的企业性质和投资报价单提出了异议,双方争执起来,继而形成中断僵局。其时,已是上午11点多了,中方公司经理急忙向律师打电话告急,要求出面帮助。律师来不及吃饭,当即前往,重点向客商说明了合作经营不同于合资经营,双方投资不属作价折股,合作经营是一种契约式经营,双方的权益通过自由协商,在合同中一一规定即可。另外,青州大寿股份有限公司是经济体制改革的产物,是一个新的经济联合体,有固定资产和周转资金数百万元,具有良好的合作条件。客商听后,面露笑容,连说"我明白了,我明白了"。中方代表也对自己的意向叙述不清表示歉意,洽谈气氛随即缓和了,即将中断的项目很快就谈成了。此时已过正午,双方欣约律师共进午餐。餐桌上,客商一再表示说:"我们谈了两天也谈不明白,律师先生一来,用了不到半个小时,就明白了。"中方代表当即举杯提议,为大家的"明白"干杯。生意谈成了,友谊加深了,双方都为即将开始的合作充满了信心。

典型事例之五

加强横向经济联合　积极提供公证服务

1983年年初,胜利油田会战指挥部供应处(甲方)为解决水泥货源,用补偿贸易的方式,出资175万元,帮助临朐县建委(乙方)扩建水泥厂,增加水泥产量;乙方在1983年至1992年的10年中,向甲方供应水泥28万吨。临朐县公证处受理这项为期10年、贸易总额达2044万元的协议之后,十分重视,他们本着为临朐县与胜利油田经济建设高度负责的精神,统一认识,集中力量,决心办好此项协议公证。为了维护协议双方的合法权益,随即依照法律和办证程序,对协议内容的真实性、合法性及双方行使权利履行义务的能力进行了全面深入的调查核实。公证人员在审查协议时,发现原协议中违约责任规定得不够具体,在征得双方同意后,在补充材料上加上了如下内容:

"本协议在履行过程中,除遇与国家政策、法令和上级指示相抵触及其他不可抗力而使协议无法履行的特殊情况外,任何一方终止或不愿履行,应视为本协议废止。属甲方引起,要补偿乙方所造成的经济损失;属乙方引起,则按银行利息补偿甲方的借款。"

这样,就进一步明确了双方的违约责任。

本协议自1983年2月26日公证以来,公证机关加强法律监督和回访,双方履约情况良好,目前,乙方已提供水泥十万多吨,甲方也比较满意。

1985年3月份,胜利油田因建设需要,急需高标号水泥。这一消息传出后,很多单位争相与油田联系。但胜利油田谢绝了这些单位的请求,又投资400万元,让临朐县水泥厂再上高标号水泥生产项目,并申请公证处再次予以公证。公证处欣然接受,经过为期20天认真细致的工作,又为双方办理了公证。近一年来,双方继续认真履约,各自得益,从而加快了发展速度。

典型事例之六

严格审查拒绝公证　避免潜在经济纠纷

1985年12月,潍坊市潍城区公证处接待了一件公证价值1045万元的500万条麻袋订货合同事项,供方为本市苍南贸易货栈会计贾某某(女),需方为内蒙古开发贸易公司的业务员曹炳义。

公证人员首先按照"真实合法"及可行的办证原则,对这件合同进行了认真审查,从其合同条款看,虽然双方的权利义务还不够明确完备,但就其双方单位及代表人来说,都已盖章,合同本身问题不大。进而,公证员又对当事人进行了如下询问:

问:请贸易货栈的同志谈谈你单位的实际情况。

答:我们货栈,我哥哥是经理,丈夫是副经理,银行账号是潍城区西郊营业所006177号。

问:你再谈谈麻袋的货源。

答:我们货栈不生产麻袋,我们的货源是靠武汉市麻袋厂,这个厂是合作性质的,我是通过在这个厂担任科长的亲属给联系供应的。

问:你方怎样交货呢?

答:只要对方先付货款,我方就能从武汉发货。

谈到这里,公证员转向需方询问。

问:请贸易公司的同志谈谈你单位的情况。

答:我单位是联营性质的,我是营业员,到各地是为了订购麻袋,货款不成问题。

问:你方为什么签订这件麻袋合同?

答:订购麻袋是为了装大豆用,向苏联出口。

这时,供方争先插话说:“我方在9月12日还与驻潍坊部队的军人服务社及潍坊市防化化工经销部签订了两个麻袋订货合同。”

通过以上询问,公证员当即向双方当事人指出:

1. 供方本身不生产麻袋,还签订这么大的订货合同,货源是不可靠的;

2. 需方如先付货款,由于供方的货源是不可靠的,因而不能按时交货,甚至货款也难以追回,其结果必然造成双方合同纠纷;

3. 本合同缺乏真实性,当然更谈不上可行性和合法性,不能予以公证。希望需方今后在签订此类合同时,应慎重办理,以免造成经济损失。

公证员话音刚落,贸易货栈的那位女会计没做解释就走了。需方当事人也立刻明白了供方不辞而别的原因,紧紧握着公证员的手说:“像这样的合同,幸亏你们指出风险,否则,我们就会造成巨大的经济损失,今后我一定慎重签订合同。”

关于我市律师工作情况和今后意见的报告

市委、市政府：

我市律师工作自1980年恢复之后发展很快，现已达到了一个新的阶段；但在当前新形势下，也遇到了一些新情况、新问题。为了使我市律师工作在今后得以积极、稳定、健康、持续的发展，特将有关情况、问题、意见和建议报告如下：

一、1986年全市律师工作基本情况

1986年我市律师工作在各级党委、政府和司法行政机关的关怀指导下，认真贯彻全国、全省律师工作会议精神，遵循“改革、发展、提高、完善”的方针，狠抓业务发展、素质提高、工作质量、制度管理、理论研讨等几项工作，开创了全市律师工作的新局面，在五个方面出现了可喜的变化。

第一各项律师业务有了更大发展。一年来，全市律师共应聘为我市184家企事业单位担任了常年法律顾问，比1985年同期增长32%；共承办刑事辩护案件364件，比1985年增加132件，辩护率达到了34%，是“严打”以来最好水平；共代理办结民事诉讼案件251件，非诉讼事件263件，其中经济案件占95%；共代写法律事务文书1701件，解答法律咨询16, 980件；共办理涉外法律事务11件。据不完全统计，律师通过上述活动，共帮助我市有关单位和公民个人直接挽回或避免经济损失4779万多元。同时，律师在开展业务活动中，还积极宣传了社会主义法律，特别是在普法中，共进行法律宣讲408场次，受教育人数达34万多人。

第二律师人员的政治、业务素质有了提升。各县区司法局和法律顾问处,结合整顿机关作风,加强精神文明建设,反对资产阶级自由化,重视和加强了律师的职业道德教育。绝大多数律师自觉抵制腐朽思想的侵蚀,不吃请、不受礼,严格遵守职业道德和执业纪律。据初步统计,全市律师一年来共拒收赠礼二百多人次,价值五千余元。在业务素质方面,全市58名专职律师中已有21名取得了律师资格。1986年,全市35名尚未取得律师资格的人员和部分兼职人员,参加了首届全国律师资格统考。应考人员在既无复习大纲、又工作繁忙的情况下,做到了工作学习两不误,并取得了参考律师平均272分的好成绩,合格率达75%。通过这次统考和日常学习,律师人员的专业知识水平和业务能力都有了明显的提升。

第三律师的工作质量也有了明显提高。一是在开展法律顾问工作中,顾问律师改进工作方法,主动为企业领导人的决策当好参谋,在帮助搞活企业,提高经济效益方面,努力提供优质服务。青州市律师为铝箔纸厂制定的《经济合同管理办法》,受到厂长高度重视。二是办实事,讲效率,求信誉,积极代理各种经济纠纷案件,尽职尽责地为委托单位提供高质量的服务。三是依法办事,不徇私情,特别是在刑事辩护中,坚持以事实为根据,以法律为准绳,严把辩护质量关,从而出现了数量增加、质量提高的好势头。

第四加强和改进了律师管理工作。主要是加强了律师机构内部的自身建设,改进了律师经费管理办法。通过推广济南长清县法律顾问处的经验,各处逐步建立了一套岗位责任制度和各项业务工作细则。全市绝大多数法律顾问处已经单列账户,经济上独立核算,并做到了增收节支,严格按照上级规定和财务制度办事。

第五调研工作和理论探讨有了良好开端。一年来,调查了律师为经济建设提供法律服务的情况,律师执行职务受阻的情况,律师人员调离的情况,并分别写了专题报告。还组织撰写了八篇论文,参加了全省律师为经济活动提供法律服务、刑事辩护两个专题理论研讨会和司法部召开的横向经济联合中的法律问题和律师事务理论研讨会。

总之,纵观我市律师工作的这些成绩和变化,可以认为我市律师工作出现了前所未有的好趋势。但同时也存在一些问题,集中到一点,就是还不适应客观形势的迫切需要。

二、在新形势下律师工作出现的新情况、新问题

当前我市律师工作面临和遇到以下新情况、新问题:

1. 经济与政治体制的改革,为律师工作提出了新的更高的要求。

随着经济体制改革的逐步深入,我市的经济形势进入了一个新的阶段。其中农村商品的流通、乡镇企业的发展、市属企业经营方式上的转变，特别是横向经济联合的建立等新的经济关系和经济活动，都需要用法律手段加以调整，也需要律师提供法律帮助。潍坊拖拉机公司、潍坊华丰机械公司等经济联合体已聘请律师担任法律顾问。律师无论在横向联合项目的可行性研究方面，还是在草拟、修改横向联合的合同方面以及按照法定程序办事、保证联合企业组建的合法性方面，都要提供法律上的帮助。但目前还缺乏经验，还需要大胆实践和探讨。

政治体制的改革，同样为律师工作提出了高要求。我市作为全面改革试点的中等城市之一，在改革政府机关管理经济职能方面，已经迈出了可喜的一步。市委决定，要加强经济司法，加强律师机构。1986 年，在其他编制冻结的情况下，国务院单独批准为律师增编四千人，其中分配到我市的增编名额是 17 人（此指标于 1987 年落实）。如何加强我市的律师队伍，建设符合中国国情的、具有中国特色的律师制度，已成为一项紧迫的工作。但现在还没有现成的模式可循，在领导重视的同时，还要靠广大律师人员在实践中不断探索、研究、总结，逐步地发展、加强和完善。

2. 法制建设、特别是经济法制的建设，大大加重了律师的工作任务。

近年来，我国的法制建设不断加强，特别是通过开展普法活动，人们的法制观念大大提高，在日常生活和经济交往中，已开始自觉运用法律来保护自己的合法权益。当前，我市经济纠纷日趋上升而且十分突出，各类纠纷的当事人为了维护自己的利益，纷纷找律师咨询，委托代理或担任法律顾问，社会上形成了“请律师热”的现象。为此，律师的工作任务较为繁重。由于律师人手不足，而且主要精力放在担任法律顾问和代理经济案件方面，一般的民事代理案件无力无暇承办，不少群众反映“请律师难”。“一热”、“一难”，说明当前我市律师队伍的力量与社会的迫切需要不相适应。

3. 涉外经济法律事务日益增多，律师面临新的课题。

我市作为甲级开放城市，涉外经济不断发展。据了解，一年多来我市立项的技术引进、设备引进、合作经营、补偿贸易等项目近百个，但律师只为其中的十余个提供过法律帮助。这说明，在涉外律师业务领域还没有打开局面。究其原因，一是我市涉外经济起步晚，有关部门和企业还没有认识到涉外法律事务的重要性，也还没有认识到律师在其中的作用，因而遇到这样的问题，不能主动寻求律师的帮助。二是我们律师人员的涉外业务素质还不高，精通涉外经济法律事务、特别是精通国际贸易和外文的律师尤为奇缺，还没有足够的力量为涉外业务提供优质服务。这是一个亟待解决的新问题。

三、对今后律师工作的几点意见和建议

第一点，端正业务指导思想，继续加强律师自身建设。一是要继续认真学好全国、全省律师工作会议的有关文件，将上级的指示精神，化为全市律师的自觉行动，贯穿到各项业务之中。二是在确保服务质量的前提下，进一步大力开展各项业务。在当前，主要是抓好直接为经济建设服务，重点是为体制改革、为横向经济联合、为涉外经济服务的业务。法律顾问工作，要最大限度地满足聘请单位的需要，并向更高层次发展，为领导决策当好参谋；刑事辩护工作的辩护率力争达到40%以上。三是进一步加强律师机构内部的制度建设，完善各项业务工作细则，遵守职业道德，提高律师信誉。四是加强业务学习，继续提高业务素质。

第二点，建议进一步加强对律师制度的宣传。我市律师队伍，是经过各级组织人事部门选拔政治素质较好并具有专业知识的人员组成的，他们以自己的专业知识和辛勤劳动，为振兴潍坊经济、为维护公民合法权益，起到了独特的职能作用。律师理应引起全社会的重视，受到全社会的尊重。但是，由于律师制度恢复时间较短，由于“左”的思想和旧的习惯势力的影响，不少人，包括一些领导同志，对律师工作还缺乏足够的认识和重视。律师在执行职务中，还时常受到一些非议、干涉、甚至刁难和辱骂。为此，我们建议各级宣传部门和政法部门，进一步宣传律师制度，使广大群众了解律师制度的必要性，为律师工作奠定基础；建议工商行政管理、银行、税务、财政、外经贸、保险、邮电等部门密切配合，为律师履行职务提供方便；对非法干预、刁难、侮辱等妨碍律师工作的事件，要严肃处理。

第三点，加强对律师工作的领导，解决律师工作及生活中的实际问题。当前迫切的问题，是要加强我市律师的队伍建设。目前我市只有58名专职律师，仅占全市人口的十万分之零点七，是全省的第10位。为此，1986年分配到我市的17个律师增编名额，请组织人事等部门，抓紧与司法行政机关选调落实；并建议再增加20名编制，以弥补我市律师队伍的严重不足。从律师业务看，企事业单位聘请律师担任法律顾问的数量也少于济南、烟台和临沂。曲阜市市长已正式聘请律师担任市政府的常年法律顾问。这些动向，请领导重视并建议予以考虑。

另外，司法部(84)505号文件明确规定：“律师是知识分子的一部分，应与教授、副教授、讲师、助教或相应科技人员一样，政治上、生活上、待遇上一视同仁。”在我市律师人员中，有些中年业务骨干，至今尚未解决家属农转非问题，由于他们经常外出办案而且任务繁重，一心挂两头，确有实际困难。另外，由于律

师机构新、底子薄，物资设备方面条件较差，尤其是办公用房普遍拥挤，业务用车十分紧缺，对于这些实际问题，请领导及有关部门多加关心并尽快给予解决，以调动我市全体律师人员的工作积极性，更好地发挥他们的作用。

以上报告，如有不当，请指正。

（本文写于 1987 年 2 月）

潍坊鸢都律师事务所
1999年业务工作要点

根据党和国家经济工作及政法工作的总体部署,按照司法部“发挥职能优势,继续推进依法治国进程”的要求,从本所的现实性和可行性出发,遵循“规划发展、提速前进,内强业务素质、外扩服务领域,既重社会效益又重经济效益,创建大所、名所、文明所”的工作思路,对1999年全所的业务工作,确定如下要点:

一、统一思想认识

1. 树立共有的基础思想。一是全所的宗旨:公正、严谨、博学、进取;维护国家法律尊严,维护当事人合法权益,为国家的法制建设而奋斗;以质量求信誉,以信誉求发展,奠定长远发展的社会基础。这既是全所工作的主要目的,也是全所的工作原则和追求达到的外在形象。二是确立基本的理论:敬业、自律、团结、创新,是全所的文化内涵,是全所律师应当具备的执业境界。

2. 树立“所兴我荣,所衰我耻”的整体观念,以所为家,爱所如家,个人利益服从全所利益,局部利益服从全局利益,人人自我加压、自我提速,为所里献计献策,荷载分忧,积极工作,多做贡献。

3. 增强业务工作的危机感、紧迫感,树立强烈的竞争意识和创新意识。要客观地看待我们以前的工作,正视存在的问题,突破目前业务工作的停滞状态,下决心使业务工作来一次飞跃。面对竞争日益激烈的法律服务市场,依靠深厚的功底、才华和创造力,使业务工作在全市处于“人无我有、人有我强”的领先地位,真正发挥全市第一大所的龙头作用。

二、对人力资源进行规划配置

要改变和克服过去那种各科工作没有区别,律师个人无所侧重,业务发展没有方向的老问题,对全所专职律师人员根据其资质、专长、基础、爱好实行分类侧重,结合各科室的业务方向,确定安排20个相关的业务课题,分组进行攻研。在本年度内使全所律师人员能够在某一业务的研究上有所着重,有所发展。在此基础上,争取明年初步形成专业侧重;到2001年,力争在重点专业领域形成特色和优势,明显地提高市场占有能力和市场占有率。同时,争取使全所律师逐步实现共享信息资源、共同拥有市场客户。即三年后,全所要在接受客户委托、承办业务、资产管理、成本核算、人才配置、人员培训、效益分配等方面,初步达到相对平衡。

为达此目的,要求全所同志对律师业务的发展趋势,具有前瞻性的观念和认识,摈弃那种“小生产式”的“单打独斗”的旧模式,倡导实施“分工合作,发挥优势,规模运作”的团队模式。同时,要发挥好兼职律师的作用。

三、注入时间、气力、狠抓业务学习

结合各个律师的业务侧重和业务课题攻研安排,本年度的业务学习重点要放在即将出台的合同法、与企业改制相关的新法规、以及原有的公司法、刑法、刑诉法、票据法、担保法等方面。还要及时学习和掌握最高人民法院和地方各级人民法院有关经济审判、民事审判和刑事审判工作的司法解释和具体意见。

在业务学习上,要求全所律师高度自觉,一方面,个人要刻苦自学,每天至少要自学1小时的专业书籍或相关书刊,并持之以恒,形成习惯。另一方面,要积极参加所里统一安排的业务学习、业务交流活动,增长知识,分享经验,共同提高。

在学习方法上,要注意学习并借鉴他人的成功之处(指国内优秀律师及其取得卓越成就的其他专业人才),尤其是关注那些他人比较成熟而自己相对欠缺的理论,树立自己学习的对象,把以此获得的进步与自己的风格结合起来,同时,把内在的知识转化为外在的实践。

四、全力开辟、扩展业务领域

1.根据社会需求状况,仍然要全方位、多元化地开展各项律师业务,仍然要搞好诉讼代理、法律顾问、刑事辩护等传统性业务。经济代理、民事代理和刑事辩护要分别承办100件以上,3项业务收费要达到100万元以上。

2.对现有的140家常年法律顾问单位予以适当调整,果断地终止解除一部分法定代表人法律意识不强,对律师工作重视不够,酬金低且又拖欠未交的老客户;发展一批规模大、效益高、厂长经理尊重律师的企业为新客户。国有企业的法律顾问,要围绕国有企业改革、建立现代企业制度开展工作,同时要注意协助企业做好下岗职工基本生活保障和再就业工作。金融企业的法律顾问,要以化解金融风险,推进金融体制改革为重点。

3. 投入人力、精力、财力,积极扩展、深化涉外法律服务业务。要进入国际投资、国际贸易法律服务领域,提高我们在这一领域的地位,发挥作用,开创局面。

4. 要在企业改制并购、产权交易、证券期货,房地产开发、重大项目谈判、公司设立及律师见证等非诉讼法律业务领域有所突破,有所作为。

5. 改变固有观念,打破市区界线,向县市区延伸业务,要进入海化、寒亭、坊子、安丘、诸城等市区的法律服务市场。对那些经济发达的乡镇(村)和有一定规模的私营企业,也要主动建立业务关系,并以此扩大我所的业务覆盖面,市场占有率和社会知名度。

在开拓发展业务上,要求全所同志积极发挥主观能动性;鼓励律师人员各尽其才,各显其能;鼓励年轻律师脱颖而出,后来居上。

五、加大措施,提高办案质量

1. 认真落实以老带新制度,把培养、带动年轻律师提高到战略高度认识,确保律师队伍的新老交替和业务工作的衔接发展。

2. 严格执行统一收案、统一收费制度。一般案件,可以有一名律师承办,但代理意见(或辩护意见)要经过本科集体研究;重大疑难案件,必须由两名律师共同承办,承办意见要经过所里统一研究。新签顾问单位一律由两名律师担任。

3. 恪守认真细致、严格缜密、谨慎持重,不轻率随便的执业作风,对案件的定性、调查取证以及证据的运用和法律的适用,都要力求准确无误,以质量赢取社会声誉。

4. 凡是向法院递交的诉状、答辩状、代理词、辩护词以及向当事人或有关单位出具的法律文书,一律进行打印。

5. 严格落实业务档案管理制度,并定期对案卷进行检查。

6. 组织评选出近年来全所成功的案例或优秀的代理词、辩护词,编印成册,供大家学习借鉴。

六、理顺业务关系,加大业务宣传力度

紧紧依靠党委政府对律师工作的重视,在上级业务机关和市司法局的直接领导下,进一步理顺我所与法院、检察院、公安机关、工商局、体改委、外经委等有关部门的业务关系,取得这些部门的信任和支持。

与潍坊电视台、广播电台、图文台、潍坊日报、潍坊晚报、潍坊广播电视报、齐鲁晚报以及信息公众公司等单位密切配合,大力宣传法律,宣传律师制度,宣传律师业务,解答群众咨询;同时,对我所进行适当的介绍和宣传。

以上工作重点,要求全所律师认真领会,全面掌握,自觉落实,付诸行动。

(本文写于 1999 年 2 月)

[这个年度工作计划,由王克民与韩其德共同研究起草(韩其德时任所主任,王克民为副主任)。潍坊鸢都律师事务所,即原潍坊市法律顾问处、原潍坊市律师事务所,成立于 1984 年,为市直事业单位,市直唯一国办律师所。在其存在的 17 年间,先后有 70 多名律师人员在该所工作过,一度曾是全市第一大所。2000 年,该所在脱钩改制中解体。]

附

先后在鸢都律师所供职的同事

罗荣祥　汪文林　于希杰　李言富　冯复堂　徐风亮　姜　辉　王玉亮
高玉玲　刘敬尧　吴爱华　贾致瑜　王　毅　郑汉春　孙华林　马士相
张法科　李　荔　王克民　辛以海　张继深　姜延钦　曲学孔　闫富国
耿洪利　李学山　王　宁　赵克志　迟春江　游　江　李　兵　马东宁
高明芹　王金国　杨　莉　王掖镁　董瑞敏　解　彬　于树本　陈甲钊
刘　忆　付廷森　徐立华　张　勇　刘俊峰　刘国军　刘振波　王宝华
周　宁　张延斌　王汝华　王普友　庄新波　高　明　周江涛　郎丰亮
赵明海　韩其德　王向东　陈建新　张　婧　韩　艳　尚　进　丁晓剑
滕晓燕　刘长风　代月利

兼　职　张春玉　王万钧　于树本　李万兴　刘桂宗　王明秀　郝彦美
李德林　韩庆林　罗　琳　韩立宏　马奎东

改革开放初期益都县律师工作回眸

上世纪80年代，我国恢复重建律师机构。50年代毕业于北京政法学院的张信基，由益都县工业局调至益都县法律顾问处担任负责人。那时，我在潍坊地区司法局从事律师管理工作，经常去益都总结经验，不但了解这个县的律师工作情况，也把张信基、董修德、冯玉成等老律师尊为业界前辈，和他们结下了忘年之交。回眸当时他们开展的几项工作，都具创新精神，直到今天，也仍然值得我们同行学习。

回眸一、为益都卷烟厂担任法律顾问

1982年4月，益都卷烟厂奉命扩建，有个"钉子户"拒绝搬迁。烟厂的前党委书记林治淮、副厂长温加祥找到益都县法律顾问处，进门就对张信基说："马县长叫我们来，让你们帮着我们打官司，还一定要打赢。"张信基问明原委后，明确表示，一定提供法律帮助，并告诉他们国家计划建设工程受法律保护，官司能打赢。同时，向他们介绍了北京市基本建设拆迁安置暂行办法的基本规定。林、温二人听了很高兴，要法律顾问处写诉状，马上到法院起诉。张信基又向二人讲了民事诉讼法的有关规定，说明如果起诉，等对方答辩、开庭审理、判决、上诉等，一套程序下来，几个月就过去了。林、温二人一听着急了，说："开工日期为4月15日，这么说，这个官司还没法打来。"张信基说："有法打，县长叫你们来，我们再找县长去。"随后，他们向县长汇报了当时有关拆迁安置方面的法规，说明用正常诉讼程序要延误施工，建议县政府用行政命令责令搬迁户限期搬迁。县长立即召开了由城建局长、公安局长、法院院长、经委主任、城关镇长参加的联席会，由律师讲解了强令搬迁的法律依据，大家统一了意见。县长责成律师协助县政府办公室,起草了限期搬迁的通令,并持通令向搬迁户谈判协商。经过两天的工作,搬迁协议就达成了。但仅仅过了一个星期,烟厂领导又找来了,说又有一个“钉子户”,比前面那个还难办。法律顾问处“如法炮制”,在5月上旬又妥善解决了。需要提及的是,律师在帮助烟厂处理这两起搬迁纠纷中,十分注意保护搬迁户的合法权益,并向烟厂讲明有关规定。烟厂的领导听着新鲜,也很信赖,林书记还向律师借阅相关资料。从此,烟厂的领导认识了律师的作用。闲谈中,他们要求张信基到烟厂去干,一个月给30元奖金,再分给一套新房子。张信基说“那不行,律师不能单干,必须在法律顾问处统一领导下工作;不过,律师业务中有一条,可以应聘到工厂、企业担任法律顾问”。烟厂领导一听,马上表示“我们聘,我们一定聘”。

1982年6月1日,益都卷烟厂与益都县法律顾问处签订了聘请法律顾问合同。这是潍坊地区第一家企业聘请律师担任法律顾问。那个时候,业内尚无这方面的文本,合同的内容和条款,都是张信基想出来的。合同仅1页,共八条,400字。主要内容为:约定聘请张信基担任卷烟厂的法律顾问;法律顾问就卷烟厂业务上的问题提意见,草拟、审查法律文书,代理参加诉讼、调解、仲裁活动;法律顾问的业务工作,受法律顾问处统一领导,为保证工作顺利开展,同时接受厂方党委领导;应聘律师每周到厂办公1天,遇事随时联系;顾问费为每月200元,月底结算(当时全市律师的月均工资为六十元左右)。合同签订后1年之内,律师就先后为卷烟厂解决了与夏钦园、东关两个村的污染赔偿纠纷;与益都县公路工程指挥部的公路改线补偿事宜;与重庆王江机器厂的退货纠纷;与济南暖气片厂的购销纠纷;长胜牌香烟和金鱼牌香烟的商标注册问题;还有研制计算机打印技术的专利问题等。对此,卷烟厂认为“都是法律顾问帮了大忙”。

回眸二、庭前交换意见与疑难案例分析会

20世纪80年代初期的刑事审判工作,还未步入正轨。一般情况下,审判员管事实,审判委员会管法律,适用法律和量刑都由审判委员会决定。定好之后,才开庭审理,有的甚至连判决书都打印了。这样一来,就苦了做律师的,他们辛辛苦苦阅卷、调查、分析、提出的正确意见,不管在庭上如何慷慨陈词,据理力争,都不能起到作用。有的审判员也认为律师的意见有理,但审委会做了决定,他也无权改变。有的苦恼地说:“俺审判员管审不管判。”怎么办呢?律师是国家的法律工作者,要维护法律尊严,接受了被告人的委托,还收了辩护费,一点作用不起,真是良心有愧。为此,益都县法律顾问处想出了“庭前交换意见”这个好办法。

所谓庭前交换意见,就是律师承办的案件,通过阅卷、调查、会见被告人等一系列工作后，形成了初步的辩护意见，经法律顾问处集体讨论，确定辩护重点，在法院未开庭之前，向检察、审判机关承办案件的人员表明自己的意见。目的是说服办案人员，并把律师的合理意见带到审委会。

为了达到这个目的，他们坚持两条：一是态度诚恳，出于公心，主动登门汇报，诚心诚意协商，并体谅办案人员的难处。二是辩护意见一定要中肯，抓住重点，反复推敲，肯定事实，选准法条。在交换意见时，大多是两个律师一起去，除了诚恳谈出自己的意见外，也要认真听取对方意见。多数情况下，经过交流，能够取得一致。有的案件因事实发生分歧，通过共同调查，也能真相大白，皆大欢喜，如王某某盗伐林木案，公诉机关认定王某某盗伐集体林木 20 棵，引起群众哄抢集体树木 625 棵。律师在阅卷中发现，被告人王某某只砍伐 3 棵，其余 17 棵，都是王某某的妻子砍伐，检察院一并对王某某提起诉讼。而且还发现，这次群众性哄抢集体树木是在 1981 年 10 月 31 日早上发生的，王某某砍树是在吃完早饭后 9 点多钟的时候，群众哄抢在先，王某某砍树在后，应是群众的哄抢吸引了被告人，而不是被告人吸引了群众。检察院的起诉与事实不符。律师提出意见后，法院将案卷退回检察院，但检察院只补充了几份新证据，仍不足以证明对王某某的起诉。律师提出到现场调查，法院采纳并通过调查后，证明了律师的正确意见。最后，检察院以主动撤诉结案。

所谓疑难案例分析会，就是遇到疑难案件，法律顾问处向县、地司法局申请，邀请其他县的律师举行疑难案例分析会，借助大家的智慧，拿出更中肯的意见，向县政法委汇报，如检察院起诉认定被告人刘某某于 1982 年 12 月 8 日爬墙盗窃杨某某家鹅 1 只，被杨某某发现，追至村西麦地，刘某某将鹅丢下，并朝杨某某投两个坷垃；杨某某追上打刘某某两木棍后，刘某某用电工刀子乱划拉，刺伤杨某某面部两处。检察院以刘某某拒捕引用刑法第 153 条按抢劫罪提起诉讼。律师认为，引用第 153 条依照第 150 条处罚，是以第 151 条为前提的，必须是犯了盗窃罪的。刘某某偷了 1 只鹅，是有违法行为，但属小偷小摸，尚构不成犯罪，拟做无罪辩护。但当时还拿不准，就请县司法局转请地区司法局邀请了六县一市法律顾问处负责人到益都共同会诊。大家提了很多好的意见，同意做无罪辩护。会后，辩护将会诊情况向县委、县政府分管政法的书记、县长做了汇报，又向法院刑庭的庭长汇报了案例分析会的情况。后来，法院采纳了律师的意见，动员检察院做了撤诉处理。

回眸三、代理宋裴卿家族查证并主张房产

宋裴卿，我国近代实业家，山东益都县人，生于 1898 年，在燕京大学就读两年后去美国留学，1921 从美国回国后，走实业救国之路。1932 年在天津创办东亚毛呢纺织有限公司,其产品牌号“羝羊”含抵制洋货之意,颇显民族志气。刘少奇曾称其为“红色资本家”。其父宋化忠,早在1920年就在益都万寿宫巷购地建厂,建成“德昌大楼”,经营发网,计有楼房65间,平房数十间。其父故去后,宋棐卿将德昌大楼改建为惠吾小学,曾为日伪军把持。解放战争时期,宋家房产曾被国民党部队拆掉21间,其余房产有专人看管,并设有天津东亚毛纺公司办事机构。1948年益都解放后,鲁中抗联益民卷烟厂由沂源月庄迁来益都,政府选定宋家房产建立了飞马卷烟厂(由益民更名),后改为益都卷烟厂。

那时,宋棐卿是全国各界代表大会的代表,对自家房产被占一事,曾向刘少奇提出并要求归还。对此,中央有关部门写信要求昌潍专署了解处理,专员赵笃生亲自交代益都县长李魁德查处。当时,由于卷烟厂进驻以后,对宋家房产做了一些改建和扩建,安装了很多机器,立即搬出确有困难,因此,卷烟厂向专署写了报告,并讲明是占用宋家房产,并非没收。后专署有书面报告呈送中央,但报告未经批复之前,“三反运动”、“五反运动”开始,宋棐卿亦去美国,主张产权一事就搁置下来了。

1982年5月,宋棐卿之妹宋显梅,代表宋氏家族在国内的成员,前来益都,委托益都县法律顾问处代为查证宋家房产被占一事。同年8月,又委托该处为其主张房屋产权。当时,宋家房产已被占用三十多年,且原有房屋已荡然无存,代为查证和代为主张的难度可想而知。但接受委托后,张信基即积极组织本处董修德、冯玉成等律师进行认真走访、调查、取证,查明了宋家在益都万寿宫巷的房产情况,益都卷烟厂的占用经过。同时,深入研究了党和国家对民族资产阶级及其私有房产的一贯政策,形成了内容翔实、证据充分、引用法律政策得当的代理词。最后,经过两年多的不懈努力,这起案件在中央、省、市、县统战部门的关怀和支持下,终于得到圆满解决。宋氏家族成员在接到31万多元赔偿款(由山东省统战部划付)后,连称“共产党英明伟大”,同时,还拿出两万元,捐献给了益都县少年儿童委员会。

回眸四、为农民、工人致富出谋划策,提供服务

1983年,伴随着改革开放,“两户一体”等经济组织迅猛发展。这期间,益都县法律顾问处敏锐地意识到律师为新型经济组织提供法律服务的空间相当大,作用也不可限量。就在这一年的下半年,益都县王母宫乡刘汉南等14户农民要自发创立一个股份公司,聘请张信基和冯玉成担任法律顾问。张信基认为,这些农民热情高涨,方向对头,路子正确,决定从法律方面给予全力支持,让他们“创大业,发大财,使更多的人富起来。”但搞股份公司是个新鲜事,当时没有现成经验,也没有什么文本参考。为此,张信基向济南的梅永湘和青岛的王耀等老律师请教,可他们也没有经办过。怎么办,路是人走出来的,张信基便潜心研究股份集资,研究公司实务,也让我到益都去做些辅助性工作。最终,他为这些农民起草了公司章程,起草了招股章程,设计发行了股票,于1984年创建了我国北方第一家由农民发起的股份公司——青州大寿股份有限公司。公司成立后,张信基还为公司制定了工资制度和用人制度:职员实行八级工资制,一级月工资47.5元,八级月工资150元;采购员、驾驶员在领取本人基本工资后,加浮动工资。用人实行招聘制,经考试合格者录用,试用期为半年到一年,期间生活费用每月40元。还将工人分为日工、月工、季节工、年工、基本工五种,月、季、年工实行合同制。

1984年,张信基又为益都县普通运输公司制定了企业内部股份集资章程。该章程十分简练,但内容和条款表述明确具体,如“集资办法”中规定:入股自愿、退股自由,保本保息、盈利分红;每股为人民币500元,数人一股或一人数股皆可;年股息为股金的20%,一年一结;中途退股,只计股息,不计红利;股权不得向公司外部转让,内部转让经主管会计办理过户手续。“分红办法”规定:公司年终税后利润,10%作公积金,用于扩大再生产;10%作公益金,用于公益福利事业;10%作奖励基金,奖励有重大贡献的职工;20%作劳动分红,本公司职工,不论是否入股,皆可凭出勤天数分红;剩余50%,按资分红。这个章程实施后,公司运营良好,职工也都得到了实惠。

在为以上农民和工人提供法律帮助的同时,张信基还集录了《关于股份集资的政策依据》,《省内外股份集资情况》,撰写了《谈谈股份集资》《再谈股份集资》《三谈股份集资》等文章,在全省律师工作研讨会上进行了交流。

1984年4月,张信基奉调山东省司法学校任教。临行前,赠送我一部《康熙字典》,又赋诗两首留念。他到济南后,我去看望过几次,交流多为律师工作。如今,改革开放已经30多年了,益都县已改为青州市,律师工作也步入了一个新的阶段。当年的第一代“拓荒者”张信基已逻龄84岁,董修德、冯玉成两位老师已谢世多年。近日我依据在司法局工作保存的有关资料草成此文与他通话时,他平淡地说道:“克民啊,那些都是过眼云烟了。”是的,这些对于一位84岁的老人,的确已成如烟往事。但那个蓬勃向上、充满激情的20世纪80年代,总有一些让人难以磨灭的记忆,其中也包括那时潍坊地区的律师工作,还有当时那些从事律师工作的人们……

(本文载《求是和信律师》2012年第10期)

第二章

案 例 文 书

这一章，是我在潍坊市律师事务所执业期间(1988～2000 年)承办的部分案件的文书。其中，第 1 篇是参加涉外谈判撰写的法律意见；其余 8 篇是办理民事、仲裁、刑事案件撰写的代理词、答辩状、辩护词。这些案例文书，或许在某种程度上，反映了当时国办所律师的业务范围、工作态度及其与法官之间相互尊重的关系。2001 年之后，我参与代理的诉讼案件和承办的非诉讼法律事务，虽然有的标的额大，内容新，如企业并购、债权转让、为银行处置不良资产、为企业发行债券或为农村集体资产改制出具法律意见书等，但因涉及当事人的隐私和企业的商业秘密，未予录入。

参与中外合资经营项目谈判后的几点意见

（1988年4～5月，我受聘为潍坊市农委、潍坊市农业局担任法律顾问，参与中外合资经营“新潍农发有限公司”可行性研究、协议、合同、章程的起草和谈判活动。这份法律意见，是初次实质性谈判后，写给农业局朱局长的。）

朱局长：

您好。5月13日至16日，我应邀随您及市府的有关人员至津，参与了我潍坊农业技术开发公司与马来西亚及新加坡公众股票公司、新加坡雄鹰资源私人有限公司合资经营肉鸡企业的谈判活动，初步了解了其中的有关情况。现就谈判中所意识到的外方（主要是主谈人谢先生）最关心的问题，以及外方起草的《中外合资经营肉鸡企业协议》，提供如下意见：

一、谢先生最关心的问题之一，是未来合营企业的管理体系。他在他起草的《协议》中表明：“中外双方同意，待该合资企业批准建立后，为使双方的企业取得更好的经济效益，双方无保留地交流、使用各自的管理技术。”对于这一方面的问题，《中外合资企业法实施条例》（以下简称《条例》）第七条规定：“在中国法律、法规和合营企业协议、合同、章程规定的范围内，合营企业有权自主地进行经营管理，各有关部门应给予支持和帮助。”据此，只要在董事会成员的构成等方面外方同意我方的意见，那么，我方也应尊重外方在经营管理方面的考虑，并应当尽可能地利用外方先进的管理技术。

二、谢先生最关心的第二个问题,是合营企业的贷款及其担保问题。外方认为,合资企业建立后,企业需贷款1320万美元,对于这样大的数目是否适宜、可行,建议斟酌分析;对于具体的贷款和担保问题,谢先生在《协议》中写到:“中方将请中国境内金融机构作出全面的筹资方案。在合资企业被批准合法建立后,贷款的条款和条件,包括中国和其他国家有关机构的必要的担保,将按国际上银行业的要求及惯例来决定……。”对此,在14日上午的谈判中,双方曾一度争执,没有形成一致意见。我个人认为,合资经营企业根据经营业务的需要,可以按照《中国银行办理中外合资经营企业贷款暂行办法》向中国银行申请外汇贷款和人民币贷款;也可以从国外或港澳地区的银行借入外汇资金。外方的要求,原则上并不违背我国的法律规定。但需明确,这种贷款要在合营企业取得营业执照并在中国银行开立账户之后。中国银行可为已经注册的合营企业提供外汇担保,但不会对企业注册资本提供担保。这方面的问题,可进一步询问中国银行及外汇管理部门。

三、谢先生最关心的第三个问题,是希望在张老板来潍之前,就尽快认可由他们所作出的可行性研究。对于这一点,对我方来讲存在三个问题。一是时间问题,即在张老板来潍之前是否译完、看完,能否做初步的评估;二是可行性研究乃外方所作,我方的利益是否已经全面考虑在内;三是如果认可,那就意味着已经承认对方所作的可行性研究是合营企业的前期工作,而且以后的进一步考察亦将至少部分地遵循对方的初步意见。

四、谢先生比较关心而尚未明确谈开的一个问题,是外币与人民币的比价问题。按照我国的《条例》第26条规定:“外国合营者出资的外币,按缴款当日中华人民共和国外汇管理局公布的外汇牌价折算成人民币;中国合营者出资的人民币现金,如需折合外币,按缴款当日国家外汇管理局公布的外汇牌价折算。”对方所作的可行性研究中,他们所作的比价为US＄1.00 = RMB3.70,当然,现在是1:3.72或略高些,估计将来还会高一些。但在这次谈判中,谢先生非正式但有意识地提到了美元与人民币的比价为1:5.6。看来这是个实质性的问题,如坚持法律规定,恐怕难以达成协议。因此,需提前予以商定。

五、近期内,谢先生关心的另一个重要问题,是希望在张老板来潍期间,我方在谢先生起草的《协议》基础上,与之签订合资企业协议。

中外合资企业的协议,是合营各方对设立合营企业的某些重点和原则达成一致意见而订立的文件。就其法律性讲,协议并不是十分严肃而非有不可的。我国法律规定,合营企业的协议与合同如有抵触,以合同为准;如经合营各方同意,也可不订立协议,只订立合同、章程。

我个人认为,根据该项目目前的进展情况及其特点,双方应当初步达成一致协议。只是对谢先生起草的“协议”需认真分析、修改,以达到公平互惠,双方的权益都有所保障。

谢先生起草的“协议”,写得简练,抓住了重点,足以证明他很内行;但有些内容过多地考虑了本方的利益,相反,对我方就有所不利。除上述提到的几个问题外,对“协议”中的内容还应注意到以下几点:

1. 关于合营的主体。“协议”把马来西亚及新加坡公众股票公司与新加坡雄鹰资源私人有限公司称为第二方即外方,但出资比例二者是分列的,到底外方是两方还是一方,需明确。如是一方,协议中就只能出现一家公司,如是两方,那么合营者就应分甲、乙、丙三方。

2. “协议”中提到“……对于一方的经过认证的专利技术,经双方同意可以互相转让使用”。如果合营者不是以专有技术作价出资,这在以后将会涉及技术使用权的问题,应提前考虑签订技术转让协议。

3. “协议”中有“双方同意遵守中国法律”并“受中国法律规定的保护”的提法,不妥。合资企业必须遵守中国的有关法律,这是限制性规定,谈不上同意或不同意;另外,合资企业在受中国法律保护的同时,还要受中国法律的管辖。

4. 对于400万美元的流动资金,似既包括在总投资额中,又在企业贷款中,需予以明确。

5. “协议”“8”中规定:“……经营期满后,经双方同意可继续签订合资企业合同。”根据《条例》第101条规定,如合营各方同意延长合营期限,还要办理申请和变更登记手续,即在期满前六个月,向审批机构报送延长合营企业申请书。合营企业在一个月内得到批准后,要办理变更登记手续。

6. “协议”“10”规定:“……如果公众股票公司将其出资额转让给雄鹰资源私人有限公司,中方将予同意。”此规定,对我方带有强加性,不符合我国法律规定,因为如果合营一方向第三者转让其全部或部分出资额,必须经合营他方同意,而合营他方有优先购买权。如违反这样的规定,则转让无效。

以上意见,供您参考。

合资项目法律顾问、潍坊市法律顾问处律师　王克民

1988年5月16日

山东省潍北农场名誉权案代理词

（1989年年初，《乡音》杂志社在《乡音》杂志上，刊登了青岛日报社袁某某创作的所谓纪实小说《女监秘闻》。该作品虚构了"一个个女囚和管教干部的形象"，杜撰了"一件件不为世人所知的奇事秘闻"，直接使用了"潍北农场"的名称，对潍北农场的名誉权构成了侵害。为此，潍北农场依法向青岛市中级人民法院提起诉讼，请求法院责令被告袁某某和《乡音》杂志社向原告公开认错、赔礼道歉；停止侵害，销毁小说《女监秘闻》原稿；在中国《法制日报》上刊登声明，为原告恢复名誉、挽回影响；赔偿原告经济损失及诉讼差旅费，承担本案全部诉讼费。该案由青岛市中级人民法院指定青岛市市南区人民法院审理，王克民、王万钧律师递交了原告潍北农场代理意见。庭后经法院郑法官主持调解，原、被告达成协议：被告袁某某、《乡音》编辑部承担侵害原告名誉权的责任，分别在《法制日报》刊登道歉声明，为原告恢复名誉、消除影响，其道歉声明的内容由法院审定，公告的费用由被告各自承担。被告袁某某赔偿原告损失费600元；被告《乡音》编辑部赔偿原告损失费500元。被告袁某某、《乡音》编辑部停止对原告的侵害，小说《女监秘闻》的原稿不得翻印发行。案件受理费20元，由二被告各负担10元。）

尊敬的审判长：

今年3月份，原告在潍坊市区的刊亭和书摊中发现了由被告袁某某创作、由《乡音》编辑部出版发行的纪实小说《女监秘闻》。

这篇直接使用原告单位真实名称的所谓纪实小说《女监

秘闻》,以六万余字的篇幅,将女犯监管改造工作和管教干部描写得乌七八糟。作者在作品中主要围绕管教干部邓先水与女犯人沙根妹这两个人物主线,塑造了"潍北农场"副大队长邓先水这个"四人帮"的余孽,与女犯人沙根妹发生不正当两性关系的"狱吏"形象;记述了沙根妹这个年轻美丽、经历奇异、因杀人罪被判死缓、入狱后被邓先水占有、受孕、最终又因受骗越狱未遂,由邓先水提议报请"潍坊法院",最后被处决的悲剧人物的悲剧故事。除此之外,该作品还运用其他人物形象和语言,贬低劳改工作所取得的成就,诋毁劳动改造机关在社会上的地位、作用、尊严和形象。

该作品出版发行后,在社会上造成了不良影响。由于作者使用了原告单位的真实名称,致使读者对作品的内容信以为真。对此,原告认为,被告袁某某及被告《乡音》编辑部的行为,严重地侵害了原告的名誉权,应当依法承担侵权责任。

一、原告是人民民主专政重要工具的国家劳动改造机关,自 1952 年建场以来,在改造罪犯的工作中取得了显著的成绩,成为全国劳改战线的先进典型。先后被山东省人民政府授予先进集体,被司法部荣记全国司法行政系统集体一等功。原告所属的女监队还出席过全省和全国女犯改造工作会议,并作为先进典型在会议上交流经验,其中女监的一中队被山东省人民政府记集体二等功。

多年来,全国有数十家新闻单位先后到原告单位进行过采访报道,宣传劳改干警的先进典型事例。

二、1986 年 7 月,被告袁某某(时任青岛日报社副刊部副主任)曾来原告单位采访,当时,袁自称其来意是采访报道女管教干部的工作事迹,以及改造表现突出的青岛籍女犯的典型事例,只字未提要写什么纪实小说。原告委派教育科的张德州同志,陪同被告采访了女监的指导员赵淑娥同志,还邀集部分干警召开了座谈会,也找个别青岛籍女犯进行了交谈。在采访期间,没有任何人向其介绍所谓的"奇事秘闻"。

三、被告作品当中的主要情节纯属子虚乌有,肆意编造。在原告单位的干警中,绝无邓先水其人,也无此人物原型;在女犯人当中,也无沙根妹和其人物原型。女监队自 1972 年组建以来,从未发生过女犯因越狱逃跑被判死刑的事件,也未安排过什么"特殊的送行场面",更不存在"四人帮"余孽的问题。但被告袁某某置客观事实于不顾,编造所谓"女监秘闻",并且多次明确写明事情的发生地为"潍北农场"。这种破坏法人名誉,侵犯法人尊严的行为,无疑违反了《中华人民共和国民法通则》第一百零一条的规定,对原告的名誉权构成了严重侵害。

四、被告《乡音》编辑部作为出版发行单位,既不核实调查《女监秘闻》的真实性,又不优化选题,便擅自将这篇质量低劣、纯属虚构的侵权作品出版发行,同样构成侵权,也应依法承担法律责任。

综上所述,被告袁某某无视国家法律,背离了文学创作的立场、原则,丧失了新闻工作者的职业道德,仅凭臆想杜撰的纪实小说《女监秘闻》,直接使用了"潍北农场"的名称,致使原告的名誉权受到严重侵害。被告《乡音》编辑部未经审查即将小说刊登发表,也对原告构成侵权,并造成了不良影响。为此,原告为维护自己的合法权益,消除因被告侵权而造成的不良影响,根据以上事实和民法通则第120条、134条,以及《最高人民法院关于贯彻执行〈中华人民共和国民法通则〉若干问题的意见(试行)》第140条、150条、151条之规定,请求贵院依法支持原告的诉讼请求,判令二被告停止侵害,赔礼道歉,依法承担相应的民事责任。

代理人:潍坊市法律顾问处律师　王克民　王万钧

1989年7月

41户居民状告海龙公司环境污染案代理词

[1992年9月,潍坊海龙食品有限公司,经有关部门批准成立了海龙大酒店,在原办公楼的基础上新建了门头(主楼),并更换了锅炉,新建了餐厅、伙房(操作间),安置了冷却塔。被告在施工中未按批建要求建设。其附楼由3层改建为4层,且私自改小了与潍坊市农机供应公司宿舍的间距,直接影响了宿舍院内居民的采光。尤其是酒店营业后,冰柜、蒸汽机、冷却塔、操作间及部分管道排放出的油烟气体及噪音直接影响了宿舍院内居民的正常生活,引起居民强烈不满。在向有关部门反映未获解决的情况下,潍坊市农机供应公司宿舍院内的41户居民委托律师于1993年10月向潍坊市中级人民法院提起诉讼,请求停止侵害、排除妨碍、赔偿损失。

庭审中,代理人列举被告侵权事实,阐述有关法律规定,以原告的合法权益不容侵害为基点展开辩论。最终法院判决被告移走平台上的冷柜、蒸汽机,对综合消音装置进行改造,赔偿原告经济损失3万元,承担全部诉讼费。]

审判长、审判员:

我们二人接受原告潍坊市农机供应公司宿舍院王新民、唐维光、王本忠等41户居民的委托,为他们担任代理人,参加本案的诉讼活动。本案从提起诉讼到今天开庭审理已近半年时间,自接受委托之后,我们本着实事求是、维护当事人合法权益的态度,认真查看、核对了本案的有关事实,到有关职能部门进行了必要的调查和了解,听取了41户居民的诉讼愿望和意见,也研究了与该案相关的法律条款。刚才,又参加了庭审调查。现在,为履行代理人的职责,维护委托人的合法权益,特向法庭提出以下代理意见:

一、原告的合法权益不容侵害

本案原告为41户居民,包含41户家庭,100多位居民,从地位上讲,他们都是普通的城市居民,而从法律角度讲,他们则是受国家法律保护的公民。在他们当中,既有18周岁以上的完全民事行为能力人,又有十周岁以上的未成年限制民事行为能力人,还有不满十周岁的无民事行为能力人。这些人同其他公民一样,他们的合法权益受法律保护,不容许任何单位和个人进行侵害。他们的合法权益表现在各个方面,在此,我们想联系本案,特别强调两点:一是,原告的生命健康权不容侵犯。我国民法通则第98条明确规定"公民享有生命健康权"。所谓健康权,是指公民依法享有的身体健康不受非法侵害的权利。身体,是公民的生理组织的整体,是公民生命的形式。身体健康是公民从事民事活动和其他社会活动的重要保障。我国法律规定并保护公民的健康权,就是保障公民的身体及器官不受非法伤害或损害。民法通则从第98条到105条,明确规定了我国公民和法人的人身权利,并在118条到129条,具体规定了侵害人身权利的民事责任。二是,不动产的相邻各方,不得随意侵害相邻方的合法权益。在本案中,原被告属相邻关系,相邻关系从权利上讲,又称为相邻权。民法通则第83条规定:"不动产的相邻各方,应当按照有利生产、方便生活、团结互助、公平合理的精神,正确处理截水、排水、通行、通风、采光等方面的相邻关系。给相邻方造成妨碍和损失的,应当停止侵害,排除妨碍,赔偿损失"。这两点都充分说明,公民的健康权和相邻权都依法具有不可侵犯性。当本案原告遭受不法侵害时,他们就有权根据被侵害的情况,依照有关法律的规定,请求人民法院追究侵权人的民事责任;而作为担负着保护公民合法权利任务的国家司法机关,也自然会依法保护受害人的合法权益不受侵犯。所以,从这个角度来讲,我们两位代理人,是完全支持原告的诉讼请求的,也是相信他们的请求一定能够得到法律保护的。

二、被告的行为严重侵害了原告的合法权益

本案在起诉时,原告把案由确定为侵权损害,我们十分赞成贵院又将本案具体确定为噪音、污染、采光纠纷。刚才的法庭调查已经证明,原告的起诉是成立的,被告的行为确实对原告造成了侵权损害。

第一,被告违章建筑,对原告所住宿舍形成遮阴,直接影响了通风采光。刚才查明,被告海龙大酒店营业楼原为区供销社办公楼,原办公楼主楼东头为四层建筑,副楼在西头为三层建筑。原告居住的宿舍,前楼建于 1985 年,为二层结构,后楼建于 1981 年,为四层结构。他们长期居住于此,原来的生活是安宁的,秩序是稳定的,也未曾与其他单位发生纠纷。问题的发生起于 1992 年 8 月,被告欲在原办公楼处建造 2 个餐厅。按照市规划国土局的规划要求,西餐厅建筑规模为 300 平方米,层数为二层,其中一层北墙控制高度为 3.4 米,二楼高度控制为 3.3 米,总高度不超过 6.7 米。与四邻间距要求为,该工程一层部分距北宿舍楼(原告所居前楼)5.5 米以上,遮阴间距为 1.4 米以上,二楼部分距北宿舍楼 9.9 米以上,遮阴间距为 1.35 米以上。东餐厅规划要求为 880 平方米,四层建筑,高度不超过 16.1 米。但结果如何呢,被告擅自将西餐厅由两层变为四层,由控制高度 6.7 米达到了 16.2 米,与我方北宿舍楼的间距也由 5.5 米以上变为 4.5 米,而且将一层高度提高到 4 米,二层也提高到了 4 米,遮阴间距也大为缩小了。至于东餐厅,更是严重违反规划要求。显然,这种违章建筑,直接影响了原告的通风采光。

刚才,在庭审调查中,合议庭认为违章建筑不属本案审理范围,本代理人暂且保留我们的意见,但是我想说明一点,被告的违章建筑行为与这一纠纷具有直接的关系,也与原告受到侵害有直接的因果关系。

第二,被告的一些配套设施产生的噪音震动,直接影响了原告的休息和学习。被告设置的烤箱、冷柜、冷却塔、电机、空调以及面包房、灶房、锅炉房等紧靠原告的宿舍,这些机器和设施整天响声隆隆,轰鸣不断,使得原告中的很多居民中午不能休息,夜里不能安睡,学生不能安心做作业,老人旧病复发,职工白天工作打不起精神,学生白天上课也打瞌睡,工作和学习都受到直接影响。刚才法庭调查也证明,这些情况是真实的,是客观存在的。

第三,被告排放的有害气体,严重影响了原告的身体健康。这些有害气体多是从被告的灶房、面包房中排放的,它严重地污染了自然环境,居民们由于相距太近,无法抵挡有害气体进入室内,因而受到这些气体侵害后,很多人发生反应,出现胸闷、恶心、咳嗽等病状,不得不服药治疗。一些具体的情况刚才三位代表人也已作过陈述,且卷宗中有诸多材料证明。

另外,还需要指出的是:原告之一唐维光一家,除了身受上述侵害外,因为被告新安装大型锅炉汽包、汽管和除尘管道发热量太大,使得唐家室内温度增高,花、鱼被烤死,多年常用的家俱被烤裂,财产上也受到了直接损失。

凡此种种,以上几个方面的侵害事实,请法庭予以认定。

三、被告应依法承担民事责任

以事实为根据,以法律为准绳是我国社会主义法制适用的重要原则之一,我们认为,本案事实是清楚的,是非是分明的。依据法律规定,被告必须承担相应的民事责任。联系本案,有关维护原告的合法权益,法律规定涉及到多个方面和多种法律,在此仅择其重要法律条款予以阐明,供法庭参考。

《民法通则》第5条规定:"公民、法人的合法民事权益受法律保护,任何组织和个人不得侵犯"。第98条规定:"公民享有生命健康权"。第124条规定:"违反国家保护环境防止污染的规定,污染环境造成他人损害的,应当依法承担民事责任"。第134条:"承担民事责任方式,主要有停止侵害,消除妨碍,消除危险,返还财产,恢复原状,赔偿损失,赔礼道歉等"。

《环境保护法》第6条规定:"一切单位和个人都有保护环境的义务,并有权对污染和破坏环境的单位和个人进行检举和控告"。第41条:"造成环境污染的,有责任排除危害,并对直接受到损害的单位或个人赔偿损失"。

《中华人民共和国环境噪声污染防治条例》第2条规定:"环境噪声污染,是指排放的环境噪声污染超过国家规定的环境噪声标准,妨碍人们工作学习和其他正常活动的现象"。第7条规定:"直接受到噪声污染危害的单位和个人,有权要求减轻、排除噪声污染的危害"。第43条:"造成环境噪声污染的单位和个人,有责任排除危害并对直接遭受损害的组织和个人赔偿损失"。

依据上述主要法律规定,我们在此向法庭再次明确原告的具体请求:

1. 责令被告立即停止不法侵害,尤其是应立即停止有害气体的排放和噪音影响。

2. 责令被告向受害的41户居民给予经济补偿30万元。

3. 案件受理费全部由被告承担。

四、对本案的几点其他看法和意见

审判长,审判员,本案为集团诉讼,贵院受理后在社会上引起一些反响,有关部门也给予了热心关注。本来,原告曾多次地、强烈地向他们的所在单位潍坊市农机供应公司反映情况。为此,公司领导也曾多次与海龙食品有限公司进行协商,希望对方能知错改错,停止或减轻侵害,可惜对方坚持己见,他行他素,不能奏效。无奈,原告才联名诉诸法律。前面提到,我们作为代理人,认为原告的起诉有理有据,依法成立,是应当完全支持的。而从原告所居宿舍的所有权单位农机供应公司的法律顾问和副经理的角度讲,我们则认为原告诉得对、诉得好。这一民事侵权纠纷的审理至少说明两个问题,一是公民的法律意识、法制观念,经过几年来的普法教育,确实大大提高了,他们知道运用法律武器来保护他们自己的合法利益了。二是,原告希望他们能够通过法律途径使纠纷得到满意解决,对法律的希望高于任何行政的解决手段。因此,作为代理人,我们也希望这场涉及41户居民、100多位普通公民的民事官司能够打出一个高度来，打出一个令当事人满意的结果来。当然，我们也真诚地希望被告一方，能够确实认识到自己的行为对他人造成侵害的严重性和危害性，不妨将心比心、换位思考，对解决本案持积极负责的态度，并从中吸取教训，依法办事，依规办事，保证今后类似事件不再发生。

审判长、审判员，正确、公正、妥善地处理本案，对于维护正常社会秩序，加强法人之间、公民之间及其相互间的协作，增强团结，促进社会主义的物质文明建设和精神文明建设，都有着重要的意义。而保证正确、公正、妥善处理此案的前提，就是要最大可能地维护被侵害人的合法权益，维护当事人的诉讼请求。

本案在庭审前，贵院已经做了大量工作，但由于被告缺乏诚意，措施不够，双方难以达成调解协议。我们期望通过今天公开审理此案，能够产生让原告接受的良好结果。

以上意见，如无不当，请合议庭予以考虑采纳。

代理人：潍坊市律师事务所律师　王克民

潍坊农机供应公司副经理　韩秀英

1994年3月26日

寒亭结核病专科医院
被诉专利侵权案答辩状

[1993 年 5 月,原告贺某某向济南市中级人民法院提起诉讼。诉称其与父亲贺某某(以下简称贺先生)“共同研究发明制成专治各类结核病的特效中成药‘消核膏’。被告寒亭结核病专科医院伪造‘制剂许可证’和‘广告审批表’,以其父名义及其专利申请号制作销售‘消核膏’,请求法院判令被告停止侵权,赔偿损失 58 万元”。

被告应诉后,委托律师代理。代理人从调查取证入手,查明了“消核膏”的由来及原告之父贺先生与被告的关系,针对原告的起诉事实和理由,拟定了该民事答辩状。

民事答辩状,是民事被告对原告的起诉予以答复和辩驳的一种书状。它是当事人的一项诉讼权利,不是诉讼义务,是否行使由当事人自己决定。通常情况下,答辩状的内容比较简要,字数多在千字之内。基于本案的特殊性,这份答辩状不但加大了篇幅,而且对事实、证据和答辩理由具体论述,还糅进了律师准备在庭审辩论时的意见。这样做的目的,一是想善意地告诫原告能够明辨是非,主动撤诉,免于讼累;二是想直接通过答辩,就让法官对案件了然于心,便于审理和判决。事实上,这个效果达到了。还须说明的是,本案的答辩和技巧,只是胜诉的一个方面,而另一个重要的原因,是在 15 天的答辩期内,律师和医院共同研究调取了 25 份证据,由律师依据法律和证据撰写了该答辩状。

这份答辩状,将所取 25 份证人证言,历史资料贯穿其中,通过追溯“消核膏”的由来,否定了原告所谓与父亲“共同研究”之说，确定了研制“消核膏”的主体正是寒亭结核病专科医院。通过阐述制剂和销售情况，否定了原告所谓被告伪造“制剂许可证”和“广告审批表”的不实之诉，说明被告制作“消核膏”手续完备、程序合法。对于所谓“专利侵权问题”则针锋相对，指出原告无权对“消核膏”申请专利，医院才是真正的专利权人。因此，答辩主张原告向答辩人承认过错，补偿损失。该答辩状递交后，原告经过酌定，最终以自行撤诉结案。]

民事答辩状

答辩人：潍坊市寒亭结核病专科医院

地　址：潍坊市寒亭区固堤镇

法定代表人：王兆和院长

委托代理人：王克民　潍坊市律师事务所律师

　　　　　　李学山　潍坊市律师事务所律师

答辩人因原告贺某某提起专利侵权诉讼一案，提出答辩意见如下：

一、原告在叙述案件事实理由时，开头即自称和父亲贺先生“共同研究发明，制成专治各类结核病的特效中成药‘消核膏’”。答辩人认为，原告起笔第一句，首先就违背了起诉必须实事求是、客观真实的基本要求，歪曲和隐瞒了“消核膏”的研制过程。为澄清事实，需对“消核膏”的由来作一追溯。

五十多年前，原告的养父贺先生，运用验方，自制软膏（后称老鼠疮膏药），治好了侄子的颈淋巴结核症。新中国成立后，贺先生在潍坊当工人，一度用该验方治疗过一些病人。但贺先生不是医生，只此一技之长，出于爱国之心，曾建议国家医疗部门予以研究。1964 年，贺先生退休返回原籍，主动找到我们医院的老院长——潍县固堤公社医院的王景春院长，要求研究药方，王院长答应一试。1970 年，医院根据贺先生的愿望，将其吸收入院，给予工资补助，在医院的土药厂里展开研制（见证据一，王景春证言）。贺先生到院后，医院安排魏树声、魏宽寿等人与贺先生一起工作，先是进行小规模手工制剂，作为外敷药用于来我院求诊的患者。之后，又筛选药物成分，改变生产工艺，并将制剂在本院职工中做内服实验。经过一段时间，证实效果良好，乃首次定名为“消核膏”。于今，参加当年研制工作的有关人员都尚健在，他们对原告的行为深为不满，皆愿出证，以对事实负责（见证据二，魏树声证言；证据三，魏宽寿证言；证据四，朱胜衍证言；证据五，李宽增证言）。

“消核膏”制成后，昌潍地区《赤脚医生》杂志予以报道（见证据六，《赤脚医生》1970年第4期)。此后,医院逐渐扩大制剂规模,并开始以邮寄方式满足外地患者的要求。1972年,医院撰文《消核膏治疗结核病疗效观察》对外宣传(见证据七,《山东医药》1972年第8期),影响不断扩大。1977年1月,昌潍地区卫生局将研制"消核膏"列为科研计划并拨专费责成我院具体实施(见证据八,科研计划及附表)。同年11月,我院又在省《赤脚医生杂志》上发表署名文章,介绍"消核膏"的方药、制法和用法(见证据九,《赤脚医生杂志》1977年第11期)。至此,研制工作近臻完善。由此迄今,药质工艺基本未再变化。

小结以上追溯及证据说明:"消核膏"的研制过程,介于20世纪60年代末至1977年期间,它是在贺先生"老鼠疮膏药"的基础上,通过我院改变成分,改变剂型,反复试验研制,由原来只用于破溃的淋巴结核成为外敷内服相结合,以内服为主,用于治疗各类结核病的特效药。虽然贺先生功不可灭,但贺先生及其他人员,都是统一执行医院分配的任务,利用医院的设备和物质保障,最后才取得成功的。因此,发明研制"消核膏"的主体无疑是我们医院。原告所谓与父亲"共同研制"之说,显然是对客观事实的隐瞒和歪曲。

二、原告称:从1992年,从报刊上发现不少广告冒用其父名义及其专利申请号广为销售,经函查质询,都是受我院委托之行为。又称:我院伪造"制剂许可证"和"广告审批表"等批件,以其父名义及其专利申请号制作销售"消核膏",非法所得58万余元等等。答辩人认为,原告以上所述,不仅是对客观事实的严重歪曲,而且是对我院声誉的玷污。为此,特对我院的制剂和销售情况作一说明。

"消核膏"研制成功后,我院在社会上赢得了良好声誉,贺先生也十分高兴。过了几年,医院人事变动,贺先生回家休息。1987年,贺先生又主动走访我院院长朱志刚,要求再回医院,继续推广"消核膏"。对此,朱院长向主管部门作了汇报,与区卫生局及固堤镇政府取得了共识,一致认为:以"消核膏"药治疗各种结核病,是我院的特色,为进一步增加医院的知名度,更好地服务于社会,有必要成立专科医院。1987年11月,潍坊市寒亭结核病专科医院正式成立。朱志刚任院长,贺先生被聘为名誉院长(见证据十,朱志刚证言;证据十一,区卫生局证明;证据十二,朱明敬证言;证据十三,聘请书)。当时,寒亭区委宣传部的郭怀光同志负责为专科医院的剪彩仪式采访录像。在接受采访时,贺先生说:"'消核膏'是固堤医院和我在70年代搞出来的……在有生之年,我要把所掌握的有关资料无私地献给医院"(见证据十四,郭怀光证言)。1988年,贺先生在我院因病去世。

贺先生病重期间,曾反复向院领导表示,在他去世之后,"消核膏"的推广全部由医院承办,不能让贺氏家族的任何人以“消核膏”获利(见证据十,朱志刚证言;证据六,刘天福证言;证据三,魏宽寿证言)。对于贺先生的这种高尚品德和尊重事实以院为家的精神,至今仍为后人称道。

贺先生去世后,围绕“消核膏”的制作销售问题,医院与贺家发生分歧。1989年,我院成立制剂室,并逐级上报,同年8月4日,依法取得了由山东省卫生厅颁发的“制剂许可证”(见证据十五,制剂许可证登记表;证据十六,医院制剂许可证)。继而,我院又提出价格申请,三个月后区物价局批复决定了“消核膏”的出厂和零售价格及浮动比例(见证据十七,寒价1989第55号文件),1990年经年检,省卫生厅又发给制剂许可证副本(见证据十八,许可证副本)。

然而,就在我院依法取得制作、销售“消核膏”的权利之后,社会上一些人见该药品颇有市场,便开始了不法之为。在当地,个别行医者,违犯规定,私自制造、宣传、销售“消核膏”,对此,区卫生局及时作出了处理(见证据十九,寒卫1990年30号文件;证据二十,区卫生局关于吊销贺××行医执照的经过;证据二十九,区卫生局关于处罚贺××的经过)。在外地,一些单位和不法分子,开始盗用我院名义,滥发广告,非法设点销售假“消核膏”。为此,我院于1992年9月经市卫生局批准,在有关报刊上发表“严正声明”,阐明我院是配制“消核膏”的唯一合法医院,任何单位和个人不论持有何种证件,均属伪造,所售之药均属假药,并恳望各地有关部门协助我院依法查处各种非法窝点(见证据二十一,1992年10月10日《河北日报》周末扩大版)。但声明刊发后,在河北等地,一些单位和不法药贩仍继续非法宣传销售(见证据二十二,1993年2月12日《法制日报》广告;证据二十三,1993年第三期《祝您幸福杂志》广告)。更有甚者,有人公然伪造我院公章,伪造“药品广告审批表”推销所谓“消核膏”(见证据二十四,假药品广告审批表)。凡此种种,至今仍在损害着广大患者的利益,侵害着我院的声誉。对此,有关部门自去年就着手查处(见证据二十五,潍坊市卫生局致家庭医生报社函)。省卫生厅等有关部门也仍在继续调查之中。答辩人认为,那些欺世盗名的不法分子,终会得到应有的制裁。

再来小结以上事实及证据,不难得出,我院制作“消核膏”经过逐级上报,手续完备,程序合法,省卫生厅颁发的制剂许可证真实有效,且每年进行年检,原告所称“伪造”制剂许可证之说自不成立。至于有的“药品广告审批表”的确为假,但伪造者是冒我院之名,假造我院及卫生局公章,侵犯的主体是我院及区卫生局,而非原告本人。对于那些非法广告,我院追究查处尚且不及,怎会愚蠢到“委托”他人去行为?我院是研制销售“消核膏”的唯一合法医院,从未以贺先生名义发表广告，更未曾“冒用”原告的专利申请号，其销售完全是价格合理、名正言顺，何谓“非法所得”？况且我院收入之多寡，完全是医院之事，所说58万元与原告有何干系！

三、原告依据专利法第十一条和第六十条提起诉讼，使本案成为专利侵权案件，这不仅涉及对事实的认定，也涉及对法律的适用问题。原告在诉状中披露：已于1989年5月31日向国家专利局南京代办处申请专利，申请号为891024123云云。坦率地讲，对于原告申请专利，过去有所传闻，但答辩人念及原告为贺先生的养子，一直未作深究。不料，如今原告反而把我院推上被告席。今见诉讼所述，不禁令人顿生疑窦：其一，如前所述，原告贺某某即非“消核膏”的研制人，也非共同研制人，怎能就我院研制成功定名的“消核膏”申请专利？其二，我国的专利法实施于1984年4月1日，1992年9月作了修改，未修改前的专利法第25条明确规定药品“属于不受予专利权”的范围。那么，原告在既无权利又不符合法律规定的情况下，于贺先生去世后的第二年就最先提出专利申请，用意何在？其三，专利侵权被侵犯的对象，是已授予专利权，受专利法保护的产品和专利方法，原告虽然早已提出申请，但能否授予专利权尚处在未决状态，被侵犯之说从何谈起。其四，如若“消核膏”依据新的专利法可申请专利，则涉及申请专利的权属问题，我院作为研制主体，由来已久，早已得到社会各界承认，自然是真正的专利权人，原告又有何权利？试问，原告对以上问题难道没有思考吗？原告私自申请，现在又提起诉讼，其目的究竟是什么？一语破的，人所共知，原告无非是想先发制人，欲先求得法律保护，然后再侵吞“消核膏”的研制成果。这种别有用心地运用专利法条文的做法不仅是错误的，而且也是徒劳的。

四、综上所述，“消核膏”的真正发明研制主体为潍坊市寒亭结核病专科医院，我院研制、销售“消核膏”均符合法律规定，事实清楚，证据充分。而原告不顾事实，挑起讼端，提出要求我院停止侵权、赔礼道歉、追偿非法所得等无理请求，实属悖于法理，别有用心，时至今日，我院特此提出答辩主张如下：

1. 我院之行为，原本就不对原告构成侵权，根本谈不上赔礼道歉，消除影响的责任问题；相反，倒是原告的做法极为不妥，原告应该向我院承认过错，赔礼道歉。

2. 原告无理起诉，不仅对我院声誉造成影响，而且使我院在人力、物力、财力和时间上都蒙受了损失。对于这些损失原告应当予以赔偿。至于案件诉讼费，原告更应全部承担。

3. 暂且保留其他答辩请求的权力。

以上答辩,敬请贵院考虑,以便分清是非,作出公正裁决。

此　致

济南市中级人民法院

答辩人:潍坊市寒亭结核病专科医院

1993 年 5 月

附:本答辩状副本 1 份　书证 25 份

(补记:民事答辩状,是民事被告对原告的起诉予以答复和辩驳的一种书状。它是当事人的一项诉讼权利,不是诉讼义务,是否行使由当事人自己决定。通常情况下,答辩状的内容比较简要,字数多在千字之内。基于本案的特殊性,这份答辩状不但加大了篇幅,而且对事实、证据和答辩理由具体论述,还糅进了律师准备在庭审辩论时的意见。这样做的目的,一是想善意地告诫原告能够明辨是非,主动撤诉,免于讼累;二是想直接通过答辩,就让法官对案件了然于心,便于审理和判决。事实上,这个效果达到了。还需说明的是,本案的答辩和技巧,只是胜诉的一个原因,而另一个重要的原因,是在 15 天的答辩期内,律师和医院共同研究调取了 25 份证据,由律师依据法律和证据撰写了该答辩状,为赢得本案奠定了基础。)

贺某某诉寒亭结核病专科医院侵害姓名权纠纷代理词

（1993年5月，原告贺某某曾以专利侵权纠纷为由，寒亭结核病专科医院为被告向济南市中级人民法院提起诉讼。寒亭结核病专科医院答辩后，原告主动撤诉。但一年之后，原告又以寒亭结核病专科医院侵害其父姓名权和冒用其专利号为由，在潍坊中级人民法院起诉。寒亭结核病专科医院作为被告，再次委托律师参加诉讼。鉴于原告改变案由再次诉讼，律师把工作重点放到了法庭辩论阶段。庭审后，原告代理人与某记者撰文在《山东工人报》上刊发，仍然坚持医院的行为对贺某某构成了侵权，原告必然胜诉云云。对此，寒亭结核病专科医院未予理睬。本案经合议庭合议，被告代理人的意见得到采纳，一审法院依法裁定驳回了原告贺某某对寒亭结核病专科医院的诉讼请求。）

审判长、审判员：

我们受本案被告潍坊市寒亭区结核病专科医院的委托，潍坊市律师事务所的指派，根据《民事诉讼法》的规定，担任被告的代理人。对于本案，我们查阅了有关的证据材料，进行过调查核实，还走访过一些主要证人。今天，又出席了法庭到现在为止的全部审理活动。我们认为，今天法庭审理此案，贯彻了按照法庭既定的范围来审理的精神，因为法庭在调查的时候，只调查了法庭认为与本案有关的主要事实，只宣读了认为与本案有直接关系的证据。法庭已经注意到，寒亭区结核病专科医院作为本案被告在提交的答辩状中，用较长的篇幅追溯了"消核膏"的研制过程,说明了本院的制剂和销售情况,表明了对消核膏专利权属、侵犯姓名权及冒用专利申请号等问题的看法。其中列举证据材料27份。作为代理人,我们也十分希望能够将有关的事实和问题,展开进行法庭调查和法庭辩论,以便全面分清是非,明确责任。但是,作为律师,我们还应当尊重法庭的既定安排,这也是个职业修养问题。刚才,我们认真听了原告代理人赵同志的发言,了解了他们的观点和理由。坦率地讲,我们认为原告代理人的发言,与刚才法庭查明的主要事实不相符合,这违背了实事求是的原则。下面,根据我们对本案的调查了解,结合今天的法庭调查和原告代理人的发言,主要谈三点意见,供法庭参考。

一、在本案中,原告的主要诉讼请求之一,是要求被告停止侵害其父亲的姓名权。当然,原告在诉讼中还认为侵犯了名誉权等等。关于本案的案由和性质,我们完全同意贵院的认定,即如出庭通知书中载明的那样,为"贺某某诉寒亭结核病专科医院侵害姓名权纠纷"。这也是本案的最核心问题。刚才的法庭调查,也是主要围绕这个最核心的问题进行的。那么,被告到底有没有侵害原告其父贺先生的姓名权呢?

从民法的角度讲,姓名权属于人身权的范畴。毫无疑问,我国法律对公民的姓名权是予以保护的。何为侵犯他人的姓名权?《民法通则》第99条规定:"公民享有姓名权,有权决定、使用和依照规定改变自己的姓名,禁止他人干涉、盗用、假冒。"我们理解,依据此条规定,构成侵犯他人姓名权,是指具有以下行为:1.干涉他人决定,使用自己的姓名、名称;2.盗用他人的姓名、名称;3.假冒他人的姓名、名称。联系本案,寒亭结核病专科医院是否侵犯了贺先生的姓名权呢?我们不妨加以对照。贺先生生前为寒亭结核病专科医院的名誉院长,他自1987年7月11日受聘担任名誉院长,既是医院诚心聘任的,也是他本人欣然接受的。聘请书的姓名当然是他自己决定使用的,是他同意使用的,也当然是他自己的真实姓名,因此,这其中自然丝毫不存在干涉、盗用、假冒的行为。贺先生虽然去世多年了,但他作为在医院研制"消核膏"的人员之一,作为医院的名誉院长,这是历史,是既往的客观事实,医院一向尊重这一历史,尊重这种事实。医院从1970年就将贺先生吸收入院,共同研制"消核膏"。70年代期间,先后在地级、省级医学刊物上多次报道和宣传"消核膏",而且把贺先生的名字列入文中,这些都是尊重历史和事实的见证,难道这也是盗用和假冒吗?答案自然也是否定的。刚才,法庭调查还查明,寒亭结核病专科医院在1988年和1991年曾两次以医院名义刊发过广告,广告中都使用了"贺老中医"一词,我们认为,既然贺先生生前为医院的名誉院长,医院当然有权利也应当尊重历史本来面目，把“贺老中医”列入广告之中。这是无可挑剔的。那么，依据以上事实情况，我们完全可以认为，寒亭区结核病专科医院对贺先生的姓名干涉过吗？没有；盗用了吗？也没有；假冒了吗？更没有。所以，我们有理由表明，原告诉称被告侵犯了其父亲贺先生的姓名权，是根本不能成立的。

二、被告有无冒用原告的专利申请号，是本案的第二个核心问题。对此，我想从证据和事实两个方面谈点看法。

其一，从证据方面讲，在本案审理前，我们曾查阅过原告向法院递交的举证材料，今天，在法庭调查中，原告提到了有关证据材料，法庭也宣读了其中的几份，并进行了认真调查。可以说，原告认定被告冒用了他的专利申请号，主要是依据沧州市西淮镇新特药经销处在报刊上发表的广告，以及该经销处又委托河南省鹤壁市医疗器械厂销售“消核膏”和该厂所作的广告。原告认为，沧州西淮镇新特药经销处刊登的广告，是受本案被告委托之行为。那么，这是否属实呢？我们认为，就目前的证据而言，尚不能证明属实。因为，一是广告的内容中只字未提寒亭区结核病专科医院，也没有说明所谓受我院委托销售。二是原告与我院提供的证据不相一致，两份盖有我院公章，使用的是我院公用笺的所谓同意刊登广告的所谓证明材料，都不是原件，而是复印件，这两份证明的签署日期分别为1991年4月1日和1991年5月2日（十分模糊）。根据沧州西淮镇车站中医联合门诊部（即经销处）孙炎政证明：“关于消核膏委托书，是牟相发91年4月1日拿来的。关于刊登广告，固堤结核病专科医院没有协商委托。”孙还证明，河南鹤壁医疗器材厂的委托书不是他们的，他没有委托任何单位和个人，他刊登广告中的专利申请号，是他和牟相发从南京贺某某那里要来的。对于孙炎政提到的牟相发，法庭今天已传唤到庭作为证人，刚才法庭调查也查明，牟相发曾于1988年9月至1989年2月期间为我院销售过“消核膏”。而其后，是在为贺家和寒亭区人民医院推销未经许可生产的所谓“消核膏”，包括1991年4月至5月期间。在1991年4月份，牟相发没有给过孙炎政委托书。我们认为，这些证据虽然有点矛盾，但有几点是比较清楚的，即我们医院没有与孙炎政就刊登广告之事，进行过协商或委托，而专利申请号也是孙炎政和牟相发从原告那里拿来的，且1991年4月份牟相发是在为贺家销售，他当时与医院没有任何关系。此外，原告还向法院提交过一份广告审批表（复印件）。对于该审批表，我们曾与法官们作过鉴别，认为上面的寒亭结核病专科医院和寒亭区卫生局的公章都明显是伪造的，也就是说这份审批表是假的，假的材料是不能证明原告的观点的；况且这份假审批表还严重侵犯了我院的合法权益。

其二，从事实方面来讲，刚才我们的委托人，结核病专科医院的王兆和院长已向法庭表明,多年以来,医院从来没有委托过外地有关单位,刊登广告宣传,医院与外地有关单位都是直接的购销关系,都是他们直接到医院购买医院生产的“消核膏”,都是即时结清。况且,医院直到去年被原告起诉时,才知道了原告申请专利的专利申请号,而且当即对原告申请专利表示异议。那么,可想而知,被告作为“消核膏”的真正发明研制者,应当是真正而唯一的专利申请人和权属人,又怎能违背常规,去冒用原告的专利申请号呢?因此,从事实上来看,被告根本就没有冒用过原告的专利申请号,也绝不会愚蠢地冒用这个申请号。原告应当在诉前查明事实去追究那些真正的直接行为人的责任。当然,哪个法院管辖,结果会是怎样,则是另当别论了。

三、关于赔偿损失问题。原告诉称自己由于受被告行为影响,直接损失 50 余万元,要求向被告追偿非法所得 50 万元。刚才,法庭对这方面的问题未作过多调查,原告代理人刚才的发言中也是简单地谈了几句,并且承认原告贺某某并没有获得药品制剂许可证。我们认为,这个问题涉及内容较多,如果从侵权行为归责的理论角度讲,被告对原告不具有侵害行为和事实,或者说原告的经济损失与被告生产、销售“消核膏”并无直接的因果关系,那么被告对原告就根本谈不上赔偿问题。如果从事实角度讲,恐怕问题就更为复杂了。刚才法庭已经查明,“消核膏”不仅在山东,而且在河北、江苏等地销售量极大,生产这种药品的除了寒亭结核病专科医院外,原告贺某某生产、固堤镇贺家村贺氏家族中的成员贺某 1、贺某 2、贺某 3 等也生产,寒亭区人民医院也在推销。因为该药制作工艺并不复杂,河北等地的一些个体药贩也在非法生产和经营。但是,现在的情况是,唯有我寒亭区结核病专科医院才是唯一获准生产“消核膏”的正宗生产单位。(有关“消核膏”的研制和销售情况,被告曾在答辩状中详尽阐明,在此不必赘述)如需讲侵害、讲损失,只有我们医院受侵害最重,经济损失最大。原告向被告追偿非法所得有何依据?到底谁为合法所得?谁为非法所得?我们认为,原告本人并没有获得国家卫生管理部门颁发的制剂许可证明,而其家族中的某些人则在贺先生去世一年多以后的 1989 年 7 月份,冒用贺先生的名义向患者写信,公开诋毁寒亭结核病专科医院的声誉,以假乱真、损人利己,这才是真正的非法行为,他们推销经营“消核膏”,才是真正的非法所得。因此,唯有寒亭结核病专科医院,才是向侵权行为人主张赔偿损失的合法主体;而本案原告根本就不具有这样的合法资格;他的所谓诉讼请求依法应当予以驳回。

以上意见,请法庭参考。遗漏之处由王院长和李律师补充。

代理人:潍坊市律师事务所律师　王克民

1994 年 4 月 13 日

加工风筝看盘纠纷案代理词

（1993年，潍坊国际风筝会办公室委托潍坊第十二中学加工嵌银风筝看盘300件。因看盘出现质量问题，双方在支付货款上发生纠纷。潍坊第十二中学以欠款纠纷提起诉讼。开庭前仅两天，被告潍坊国际风筝会办公室委托律师代理诉讼。在经过阅卷、取证和法庭调查后，代理律师首先确定本案为加工承揽合同纠纷，然后就原告的义务、嵌银看盘的质量以及法律适用问题与原告在法庭上展开了辩论，最后法院和原告代理人都同意被告代理人的意见。庭后，又经过协商，双方达成调解协议，对被告已赠送外宾的170件看盘，按既定单价付清货款；对剩余的120余件看盘退回原告。）

审判长：

我接受本案被告潍坊国际风筝会办公室的委托，与刘志平科长一起为其担任代理人，参加本案的诉讼活动。

我是前天才接受委托的。昨天，我审阅了本案的有关材料，向被告的经办人了解了有关情况，也征求了风筝会办公室刘主任的意见，遂后专程来坊子法院向承办本案的张庭长作了汇报和交谈。今天，又参加了法庭调查，对于本案，已经有了基本了解。现依据本案的实际情况，结合原告发表的意见，谈几点代理意见，供法庭参考。

一、关于本案的性质

刚才原告代理人认为该案是一欠款纠纷，我个人不同意这一观点。我认为，就本案性质而言，应认定为加工承揽合同纠纷。贵院在确定本案案由时，在11月15日的应诉通知书中载明为购销欠款纠纷，在12月20日的传票中变更为定做欠款纠纷,我认为后面的变更是正确的,定性是准确的,因为定做欠款纠纷归属于加工承揽合同纠纷这一类型。

所谓加工承揽合同,是承揽人与定作人之间达成的关于承揽人按照定作人的要求,由自己承担风险而完成约定的工作,并交付工作成果,定作人接受该项工作成果,并支付约定报酬的协议。加工承揽合同除具有双务、有偿诺成的合同特征外,还有其他几个法律特征。在此,我想有必要提及其中的一个特征,即加工承揽合同的标的物具有特定性。该标的物不仅是一项劳动成果,而且是具有特定性的劳动成果,这种特定性表现为:承揽人是为了满足定作人的某种需要而工作,所提供的劳动成果,是按照定作人的要求而特定化的。它不同于市场上所能买到的商品,这是加工承揽合同存在的客观条件。如果人们的各种生产或生活需要通过市场便可以得到全部满足,那么加工承揽合同就失去其意义了。联系本案,加工承揽合同的标的物是嵌银风筝看盘,这种嵌银风筝看盘是被告潍坊国际风筝会办公室按照市委、市府的意见,准备作为礼品赠送上级领导和外宾的。它除了具有宣传潍坊、宣传潍坊国际风筝会、扩大潍坊的知名度之外,还对接受者有保存、观赏的价值。它的规格、质量、图案、文字是特点化的。不论哪一方面出现问题,都要影响到这一特定性,就达不到定作人的要求,也就自然会导致它不能发挥或不能很好地发挥其宣传作用和保存、观赏的价值。

二、关于原告在履行合同中的两个主要义务

在本案中,原告作为承揽人,有两个主要义务关系到合同的履行情况。原告有亲自完成工作的义务。承揽合同是在定作人对承揽人完成工作能力的信任和实际条件可能的基础上签订的。因此,承揽人除另有规定之外,承揽人必须以自己的设备、技术和劳力亲自完成加工定作的主要部分,不经定作人同意,不得把接受的任务转让给第三人,否则,定作人有权解除合同。如果承揽的任务必须由其他单位协作才能完成时,承揽人可征得定作人同意,将部分工作转包或分包给第三人,但承揽人必须对第三人完成的质量向定作人负责。据我们了解和刚才法庭调查证实,原告加工制作嵌银看盘,并不是完全靠自己的力量完成的,而是雇佣了其他单位的人员,而原告雇佣他人并没有征得被告的同意。也主要是因为这方面原因,看盘的质量才出现了问题,这实际上是对被告利益的一种损害。

需要说明的第二个义务,是原告应按照口头合同约定的质量要求,完成定作人交付的工作。以上所述,承揽合同是基于定作人的某种特殊需要而签订的。因此,承揽人应当按照定作人关于质量、规格、图案、文字等要求去完成,非经定作人同意,不得擅自修改或变更,也不能偷工减料、粗制滥造、以次充好。如承揽人因过错导致工作成果不符合约定的质量要求,定作人有权请求承揽人在一定期限内进行修整,清除缺陷或降低报酬。当然,如果标的物有重大缺陷,难以修补或者根本不符合约定的要求,定作人则有权拒绝接受承揽人的劳动成果,并请求赔偿损失。联系本案,双方在约定嵌银看盘的质量时,约定用楸木原料,内镶铁板,以增加重量。嵌盘表面涂八遍油漆,以达到色泽均匀、光滑平洁,还要求嵌银细致、字体(图案)工整。但从承揽人实际履行情况来看,并没有达到这些要求,也可以说,承揽人在订立合同之后,在履行合同当中,没有很好地履行第二个义务。我想,这是本案之所以发生的一个主要原因。

三、关于嵌银看盘的质量问题

被告定做看盘300件,风筝会前期,即从3月13日至4月7日,先后委托风筝会纪念品经销人员到原告处分7次将看盘提走,此后,经挑选赠送来宾169件,卖出1件,尚存130件存放仓库,实事求是地讲,风筝会纪念品经销人员在来坊子提货时,并没有明确提出质量异议,刚才的法庭调查也证实了这一点;但是,被告在提货后,确实发现嵌银看盘存在明显的质量问题。先是有的受赠客人反映嵌丝不是银丝,嵌字有错误,后又发现盘子和支架普遍变形。1993年11月16日,被告委托潍坊市产品质量监督检验所对剩余看盘进行了检验,检验报告载明:嵌丝为铝丝不是银丝,且有断丝漏嵌现象,光泽度为67%,比80%的要求低13%,外观色泽不均匀,色差明显,英文字母大小间距不一,且将CHINA错写为OHINA。从这些结果来看,原告所加工的嵌银看盘的确是明显存在质量问题的,我今天带来的两件看盘,也与这一检验相吻合。我想,双方当事人都应尊重这一客观事实。当然,对于潍坊市产品质量监督站检验所检验报告的真实性及效力问题,还要有待法院予以确认。

四、关于有关法律的适用问题

刚才,原告的委托代理人在发表代理意见时提到,看盘是被告自提的,提货时,并没有提出看盘存在质量问题,并引用了《工矿产品购销合同条例》第十五条的规定,还依据该条例第三十六条的有关规定,要求被告承担违约责任。对此,本代理人有不同意见。我认为看盘确实是被告自提的,自提时也没有明确提出质量异议,但如前面所述,本案的性质为加工承揽合同纠纷,而非购销纠纷,因此引用《工矿产品购销合同条例》等法规是不当的。处理本案,应依据和适用《加工承揽合同条例》的有关条款。涉及质量检验及违约责任等问题,该条例第二十条规定:"定作方应按合同规定的期限验收承揽方所完成的工作。验收前承揽方应当向定作方提交必要的技术资料和有关质量证明。对短期检验难以发现质量缺陷的定作物或项目,应当由双方协商在合同中规定保证期限。保证期限内发生的质量问题,除定作方使用、保管不当等原因而造成质量问题的以外,由承揽方负责修复或退换。”本代理人认为,本条规定说明,定作人的验收并不能成为承揽人质量责任的免除条件。联系本案,当时双方订立口头协议时,并未约定验收期限,也没有约定保证期限。被告在今年 7 月份提出质量异议,而质量瑕疵又非被告使用、保管不当而造成。因此,原告依法应当承担相应责任。这一点,请审判长予以重视。

五、尊重友情,力争调解结案

纵观本案,案情比较简单,货款数额也不大,虽然双方发生纠纷诉诸法律,但双方在订立口头协议时,都是相互信任的,且是熟人介绍而成,纠纷发生后到原告起诉前,双方曾有意协商和解。我认为,只要双方互谅互让,相互支持,本案完全有调解解决的可能。我个人认为,原告坚持按原价付款,被告坚持退货和赔偿损失都不利于促成调解。本案的焦点是一个质量责任问题,而嵌银看盘存在瑕疵是客观事实,因此,我希望原告对剩余看盘予以免费修补,或者退给原告由原告处置。希望我们能够在审判长的主持下最终达成调解协议。

代理人:潍坊市律师事务所律师 王克民

1993 年 12 月 23 日

中外合资乐崇汽车修理有限公司仲裁案代理词

（1993年1月，香港三崇企业公司、青岛海鑫贸易有限公司与昌乐县供销社签订了《中外合资经营昌乐乐崇汽车修理有限公司合同》，同年3月15日昌乐乐崇汽车修理有限公司获得外商投资企业批准证书，同年3月16日昌乐乐崇汽车修理有限公司取得国家工商行政管理局颁发的企业法人营业执照。

昌乐乐崇汽车修理有限公司成立后，三方在注册资本的投入、企业经营管理等问题上发生重大分歧，致使关系破裂，企业名存实亡。为此，香港三崇企业公司及青岛海鑫贸易有限公司委托律师向中国国际经济贸易仲裁委员会申请仲裁，主要仲裁请求为终止合营合同，被申请人昌乐县供销社支付违约金并赔偿申请人经济损失。

1996年4月11日，仲裁委员会在北京开庭审理此案。代理人围绕申请人香港三崇企业公司、青岛海鑫贸易有限公司的仲裁请求，着重就本案争议的事实以及法律适用等问题发表了代理意见，得到仲裁庭采纳，最后裁决：终止合营合同，合资企业依法进行清算；被申请人昌乐县供销社向申请人支付未完全出资的违约金9114美元，向申请人支付实际损失48,000元人民币；被申请人承担本案仲裁费的80%。对此，第一申请人与第二申请人均表示满意。）

首席仲裁员、仲裁员：

我受潍坊鸢都律师所的指派及香港三崇企业公司、青岛海鑫贸易公司的委托，担任本案申请人的仲裁代理人。根据本案事实和有关法律规定，提出代理意见如下：

一、在出资方面，应当认定的几个基本事实

1. 申请人、被申请人约定的出资数额和出资期限十分明确。

中外合资经营昌乐乐崇汽车修理有限公司合同第九、第十、第十一条明确载明：合营合同的总投资额为25万美元，合营三方出资额共为20万美元作为注册资本。其中，申请人香港三崇企业公司以现汇11万美元出资；申请人青岛海鑫贸易公司以人民币折现汇2万美元出资；被申请人昌乐县供销合作社以人民币折现汇7万美元出资。合同还规定：合营公司营业执照领取后，三方一个月内一次性交清应出资总额的50%，其余部分出资时间和比例由董事会商定。中外合资乐崇汽车修理有限公司是于1993年3月16日依法取得营业执照的。同年3月22日，合营公司召开了第一次董事会，决定在5月底前三方各入资50%。1993年9月26日，第二次董事会会议在昌乐举行，决定第二批50%部分投资，香港三崇企业公司于同年10月10日前投入人民币47万元；青岛海鑫公司于同年11月底前投入人民币10.2万元；昌乐供销社于同年10月10日前投入人民币26.2万元；合同规定的20万美元三方根据各自所占比例于11月底全部投足。代理人认为，以上有关出资数额、出资期限约定、决定的基本事实应首先予以认定。

2. 第一申请人出资情况。

第一申请人香港三崇企业公司是分两次向合营企业入资的。第一次是在1993年5月14日，投入现汇5.5万美元（折合人民币315,095元），占应投入资本的50%，已经潍坊市会计师事务所验证，确认为实收资本。第二次是在1993年11月16日，香港三崇企业公司王天伦先生在征得昌乐县供销社主任刘振海先生和合营公司总经理鞠智光先生同意后，电告石狮市李辉雄以人民币47.3万元，汇入了合营公司。该入资虽未经注册会计师验证，但当时已记入合营公司资本，这其中需要说明的是，按照当时的外汇牌价（1∶5.7868）第一申请人只需缴付31.8274万元即可投足，而实际投入47.3万元，其余额是替第二申请人垫付的入资款。对此，王天伦先生所写《关于昌乐乐崇汽车修理有限公司入资47.3万元人民币的情况说明》和1993年11月10日香港三崇企业公司与青岛海鑫贸易公司的《借款协议书》足以证明。因此，代理人认为，如数如期地完成了投资这一事实，充分反映了第一申请人诚实信用的投资意识。

3. 第二申请人出资情况。

第二申请人青岛海鑫贸易公司的出资额为人民币折现汇2万美元，占注册资本的10%。从实际出资情况看,第一次是在1993年4月19日,入资58,000元人民币。对此,被申请人已无异议,有争议的是,第一申请人于1993年11月16日用其出资余额十余万元人民币,为第二申请人垫付了第二批入资,是否属于第二申请人已经出资。本代理人认为,本着实事求是和以事实为根据的原则,应视为第一申请人为第二申请人垫付成立,第二申请人投资到位应予以认定。

4. 被申请人没有按约如数如期出资。

依合同约定,被申请人并非以厂房、设备或土地使用权等出资,而是以人民币折现汇7万美元出资。按1993年5月份的外汇牌价计算,至少应以人民币40.103万元出资。但实际情况如何呢?庭审调查业已查明,被申请人自称先后出资382,345元人民币并不是事实。从被申请人自己提供的书证中,仅能证明被申请人在1993年8月10日之前代管账务期间,为合营公司垫付资金6万余元,即使这6万余元视作投资,也仅占应出资额的13.2%;在1993年8月10日建账之后,尚无被申请人入资的记载。至于被申请人以汽车出资之说,有悖合同约定,董事会更无研究,自然不能认定。因此,我们完全有理由认为,被申请人没有按合同约定和董事会决定,如数如期缴付出资,这显然属于违约行为。

首席仲裁员、仲裁员,投资总额、注册资本、出资比例及方式,是设立中外合资经营企业的重要内容,中外各方共同举办、共同投资是合资经营企业的基本特征。但被申请人单方违约不按合同约定出资,这就违背了举办合资经营企业的内容要求,使合资企业未在法定期间内全部缴清出资,失去了应有的法律地位。这也是导致纠纷发生,申请人提请仲裁机构予以仲裁的根本原因。

二、被申请人确有过错及侵权行为

由于被申请人缺乏合作诚意,不仅未按合同约定及时出资,而且从1993年年底之后,有些做法确实令人深感遗憾。在仲裁申请书中,申请人列举了被申请人侵占合营公司场所,收控合营公司账务,挪用合营公司外汇存款,列支摊派等诸多行为。尽管被申请人对此不情愿承认过错,但这些都是确实发生过的事实,申请人提供的证据已基本证实,据此,申请人不必再作详述。但被申请人的上述过错及侵权行为使合营企业在性质、归属、财务和管理上都出现了极大的混乱,不仅有损申请人的合法权益,而且也严重伤害了申请人的合作热情。因此,被申请人应依法承担相应的民事责任。

三、合营合同应依法终止

由于上述两个主要方面的原因,即被申请人未履行约定缴付出资这一根本原因和被申请人确有过错及侵权行为另一原因,合营公司的经营目的已无法实现。根据合营公司合同第四十五条之规定，由于被申请人不履行合同规定的义务，严重违反合同规定，造成合营公司无法经营，无法达到合同规定的目的，应视为被申请人片面终止合同。而作为合营公司的另外两方当事人，即申请人，按该合同该条款约定，除有权向违约方索赔外，并有权按合同规定报批终止合同。因此，申请人按照上述事实和合同中的仲裁条款，请求依法裁定终止合同，是能够成立的，申请人投入到合营企业的资金也是应当予以清算返还的。

四、关于被申请人违约的补救办法

被申请人单方违约，除应承担合同规定的违约金外，还应赔偿守约方经济损失。

1. 按合同约定，被申请人逾期三个月（到提请仲裁实际逾期二十二个月）仍未缴足出资，应缴付15%的违约金给守约方，以此计算，应交违约金 $7 \times 15\% = 1.05$ 万美元，按现行外汇牌价折合人民币为8.7255万元。

2. 申请人为履行合营合同，已支付差旅费一万元人民币。

3. 出资利息：第一申请人为 $11 \times 12\% \times 2 = 2.64$ 美元；第二申请人为 $2 \times 12\% \times 2 = 0.48$ 美元。

4. 申请人预期的利润损失，依据合营合同可行性研究报告"经济效益分析"，合营公司全年利润为销售收入 - 成本总额 - 税金 = 52.05万元，按其投资利润率22.78%计算，第一申请人可获投资利润 $11 \times 22.78\% \times 2.5 = 6.2645$ 万美元；第二申请人可获投资利润 $2 \times 22.78\% \times 2.5 = 1.1139$ 万美元。

上述四项相加，总计约为12.3万美元，其中第一申请人占10.9万美元，合人民币90.58万元；第二申请人占1.4万美元，合人民币11.64万元。

但是，第一申请人作为香港企业，其法定代表人王天伦先生身为中国人，考虑到祖国正处在改革开放和经济发展时期，同时也考虑到合营三方初期的友好关系，被申请人的经济状况以及本次仲裁裁决能够得以顺利执行，决定不坚持全额赔偿，而以50万元人民币为限索赔（主要在预期利润损失中作了减让）。

五、关于仲裁请求的有关法律依据

中外合资乐崇汽车修理有限公司，是申请人被申请人根据中华人民共和国中外合资经营企业法和中国其他有关法律在中国山东昌乐依法设立的，其合同履行地在中国，仲裁约定地在中国北京，依最密切联系说，本案所适用的准据法为中国法律。

1. 在本案中，申请人提出仲裁请求，主要是依据合营公司的合同。而合同中的有关条款，皆为三方真实意思之表示；这些条款的内容，完全符合中国法律之规定，合同为合法有效合同，因而理应受到中国法律的保护，特别是应受到中国有关外商投资企业法律制度的保护。

2. 中外合资经营合同,属涉外经济合同,而依据中华人民共和国涉外经济合同法的规定,违反合同应承担以下责任:A:赔偿损失及其他补救措施;B:交付违约金;C:交付利息。

3. 被申请人的过错及违约行为,还适用于《中华人民共和国民法通则》106条、111条、112条、117条、134条等有关民事责任大的规定,即:A:当事人一方不履行合同义务或履行合同义务不符合约定条件的,另一方有权要求取得补救措施,并有权要求赔偿损失,其赔偿责任应相当于另一方因此所受到的损失;B:由于过错侵害他人财产的,应承担民事责任;C:承担民事责任的方式有返还财产,赔偿损失,支付违约金等等。

首席仲裁员、仲裁员,综上所述,本代理人认为,被申请人具有客观存在的违约行为和过错侵权行为,申请人的仲裁请求是具有充分的事实依据、合同依据和法律依据的,而且是符合情理且作了让步的。因此,请仲裁庭予以理解和支持,并责令被申请人承担申请人已支付的仲裁费用以及以后执行过程中所产生的新的费用。

申请人代理人　潍坊鸢都律师所律师　王克民

1996年4月

C某贪污、行贿、挪用公款、私藏枪支案辩护词

（C某，男，原为某局局长。1996年12月，检察院以C某行为构成贪污罪、行贿罪、挪用公款罪、私藏枪支罪提起公诉。律师受托为其担任辩护人。辩护人主要对贪污数额的认定和C某的行为不构成行贿罪提出辩护观点，并在庭前与审判人员交换了意见。法院对辩护人提出的私分两笔款项不属贪污的意见予以采纳。对C某不构成行贿罪的意见，法院研究时有的赞同，有的反对，最终没有采纳。对C某的量刑，法院充分考虑了辩护律师的意见，给予了从轻处罚。）

审判长、审判员：

根据我国《刑事诉讼法》和《律师暂行条例》的规定，我们二位律师接受被告人C某的委托，为其担任贪污、挪用公款、行贿、私藏枪支一案的第一审辩护人。

我们接受委托后，查阅了本案的全部案卷材料，会见了被告人，在庭审之前，向法院交换了一些基本意见。今天，通过参加法庭调查，对本案又有了较为全面的认识。现在，为了履行辩护人的职责，为了使人民法院能够准确、客观、公正地处理本案，依照事实和法律，提出以下辩护意见，供合议庭、审判委员会定案时参考。

首先表明：我们对人民检察院指控被告人的有关行为构成贪污罪、挪用公款罪、私藏枪支罪，就该三个罪名的定性，没有异议，但认为，在所指控的贪污罪中，有两笔不属贪污，不应当以贪污罪论处；而指控被告人犯有行贿罪则不能成

立。此外,还有一些从轻情节,量刑时也应予以充分的考虑。具体意见如下:

一、关于贪污罪及应当认定的贪污数额

检察院在起诉书中,共指控被告人贪污公款七笔65,817元,对一、二、三、四、七这五笔,辩护人认为指控成立,但对第五笔,即被告人于1993年8月份伙同他人,将他人购岩棉12,000元发票,签字后从该局支取12,000元合伙私分,其中被告人支取现金5359元占为己有;第六笔,即被告人于1996年春节前,利用职务之便,提议同他人私分公款8000元,后安排他人虚列其他开支报销,其中,被告人占有公款2000元。以上两笔均系多人参与研究决定,不属于贪污行为,不应当以贪污罪论处。

卷宗材料中的被告人口供、证人证言以及今天的法庭调查均证实,对于该两笔款项,其事实原委都是一致的,那就是:在1993年,被告人所在单位的业务科室,制定有明确的岗位目标责任制奖励办法,而被告人及其他局长和办公室的部分干部,没有明确如何实施奖励及奖励多少。在业务科室的奖金兑现之后,他们这些人的"心理不平衡",要求找平。后来经过被告人和副局长G某某专门研究,从局里支出了12,000元,共计九个人按职务、贡献大小作了分配,其中被告人应得1500元,另有3859元,是被告人去省直有关部门时购买礼品的花费。该笔支出系集体研究决定,亦符合局里的实际情况,平衡了局里工作人员的奖金,属合理支出。虽然由于不便于处理账务,以一张12,000元的购岩棉发票顶账,不符合财务规定,但该笔款项的支出、分配,原因清楚,去向明确,不符合贪污的规定,不应以合伙贪污论处。

1996年春节前,同他人私分公款8000元的事实经过是:按局里的规定,科室人员的提成比较多,而办公室的人员工作比较辛苦,同科里的人员相比奖金偏少,在办公室有关人员的提议下,决定过春节前为有关人员购买服装,以求平衡,每人限额2000元,花不够的补齐,花超的自负。为此,被告人及办公室的三名人员共计花费8000元,由办公室人员负责对账务进行了处理。该8000元系局里为找平奖励,以着装为由,到潍坊购买服装的花费,是按福利性质处理的,不符合贪污的规定,也不应以贪污论处。

综合以上意见,第五、第六两笔款项,均是为平衡奖金的分配,属集体决定,我们认为,均不构成贪污罪,不应以贪污罪定罪量刑。

二、被告人的行贿罪罪名不能成立

对于行贿罪的特征,我国刑法未予详细阐述,1988年1月21日,全国人大常委会通过的《关于惩治贪污罪、贿赂罪的补充规定》中专门就行贿罪问题作了详细规定,并首次以立法的形式对行贿罪作了定义:"为谋取不正当利益,给了国家工作人员、集体经济组织人员或者其他从事公务的人员以财物的，是行贿罪。”

联系本案，起诉书指控被告人构成行贿罪，是因为被告人于1996年元月与驾驶员J某某通过H某某从县政协实体单位以12万元购买桑塔纳轿车一辆，转以他人名义提价为14万元卖给县规划国土矿产局，贪污2万元，被告人将其中1万元，亲自与J某某送给H某某。而事实则是，对购买桑塔纳之事，被告人与J某某、H某某是共同商定的，对购买过程中的具体操作程序和提价2万元，3人也是清楚的，特别是对提价后产生的2万元非法所得，如何分配，3人也是各自心中有数，早有约定。因此，辩护人认为，虽然其中的1万元在形式上是被告人与J某某送给H某某的，但这是事先约定的，H某某所得1万元是三人对买卖车辆非法所得的分赃。根据刑法理论，只有行贿人为了谋取不正当权益，而主动地向国家工作人员、集体经济组织人员或其他从事公务的人员进行财物贿赂行为，才构成行贿罪，否则就不构成行贿罪。本案被告人C某的行为是因为H某某共同参与了买卖车辆的过程，为此，从非法所得的2万元中分给H某某1万元，其行为不符合行贿罪的特征，因此，指控被告人构成行贿罪，罪名不能成立。而且，被告人与J某某、H某某3人买车、卖车、分配非法所得，是一个连续的、不可分割的过程。上述行为的目的只有一个，即将车价从12万元提到14万元后，各人能从中分到好处。即使认为H某某系国家干部，也不能以分给了他钱就简单地认定为行贿，最多只能认定为行为触犯了其他罪名，依据刑法理论，应认定为牵连犯。根据对牵连犯采用吸收原则，按照数罪中最重的罪名论处，应对被告人的行为按贪污罪定罪量刑，而不应再认定一个行贿罪，以数罪予以制裁。

三、被告人具有量刑时从轻处罚的情节

根据我国的立法精神和审判实践经验，在量刑时有多种酌定从轻情节。联系本案，被告人在归案后，认罪态度确实很好，从被捕至开庭审理，短短二十几天的时间，被告人即如实地坦白交代了自己的罪行，且前后供述一致，与证人证言亦相吻合，悔罪态度诚恳，而且，为了挽救犯罪后果，对检察院指控的全部赃款已全部退清，其中包括我们辩护人认为不构成犯罪的部分。对家中的“松鼠牌”单管猎枪，虽未按国家规定及时上缴，但在案发后，及时写信给妻子，主动将枪交给办案人员，而不是起诉书指控的强行搜出。对此，我们认为，其行为虽构成了私藏枪支罪，但情节轻微，可对其免予刑事处分。被告人在看守所期间，能够遵守监规，服从教育。所有这些，均能表明被告人具有真诚悔过的态度，量刑时应予以充分的考虑。

另一方面，被告人的一贯表现，也是量刑时的酌定情节。本案被告人，捕前系某局局长，作为局长，在任职期间，工作认真负责，积极主动，所在单位连续多年被评为先进集体，也曾被授予全省土地管理先进单位、土地改革先进单位，个人也被授予了先进土地卫士，被上级安排出国考察，这些集体和个人的荣誉，说明了被告人在任职期间的工作成绩。以上情况，希望合议庭在量刑时一并予以全面考虑。

审判长、审判员：除了以上三点辩护意见外，考虑到本案被告人的个人以及本案的具体情况，我们还想特别增加一点，即：量刑是人民法院刑事审判活动的一个基本环节。我国刑法第 59 条第二款规定，犯罪分子虽然不具有法定的减轻处罚的情节，如果根据案件的具体情况，判处法定刑的最低刑还是过重的，经人民法院审判委员会决定，也可以在法定刑以下判处刑罚。这就给了法院酌情减轻处罚权。鉴于本案被告人犯有数罪，其犯罪行为有一定的社会原因，本案在当地具有一定影响，因此，建议审判委员会进行研究，可依法对被告人予以酌情减轻处罚。

辩护人：潍坊鸢都律师事务所律师　王克民　刘俊峰

1996 年 12 月 28 日

虚开增值税发票案辩护词

[1999年,潍坊国税系统发生了一起有较大影响的案件:寒亭区国税局及其局长、副局长、分局局长等6人被起诉指控构成虚开增值税发票罪。2000年1月6日至8日,该案在寒亭区人民法院连续两天半开庭审理,市、区两级资深检察官焦方善、高培文、王汉杰、孟庆勇出庭公诉,济南市、潍坊市的十多名知名律师出庭辩护,寒亭区人民法院刑庭庭长郭志强担任审判长。市、区两级法院、检察院,市、区国税系统,寒亭区人大、区政府均派人旁听。鸢都律师事务所接受委托,指派王克民、刘国军律师为本案第四被告人Z某某(河滩分局局长)担任辩护人。当时,辩护人关于Z某某不构成虚开增值税发票罪的辩护理由和论述,曾引起检、审人员的高度重视,也得到了旁听者的一致认可。虽然本案当时仍以虚开增值税发票罪定罪量刑,后经上诉、申诉、再审,撤销了最初的判决,改判涉案6人犯虚开增值税发票罪,免予刑事处罚,但辩护人一直对本案的定性和判决持有异议。]

尊敬的审判长、审判员:

根据我国刑事诉讼法的规定,山东鸢都律师事务所律师王克民、刘国军依法为本案被告人Z某某担任辩护人,现就与本案有关的几个问题,发表以下辩护意见:

一、关于本案的事实情况

公诉机关在起诉书中指控"寒亭区国税局为完成税收任务和收取手续费解决分局办公经费,在辖区推行公司化管理的做法,利用部分公司名义,违反税收管理规定,为不具备一般纳税人资格的小规模纳税人和个体工商户开具税率为

17%或13%的增值税专用发票,并按5‰的比例收取手续费”。又指控Z某某系直接责任人员。我们认为,这种指控有失偏颇,也是不符合客观事实的。

由于本案被告单位寒亭区国税局及Z某某等人的行为是在税制改革中发生的,而且采取了非常谨慎的态度,为使本案最终得以正确处理,以下几个方面的基本事实,是应当加以重视和客观认定的。

1. 公司化管理这一做法是寒亭区国税局在进行了充分调查研究和试行并得到上级部门肯定后,召开扩大的局务会议集体研究、讨论、决定实施的。当时,对国家有关法律法规及上级文件精神均加以考虑,认为是符合有关条例规定、文件精神和税制改革要求的。

2. 实行公司化管理的做法所使用的公司均为当地乡镇政府原来创办的公司,这些公司办理了工商登记和税务登记证,是丙类一般纳税人,其增值税发票由税务机关代开,是一独立存在的主体。

3. 各成员体加入公司均需经公司审查,并签订相应的协议,承认公司章程,分散经营,集中纳税。公司制定了财务管理,会计核算、票款结报、申报纳税等各项规程,对账簿科目的设置加以规定,加强了各成员体的财务核算和财务管理。

4. 在各成员体发生应税业务时,由税务机关代开增值税发票,公司所聘会计根据代开的发票、收到的进货发票和费用制作记账凭证。根据记账凭证登记有关账册,做账务处理。根据代开销售发票实收的税金记已交税金,根据进货发票实现的税额暂记应交税金,形成的欠税挂在应交税金账上。

5. 征税率3% ~5%的确定是在公司化管理时,由于成员体中存有采用不正常手段使进项一直大于销项而使用增值税发票而不交税的情况,经研究,对这些成员体采用了预征税款的办法。预征的税款记入各成员体的分户明细账,留待年底汇算清缴,多退少补。

6. 在实行公司化管理的过程中,1997年5月,河滩分局在自查时认为这一做法从表面上看是为小规模纳税人代开增值税专用发票,难以确认正确与否,即在《执法检查报告》中指出有为小规模纳税人代开增值税发票情况应予纠正。但经区局开会研究,认为并无不当,仍坚持了公司化管理这一做法。

7. 在实行公司化管理时,根据有关账目记载的欠税情况,河滩分局在1998年下半年对欠税进行了全面的清理,半年时间清欠入库70多万元,税款已全部上缴国库。相应的完税凭证可以证实。

8. 对集团公司的管理是由税务机关和乡镇政府经委共同管理,收取的5‰手续费用于公司的日常费用和聘请财会人员的工资支出。在出现结余的情况下，经乡镇党委政府批准部分用于补充分局的办公经费、手续费的开支，单据均由被告人Z某某和乡镇经委主任共同签字报销。在1998年12月，剩余的26.6万元管理费亦全都作为增值税补交入库。

上述情况，属于本案的基本事实和公司化管理办法的主要内容和做法。对此予以客观认定，是正确处理本案的基础。

二、关于本案的罪名问题

辩护人认为，公诉机关指控的"虚开增值税专用发票罪"不能成立。这主要从虚开增值税专用发票罪的犯罪构成四要素加以分析，主要理由如下：

1. 犯罪主体，即国家税务机关能否成为虚开增值税专用发票的犯罪主体。这一罪名是规定在我国刑法分则第三章"破坏社会主义市场经济秩序罪"、第六节"危害税收征管罪"中的，是由《关于惩治虚开、伪造和出售增值税专用发票犯罪的决定》的有关内容纳入新刑法而形成的，其犯罪主体作了适当扩大，即不仅包括直接纳税义务人，还包括负有代扣、代缴、代征税义务的人，但并不包括税务人员和税务机关。原《决定》中涉及税务机关工作人员的条文则分解到其他章节中加以规定。

2. 从主观方面看，本罪必须出于故意，且一般有牟利目的，这种牟利目的表现为偷税、骗税，而不是一般意义上的获得财物。本案中，税务局及被告人在主观上并非出于明知而希望或放任结果发生，而是为了税收征管，整顿纳税秩序，在有关法规和文件基础上进行的探索，亦无牟利目的。

3. 从犯罪客体看，本罪侵犯的客体是国家对增值税专用发票的监管制度，侵犯的对象是增值税专用发票。增值税是以商品或劳动增值税为征税对象而征收的一种流转税，它具有不同于其他税种的特征：一是增值税是按企业各自的增值额征税，可以有效地排除重叠征税和由此导致税负不平均的现象；二是按各个生产环节的增值额环环征税，征税的多少与各个环节的增值额的大小相一致；三是同一产品，只要销售价格相同，所缴纳的增值税也是相同的。实行增值税制度扩大了纳税人的范围，所缴纳的增值税也是相同的。实行增值税制度扩大了纳税人的范围，征税对象也扩大了。而实行增值税专用发票制度，不仅简化了应纳税款的核算，有利于实现企业税负的公开化、公平化，而且有利于防止增值税的偷税漏税的不法行为的滋生和蔓延。本案中，被告人采取的公司化管理方式是为了寻求对小规模纳税人科学管理而进行的探索，是符合有关法律规定和上级税务机关指示精神的，没有危害税收征管制度。欠税只是导致部分税款未能及时收缴。

4. 从犯罪的客观方面看，有无虚开行为呢？虚开主要包括以下几种：(1)没有货物购销或者没有提供或接受应税劳务而为他人为自己，让他人为自己，介绍他人开具增值税专用发票；(2)有货物购销或者提供或接受了应税劳务但为他人为自己，让他人为自己，介绍他人开具数量或金额不实的增值税专用发票；(3)进行了实际经营活动，但让他人为自己代开增值税专用发票。本案中，国税局为集团公司或成员体开具增值税专用发票的行为不属于上述任何一种，货物购销或应税劳务均已实际发生，开票时亦无金额、数量不实情况，同时，税务机关依法有权为集团公司代开增值税专用发票。

同时，从逻辑学角度来讲，公诉机关指控寒亭区国税局实行公司化管理时虚开增值税发票行为也是不能成立的。从逻辑推理看，公诉机关这一推论应包括这样三段推论：A. 公司化管理未将小规模纳税人转化为一般纳税人；B. 公司化管理是为小规模纳税人代开增值税专用发票，这一代开行为是虚开增值税发票行为；C. 虚开增值税发票的主体是寒亭区国税局。但从本案法庭调查情况看，“A”是不成立的，即寒亭区国税局实行公司化管理是将小规模纳税人转化为了一般纳税人，这一转化是根据国税总局《小规模纳税人管理暂行办法》、省国税局《小规模纳税人转化为一般纳税人实施意见》而实现的，寒亭区国税局也有权决定是否为一般纳税人，公司化管理实际上已实现了小规模纳税人集中转化为一般纳税人。“B”也是不成立的，即或否认公司化管理已将小规模纳税人转化为一般纳税人，即寒亭区国税局有为小规模纳税人代开增值专用发票的行为，但这一代开行为与刑法所规定的虚开增值税专用发票行为仍是不同的，前已提及根据最高人民法院的有关司法解释，虚开行为主要包括三种情况，法庭调查已查明有关发票均按实际业务开具，就排除了其中第一、第二两种情况，那么从第三种情况来看，寒亭区国税局的代开行为也与之不符，不是虚开行为。不论寒亭区国税局这一代开行为正确与否，与刑法意义上的虚开行为是不同的，公诉机关不能将寒亭区国税局的行为归类于刑法意义上的任何一种虚开行为，而得出是虚开行为的结论是不能成立的。退一步讲，“A”、“B”假定成立，也不能确定寒亭区国税局构成虚开增值税专用发票行为。在这里有三个主体，即国税局、联合公司、成员体，从实际案情来看，更贴近与实施虚开增值税专用发票行为的是各成员体，而非国税局。

概言之，将寒亭区国税局实行公司化管理这一行为推论为虚开增值税发票行为，不论从犯罪构成上还是从逻辑推理上分析，都是不能成立的。还需提到的是，对潍坊市国税局三名税务师作出的所谓鉴定，我们已当庭提出诸多异议，这个鉴定不仅与事实不符，而且也同样是不合逻辑的，是不能予以采信的。

三、关于本案的性质问题

前面，我们提到了关于本案应认定的事实，提出了被告人不构成虚开增值税发票罪的理由，那么接下来必然进一步涉及这样的问题：寒亭区国税局及其被告人推行的公司化管理方式，到底是一种什么性质？它是否属于税制改革中出现的一种新的税收征管方式？

1. 如何理解公司化管理中"公司"这一概念。首先，从本案看，公司是办理了工商、税务登记的实存主体，从工商、税收角度讲是合法存在的，但又不同于一般的公司。表现在：(1)由各成员体构成，且存有一种契约关系。(2)经营活动是分散进行的，主要是在税务的建章建制和税务票证的管理方面。而公司化管理的核心应是小规模纳税人和一般纳税人的区别，应着重指出的是，税改的趋向是将更多的小规模纳税人转化为一般纳税人，增加国税收入。

2. 公司化管理是税改中寒亭区国税局提出并实践的一种新的税收征管方式。税制改革不断进行，各种改革举措相继出台，方向即增加国家税收，保障正常征管秩序。其中，出现了各种方式，一是章丘经验，是一种将小规模纳税人转化为一般纳税人的方式，但其弊端在于难以全面管理，不能很好控制税票，容易流失税款，而公司化管理则解决了这一问题。二是代开 17% 或开 17% 征 6%。实践证明开 17% 征 17% 则区分小规模纳税人与一般纳税人无实际意义，高开低征不仅起不到增加税收的作用，反而容易造成税款流失。明确一点，流失并不出现在这一环节而在下一环节，而公司化管理不会出现上述问题。退一步讲，即使有所超越现行规定的，与上两种比较仍轻得多，是在上级迈大步的情况下基层税务机关迈出的一小步。

3. 如何看待欠税与为成员体外开票的问题。欠税涉及一个征管力度，可征上来；体外开票是极个别的，且可通过规范解决，个别问题不应当影响整体评价。我们认为寒亭国税局在试行公司化管理中出现的这些问题，应当看做税款征收改革中出现的问题。

4. 公司化管理的社会危害性问题。从犯罪学角度分析，社会危害性应从主观恶性与客观后果两方面来衡量。本案被告单位及各被告人没有主观恶性，其实行公司化管理的目的是为了增加国家税收，加强税收征收管理；从危害后果看则要区分角度，从公诉人角度看即为小规模纳税人代开增值税发票角度，则在下一环节流失了税款；从另一税收角度即一般纳税人角度看，则无税款流失，仅是欠税清缴不力问题；从税收征管角度看，分两方面：一是增加税收还是流失税款，很显然，通过将小规模纳税人转化为一般纳税人，将 6% 的征收率变成 17% 的增值税率征收，增加了税收。二是侵害了税收征收管理还是加强了征收管理,从本案看,通过实行公司化管理,为小规模纳税人建章建制,使散户难以管理变成可以很好加强管理,是加强了税收征收管理,与税制征管改革方向相一致,没有侵害税收征收管理。

5. 公诉人提出被告人Z某某是本案的“始作俑者”(此语出自《孟子·梁惠王上》,原指开始用俑殉葬的人,后比喻恶劣先例的开创者),作为Z某某的辩护人,我们认为这一提法是极不妥当的。十一届三中全会以来,我国实行对内改革对外开放的大政方针,尤其进入二十世纪九十年代,各行各业、各个系统普遍进行改革,税务机关亦然。邓小平同志曾讲,“改革就是摸着石头过河”,他在视察上海时还说过,改革“要克服一个怕字,要有勇气,什么事情总要有人试第一个,才能开拓新路。试第一个就要准备失败,失败了也不要紧”。我国自1994年实行新税制以来,也一直处在改革探索阶段。寒亭区国税局实行公司化管理办法,是在税制改革的大背景下进行的,这种办法可以看作是税制改革中采用的一种带有试验性的税款征管方式。如果当时包括Z某某在内的本案诸被告人意识到实行公司化管理是一种“恶劣先例”,可以断定局务会议是绝不会集体研究决定试行的。河滩分局未实行公司化管理办法之前的1995年,其税收额为200万元,在试行该办法之后的1996年和1997年,该局税收额分别增至400余万元和700余万元。全区增长数额更为显著。这也是潍坊市国家税务局对寒亭国税局试行公司化管理办法予以肯定并对有关分局和个人进行嘉奖和表彰的主要原因。如果当时上级部门也曾意识到实行公司化管理是一种“恶劣先例”,难道还会对寒亭区国税局进行表彰吗?如果认为Z某某是“始作俑者”还会对其嘉奖吗?况且,从我国的行政管理体制上看,作为分局的局长、区局的局长,乃至市局的局长,他们的主要职责是执行上级的决定。他们是政策的执行者,并非决策者。

基于以上,辩护人认为,实行公司化管理是税制改革中的一种探索,是将小规模纳税人转化为一般纳税人的一种征管方式。尽管推行这种方式出现了一些问题,但应当把出现的问题看做税制改革中出现的问题,不能抛开当时的改革背景,单从刑法上考虑公司化管理的办法,构成了虚开增值税发票罪还是其他罪名,使用刑法中的这个条款还是那个条款。

审判长、审判员,在前两天的庭审、调查、质证和辩论中,我们作为Z某某的辩护人,已经发表了部分意见,而且意识到法庭、公诉人和参加旁听的人员,都在关注、思考我们两个人的发言。今天,我们又从以上三个方面,比较深入和系统地为被告人Z某某作了不构成虚开增值税发票罪的辩护。希望合议庭在对本案进行合议时,对我们的辩护意见予以充分考虑,也希望一审法院能够把这些意见反映到中级人民法院或者高级人民法院。同时,代表检察机关参与本案诉讼的 4 位公诉人,都是我们相互熟识、业界知名、令人尊重的资深检察官,我们也希望与你们就本案从“法律人”的角度继续进行交流和探讨。法官、检察官和律师虽然职责不同,但目的只有一个,那就是让所有的案件最终都能依法得到公正的裁判,都能经得住历史的检验。

在此,我们还应表达真诚的谢意。谢谢寒亭区人民法院和本案的审判长、审判员、书记员,谢谢市区两级检察院和本案的各位公诉人,谢谢你们在本案中给予我们律师的理解、支持和帮助。

辩护人:山东鸢都律师事务所
律　师　王克民　刘国军
2000 年 1 月 8 日

第三章

业 务 探 讨

这一部分，仅选录了5篇论文。前两篇是我在司法局工作时的练习，后三篇是执业后的浅见。严格地说来，这些粗陋之作，只是当时对相关业务的一些做法和想法，算不上论述和研究，其立意和法理与专业要求差之远甚。

在法律专业领域，在律师实务方面，律师可探讨的内容相当广泛，也有时间、有素材、有条件去分析论述。执业以来，我对某些议题有过思考，有过归纳，并以中外律师制度和民营企业公司治理作为研究重点，但因懈怠和用心不专，至今辍而无果。

又，我在多年的工作中体会到，法理学、法制史、民法原理、合同法、物权理论、公司制度，不仅是律师写作论述的基础，更是处理法律实务的指南，律师应当在这些方面多下工夫。

谈谈如何提高法律顾问工作质量

（本文是1986年我在潍坊市司法局工作期间对法律顾问工作的一些思考，原本为华东律师经验交流会撰写的；适逢山东省召开研讨会，考虑到潍城区法律顾问处是全市的先进典型之一，便以该处名义在研讨会上进行了交流。）

这几年，法律顾问工作逐渐活跃起来了，全国各地的企事业单位，聘请律师担任法律顾问，似乎形成了热潮；即使在我们律师界，也认为法律顾问已成为律师的主要业务。实践证明，出现这种新情况、好势头，是因为我们律师做了一些工作，维护了聘请单位的合法权益，以实际效益赢得了聘请单位的赞誉和信赖。但是，综观全局，我们应当承认，由于律师制度恢复不久，各项业务还处于探索阶段，律师人员的业务素质还不高，再加上经济体制改革的深入和企业间经济联系的进一步增强，我们的法律顾问工作，还不能适应客观形势的迫切需要，还不能满足聘请单位的全部要求。总之，为了实现党的总任务，让律师为经济建设提供更有效的法律服务，也为了健全我们的律师制度，维护人民律师的声誉，法律顾问工作的质量亟须进一步提高。

那么，怎样才能提高法律顾问工作的质量呢？我们认为，当前应从主要方面入手，重点解决好与提高法律顾问工作质量相关的五个问题。

第一个问题：加强律师自身的业务素质，提高担任法律顾问的实际能力

律师的业务素质如何，即律师熟悉本专业以及与本专业有关的法律、法令和运用这些知识的能力如何，直接关系到法律顾问工作的质量。目前,世界各国对律师的业务素质都要求较高。苏联的律师队伍中,受过高等法律教育的,占96%;他们当中为企业担任法律顾问的,占律师总数的65%。而美国、日本和其他发达国家,对律师资格也都规定了较高的标准。至于我国,由于历史的原因,则不能与之相比。那些在50年代从事过律师工作和从政法院校毕业的,现在已趋老化,新的一代还没有成长起来;现在的中坚,是前几年从各部门充实到律师队伍的40多岁的同志。这些同志虽然在实践中有了很大进步,但毕竟缺乏全面而系统的专业训练,与《律师暂行条例》的要求,也还有一段距离。这个问题怎样解决呢?我们认为,只有采取一些补救的办法。

1. 加强自学。就是向书本学,在实践中学,学中干、干中学,既要学习法律,也要学习经济,学习其他社会科学和自然科学知识,学习生产、经营管理知识。

2. 加强训练。上级应有计划地组织轮训,增加培训层次,特别应扩大中央政法干校全国律师训练班的次数和人数。

3. 加强信息传递。司法部、律师协会以及各级律师工作管理部门,应及时地把开展法律顾问工作的新经验和有关的法律文件,送到律师人员手中。

第二个问题:防止片面追求数量,正确处理发展与提高的关系

数量与质量,是一对矛盾。譬如我市的潍城区法律顾问处,现在是7人担任着40家法律顾问,由于人少任务重,在质量上就出现了一些问题。通过实践,我们认为,法律顾问工作应在保证不断提高质量的前提下,稳步发展,以求保质保量。在这方面,我们提出以下意见:

1. 在当前情况下,每名律师担任3至5家法律顾问为宜。

2. 法律顾问处在委派顾问律师时,应尽量考虑到聘请单位的性质和类别,以担任同一系统的、法律事务大致相同的几家为宜。

3. 坚持每周半天的值班制度,平时遇到问题,及时联系,对于重大疑难问题,要集体研究。

4. 对于那些法律事务不多,亦不真心打算继续聘请法律顾问的企业,可主动提出解除合同,以便腾出力量,为其他单位多办理一些法律顾问业务。

第三个问题:密切法律顾问与企业负责人的关系,相互配合协调一致

提高法律顾问工作的质量,律师的努力只是一个方面,而企业负责人善于发挥法律顾问的作用,也是一个重要方面。律师担任法律顾问,应坚持指导为主、不强加于人和以经济法律业务为主的工作原则。法律顾问对企业就业务上的问题提供意见,应通过协商和共同研究来实现。也就是说,律师只有提供法律建议和意见的义务和权利，没有决定权和指挥权，不能强加于人，也不能强行插手。而企业的负责人，应根据这些特点，在组织上、工作方式上以及一些具体问题上，与法律顾问协调一致密切配合。为此提出：

1. 律师受聘担任法律顾问后，要积极为聘请单位的负责人当好处理法律事务的参谋和助手，在业务范围内，尽职尽责地提供服务，决不能干预聘请单位的“内政”。

2. 聘请单位应积极支持律师开展工作，选择1至3名熟悉企业生产经营的供销、财会或办公室的人员，与法律顾问建立联系，并有计划地进行培养，为建立自己的法律顾问机构准备人才。

3. 法律顾问与企业负责人应经常交流情况，对有关法律事务及时进行沟通、研究和分析，彼此尊重、相互信任，共同把法律顾问工作搞好。

第四个问题：对法律顾问工作的质量应提出基本目标和要求

关于这个问题，是比较复杂的，在我们律师界也有一些争议。去年《法学》第一期上，南京市第一律师事务所的刘丕烈律师曾就法律顾问工作的优劣标准提出过一些探讨，即：(1)对聘请单位提出的有关法律事务，如果法律顾问均依法进行了工作，并使问题得到了妥善解决，就应视为是优质服务；(2)聘请单位提出的有关法律事务，法律顾问依法进行了工作，但不是由于法律顾问的原因使问题没有得到妥善解决的，也应认为法律顾问是尽职尽责的；(3)如果聘请单位没有提出处理法律事务的要求，也应认为法律顾问是合格的。我们认为，刘丕烈律师这里讲到的关于法律顾问工作的优劣的一个粗线条的标准，有助于我们进一步作细致而具体的探讨。今年3月，省司法厅律师处印发了《一九八六年全省律师工作奋斗目标和主要措施(征求意见稿)》，我们感到颇有实际价值。现根据其中的有关内容，就提高法律顾问工作质量的基本目标和要求，提出我们的一点看法，这些目标和要求是：

1. 法律顾问工作，能够坚持“确保质量、稳步发展”的方针，能够紧紧围绕增强企业活力，在帮助企业运用法律手段管理经济、管理企业上下工夫。

2. 能够坚持预防为主的原则，对有关问题，适时地提出法律上的意见和建议，并对有关问题有预见性和预防措施，做到既治标、又治本。

3. 能够坚持指导为主和办理经济法律事务为主的原则，向聘请单位传授法律知识和处理法律问题的办法；以经济合同为重点，围绕合同的谈判、签订和履行开展工作；对于那些疑难的法律问题，能够及时依法妥善处理。

4. 能够坚持不强加于人的原则，不干预聘请单位的“内政”，与聘请单位相互尊重，相互理解，关系融洽。

5. 能够通过业务活动,向企业干部职工进行社会主义法制教育,把企业的经营决策纳入国家计划和国家法律轨道,防止违法经营。

6. 能够建议和帮助聘请单位逐步建立起法律顾问机构,并为聘请单位培养两名以上的法律人才。

7. 依法办事,廉洁奉公,不贪赃枉法,自觉抵制不正之风,不为违反国家规定的任何单位提供方便。

8. 有明显的工作效益,能够赢得聘请单位的满意和好评。

第五个问题:根据提高法律顾问工作质量的基本目标和要求,确定和采取相应的顾问措施

当前,法律顾问工作的质量不高,主要是缺乏深度。从潍坊市的情况看,有近三分之一的顾问单位认为,欠款追回了,官司打赢了,就万事大吉了,对法律顾问工作没有长远目标和长远计划。从我们律师内部来讲,对此已经产生了紧迫感。总认为工作浮在上面是不行的,讲得现实一点,影响到律师担任法律顾问的声誉;讲得长远一点,最终会影响法律顾问工作的生命力。因此,我们必须积极探索,把法律顾问工作深入开展到一个新的阶段。为了达到这样的要求,我们认为当前应采取以下主要措施:

1. 扩大和延伸法律顾问的服务领域,不单纯局限在为聘请单位解决经济纠纷案件方面。要根据经济体制改革和纵向、横向经济联系的需要,积极为聘请单位的重大业务决策和重要法律活动,提供法律服务。

2. 在基本解决了聘请单位的积年经济纠纷之后,把着重点转移到经济合同的管理上。1985 年,潍城区法律顾问处的顾问单位潍坊市蓄电池厂,合同的签订率和履约率都达到了百分之百,成为全省机械系统"重合同、守信用"的先进单位,究其原因,就是由于法律顾问帮助厂里建立了合同管理制度。

3. 协助聘请单位培养法律人才,建立企业法律顾问机构。帮助培养人才的方式,主要是传、帮、带。法律顾问对于企业法律顾问机构,应在坚持指导为主的前提下,共同开展工作。

4. 协助企业制定生产经营等各个环节的规章制度,加速实现依法治厂的进程。

5. 为聘请单位的涉外经济活动提供服务。对于那些尚未开展涉外项目的企业,要协助他们作好准备,尽早了解和掌握涉外经济活动的有关内容、方式和规定。同时还要引导企业充分认识利用外资、运用先进管理经验的和学习接受现代经营理念的紧迫性和重要性。

最后一点,从根本上讲,法律顾问制度应有立法。应尽快颁布我国的律师法，明确规定法律顾问的地位、作用、任务以及工作原则和程序，使法律顾问工作系统化、制度化、法律化。

由于水平有限，对上述问题的探讨，十分肤浅，不足不当之处，请同行们赐教。

（本文写于1986年4月）

对我国律师管理工作的初步探讨

（本文是我1987年在司法局工作期间到厦门参加华东地区第四次律师实验交流会的材料。当时仅往返机票就需要1600元，相当一个人两年多的工资，是一笔不小的开支。但局里不惜经费，积极派人到会进行交流、学习，应当说体现了对律师工作的重视。）

在人类社会发展的进程中，管理是一切社会生活不可缺少的要素，律师工作的开展，同样也是以管理为基本条件的。几年来，我在从事律师管理的实践中，直接了解了律师的业务活动，体验了管理工作的作用；同时，也感到我们的管理工作还比较落后。如何总结、提高、改革、完善，使其科学化、现代化，已成为业内的研究课题。本文试结合我国律师管理工作的历史、现状与实践，对我国律师管理工作中的有关问题，进行初步的探讨。

一、我国律师管理工作的发展情况

我国的律师管理工作，属于国家行政管理的范畴，它与我国律师制度的建立经过紧密不分。回顾50年代之后的发展历史，大致分为三个阶段：

第一阶段为50年代中期，即1954年至1957年。这期间，司法部先指定北京、上海、天津和沈阳等市试办律师业务，并于1956年召开了第一次全国律师工作座谈会，讨论了律师组织的建设方针和工作任务。到1957年6月，绝大多数省、市、自治区建立了律师协会。当时，作为基层司法行政机关的专署司法科和省辖市司法局，在司法部和省司法厅的领导下，主要是指导律师组织贯彻执行党和国家关于律师工作的方针、政策，帮助研究总结律师各项业务活动的经验，监督业务收费等。

第二阶段为70年代末至80年代初，即1979年至1981年。这期间，律师制度处于恢复重建初期，各级司法行政机关主要是抓了律师人员的调配，律师机构的设置和各项物资的筹措等一系列组织建设、机构建设和行政事务工作。此外，这期间大多数省市还进行了律师人员的培训、政治业务的考核和律师资格审批等工作。

1982年1月1日，《中华人民共和国律师暂行条例》正式施行。从此，我国的律师管理工作进入了第三个阶段，律师管理工作开始向业务指导、检查、督促的方向发展。地市以上的各级司法行政机关，召开了一系列律师工作会议，经验交流会议和理论研讨会议。特别是1986年7月全国第一次律师代表大会的召开，标志着我国的律师制度及其管理工作都进入了一个新的历史时期。

二、我国律师管理的现行体制

律师管理作为国家上层建筑中的特殊职能，是由国家的政权性质和经济基础决定的。我国是社会主义国家，从这一根本性质和实际情况出发，国家对律师机构及其律师的管理，做了比较明确的规定。

《中华人民共和国律师暂行条例》是按照我党十一届三中全会的精神，总结了我国50年代律师工作的经验而制定的。该条例第三章第十三条至第十九条，规定了我国律师工作机构及其管理体制，从这些规定的内容看，当前我国律师体制的基本形式是：

第一，司法行政机关作为管理的主体，对管理的客体的律师工作，以定向影响的方式和手段，实施组织领导和业务监督。司法部，省、市司法厅、地方司法局设有专门的律师管理机构，配备了相应的管理人员，具体负责律师工作的管理；县区司法行政机关，一般指派1名局长分管，不再另配管理人员。各律师机构，则按照各级司法行政机关的意见，全面开展各项业务，并自觉地接受司法行政机关的组织领导和业务监督。

第二，为了维护律师的合法权益，交流工作经验，促进律师工作的开展，增进国内律师工作者的联系，司法部建立了中华全国律师协会，各省、市、自治区普遍建立了律师协会，有的地、市也已建立。律师协会是律师组成的社会团体，它的业务活动受司法行政机关指导，从实质上讲，它是司法行政机关的助手，有利于加强律师管理工作。

第三，法律顾问处（律师事务所）是律师执行职务的工作机构，本着方便群众的原则和实际工作的需要，律师机构设立在各县（区）、各地级市、各省辖市和各直辖市，律师机构之间没有隶属关系。律师机构内的工作领导和自身的管理,由主任、副主任负责。

以上形式,构成了我国现行律师管理体制的主要的、基本的形式。这一管理体制,总的说来是与我国国情相适应的。实践也已证明,这种体制有利于推动律师工作沿着社会主义方向发展。当然,这种现行体制下的管理工作还存在一些需要改进的问题,本文在后一部分还要提到。

三、律师管理的基本任务

律师管理工作的任务,是律师管理的基本内容。在经历了十多年的实践后,我国律师管理的基本任务,至少可以说已略有端倪了。我初步认为,律师管理的总任务,是根据党和国家的要求和社会发展的客观情况,不断发展和完善我国的律师制度;科学地、高效率地组织和推动律师的业务活动;通过律师管理,逐步建立起符合中国国情、具有中国特色的社会主义的律师制度;指导广大律师坚持四项基本原则、忠实地为党、国家和人民的根本利益服务。具体地说,包括以下几个方面:

(一)贯彻、执行党和国家关于律师工作的一系列的方针、政策,并根据其规定和要求,确定不同时期的目标和任务。

(二)制定和组织实施完成不同时期律师目标任务的工作计划、意见和具体措施。

(三)正确实行组织领导,把坚持四项基本原则,作为我国律师工作的根本指导思想,使律师工作始终保持正确的政治方向。

(四)积极地实行业务指导和业务监督,综合运用各种管理方法,大力推动各项律师业务的开展,不断地提高律师的业务素质,提高律师工作质量和社会效益。

(五)负责对律师的培训、考核、资格审批、职称评定、晋升、奖惩以及兼职律师的管理,制定律师业务收费和经费管理办法,检查监督律师收费开支等。

(六)负责律师机构的设置、物资筹措等组织建设、队伍建设和行政事务管理等。

(七)搞好业务统计,及时向党委、政府反映律师工作的全面情况。及时解决律师在工作中和生活上的各种实际困难,并制止和处理阻挠、干扰律师依法执行公务甚至打击迫害律师的违法行为,切实保障律师的执业权利。

另外,还要重视和正确引导律师遵守职业道德和执业纪律,树立良好的社会形象,并积极宣传律师制度,为律师理顺工作关系,推动律师工作的深入开展。

四、律师管理的方法和经验

几年来,各级律师管理机构在律师管理方面做了大量工作,初步探索了一些执行管理职能和实现管理任务的方法和经验,其中有共性的有以下几点:

(一)狠抓组织建设,加强和壮大律师队伍。只有建立一支初具规模的律师队伍,才能形成力量,有所作为。加强律师队伍建设的基本方法是建立健全律师机构,并根据实际需要,建立专业律师机构,譬如经济法律顾问处,涉外律师事务所等;同时,要大力发展专职律师,在可能的条件下,积极争取增加律师编制,并适当地、有选择地发展一定数量的兼职律师,以弥补律师队伍的不足。

(二)坚持四项基本原则,加强职业道德教育。只有坚持正确的政治方向,讲求职业道德,才能提高律师的政治素质,保证律师制度健康发展。这方面的主要做法是建立正常的政治学习制度,制订律师工作守则,反对资产阶级自由化,抵制社会上不正之风的影响和侵蚀。既要宣扬廉洁奉公、执法如山、文明礼貌、忠诚积极的先进律师典型,也要对极个别违背职业道德的律师进行惩戒和帮助。

(三)努力提高律师人员的业务素质,增强承办各项业务的技能。律师工作的特点要求律师不但要具备法律知识,而且要具备经济和科技知识,融法律、经济、科技知识为一体。提高律师业务素质的方法除建立日常的业务学习制度刻苦学习以外,还必须舍得智力投资,分期分批地对律师进行培训。另外,还要经常地对律师人员进行考察考核,对参加全国律师资格统考合格并符合其他条件者,及时授予律师资格。

(四)大抓业务建设,全面开展各项律师业务。只有全面开展工作,才能开拓局面,充分发挥律师的作用。从管理的角度讲,抓业务建设,主要是牢固树立"四个服务"的观点,经常检查、指导工作,帮助制定措施,疏通工作渠道,理顺各方面的关系。譬如为政府机关担任法律顾问、为横向经济联合服务、提高刑事辩护率、开拓涉外业务等,律师管理部门都应与有关部门加强联系,为律师出谋划策、牵线搭桥。

(五)认真抓好工作质量,保证律师工作的社会效益和社会信誉。提高律师工作质量的有效方法是经常进行工作质量检查,召开律师工作经验交流会议,加强信息传递,加强理论研讨等。近年来,我们潍坊还组织律师召开了六、七次案例分析会,认为分析一案,能带动一片,能产生一起研究、共同提高的效果。

(六)深入调查研究,提高管理效能。只有调查研究,才能了解情况,发现问题,制定相应措施。调查研究的内容一般为律师执行职务的情况,律师开展各项业务的情况,律师工作遇到的新问题等等。

（七）抓制度建设，健全机制，促进工作。这方面既包括制定各项律师工作业务的细则，又包括实行岗位责任制，制定法律顾问处内部的各项规章以及加强组织纪律、协调关系等。这一点是调动律师积极性、主动性和使律师工作规范化、制度化的一项重要措施。

（八）只有积极探索，勇于改革，才能推动律师事业的迅速发展。近年来，我国在律师队伍的建设上，坚持两条腿走路，在重点发展专职律师的同时，适当发展了兼职（特邀）律师。在法律顾问处的管理上，实行了主任负责下的工作岗位责任制。在经费管理上，对法律顾问处单列账户，独立核算，其中有条件的已开始自支自收。实践证明，这些做法都是可行而有效的。

（九）紧紧依靠党政领导，广泛争取社会各方面的支持，才能活跃律师工作，推动律师事业不断前进。这方面的途径和方法，主要是管理部门要经常地向党委、政府汇报工作，向人大常委会汇报工作，争取领导的重视支持，为律师工作解决具体困难和问题；还要经常地走访公安、检察、法院、财政、工商、外经贸等有关部门，理顺关系，为律师事业的发展创造良好的条件。

五、当前律师管理工作中存在的问题及其改进意见

律师制度恢复以来，我国在改进律师管理方面，做了一些积极的努力。但毋庸讳言，当前我国的律师管理工作，还存在一些问题，我认为比较突出的有以下几点：

其一，现行的管理体制还不健全。一是管理机构本身的配制不合理。从司法部来讲，律师、公证管理合为一司，省级司法厅、大多数地区司法局也是合设在一块，这样必然会影响管理的质量。二是管理的权限不甚明确。部分省、市司法行政机关的律师管理机构与律师协会是“两块牌子、一套人马，合署办公”。三是基层司法行政机关与法律顾问处之间，在对如何实施组织领导、如何自觉接受组织领导和业务监督的问题上，认识还不尽一致，做法还不尽统一，相互之间还存在分歧和矛盾。

其二，律师管理力量比较薄弱，管理效能也比较低。目前，我国已建立律师机构3200多个，有专职律师、兼职律师及律师工作者20,000余人，但律师管理人员仅有几百人，从数量上看，是不充足的，从素质上看，其中有的管理人员欠缺知识和能力，并不适合从事律师管理工作。

其三，管理技术、办公手段和工作方法陈旧落后。目前有关律师工作的信息和有关工作资料的传递，基本上靠上报下发，既不及时，也满足不了工作需要。管理人员大部分时间忙于应付文件和会务，而对律师工作缺乏研究，缺乏总结，缺乏交流。

那么,如何解决这些问题呢?现提出以下探讨意见:

第一,管理机构的设置要合理化、科学化。为了加强管理,便于管理,要坚持当立则立的原则,将司法行政机关内的律师管理与公证管理分立;律师协会作为群众性的社会团体,应有自己的活动,并将其活动真正纳入到现行律师体制总的结构范围之内。另一方面,从机构的设置、布局、编制、纵向横向权限的划分、人员职责的确立到工作的程序,都应逐步健全,使其规范化、制度化、法制化。只有这样,才能有一个自上而下的合理化的组织机构,形成一套完整而连贯的管理体系。

第二,律师管理人员要知识化、专业化。律师管理是一门科学,知识性强、专业性强。真正做好是很不容易的。这就要求律师管理人员不但要熟悉律师的各项基本业务知识,了解律师的活动,还必须懂得管理工作的基本理论,基本原则,基本方法,具有较高的管理水平。因此,配备律师管理干部时,除必须强调革命化、年轻化、知识化、专业化要求以外,也要考虑到学识素质,工作作风,分析、表达、写作、协调、开拓等律师管理方面的综合能力。另一方面,还要注意培训律师管理人员,从律师队伍中选拔管理人才。一个优秀的律师管理人员,同时应是一名优秀的律师。他不但能够管理,善于管理,而且应有一定的律师实务实践。

第三,律师管理的方法要现代化。为使律师管理这部机器高效运转,应采用现代化的技术和管理手段,譬如装备应用复印机、传真机、电脑等先进设备,借鉴系统工程科学,优化现代管理水平。

第四,还要加强开展对律师管理的研究,深入总结律师管理经验。必要时,可大胆开辟律师管理试验场地,试办不同形式的律师机构,以求探索创新,改革前进。

(本文写于1987年8月)

律师参与依法收贷应掌握的几个基本问题

（本文为参加华东地区第十二次律师实务经验交流会的材料。）

近年来，随着国家经济体制改革的不断深入，金融体制改革取得了令人瞩目的进展。与此同时，银行及其他非银行金融机构为维护自身利益，保证业务活动的正常进行，普遍加大了依法收贷的力度，纷纷聘请律师担任常年法律顾问或委托律师代理诉讼，对借款人拖欠的逾期、呆滞、呆账的风险贷款予以清偿。律师代理金融借贷纠纷的数量，在全部受理案件中，所占比例逐年提高，这就要求律师要深入该业务领域，明了和掌握一些基本问题，以提高代理质量，达到维护当事人合法权益，妥善解决纠纷，促进社会经济发展的目的。

一、把握借贷法律关系的特点

这里所指的借贷，并非一般的民间借贷，而是指银行或其他金融组织作为贷款人，将货币资金依据合同提供给借款人，借款人按规定用途使用贷款，并按规定的利率和期限还本付息。

借贷法律关系的特点，主要表现在四个方面：

1. 从法律关系构成的主要素即主体来讲，作为贷款人的银行或其他金融组织，是特定的主体。借款人一般为企业、事业单位。贷款人主体的特定性除了表现于它只能是银行或其他金融组织之外，还在于它享有对借款人依法行使金融检查、监督和对其违约行为进行信贷制裁的权利。

2. 从客观上讲，借款合同的标的物必须是货币，即根据国家批准的信贷计划和有关规定而发放的信贷资金。一般贷款由工商银行发放，建设工程贷款由建设银行发放，农业贷款由农业银行发放，外汇贷款由中国银行发放。交通银行、金融信托投资公司和城市、农村信用社贷款的发放较其他专业银行稍显灵活。除中国银行外，其他银行或金融组织的贷款货币种类必须是人民币币种。

3. 从内容上讲，由借贷行为而产生的权利义务，是债权人与债务人的关系。贷款人将贷款金额交付借款人后，即丧失了该资金的所有权，相应地转变成了对借款人享有的债权；借款人依据合同取得该资金的所有权后，同时也形成了对贷款人所负有的债务。

4. 这种借贷合同是诺成性合同，而且是有偿合同。偿，即依国家贷款利率而滋生的利息；而贷款利率，则必须执行国家规定，当事人不能任意商定。

二、熟悉相关的法律、法规

熟悉与借贷纠纷有关的法律、法规，是律师参与依法收贷的必要条件。只有对有关的法律规定达到相当的熟悉程度，才能在整个诉讼活动中运用自如，有根有据。处理贷款纠纷，相关法律规定较多，大致说来，可分为四部分。

1. 因为借贷纠纷从性质上讲也是一种合同之债，属于民法债权，所以《民法通则》中关于债和合同的有关规定，同样适用于处理借贷纠纷。而《经济合同法》中关于借款合同以及违反借款合同的责任的规定，则是处理借贷纠纷的原则依据。

2. 因为借贷属于金融范畴，所以有关的金融法规是处理借贷纠纷的主要法律依据，而具体运用的，则集中于信贷资金管理方面。主要的有：《借款合同条例》(1985. 2. 28)，《中国人民银行信贷资金管理办法》(1984. 10. 8)，《中国人民银行专项贷款管理暂行办法》(1986. 12. 24)，《中国人民银行外汇抵押人民币贷款暂时办法》(1987. 2. 5)，《中国银行对外商投资企业贷款实施细则》(1988. 10. 20)，《中国人民银行利率管理暂时规定》(1990. 10. 11)，《中国人民银行对金融机构贷款管理暂行办法》(1993. 3. 3)，《金融信托投资公司委托贷款业务规定》(1993. 3. 8)，以及各专业银行分别发布的一些有关企业流动资金贷款、科技开发贷款、技改贷款、基建贷款、外汇贷款、抵押贷款的管理与规定等等。今年7月27日，中国人民银行为规范贷款行为，保护贷款双方合法权益，专门公布了《贷款通则》(试行)并规定本通则自实施之日起，中国人民银行和各贷款人在此以前制定的各种规章，与本通则有抵触者，以本通则为准。上述一系列法规及法规性文件，对于贷款对象、贷款条件、贷款方式、贷款种类、贷款指标、委托贷款，贷款的发放和收回，以及违约责任等等，都作了具体规定，构成了我国银行贷款的基本制度。

3. 有关借贷合同提供财产担保和保证的法律规定。现行法律和信贷资金管理制度,要求借款合同必须设定担保,不允许签订无担保的借款合同。按照今年6月份之前我国有关法律的规定,借款人要求签订借款合同,应有中国人民银行规定的一定比例的自有资金,并有适销、适用物资和财产作担保,或有符合法定条件的保证人。依此规定,借款合同的担保方式包括抵押和保证。用作设立抵押担保的物资和财产,可以是借款人的不动产或动产;采用保证人担保的,保证人可以是法人或自然人,但必须有足够的代偿借款的财产。在借款合同到期,借款人不能归还借款时,贷款人可依照法律规定变卖抵押物优先受偿,或由保证人连带承担偿还本息的责任。但是,过去这些担保规定,与市场经济的现实和要求是有很大距离的,存在着诸多缺陷或不足。今年6月30日,全国人大常委会通过并于同日公布了《中华人民共和国担保法》,这是建立健全我国债权担保制度的重大突破。该法将担保方式规定为保证、抵押、质押、留置和定金,对保证责任,抵押效力及抵押权的实现,动产质押和权利质押等都作了明确规定,从而在很大担保程度上解决了人的担保与物的担保以及在物的担保上抵押与质押分别规定、各具特性的问题。这就大大丰富了律师参与依法收贷处理担保问题的法律依据。

4. 最高人民法院的司法解释及批复。如《关于借款合同双方当事人经保证人同意达成延期还款协议后保证人是否继续承担担保责任的批复》(1988.1.9),《关于无效借款合同造成贷款损失银行能否共同承担责任问题的电话答复》(1988.4.23),《最高人民法院关于人民法院审理借贷案件的若干意见》(1991.8.13),《最高人民法院关于企业或个人欠国家银行贷款逾期两年未还应当适用民法通则规定的诉讼时效问题的批复》(1993.2.22),《最高人民法院关于如何确定借款合同履行地问题的批复》(1993.11.17)等等,也是处理借贷纠纷的重要依据。

三、确定被诉主体

逾期、滞账、呆账贷款多,是当前普遍存在的非正常状况,也是金融产业发展的障碍。银行在通过自己的行为无法收回贷款的情况下,只得求助于司法机关,以实现债权。确定被诉主体,就是明确对哪些借款人依法起诉。现在逾期归还借款的多为工商企业,对此,律师应通过听取信贷人员介绍情况和实际调查,与行长或主任共同研究确定。诉讼的目的,主要是维护自身的合法权益,但同时还应兼顾维护国家经济、金融秩序、防止或减少国有资金流失等社会效果。联系事实和法律,属下列情况之一者,即可考虑起诉:

1. 贷款已经逾期,信贷人员多次催收,但借款人毫无还款诚意,故意长期拖欠的；

2. 从未主动按约付息，逾期后更不积极偿还本金，而是在其他银行户头开户，逃避监督的；

3. 贷款到期，借款人确实无偿还能力，担保人有偿还能力，但拒不承担连带责任且合同约定的保证期间临近届满的；

4. 原借款人发生变更，新债务人推委旧债，经说明、催收仍然不承担还款义务的；

5. 抵押贷款到期，银行无法通过自己的行为处理抵押财产的；

6. 资产规模小，信誉不高的小型企业或个体经营者，长期严重亏损，经营日趋萎缩，面临倒闭或破产的；

7. 未按合同约定用途使用贷款，而是利用贷款从事股本权益性投资，或炒买炒卖有价证券、期货和房地产业的；

8. 套用贷款，相互借贷牟取非法收入的；

9. 凭借行政领导或熟人关系而贷款，逾期后，具有偿还能力，但又想凭借这些关系故意拖滞，对催收不以为然、置之不理的；

10. 假集体企业（因企业登记制度不健全而产生的经济怪胎）贷款，这类企业实为个体或个人合伙企业，但却挂着集体企业的招牌，贷款时，由国有企业提供担保，贷款后，肆意挥霍或转移财产，欲将责任全部转嫁于担保人的。

四、审查证据材料

证据，是诉讼之王。借贷纠纷的证据材料，属于民事证据范畴。从法律上讲，民事证据有书证、物证、视听资料、证人证言、当事人的陈述、鉴定结论之分。而借贷纠纷的证据主要是书证，即借款申批书、借款合同（契约）、借款担保书、借款凭证（借据）、展期申请书等等。律师在审查这些证据材料时，应当在遵循积极主动、深入实际、认真细致、客观真实的前提下，逐一进行审查，以求得这些证据的真实性、关联性和合法性。具体操作时，应着重注意：

1. 审查借款合同的效力，主要是审查借款人、担保人的主体资格，以及借款用途是否相符、借贷程序是否合法、公章是否真实等。有的借款人本身不具有法人资格或已撤销，应依法追加或变更被告。

2. 设定抵押借款的，要审查借款人或第三人提供担保的财产—抵押物，是否属于依法可抵押的财产，其价值是否大于所担保的债权以及是否办理了抵押物登记手续，是否重复抵押等。

3. 审查合同约定的还款日期和借款人逾期还款的累计时间，确定案件是否在法定诉讼时效期内。有的虽然逾期超过两年，但期间贷款人曾多次口头或书面催收,还应搜集提供证据。

4. 审查诉讼标的,确定应追偿的借款本金和利息的具体数额。

5. 审查分析违约责任,如造成借款不能偿还的原因完全在于借款人,或者具有违反法律限制的有关情形,即可在诉讼请求中明确主张借款人偿付全部借款本息,加收部分或全部贷款利息,并全额承担诉讼费用。

五、选择合适的法律程序

律师作为诉讼代理人,在通过司法机关依法收贷时,应针对各借款人的不同情况,因人而异,区别对待,分别选择不同的适当的法律程序。

1. 选择督促程序。督促程序是特殊的非诉讼程序,它只是以债权人的申请为基础,只对债权人提供的事实证据审查后向债务人发出支付令。支付令的生效与否取决于债务人是否提出异议。如果债务人在法定期限内提出异议,支付令则失效。借贷纠纷案件,一般具有督促程序所要求的条件。对于那些具备还款能力、注重信誉和企业形象,又不可能对借款事实提出异议的借款人,可采用这一程序。因为它具有时间短、收效快的特点。

2. 选择破产还债程序。有的借款人,属资不抵债的特困企业,连年亏损,包袱沉重,企业债务与银行债权已成死结,不但本金无望收回,而且利息也难以支付。这类企业,管理不善,濒临倒闭,如采取其他形式催收贷款,已无意义,只有申请对其破产还债,终止其生产经营活动,才能及时地、最大限度地进行清偿,收回贷款利息或部分本息。当然,一般贷款属于破产债权,并无优先受偿的权利,因而在提出申请之前,律师必须明了这类企业的负债情况。

3. 选择普通诉讼程序。这一程序是人民法院审理民事案件的基本程序,它虽然具有适用面宽、审理时间较长的特点,但它是一般公民心目中"正宗"的打官司的标准程序。司法实践也证明,对于那些标的较大、情况复杂、借款人对偿还贷款缺乏严肃性的借贷纠纷,采用这一程序,是行之有效的,也是较多采用的。

六、提交翔实的诉讼资料

借贷纠纷一旦确定诉诸法律,律师就应着手办理有关的诉讼事宜。首先是拟写诉状。虽然借贷纠纷不同于其他民事或经济纠纷,事实一般比较清楚简单,但律师在拟写诉状时,还是应当认真对待。诉状的篇幅不必过长,但内容必须充实,诉讼请求、事实和理由必须交代清楚。作为代理人或法律顾问,诉状拟出后,还应请行长或主任审核。其次,对有关的证据材料进行整理、复印,应按时间顺序装订在一起,附在诉状之后,一并递交受理法院。再次,办理授权委托手续,填写法定代表人身份证明。这类事务虽然他人能够代劳,但代理律师应养成亲自动手的良好习惯,以达到即节省时间,又准确无误的目的。最后,对于那些可能因当事人一方的行为或其他原因,使判决不能执行或难以执行的案件,律师应及时写出财产保全申请,以便让法院根据申请,作出财产保全的裁定。

律师在办理上述事宜的同时,要自觉地注意两点。一是举证责任,即所代理的银行或其他金融机构对自己的诉讼请求,有责任提供证据加以证明。在民事诉讼中,这种举证责任是以“谁主张,谁举证”的原则来分担的,因而应把提交有关资料,上升为一种举证责任来对待。二是进行财产保全申请,在符合条件的情况下,关键是要做到“及时”,是诉前申请或是诉讼中申请,要针对对方当事人的实际情况果断地确定。

七、准时出庭,发表切实可行的代理意见

律师进行借贷诉讼代理,是以被代理人的名义,在法律规定或被代理人的授权范围内,为被代理人的合法权益进行诉讼,实现并履行被代理人的民事诉讼权利和义务,并直接对被代理人产生民事法律后果的行为。

出庭代理诉讼,是律师参与依法收贷的重要活动。从借贷诉讼的实践看,法院比较愿意有律师代理,而且对提起诉讼的原告的代理律师的意见,也容易采纳。也可以说,法官希望代理律师能够与其配合,使纠纷尽快得到解决。这就要求律师在开庭时,一定准时出庭,并根据庭审情况,对方当事人的态度,结合借款人的实际情况,发表中肯的、切实可行的代理意见。通常情况下,应注意做好三个阶段中的工作。

1. 在法庭调查阶段,主要是回答法庭的询问,参加对证据的审查。在回答询问时,要做到合法有据、简明扼要、掌握要领、突出重点。在审查证据中,要使审判人员对那些于己有利、于对方不利的证据加深印象。

2. 在法庭辩论阶段,要认真发表代理词。代理意见应包含:应当认定的拖欠借款本息的基本事实;依法收贷,提起诉讼的法律依据;违反借款合同应承担的违约责任;对本案的处理意见等等。代理词是律师参与依法收贷的主要书面意见,也是体现律师职业和专业水平的主要作品,因此,要认真准备,笔之于书,使之论点显明,事实根据充足,运用法律得当,处理意见中肯可行。

3. 在法庭调解阶段,主要是了解把握各当事人对调解是否出于自愿。各当事人皆有调解诚意,律师可自觉地有意识地创造友好气氛,促使案件调解结案或使对方服判,也为以后裁决文书的执行奠定良好的基础。

八、其他工作

在参与依法收贷的诉讼案件终审后,作为代理律师,还应注意做好三项工作。一是，将案卷整理装订归档，对判决书或调解书中的送达生效时间和借款人偿还借款本息的时间、数额予以专门登记，向行长或主任进行汇报，并提请有关信贷人员或辅助进行清偿的人员予以登记，以保证判决或调解文书的履行。二是，注意总结经验教训。一方面是从自身的业务角度总结，目的是积累经验，预防错误，提高代理质量；另一方面是从银行或其他金融机构即贷款人的角度总结，有的借贷形成纠纷与贷款人不无关系，应建议行长或主任加强信贷人员的业务学习和对他们的管理，用法律自觉规范信贷行为，建立信贷资料档案及其管理制度，以求从根本上避免纠纷，减少诉讼，提高贷款质量。三是，如借款人不自觉甚至拒绝履行义务，律师则应及时撰写申请执行书，申请人民法院予以强制执行。对于对方为公民，申请期限为一年，对方为法人或其他组织，申请期限为六个月以及申请向原第一审人民法院提出的法律规定，律师应牢记在心，不可疏忽误事。

（本文写于1995年9月）

现代企业法律事务管理要义

现代企业法律事务管理,既是企业经营活动的重要环节,更是现代企业制度的有机组成部分。一个企业,只有牢固树立依法经营的观念,积极采取这一重要的管理制度,才能提高自身的管理水平,增强自身的法制化运作能力,并最终建立起现代企业的行为规范机制。

本文依据相关文献,仅就现代企业法律事务管理的主要内容及有关问题作概略叙述,供企业界朋友参考。

一、现代企业制度

(1)现代企业,按照世界通行的国际惯例和标准而言,是以有限责任和企业法人为核心,能够自主经营、自负盈亏、自我发展、自我约束的法人主体和市场经济主体。它既是社会经济的微观基础,更是社会结构中极其重要的组成部分。

(2)现代企业作为人格化的经济组织,是独立的商品生产者和经营者,并能独立地承担民事责任。它实现了现代意义上的两权分离,产权明晰,权责明确,管理科学。它具有合理的资源配置机制,并为扩大生产规模,实行资本社会化创造了一种好形式。

(3)现代企业制度实质上就是现代公司制度。它有两个最基本的特征:一是法人财产制度,公司在法律上具有独立的法人地位,其产权基础是它拥有的法人财产。二是法人治理结构,是指由所有者、董事会和高级管理人员三者组成的一个组织结构。

二、相关经济组织的法律界定

(1)关联企业,可以理解为企业之间为达到特定经济目的,通过特定经济手段而形成的企业之间的联合。“特定经济目的”是指企业之间为追求最大的规模效益而形成的控制关系或统一安排关系。“特定经济手段”是指股权参与或资本渗透等手段方法。“企业之间的联合”是指具有独立法人地位的公司企业之间的联合。

（2）控股公司，是指因持有其他公司一定比例的股份或出资，从而控制其他公司的公司。有学者认为，控股公司和母公司的概念相近，有时通用。但这里的控股公司仅指控制另一公司半数以上股份，并不直接参与子公司的业务活动，是指纯粹的控股公司而非混合控股公司。

（3）母公司：系指通过掌握其他公司一定数量的股权或通过协议等方式能够实际上控制其他公司经营管理决策的公司，即母公司对另一公司拥有多数股份；拥有多数表决权；具有选任管理机构或监事机构的多数人员的权利；控制着财务、人事、合同或其他方面的联系，从而能导致母公司具有全局意义的控制地位。

（4）子公司：是指在法律上独立，但其自权利因被控制或被影响而不同程度有所丧失的公司，或由于持股或协议而处于另一公司决定性影响之下的公司。一个公司持有另一个公司的多少股份才可以成为子公司，各国立法并无统一标准。

三、现代企业法律事务管理

（1）现代企业法律事务管理，是指企业为依法经营、依法决策而进行的法律事务管理活动，它包括机构设置、组织结构、岗位职责、业务流程和人员配备等各项规范制度和管理机制。这些制度和机制，构成企业内部的法律事务管理系统。在这一系统中，法律事务的管理融入企业决策、执行、反馈、监督等流程，并成为企业内部控制体系的重要组成部分。

（2）现代企业法律事务管理的核心内容，是在法人治理的框架中设置法律顾问机构，配备专职法律人员，规范处理企业内部的法律事务，规范企业内部相应的管理程序。

（3）现代企业法律事务管理的重要功能，一是参与企业决策，二是督导监控，三是协同管理，四是救济保障，五是培育企业文化。

四、现代企业法律事务管理模式

（1）现代企业法律事务管理模式，就是具有不同特点和性质、符合现代企业制度、适应于集团化运作和跨国经营的企业法律事务管理形态。国际上通常采用直线制、分权制、矩阵制、事业部制等。

（2）直线制。这一模式的特点是母公司对子公司法律事务实行直线或垂直领导，强调重大法律事务由母公司集中处理。

(3)分权制。这一模式的特点是母公司和子公司之间每年以总包的方式签署内部法律服务协议;子公司将法律事务全权委托母公司处理。公司集团内部贯穿“服务、支持”的理念。

(4)矩阵制。这一模式的特点是对公司的所有律师形成一种矩阵管理。集团公司设立法律事务部,其分公司、子公司及办事处设立相应的法律处理机构,由集团公司副总裁兼法律总监主管和领导。

(5)事业部制(IBM公司模式)。IBM公司,即美国国际商业机器公司,是世界上最大的信息产业跨国公司。它的特点是母公司掌握着巨大的法律资源,设置了庞大的法律机构。高级副总监兼任首席法律顾问,下设数个法律总监,然后再逐级细分和延伸。

(6)中国企业的法律事务管理,起步于20世纪80年代初期,由于受社会经济体制、企业市场化运作水平和法律专业人才资源的影响,目前还在变革和发展当中。

五、企业法律顾问制度

(1)企业法律顾问有狭义和广义之区别,狭义的范围仅限于取得企业法律顾问执业资格,由企业聘任,专门从事企业法律事务工作的企业内部专业人员;广义的范围还包括公司律师,企业向律师事务所聘请的社会律师等所有从事企业法律工作的人员。

(2)企业法律顾问的主要职责,一是直接参与企业重大经营决策,依法提出法律意见,保证企业经营活动的合法性;二是做好企业合同管理、商务谈判,知识产权,工商登记,改制重组,诉讼、仲裁等方面的法律事务;三是协助企业搞好规章制度建设,负责组织本企业规章制度的制定和落实;四是配合企业有关部门,对企业职工进行法制宣传教育和培训;五是指导下属单位的法律事务工作;六是对企业及下属单位违反法律法规的行为提出纠正意见,及时进行整改。

(3)目前,我国企业法律顾问制度,具有相当的局限性,存在的问题也很多,主要是层次低,与市场经济不相适应,需要国家、企业、法律界和执业律师共同努力,才会有所改观,有所发展。

六、构建科学完善的法律事务管理体系

(1)选择适合本企业的法律事务管理形式。这方面主要考虑的条件包括企业主营业务的经营规模、企业经营中涉及法律事务的复杂性程度、企业管理层对法律事务工作的认识、企业法律事务管理人员的素质等。目前我国企业的法律事务管理主要依靠社会律师,尤其是法律专业化强、案件复杂化程度高、涉及法律学科综合的业务,大都求助于具有专业水准的大型综合律师事务所。

(2)建立和完善现代企业法人治理结构,形成民主科学的决策机制。把以人为本、依法治理、统筹兼顾、全面协调、持续发展作为企业治理、经营和建设的基本理念。依法规范企业行为,构建依靠职工、稳定和谐的内部劳动关系和合作竞争、信任互利的外部社会关系。

(3)当前企业法律事务管理的重要任务,是依据现有法律的调整,做好企业法律事务管理制度的修改、制定和完善。要在建立工商法律、合同法律和诉讼法律管理制度的基础上,特别重视完善包括企业投资和重大事项的法律论证制度、劳动法律制度、保护知识产权法律制度和环境方面的企业法律事务管理制度。

(4)高素质的法律事务管理人才,是现代企业构建全方位法律事务管理体系的关键要素。企业最高管理层应当树立"人才是企业发展所必需的第一资源"的人才观,高度重视企业法律队伍的培养和使用,并形成有效的企业法律人才激励机制。

(5)企业的法律人员,特别是受聘担任法律顾问的律师,要掌握企业运行情况,精通企业法律实务,充分发挥顾问作用,使企业法律事务管理信息的形成、传递、分析、处理和应用渗透到企业活动的各个流程之中,为完善企业法律事务管理尽到应有的职责和义务。

关于现代企业及其法律问题,著名法学家江平先生有很多重要的论述。早在1994年他就指出,以责任形式来区分公司、确立真正的法人机制、确立股权概念、建立章程机制、确立一系列新的管理制度、确立产权转让制度,是公司法制度的六根支柱。他还多次强调,市场经济法律主体机制的核心是企业,主体机制的关键是建立现代企业制度,实现企业自治。市场经济是自由竞争的经济,是意思自治的经济,又是法制的经济。这些思想,对于现代企业法律事务管理,都具有重要的指导意义。

我国的企业法律制度,脱胎于社会主义的计划经济体制,人们对现代企业及其意思自治的认识还很欠缺。而现代企业的法律事务管理,主要源自德、英、美、日等先进国家,属于现代文明的一部分。我们国家的企业法律事务管理还很粗糙,还未成型,还需要不断地总结、发展和提高,还需要国家、企业、律师及其他法律界人士努力研究和认真践行。相信随着社会主义市场经济制度体系的建立和法律体系的不断完善,我们会做得更好,也相信一切真正的优秀的文化,最终会得到我们的吸收、融和和创新。

(本文原载《潍坊人大》2009年第12期)

转变服务方式　提高服务质量

——企业法律顾问工作的创新和改进

律师事务所接受企业聘请，指派律师为企业担任法律顾问，是律师事务所的主营业务之一，也是目前我国企业法律事务管理的主要形式。近年来，求是和信律师不断适应客户需求和市场变化，积极探索企业法律顾问工作的新内容、新特点，在创新服务方式和提高服务质量等方面，有改进，有裨益。现将有关做法简括总结，并与企业界朋友共同商酌。

一、明确工作内容，积极提供服务

企业法律顾问工作，是指一个律师事务所及其律师，为企业提供的法律产品与服务内容的总和。这项工作有日常法律服务事项和委托法律服务事项之分。

日常法律服务事项主要是：

针对企业日常工作和经营管理中遇到的法律问题，及时以电话、传真、电子邮件或接待等形式提供咨询意见；

为企业起草、审查、修改各类合同和法律文件，并指导相关营销人员正确签订和履行合同；

参与企业重大业务的谈判、签约活动，为企业重大的经营和决策进行法律论证；

对企业员工进行法律知识培训，帮助企业建立健全企业内部的各项制度；

掌握法律动态，为企业领导提供最新法律法规及案例提示；

就企业建立现代企业制度和法人治理结构，提供意见、建议、方案和成功案例；

根据企业的性质、特点确立相应的法律事务管理形态,并逐步构建科学完善的法律事务管理体系。

委托法律服务事项主要是:

接受企业委托,代理参与各类诉讼和仲裁案件;

接受企业委托,就委托事项,依据国家法律及规章以律师事务所或企业法律顾问的名义,出具法律意见书;

接受企业委托,向与企业有业务或其他关系的第三方以律师事务所或律师的名义,就委托事项或法律问题进行披露、评价进而出具要求达到一定效果的书面法律文书(亦称律师函);

接受企业委托,参与企业的涉外贸易活动,促成涉外业务的成功或减少贸易风险;

接受企业委托,为企业提供专业的、综合的商标、专利、软件许可使用等知识产权的托管服务;

接受企业委托,为企业的融资、重组、上市等重大经营活动,提供专项法律服务;

接受企业委托,办理企业的其他重大非诉讼法律事务。

二、根据企业需求,确定服务方式

聘请律师担任法律顾问的企业,在性质上有国有、民营、三资企业之分,在经营规模上有大小之别,在法律事务上也有难易多少的不同。近几年,求是和信律师事务所实行的是“专业律师负责,部门整体服务,全所统一协调”的团队服务模式,这也是具有我所特色的服务方式。

专业律师负责:根据企业的经营特点和要求,一般指派2名律师为专业律师,为企业担任常年法律顾问,负责提供日常法律服务。而知名的大型企业则要指派3~5名律师共同负责,提供服务。

部门整体服务:对于已接受聘请为其担任法律顾问的企业,除了责任律师外,本所的公司、金融、民事、房地产、知识产权、涉外、投资、刑事等法律事务部门,还须分工协作,共同对企业提供全面服务。

全所统一协调:在为企业服务的过程中,遇有重大法律事务或新型业务,所主任调配其他专业律师或专业部门提供专项服务。

在上述模式下,我们还通过内部的客户服务部门建立起了服务跟踪制度,定期走访,及时收集反馈意见。责任律师则严格执行本所的企业法律顾问工作记录和工作报告制度,做到一事一档,一案一卷,定期总结,及时汇报。而律师所则随时了解企业外部法律环境的发展变化,时刻关注国家新的法律、法规出台后可能给企业带来的影响，以企业经营发展战略为立足点，组织领导好全所的企业法律顾问工作。

三、树立服务观念，提高服务质量

“客户的利益，就是我们的利益”。这是求是和信律师的基本执业理念之一。企业法律顾问工作，以服务为手段，以质量求信誉，以维护企业利益为目的。

在服务理念上，一是及时服务。口头咨询要即时答复；书面咨询要当日答复，重大复杂疑难事项，也应在24小时之内提供出解决方案。二是增值服务。通过参与企业的文化建设，帮助企业树立依法经营、诚信经营的企业形象；从建立制度和规章入手，使企业决策程序化，通过恰当的程序产生最佳决策；协助企业的CEO关注决策的大环境，使决策更具有前瞻性和务实性。三是做好法律服务与企业经营工作的融合，以完善法律风险防范机制为核心，以完善法律顾问制度为重点，以完善法律管理工作体系为支撑，提高企业法务人员的素质，提高企业经营人员的法律意识，提高企业依法治企的能力。

在提高质量方面，贯彻落实指派律师、项目律师和团队负责人多层次审核把关制度，对个别重大疑难的事项，调动全所力量进行研讨，确保提供的法律服务产品合法、优质、高效。律师人员严格按照本所担任企业法律顾问的工作规范以及出具法律意见书、律师函的规程，对其相关资料和文书统一编号、统一登记、统一归档管理。

在维护企业利益方面，律师和律师事务所要向企业郑重承诺：忠于企业，诚信服务，严格保守在工作中知悉的商业秘密和企业领导人的个人隐私。另外，由于中国的法律和司法规范，在解释和应用方面都有空间，律师能够帮助企业在这个空间内，依法争取行为的最大合法化，依法争取企业利益的最大化。但其前提是律师必须遵守职业道德和执业纪律，要在合规的基础上保证企业安全健康经营。切记企业违规的成本，要远远大于违规带来的收益。

四、相互信赖、共同发展

律师事务所与企业，是双向选择、相互需求、合作共赢的关系。受聘律师要把自己当做企业的一员，心系企业，投身企业，认真负责，精耕细作，将法律服务工作渗透和落实到企业的各个流程之中。企业也要重视法律顾问的工作，尤其是企业的主要负责人，要把律师真正当做自己的顾问和助手，主动要求律师参加企业的高层办公会、合同评审会和重大项目洽谈会，及至让律师设计企业的股权结构、章程修订、股东的加入退出或资产分割等重大问题。只有这样，律师才能更多的熟悉企业，亲近企业，并且站在企业的立场上，充分发挥法律顾问的职能,自觉地协助企业进行经营和管理。而所谓相互需求和合作共赢,是企业的发展之路会因此更为通顺和宽广,律师为企业服务的能力也会因此更加丰富和增强;企业、律师和律所能够彼此影响,共同成长。

目前,多数企业的法律顾问工作,仍局限于合同管理和纠纷案件代理等日常事务。但在全球化背景下,企业的法务不再是纯粹的法律工作,涉及的不仅仅是一个行业,也不仅仅是国内问题。在每一个领域都聘请一个资深律师不切实际,故法律业务外包已必不可少,甚至可以以新的商业模式,在电子商务、对外投资、知识产权等新领域,组建专业团队或外聘律师共同完成任务。而对于大型企业,可以借鉴国外的经验,设立总法律顾问,探索将企业合规管理、公司内部审计以及知识产权保护等工作,由总法律顾问统筹协调开展。

律师事务所与企业,都是经济社会的基本单位,而法律服务与经济行业,都有各自的市场。在全球交流日益密切,经济活动成为世界主导,经济关系和经营行为正朝着一体化、自我管理化方向发展的今天,律师事务所和企业都必须对自己的角色重新定位,都需要创新思维方式和转变经营观念,都需要培养队伍和采购人才,都需要在更高层次上进行学习和研发,然后才能向社会和市场提供更加优质和更具竞争力的产品。为此,求是和信律师愿与企业界朋友优势互补,合作共赢,相互信赖,共同发展。

(本文原载《求是和信律师》2010 年第 7 期)

第四章

学 习 交 流

求是和信律师事务所建所以来，一直定期组织学习和相互交流，特别是每年春节之后，都要先用 2～3 天的时间，进行专题集体学习和讨论。本章选录了我在山东求是和信律师事务所的 4 次讲座课件。我认为，一个律师，不仅要了解律师业的发展历程，掌握必需的法学理论和专业技能，还应博览群书，具备丰富的综合知识，尤其是传统文化、自然科学和所在地区的人文历史。同时，向艺术家学习，提高自身的素养和境界，注重积淀与创新，也是非常重要的。这些讲座交流的主要内容，是我平时看书学习的所悟所得，而涉及人物及历史方面的素材，则是从自己的藏书和相关资料中慎重取舍或征引的。

中国律师业的发展历程

中国早在春秋时代，就有了把《刑书》铸在“刑鼎”上的成文法。战国时代，李悝编写的《法经》，是第一部较为系统的刑法典。从大秦律、大清律到《六法全书》，可谓历代都不缺少法律。但中国从春秋战国到晚清之前两千多年的时间里，没有律师，自然也没有律师制度。为什么没有，我想除了封建的宗法制的君权制外，还与孔子有关。孔子的思想确实是伟大的，但伟大的孔子思想也有他的另一面。他说过：“听讼，吾犹人也，必也使无讼乎！”他的这种思想，导致了我们国人根深蒂固的厌诉心理。封建的中国是农业社会、等级社会、礼治社会，社会秩序是靠礼来维持的。礼的原则就是“三纲”（君为臣纲、父为子纲、夫为妻纲）和“五常”（仁、义、礼、智、信）。人们所有的活动都限制在这个固定的模式里，打官司告状的不是好人，帮人打官司的更不是好人，所以就出现不了以代人诉讼为常业的职业群体，就产生不了律师。律师这个称谓，在我们中国，是源于古代讼师，而在晚清修律的时候才从外国传过来的。算起来，中国的律师制度，也只有百年的历史。

一、古代诉讼、晚清修律、北洋和民国律师

1. 辅与坐

中国的古代社会是等级社会。那个时候，社会实行的是特权法，法律规定社会地位不同的人，不能平等地一起到庭参加诉讼。《周礼》记载：“凡命夫命妇不躬坐狱讼。”就是说，凡是大夫以上官职的人和他的妻子，无论告别人还是被别人告，都不必亲自到堂受审，可由家人或下属代为参加。中国在春秋时代就有了这种制度，即辅与坐。有点像但又不

同于现代法律意义上的诉讼代理人制度。

《左传》中记载着一个故事。卫国的君主卫侯与臣子元晅发生纠纷，在晋国审理，因为卫侯与元晅是君臣关系，按理按法不能对簿公堂，所以卫侯就派宁武子、针庄子、士荣代他参加诉讼。宁武子为辅，针庄子为坐，士荣为大士，士荣的任务是担任卫侯的辩护人，结果卫侯败诉了。败诉是要杀头，但卫侯是国君，不能杀，就杀了士荣，并对针庄子处以刖刑（把脚砍下来）。士荣、针庄子是卫侯的代理人，但与现代意义上的代理人有一个重大不同，即不仅代理参加诉讼，还要承担诉讼结果。一个多么可怕的职务。

2. 师爷和讼师

在我国的各个封建朝代，对法律人才的培养，并不是靠学校，而是采取自学和带徒弟的方式。凭科举考试而任职的官员，往往通过长期的工作实践来逐渐熟悉法律，尤其在专管刑事的刑部和大理寺等部门，由于长期从事审判工作而成为正卿、评事、律博士。“律博士”这一官名，开始于汉朝及曹魏，与现代的法学博士一词有些相似，但前者是官职，后者是学位。

各地方的法律人才大致分为两类：刑名师爷和讼师。明清两代，这种法律人才逐渐专业化。刑名师爷相当于司法秘书或司法科长，其属下多是同乡，同时也是他的徒弟，以浙江绍兴人居多。在案件的具体处理方面，地方官往往依靠刑名师爷。徒弟在长期实践中熟悉了司法业务，等有新官上任时，便被介绍给新官到另一地去充当师爷。由于主要采取带徒弟的方式传授法律知识和司法经验，刑名师爷在很多地区一度被浙江绍兴同乡所垄断，“绍兴师爷”遍布全国各省。

春秋末期，除了基于特权法产生的可以直接到庭参加诉讼的代理人外，还有一种帮人写状子、帮人打官司但不被法律承认的人，这种人就是讼师。

提到讼师，我们应该知道一个人，这个人叫邓析（公元前545～501年）。他是春秋时代郑国的大夫，是当时思想界的革命家，是讼师的鼻祖。他坚决反对礼治，主张“事断于法”，自己制定法律，写在竹简上，被称为竹刑。他经常聚众讲学，私家广招门徒，传播法律和诉讼技巧。《吕氏春秋》上有记载：“邓析与民之有狱者约，大狱一衣，小狱襦裤，民之献衣襦裤而学讼者，不可胜数。”邓析不但敢与官府分庭抗礼，而且还直接帮人打官司，他非常擅长辩论，能“操两可之说，设无穷之词”，并能“持之有故，言之成理”，堪称古代诉讼第一人。因为他过于活跃，后来被郑国的执政者所杀。已故的法学家张国华先生曾说：“邓析的活动颇有点古代律师的味道。”

在中国历史上，讼师多是由科举考试落第者、卸任的刑名师爷或自学法律者充任,其职能主要是代写诉状,传授诉讼方法。他们熟悉法律及衙门判例,所以撰写的诉状往往有助于胜诉,他们也因此而取得相应的报酬。与现代律师不同的是,讼师没有官府正式承认的法律地位,既不能像现代律师那样合法地挂牌营业,也无权到公堂上去为当事人辩护。

当然,提到讼师,就涉及讼棍。讼棍是讼师的变种,是指那些讼师中挑唆人兴讼从中牟利,名声不好的人。这种讼棍与讼师是不能相提并论的。

3. 晚清修律

中国封建法律的主要特征是民刑不分,诸法合体,同时司法与行政也不分。在这种情况下,就不可能有司法民主,所以在 19 世纪中叶,一些先进的思想家就提出了变法主张,但当时变法的思想还太超前,不具备条件,也不能被统治者和大众所接受。

1840 年鸦片战争后,外国人开始在中国建租界,并享有领事裁判权。1864 年还获得了在租界设立公审会廨的特权,清政府允许外国律师在中国执业,从此大批洋律师蜂拥而至,独占了中国的律师市场。1901 年,1 名德国律师在青岛开业,同时,青岛德国总督府还公布了《关于律师费用的法令》。他们不但在租界内开办律师业务,还在中国政府内担任法律顾问,甚至代表中国政府参与国际会议谈判,这显然破坏了中国的司法主权。同时,外国资本的侵入,也破坏了中国的自然经济,刺激了中国城市资本主义的发展。中国社会开始需要新的法律,于是修改法律成了历史必然。

1902 年,直隶总督袁世凯、两江总督刘坤一、湖广总督张之洞,联合给清政府上奏了一个从速修订法律的奏折。皇帝很快下了批谕:“现行通商交涉事宜颇多,若将一切现行法律推倒,按照交涉情形,参照各国法律,悉心考订,妥为拟议,务期中外通行,有稗治理。”自此,清廷开始兴办法律学堂,设立修订法律馆,分别进行了翻译西方法典,起草民刑法律、商事法律以及诉讼法律的活动。到辛亥革命前,在形式上基本建立了类似资本主义的法律体系,使古老的中国从法律制度方面与近代世界接上了轨。律师制度也就在这次修律中,正式出现于中国的法律体系之中。

4. 沈家本

沈家本生于 1840 年,卒于 1913 年,浙江吴兴人,光绪年间进士。1901 年至 1911 年,历任刑部侍郎、修订法律大臣、大理院正卿、袁世凯内阁司法大臣。他主持修律期间,修订颁布了《大清刑律》《商人通例》《公司律》《破产律》等一大批重要法律,删除了凌迟、戮尸、缘坐、刺字等残酷刑罚,引入西方民法中的契约自由、平等、所有权绝对原则,刑法中的罪刑法定原则,司法中的公开审判原则与律师制度,在形式上完成了中国封建法律向资本主义法律的过度,成为我国近代法律转型的揭幕人和律师制度的开创者。

1906 年,沈家本拟定了《大清刑事民事诉讼法草案》,第一次对律师制度做了明确规定。该草案中确立的律师制度的主要内容有:(1)允许律师为他人提供法律帮助,出庭参加诉讼。(2)规定在法律学堂考取入格,才能取得律师资格,持有律师文凭,同时,还须二人对其人品进行担保。(3)规定律师执业要发誓保证;不作伪证,不挑诉架讼,不因私利私怨倾陷别人,恪守法律。(4)规定了律师的工作程序。

这个草案后来未实施,但中国从此有了自己的律师制度,人们开始对律师制度和律师有了了解。1910 年,沈家本又分别拟订了《大清民事诉讼法草案》和《大清刑事诉讼法草案》,对律师制度、辩护人的权利做了更为详细的规定,只是这两部法律也未能颁行。今天,他最早为中国律师勾画的蓝图已经实现。他开设的法律学堂毕业近千人,成了培养首批中国律师的摇篮,民国初期的第一批律师大多是从这批学员中产生的。他引进西方法律的做法和治国必依法、法须统一、用法在人的法律思想,在中国近代法律发展史上功不可没。中国的法律界忘不了沈家本,中国律师界更应记住沈家本。沈家本去世后,国人称其为"清代最大的法学家""熔铸中西法律的第一人"。主要著作有《沈寄簃先生遗书》《秋谳须知》《刺字集》《律例偶笺》等。他的曾孙沈厚铎先生,现任教于中国政法大学,从事史学研究。

5. 伍廷芳

说到修律,还要知道一个人,他叫伍廷芳,他不但是修律大臣,而且是中国历史上第一位律师。

伍廷芳生于 1842 年,卒于 1922 年,广东会县人,他出生于新加坡,后定居于广州。13 岁在香港求学,1874 年自费到英国林肯法律学院留学,三年后获法学博士学位,并取得大律师资格。他是第一个取得外国律师资格的人,也是中国历史上的第一位律师。他在英国取得律师资格后,即在香港做律师。他在执业期间,敢于同香港当局针锋相对,坚决保护同胞利益。其中有一个案子:一个英国人喝醉了酒,在街上把一个中国人撞倒在地,英国人不仅不道歉,还凶狠地打死了被撞倒的中国人。当时英国法官想草草了结这个案子,伍廷芳挺身而出,据理力争,迫使法官判了英国人 5 年监禁,并对死者的家属给予巨额赔偿。后来他在李鸿章的幕府中干了十多年,多次参与清政府的外交谈判,历任过驻美国、秘鲁、古巴公使。1902 年他应诏回国,被清政府任命为修律大臣,与沈家本一道在《大清刑事民事法案》中明确提出设立律师制度。中华民国成立后,伍廷芳曾出任临时政府的司法总长，协助孙中山制定过法律法令。其子伍朝枢，也留学英国攻读法律，获得大律师资格，曾任南京政府外交部长，驻美公使。伍廷芳去世后，孙中山为其撰写了墓志及祭文。

6. 北洋律师

1911 年，中国爆发辛亥革命，选举孙中山为临时大总统。1912 年 1 月，中华民国临时政府在南京成立；2 月，清帝退位；3 月，袁世凯就任临时大总统。辛亥革命成立的南京临时政府存在时间仅有 3 个月。1912 年 1 月上海一些留日、留法毕业生首先发起成立了中华民国律师总公会，江苏、浙江等地也出现了自发性的律师团体。

1912 年 4 月，孙中山宣布解职，以袁世凯为首的北洋政府宣告成立。北洋政府时期是中国法律的多产时期。这一时期，不仅制定和颁布了大量刑事法律，还颁布了不少民商法规，有《公司条例》《商人通例》《不动产登记条例》《证券交易所法》等。

1912 年 9 月 16 日，北洋政府颁布了《律师暂行章程》。这是我们应当记住的，因为它是中国历史上第一部律师单行法规。这个章程分为律师资格、律师证书、律师登录、律师名籍、律师职务、律师公会、律师惩戒七章及附则，共 39 条。大体内容是：能取得律师资格的，首先必须是年满 20 岁的男性公民；律师执行职务的区域没有限制；律师惩戒采取诉讼程序进行。随后又公布了《律师登录制度》、《律师惩戒暂行条例》。到 1913 年，北洋政府基本建立了较为完备的近代意义的律师制度体系，律师的地位和作用也被法律和社会所确认。同年 8 月，全国有 1520 名律师获得执照，其中的多数人在日本学习过法律，少数人毕业于本国的法政学校。这一时期，也涌现过一些非常优秀的律师，其中刘崇佑最为典型。他是福州人，清末举人，曾留学日本攻读法律，创立过私立福建法律专门学校，任过北京国会众议院议员，曾为北京、天津的爱国学生做过辩护，名噪一时。在此期间，外国律师仍在中国执业，仅青岛就有日本人开办的 7 家律师事务所。

7. 民国律师

北洋之后的民国时期，律师制度得到全面建立，是中国律师事业真正发展的阶段。

1921 年中华民国律师协会宣告成立。

1927 年，国民党政府颁布了《律师章程》，与北洋时期的《律师暂行章程》相比，有两大变动：一是取消了女子不能当律师的规定，二是律师年龄提高到 22 岁以上。

1928年由上海律师公会发起，中华律师协会会议在上海召开，会议确定律师协会的宗旨是：促进政府修订法律，厉行法纪，维护国家主权，废除不平等条约，撤销领事裁判权，整束律师风纪，砥砺律师品德，提高律师地位，阐扬中华法系，研讨世界法学。

1929年，律师协会召开一届三次协会时，决定成立一个宣传组，宣传收回治外法权，并选举知名律师吴迈谦为宣传主任。这次宣传搞了8个月，宣传队员走遍了大半个中国，堪称中国律师史上的一大壮举。1931年法租界原有的公审会廨撤销，与这次宣传有着直接的关系。

1932年，律师协会成立了"冤狱赔偿委员会"，首次提出了政府对于过误裁判实行国家责任赔偿制度。

1930年至1934年，上海、南京等大城市的律师发展很快，1930年，上海有律师659人，到1934年，上海律师增加到1120人，南京有律师1200余人。从1918年到1933年，东吴大学法学院645名毕业生中，有228名在上海做律师，其中包括9名女性。1934年3月的《晶报》介绍，"海上女律师，如史良、方剑白、罗亮、杨志豪、李彩霞诸女士，颇著称法界"。还有记者报道女律师周文玑在法庭上"辩才敏捷，从容不迫"。

1941年1月11日，国民党政府颁布了《律师法》，这是中国历史上第一部律师法。随后相继公布了《律师法实施细则》《律师惩戒规则》《律师检核办法》。1941年的律师法增加了两个新内容：(1)律师回避制度。当时律师收费高，很多法院工作人员辞职改做律师，甚至成了一个普遍的社会现象，这必然影响到司法公正，因此，律师法中规定，司法人员从离职之日起3年内，不得在曾任职的法院管辖区域内执行律师职务。(2)规定了全国统一的律师收费标准，并规定不许收取"成功酬金"，但实际上未能禁止。总之，到1949年，国民党政府已经建立起了一套比较完备的律师制度体系。

民国时期，中国律师除了在收回法权，维护国家主权的运动中，发挥了不可替代的作用外，在反帝反封建的斗争中还作出了突出贡献。这一时期，产生了很多杰出的律师，他们为民请命，舍身求法，可称为中国律师界的脊梁。

一位是章士钊，湖南长沙人，任过上海《苏报》主笔，北京大学教授，是闻名全国的大律师。他与陈独秀青年时是知交，"五四"之后两人因政治观点不同，曾进行过笔战。1932年10月，陈独秀因"危害民国罪"在上海被捕。章士钊不计前嫌，立即声明义务担任陈独秀的辩护人，时人称他"古道可风"。陈独秀案是当时轰动全国的大案，开庭时，法庭座无虚席，陈独秀的自辩状和章士钊的辩护词都相当精彩，庭后广为流传，在社会上有很大影响。

另一位是沈钧儒，浙江人，清末的进士，东京私立法政大学毕业，中国最早的一批律师之一，1923 年在上海挂牌执业，1931 年被选为上海律师公会负责人。他以敢于主持正义、不畏强暴著称于律师界。他在 1933 年向政府提出了《请立法院即行颁制冤狱赔偿法案》，得到社会的广泛支持。他多次为爱国人士和民主主义者做过辩护，是"七君子案"中的第一被告人。中华人民共和国成立后，担任第一任最高人民法院院长。

还有一位女律师史良，1930 年起在上海执业，是上海律师公会的领导人之一。她是共产党在上海的外围组织"互助总会"的法律顾问，这个组织的主要任务是营救被铺的共产党人，所以世人称其"为政治犯辩护特别热心"。她是"七君子案"中的唯一女性。新中国成立后，被任命为第一任司法部部长。

8. "七君子案"

"七君子案"，是指 1936 年 5 月，沈钧儒、邹韬奋等人在上海成立了全国各界救国联合会，要求国民党政府停止内战，释放政治犯，与红军议和，建立统一的抗日政权。救国联合会的口号是："我们敢宣誓，我们今后仍然站在救亡战线的立场，不躲避、不退却、不放弃立场、不动摇意志，一直到中华民族解放运动达到完全胜利的一天。"这引起了国民党政府的不满。11 月，沈钧儒、邹韬奋、李公朴、沙千里、史良、章乃器、王造时 7 人在上海被捕，时称"七君子案"。这 7 人中，有 4 人是当时的著名律师，即沈钧儒、沙千里、史良、王造时。他们的被捕，引起了社会各界的极大震惊，社会各界纷纷向政府抗议，当时有刘崇佑等 20 名律师为七君子担任辩护人，组成了中国律师历史上前所未有的辩护阵容。1937 年 7 月，七君子获释出狱。"七君子案"是中国律师历史上一次为争取民主与法制而斗争的壮举。七君子及其辩护律师们，以其民族气节和献身的精神，为我们树立了一座丰碑。他们不但是伟大的律师，也是伟大的爱国者，伟大的民主人士。他们是我们行业的前辈，更是我们学习的楷模。

二、新中国律师业的复萌与崛起

1. 复萌

中华人民共和国成立后，国家废除了旧中国的律师制度，取缔了旧律师，开始建立新型的律师制度。当时把律师叫做公诉辩护人。1956 年后，开始照搬苏联的体制，把律师机构改称法律顾问处。到 1956 年年初，全国有 33 个县建立了律师组织，从业律师 158 人。

1956 年，司法部向国务院提出了《关于建立律师工作的请示报告》，要求国家通过立法，正式确定中国的律师制度；3 月，国家授权司法部起草《律师暂行条例》；7 月，国务院颁布了律师收费暂行办法，律师暂行条例也已脱稿。这个条例分5章22条,其中规定了律师的任务、资格条件、律师协会、法律顾问处的组织原则等内容。这期间,我国的律师业有了较大发展,至1956年年底,全国已有法律顾问处754个,执业律师已达2400多名。但是到了1957年,政治压倒了法律,"反右"运动开始,后来"反右"斗争逐步升级扩大,很多律师被打成了"右派",被下放劳动改造,有的甚至被判了刑。律师暂行条例也被打入了"冷宫",新中国的律师制度中断了,这一中断,就是二十多年。

2. 发展与改革

1979年,是一个可以标榜于中国法制史的年度。这一年,停顿了二十年之久的律师制度重新又被重新确立。1980年,律师在中央电视台播放的审判"四人帮"及林彪反党集团的特别法庭上露面。1980年8月26日,全国人大通过了《中华人民共和国律师暂行条例》。从此,律师队伍开始迅速发展壮大。1986年,中华全国律师协会成立。1992年,律师达到4.9万人,1993年增加到6.8万人,1994年扩大到8.3万人,至1997年,就超过了10万人。现在,全国已有律师所1万多家,律师人数超过了12万人。同时,律师队伍的素质也在迅速提高。20世纪80年代初期,许多人是凭着一张行政调令开始做律师的。这些人中,干过律师的是极少数,大部分是行政干部,转业军人,还有些工人。但自90年代之后,一大批具有较高学历的人纷纷投入到律师队伍。这几年,在北京、上海等地,甚至出现了完全由出国留学归来的硕士、博士生组建的律师所。律师制度恢复之初,一个律师所的年收入只有几百元,甚至几十元,现在很多律师所超过了千万元,北京、上海的个别所收费已过亿元。20世纪80年代,律师所谈不上规模,办公条件普遍简陋,而现在,北京、上海、广东、浙江、南京、青岛等地,不少律师事务所已经具有较大的规模,其软件和硬件水平已达到或接近国际先进水平。

恢复律师制度二十多年来,律师制度一直在不断地进行改革,也在改革中不断地前进。20世纪80年代中期,律师机构都是国家设立的,人、财、物由同级司法行政机关掌管。1983年司法部召开六省一县律师体制改革座谈会,提出法律顾问处可进行承包责任制度试点。1984年,又提出法律顾问处收入大于支出的,可以实行自收自支、结余留用或分成的办法。1986年,司法部开始实行律师资格考试制度。1988年,全国实行统一考试。1986年6月,司法部下发了《合作制律师事务所试点方案》,即3名以上专职律师按照自愿结合的原则,经主管机关审批,可以组建律师事务所。这样的律师所不占国家编制,不要国家经费,人员实行合同制,财务实行独立核算,自负盈亏,管理上拥有人、财、物的充分自主权。这显然超出了律师暂行条例的框架,打破了国家包办律师事务的局面。

1993 年,国务院办公厅批复了司法部《关于深化律师改革的方案》,允许律师辞去公职,进行合伙律师所试点。1995 年,合伙律师事务所已在全国普遍建立。1995 年 7 月,第三次全国律师代表大会修改了《中华全国律师协会章程》,强化了律师协会的行业管理职能,初步确立了司法行政机关宏观指导下的律师协会行业管理体制。1996 年 5 月 15 日,全国人大通过了《中华人民共和国律师法》,建立了具有中国特色的律师制度。

从 1990 年之后,中国的法律服务市场大胆地对外国开放,中国的律师也开始走向世界。1992 年以来,来自美国、英国、日本、澳大利亚、新加坡、德国、加拿大、中国香港等国家及地区的 100 家律师所在中国境内设立办事处。1993 年 7 月,北京君合律师所纽约分所在美国挂牌执业,拉开了中国律师走向世界的序幕。而后深圳信达所、北京经纬所、天达所、信利所、黑龙江黑河所也分别到美国、新加坡、日本、俄罗斯设立了分支机构。同年,上海段和段律师所在激烈的竞争中,领先于数家世界著名的国外律师所,一举中标代理美国商务部委托的案件。1995 年,司法部向社会推出了全国十佳律师。1996 年,《律师法》出台,律师的身份由国家法律工作者改为依法取得律师证书,为社会提供法律服务的执业人员,从法律上解决了律师执业的社会化身份。同时,合伙制律师事务所在全国大面积推开。1998 年 6 月,司法部批准组建了国浩律师集团事务所。1999 年,国务院办公厅下发了《关于清理整顿经济鉴证类社会中介机构的通知》,确定以律师为平台,归类其他法律服务中介机构。2000 年,全国普遍进行了国办律师事务所的脱钩改制,实现了律师职业的非公职化和社会化。与此同时,律师队伍开始了大规模的调整组合,很多律师事务所开始合并、重组,向着规模化、专业化、产业化方向发展。

3. 当代中国律师的优秀代表

20 多年来,当代中国律师为中国的改革开放、为中国的法制建设作出了显著的贡献,发挥了突出的作用。一些优秀的律师,也展现了他们非凡的职业风采。

(1)高宗泽,第四届、第五届全国律师协会会长,北京信利律师所主任。他办案的原则是国家利益高于一切。他办理的一起著名大案,是衡水农行 100 亿美元诈骗案。1993 年 4 月,一家名为联合亚州的北美洲公司骗取了中国农业银行衡水分行发出的 200 张信用证,总价值 100 亿美元。他们把这些一年期备用信用证非法带出中国,后来带到了伦敦,交到了柏克莱银行,这伙骗子准备拿着柏克莱银行开出的信用证,再向其他银行大额借贷。由于金额太大,银行起了疑心,在负责中国业务的英国律师马克艾贝尔的建议下,通知了中国,并向英国报案。高宗泽律师受理此案,向英国法院递交了法律意见书。法律意见书的内容为:第一,这批信用证是国际诈骗集团成员用不正当手段取得的,因而是非法的;第二,信用证的开具超出了中国农业银行的授权范围,因而是无效的;第三,信用证的开出地点和议付地点都是中国,因此,应适用中国的法律。最后英国高等法院接受了中方的要求,上午开庭,下午信用证就回到了中国驻英大使馆。这个案子,高宗泽及其所在的律师所没有收费,但在全国却带来了很大影响。

(2)王工,1988 年全国七届人大代表中,有 4 名律师,王工是其中之一。那年 4 月,在七届全国人大第一次会议上,当大会主席习仲勋照例询问了一句哪位代表对《政府工作报告》还有意见时,王工律师当即表示:“我要发言!”他接着说:“各位代表,请允许我遵循选民意愿,先对政府报告的决议讲几点:第一,一手抓改革和建设,一手抓法制。按照《中华人民共和国宪法》产生的中央和地方政府,要做带头宣传宪法、遵守宪法、保证宪法实施,建设社会主义民主政治的模范。要带头做反对腐败、奢侈,厉行勤俭、廉洁,建设社会主义精神文明的典范……”

1991 年 4 月,七届人大召开第四次会议,审议民事诉讼法草案,其中第 63 条的内容为:律师有伪造证据、行贿受贿、泄露查阅的涉及国家的秘密、商业秘密的材料的,予以纪律处分、拘留,情节严重构成犯罪的,依法追究刑事责任。当时王工的意见是删除第 63 条。理由是:第 63 条的内容属于实体法,不应放在程序法中规定;对律师的限制条文可以写进律师法,民事诉讼法可以不要这方面的内容;民事诉讼法是程序法,它规定的是人民法院审理民事案件的操作程序;我国律师制度建立不长,不少打击迫害律师的案件没有得到处理,如果不删去这一条,将不利于律师制度的健全和发展。王工的意见得到了香港律师王瑶珠等人的支持,司法部也及时向全国人大提出了紧急报告,这一条最终被删除了。

(3)田文昌,北京京都律师事务所主任,曾任中国政法大学教师,擅长刑事业务,被称为学院派律师。

1990 年 5 月,禹作敏指使手下的人,乱棍打死了大邱庄的刘玉田老汉,刘玉田的儿子刘金会在他人的引荐下,偷偷地跑到了北京,找到了田文昌,说大邱庄是“法西斯集中营”,禹作敏是“南霸天”。把他父亲是怎样被殴打致死的经过告诉了田文昌,要求田文昌帮他申冤,帮他告禹作敏。虽然告禹作敏可能有风险,但田文昌经过 3 年的努力,终于把禹作敏送上了审判台。

其他优秀律师还有老律师张思之,福建的律师张斌生等。

三、与同人共勉

其一，纵观历史，中国律师业从无到有，从小到大，从弱到强，说明中国需要律师。中国的律师制度虽然只有百年，且尚有缺陷，行程也很艰难，但它的起点并不低，发展并不慢。很多杰出的行业先辈为我们奠定了基础，许多优秀的同人为我们作出了榜样。我们中的多数人在参加工作时，或许还有过其他考虑，其他选择，最终从事了律师职业，可以说是不错的。相对而言，律师的灵魂较独立，身心较自由，在实现自我价值方面，更多的是靠个人的才能和努力。律师职业，不仅有其本质属性，更具有其他行业不具有的特殊性，没有任何一种职业像律师一样与政治、经济、科学、法律以及社会生活的各个方面有着密切而直接的联系。作为律师，能够扶助弱小，主持公道，帮人化解纷争，排忧解难；能够维护企业合法权益，预防法律风险；还能够协助法院实现司法公正，影响和促进国家的法制进程。所以律师其任之重，其业之崇，并不同于一般的商贩，徒以营利为目的；也不像古代的讼师，专以刀笔为能事。律师每办一个案子，每解答一个咨询，每出具一件文书，都有着实实在在的目的和意义，那就是为维护当事人的合法权益而工作，为创建一个比较文明有序的国家而努力。因此，我们从事律师职业，可以有一点幸运感、光荣感和使命感，可以为之奋斗一生。

其二，做律师虽然有意义，但做律师并不容易，要想做个好律师，就必须具备应有的素质。我个人认为，做律师应主要把握好三个方面。一要从做人处下手。所谓做人，主要是诚实正直，可以说，没有什么东西比一个律师的诚实和正直更能引起法官、同行和当事人的信任。同时，律师执业必然要和钱财打交道，我们应当做到君子爱财，取之有道，若非道义可得者，则不受之。只有这样，才能心安理得，日进日刚；否则，不觉坠入污流，必会玷污律师名声，必有被人看不起的一天。二要有专业知识和综合能力。我想强调的是，现在的律师业务与传统的律师业务有很大的区别，参与诉讼，在法庭上活动，只是律师的职能之一；而律师最大的优势，最大的活动空间，是用他的法律知识和实践活动，为当事人提供多方位的法律服务。我们都应当具备这种能力，而具备了这种能力，就能赢得地位，赢得尊重，赢得成功。三要有现代法治理念。在以儒家伦理为核心的中国传统法律文化中，封建的宗法观念、人治观念、重义务轻权利观念、礼教等级特权及官本位观念，都是中国走向现代国家的绊脚石，我们作为律师，要充分认识这些观念的不良影响，对其持批判扬弃的态度。

其三，年轻律师要坚定信心，自强不息。我们所 35 岁以下的律师占 65%，这真是一笔宝贵的财富。你们都接受过系统的法学教育，具有现代法治理念，具有民主、自由和开放的思想。在你们身上，充满着青春朝气，充满着智慧活力,代表着我们所里的希望和未来。你们不必急躁,但也不能懈怠。天道酬勤,十年磨一剑,博观而约取,厚积而薄发。希望你们明确目标,相互激励,大干快上,奋发有为,让青春的生命展放出绚烂的光辉。

各位同事,我们都是求是和信这个大家庭的成员。客观地讲,潍坊律师界能有一个求是和信不容易,现在的求是和信已经形成规模,具备了一定实力,她作为一个省级文明律师所还是名副其实的。一个律师,能在这样一个机构里执业是很难得的。为此,我们大家都应当珍惜。愿我们相互团结,一起努力,携手同行,与时俱进,共同去创造中国律师的美好明天,共同去建设好求是和信这个大家庭。

(本文原载《求是和信律师》2003 年第 1 期)

生存　境界　思维

（2006年7月在山东求是和信律师事务所集体学习时交流的读书体会。）

古人说过，胸藏文墨虚若谷，腹有诗书气自华。但谈到读书，就有缺憾。像我这个年龄段的人，在看书学习方面，大多先天不足。因为从小学到高中，适遇“文化大革命”，教育失常，课本之外的书看得很少。而想看书的时候，国家正开展批林批孔运动，讲阶级斗争，讲无产阶级专政下继续革命，能看到、买到的书主要是政治性的，如《共产党宣言》《哥达纲领批判》《国家与革命》《毛泽东选集》和鲁迅杂文等。当然，这些都是伟人的经典之作，但那时自己不到二十岁，文化基础不完全，尤其是不了解历史，不了解社会，看过这些书之后，等于是对社会的理想，预先存下了偏见，导致后来为纠正偏见而付出过代价。因此，我有一个体会，就是一个人在太年轻的时候，最好不要过多地看政治书籍。下面，向大家介绍3本书，并汇报一下自己的读后感。

一、《鲁滨逊飘流记》

1704年，有个名叫塞尔柯克的苏格兰水手，被船长遗弃在距智利海岸约500海里的荒岛上，他在那里与世完全隔绝，独自生活了四年多后被一个航海家发现，并于1711年把他带回英国。这件真人真事，当时在社会上引起了很大的反响，从来没有写过小说的笛福从这件事中得到了很大的启发，在1719年创作完成了长篇小说《鲁滨逊飘流记》。由于这部作品很有特色，因而成了世界名著。

小说可以分三部分：第一部分是鲁滨逊3次航海，在巴西买了种植园;第二部分写鲁滨逊在荒岛上的经历,是小说的主体;第三部分叙述鲁滨逊从荒岛上回来以后的事情。基本内容是:鲁滨逊出身于一个英国中产阶级家庭。他父亲希望他在家乡靠自己的勤勉挣一份家产,过一辈子安定生活,但鲁滨逊渴望航海,不安心待在家里。他在第四次出海时,船在南美洲海岸一个荒岛的附近触礁,船身破裂,水手和其他乘客全部淹死,唯有鲁滨逊幸存。海浪把他卷上了小岛,小岛上荒无人烟,也没有猛兽,他在岛上开始了长达 28 年的生活。

他做了一只木筏子,先把沉船上的食物、帆布、枪支、弹药、淡水、酒、书等物资运到岛上。他用帆布在小岛上搭起帐篷,用高高的尖木桩围起来,作为栖身之处,并把从船上运来的东西放在这里,开始靠船上剩下的食物生活。

他在船上的物资中发现了墨水、纸和笔,就开始记日记。帐篷后面有个小山洞,他用了几个月的工夫,把山洞扩大,支上木桩,作为住所。他用简单的工具,做了桌子、椅子、书架等家具,又在岛的另一边盖了一所茅屋,还猎取野禽和小动物作为食物,并把多余的食物贮藏起来备用。另外,他还找到了几条小河,解决了吃水问题。

后来,他从船上的物资中发现了一点麦种和稻种,在岛上试种成功,并学会了制作面包。他捕捉并驯养山羊作为肉食,还养了一些鹦鹉作伴,并做了更好的家具,改善了他的生活条件。虽然除了他自己和他所养的山羊和鹦鹉之外,他没看见过岛上还有其他动物,但是,他仍然非常小心,时刻警惕有人侵犯。

若干年后,发生了意外。一天夜里,鲁滨逊发现有些野蛮人从另一岛屿划船过来,按照他们吃人部落的习惯,把抓来的俘虏杀死吃掉。他因此非常害怕,生怕那些野蛮人把他也吃掉。正在这时,他偶然发现了一个十分隐蔽深幽的岩洞,便把它建成了自己的藏身之所。这样又过了许久,他在岛上已经度过了 23 个年头。后来,岛上真的来了一群吃人的野人,当他们正准备把带来的俘虏杀死的时候,有个俘虏向鲁滨逊跑来,鲁滨逊开枪打死了几个追赶的野人,救了这个俘虏,那天正是星期五,他就给这个俘虏起名叫星期五。

不到一年,鲁滨逊教会了星期五说英语,并使星期五成了他忠实的仆人和朋友。后来他们两人造了一只独木舟。当另一群生番带着更多的俘虏来到岛上的时候,鲁滨逊救出了星期五的父亲和一个西班牙人。再后来,有一只英国船在附近海岸抛锚,船长和另外两人被船上闹事的水手抛弃在岸上。鲁滨逊带领星期五帮助船长夺回了船只,自己也终于得到了离开孤岛的机会。于是,鲁滨逊在离家 35 年之后回到了英国,最终在英国结婚并有了 3 个孩子。

这本书对我的教育主要有一点,而这一点是很基本、很实在的,这就是一个人要想在这个社会上生存下去,就必须坚定而有毅力。鲁滨逊这个典型人物的最大特点,就是坚毅并且爱劳动。他一个人飘泊到岛上,孤苦无依,困难重重,但他性格坚强,不怕困难,凭一个人的力气,把两手搬得动的东西统统从沉船上搬运到岛上。他没有助手,工具不全,缺乏经验,所以做任何事情都要花费很大的气力或好长的时间,如做一块木板用了 42 天。他做的许多事情都是白费了时间和力气、没有成功,但他从来不灰心失望。他用半年的时间做了一个独木舟,做成之后却发现要挖条河把它放到海里要用 12 年的工夫,于是只好放弃它。但他接受了教训,在入海较方便的地方伐倒大树另造一只,前后花了两年时间才有船用。他偶然发现了一点稻种和麦种,播种了一些,但种的不是时候,毫无收成。于是重新再种,终于成功。他最后有船用,有面包吃,有陶器用,有种植园,有牧场,有两处住所。这些没有一件不是费了很多力气,克服了许多困难才得来的。他对任何事情都不灰心,因此也就不厌烦劳动。他与自然进行了顽强的斗争,从而改变了自己的处境,他的一切建树都是凭自己的毅力和劳动完成的。

大家知道,小说只是一种叙事性的、反映社会生活的文学体裁,它反映的并不一定是真实的生活。我们明白,鲁滨逊这个人物不是真实的,但作者用非常具体的事件和细节给我们造成了很强的真实感,我们觉得在那种环境里鲁滨逊的行为都是有理由的,都是可能的。现实生活中,有些真人真事会吸引我们,当时我们注意了,也了解了,但过后不久就忘了,那是因为那种真人真事没有什么值得深思的。鲁滨逊的故事虽然不完全是真事,但它却有引人思考的地方。有人评论说,《鲁滨逊飘流记》是作者自己一生经历的寓言,这未必是恰当的,但这部作品确实与作者笛福的生活和思想密切相关。笛福本人是一个实业家,也是一个活动家。他经营商业屡次失败,但又屡次开始,直到老年还不死心。他参加过的报刊不下四五种,他写的文章达到了惊人的数目,他活了 71 岁,《鲁滨逊飘流记》是他在 59 岁时写成的。他的一生正处在资本主义原始积累时期,他认为勤勉、劳动的最终目的是创造私人占有的财富。他塑造的鲁滨逊就是一个靠自己的劳动经营海外贸易、经营种植园,最后改变了荒岛、占有了荒岛的中小资产阶级英雄人物。而这个人物和笛福本人遵循的都是行动的哲学,不怕困难的哲学,通过劳动创造财富并占有财富的哲学。这种哲学可以让我们进一步认识到:劳动,是人类区别于其他动物的本质特征,劳动,是人类社会存在和发展的基本条件。人要生存,就必须劳动,就要坚毅,这是最基本的道理。

这本书里有这样一句话:“一个人只是呆呆地坐着,空想自己得不到的东西,是没有用的。”这个真理,鼓励振作过鲁滨逊,也是作者笛福的基本思想,愿这句话对大家都有所帮助。

二、《平凡的世界》

《平凡的世界》,是路遥在1982年至1988年创作完成的。这部作品共3部6卷100万字,全景式地反映了中国从1975年到1985年10年间城乡生活的巨大变迁。书中人物近百个,有学生、农民、老师、村干部、乡县干部、地市级官员、省部级高官,还有诗人、作家、记者、司机、包工头、打工者、煤矿工人等。

作品的结构是先从人物和地域开始的。从一个人写到一个家庭,一个群体,然后是人与人、家庭与家庭、群体与群体的纵横交叉。从一个中学写到一个村再写到一个乡,一个县,一个地区,一个煤矿,最后写到省城及至中央,最终形成了一个相互联系的人物大网和地域大网。在这个大网中,主要有3条线:一条线是孙少平,一个二十多岁的青年,高中毕业后,回到自己的家乡双水村,做过农民,当过一段民办教师,参加高考落榜,最后独自出来闯荡,干过卖苦力的建筑工地的临时工,最后成为煤矿工人,在人品、性格、能力等方面都很优秀的人。另一条线是孙少安,他是孙少平的哥哥,是双水村勤劳、能干、脱贫致富的农民代表。还有一条线是田福军,一个20世纪50年代从北京农学院毕业,"文化大革命"后期任县革委会副主任,十一届三中全会后担任县委书记、地委书记、省委常委兼省城市委书记的改革人物。这三条线分别有自己的方向,孙少平、孙少安是近景,田福军是远景,但有时又混合在一起,远近交叉,而孙少平这条线处在中心位置。

这本书我看了两遍,它对我的影响是深刻的、连续的,可以说也是长久的。

路遥在作品中,重点描述了生活在社会底层的人。生活的艰辛,沉重的负担,时刻压着他们,但却改变不了他们诚实、善良、坚韧的品格。书中对生活、对人性的赞美让人感动。尤其是主人公孙少平吃苦耐劳、待人处事的高尚品格,给人留下深刻的印象;孙少安的为人、勤劳、创业和奋斗精神;田福军心系民众,积极改革的为官之道;还有农民金俊武,孙少平的同学田晓霞、金波、田润生、贺红梅;孙少平的父亲孙玉厚、姐姐孙兰花、妹妹孙兰香、嫂子贺有莲;司机李向前和他的妻子田润叶;以及煤矿工人王进才,王进才的妻子惠英等,都有让人感动的地方。

中国有句古话,叫做"读其书想见其为人"。这本书读完一遍后,我有了想了解作者路遥的愿望。当时认为,在现代和当代中国文学史上,有分量、有价值的作品虽然不少,但真正能全面而深刻地反映某一阶段、某一时期有重大影响的作品还是屈指可数。茅盾的《子夜》,反映了20世纪30年代初期中国政治、经济的社会面貌和民族工业发展的历史命运;老舍的《四世同堂》,反映了抗日期间国人的表现和觉醒;巍巍的《东方》,比较全面地描述了抗美援朝的大场景;柳青的《创业史》,描写了新中国成立初期农民办互助组走合作化道路的情形,但作品中的人物和场景仅限于一村一乡;“文化大革命”后,柯云路的系列作品《新星》、《夜与昼》和《衰与荣》写得很深刻,很大气,反映了20世纪80年代之后民众思想、行为的巨大改变;陈忠实的《白鹿原》,站在时代的、民族的、特别是文化的高度审视历史,描写了白、鹿两大家族的恩怨纷争,反映了渭河平原50多年的历史变迁。而路遥的《平凡的世界》,却反映了十一届三中全会前后整整10年间中国社会的真实巨变。路遥是怎样一个人,他为什么要写这样一部作品,为什么能写出这样一部作品,这是我在读完这部作品之后首先想到的问题。后来,寻找相关资料,大体了解了路遥的生平。

路遥,原名王卫国,1949年生于陕西省清涧县王家堡村。他兄妹8个,家庭生活十分艰难。在他8岁的时候,过继到了住在延川县郭家沟村的大伯家。大伯没有子女,过继给别人做儿子,在陕北被称做“顶门”。

1957年,路遥开始上学。1966年夏季,参加陕西省初中升中专的考试,考取了西安石油化工学校,但因“文化大革命”的开始而落空。“文化大革命”初期,他是延川中学“红四野”造反派的首领,曾以群众代表身份结合为延川县革命委员会副主任(后被免职)。1968年年底,延川县的“老三届”学生全部下乡,路遥回村当了民办教师,1969年11月加入中国共产党。稍后,他被借调到县通讯组,开始了文学创作。

1970年,他写了一首《车过南京桥》的小诗,署名“缨依红”,有人建议他换个名字,他想了想,就把笔名改成了“路遥”。

1973年,路遥被推荐到延安大学中文系学习。在这所由革命和时代孕育的大学里,他发奋读书,开阔了视野,获取了系统的营养,明确了从事文学创作的人生目标。1976年毕业后,先后在陕西省文艺创作研究室主办的《陕西文艺》和省作协主办的《延河》杂志任编辑。1982年转为专业作家。1985年当选为作协陕西分会副会长。1992年11月病逝,享年仅43岁。他的妻子是插队到延川的北京知青林达(笔名程远),有一个女儿叫路远,是取父母笔名中各一字合成的。

1979年,他的作品《惊心动魄的一幕》获《当代》文学荣誉奖和全国首届优秀中篇小说奖。1981年,《风雪腊梅》获《鸭绿江》文学奖。1982年,《在困难的日子里》获《当代》小说奖。1983年,《人生》获第二届全国优秀中篇小说奖。1991年,《平凡的世界》获第三届茅盾文学奖。

贫穷、苦难和挫折,是谁也不愿意去接受的,但经受过的人,身上会有许多美好的东西,也是一笔难得的财富。路遥出生于贫穷的农村,经历过人生的多种苦难和挫折。他了解农民,对农村和农民怀有深沉的感情,对“城乡交叉地带”的生活和生存在城市里的“农裔”,有着非常深刻的理解。他笔下的人物,都带有那个年代的真实感。甚或《人生》中的高加林,《在困难的日子里》的马建强,《平凡的世界》中的孙少平,就有他本人和他的三弟王天乐的影子。

路遥病逝后,引起了全国广大读者和社会各界人士的很大震动和深切悼念。在路遥隆重而高规格的告别仪式上,陈忠实对路遥的一生作出了深刻而高度的概括。3 年后,路遥的骨灰被安葬在延安大学校园的后山上。

在了解了这些之后,我开始读第二遍。当时,自己是想从作品的艺术性、思想性上去欣赏路遥的创作,但读完之后,引起我思考的却是作者的思想和境界。《平凡的世界》不仅赞美了人性,赞美了劳动,而且肯定了改革,赞美了改革。20 世纪 80 年代中期是绝大多数人对社会变革心存疑虑、充满困惑的时候,路遥何以如此坚定、如此明确的肯定变革?我想他在写这部作品的时候,或者在这之前一定会有过非常深刻的思考,而能够写出这样的长篇大作,也一定付出过相当非凡的毅力和心血。路遥是怎样写出这样的作品的,为什么他会有如此的大手笔?这个问题一直让我想了好几年。5 年前,我偶然买到了路遥的一本散文集,里面有他的一篇关于《平凡的世界》的创作随笔,题目叫《早晨从中午开始》,读了这篇随笔,我当时的感觉是心灵受到了震撼!我从中了解了路遥当年构思、创作《平凡的世界》的一些情况,也进一步加深了自己对路遥本人的认识和崇敬。可以说,影响我的不仅是《平凡的世界》这本书,还有路遥这个人,而且路遥本人对我的影响更大、更深刻、更长远一些。主要的影响有以下几点:

(1)路遥在他的一生中,始终有着炽热地追求光明、追求美好的愿望。他在这个社会上,没有沉默,没有抱怨,也没有呻吟,而是挤在同代人之间又高瞻于同代人之上,向整个社会和整个世界,提示了中国这块古老土地上的广大人民的心灵及其期待,因而获得了读者的信赖,也走进了人民的心中。

(2)路遥热切地关注生活演变的艰难进程,热切地关注我们民族改革复兴的历史巨变,以及在这个过程中产生的巨大的痛苦和巨大的欢乐。他不在乎个人的幸与不幸、得了和失了,而是在乎广大劳动人民尤其是广大农民的幸与悲、得与失。这是一个作为深刻而丰富的作家路遥与平庸文人的最本质的区别,正是这一点,他才成了具有独立思维和独立艺术风格的路遥。

(3)路遥的精神世界,是由普通劳动者构建的“平凡的世界”。他在随笔中写道:“生活是劳动人民创造的,只有成为他们当中的一员,才可能使自己有一定的价值。”“写小说也是劳动,这种劳动并不比农民在土地上耕作高贵多少,它需要的仍然是赤诚而质朴的品质和苦熬苦累的精神。”“人可以亏人,土地不会亏人,劳动不会亏人”。这些就是他的基本人生观点。在中国当代作家中,他最能理解这个平凡的世界里的平凡的人们,最能理解这些平凡的人们对中国意味着什么。他的才智集合了作家的精华;他的精神一次次地裂变,又一次一次地升华;他的情感是与广大劳动人民无法剥离的血肉情感。这样,我们才能理解长篇小说《平凡的世界》里那些深刻的动人心魄的真心真情。他在创作中,没有随意的解释,没有娇气的描写。这是作为有独立世界观、能理智表达的路遥让别人难以仿效的地方。

(4)路遥从中国西北一个贫穷的山村走出来,为中国当代文化创造了灿烂的篇章。他是中国当代作家中,相当出色、相当杰出的一个。就生命的历程而言,路遥是短暂的;就生命的质量而言,路遥是辉煌的。一个只活了43岁的人能在短暂的岁月中创造出如此高质量的生命,路遥是无愧的,也是光荣的。

(5)路遥的人生和《平凡的世界》里的人们给了我们启迪:我们这个民族潜存的进取精神和强大的创造力是十分伟大的。路遥形成的开阔宏大的视野,深沉而睿智的穿射历史与现实的思想,成就大事业的气魄,为了实现目标而特有的坚韧意志和艰苦卓越的耐力,都充分显示了我们这个民族最优秀的品质。

以上影响,还让我进一步加深了原有的认识和感想:文学作品的价值与内容,是和作家的品格与胸襟密切相关的;而人品、能力、学识和毅力,则是人生成功的四大要素。路遥具备了这些要素,因而获得了成功。但路遥能够创作完成《平凡的世界》,还有一种特别的因素,那就是他有一种大痛苦、大思想之后的大境界,这是他与常人不同的地方,也是我们最需要学习的地方。

我个人理解,路遥这种大境界里面至少包含了这样的内容:一是他把自己看做劳动人民当中的普通一员,并不把自己看成一个多么高贵的人物,而且能深刻地认识到一个人在这个世界上的卑微和无奈。二是他热爱祖国、热爱人民、热爱故土、热爱人生,能把自己的职业与祖国紧紧相连,能将自己的苦乐与人民休戚与共,表现在生命上,有一种坚定的信仰和追求,而追求的目标不是金钱,也不是权力,而是超越了自身利益的一种特别的东西。这种东西受一种理论的指导,能自我领会,并对自己产生动力。三是这种境界的内涵十分丰富,内心很激越,又很坦然。当意识到自己的工作与千万万人相关的时候,内心充满责任感和使命感,因而有一种即使在努力中随时倒下、突然死去也义无反顾的精神。

1988年3月,《平凡的世界》在中央人民广播电台“长篇连播”节目中播出,此前录制的路遥的原声通过电波回荡在无数听众的耳畔:“我个人认为这个世界是属于普通人的世界,普通人的世界当然是一个平凡的世界,但也永远是一个伟大的世界。我呢,作为这个世界里一名普通劳动者,将永远把普通人的世界当做我创作的一个神圣的上帝……"《平凡的世界》后记中还有一段话:"所有人的生命历程在人类历史长河中,都是一个小小段落。因此,每一代人都有自己命中注定的遗憾。唯一能欣慰的是,我们曾真诚而充满激情地在这个世界上生活过,竭尽全力地劳动过,并不计代价地将自己的血汗献给了不死的人类之树。"《平凡的世界》写的那些人是这样的人,路遥是这样的人,我们大家也是这样的人,愿我们大家记住这段话,并继续做这样的人。

三、《场》

场,指物理场。这个概念是在一个多世纪以前产生的。1976 年,苏联科学家 B. N. 雷德尼克写了这本书,在书中阐述了这一极其卓越而深刻的物理思想的产生和发展。这本书只有 11 万字,是科学普及出版社在 1981 年出版的。书中讲了 9 个问题:即运动问题、相互作用问题、发光以太、电以太、以太的衰落、场和相对性、场量子、粒子、场和物质。作者在讲述以上问题中,涉及 37 位伟大的人物及其他们对于物理场的影响,以下简介其中 10 位。

(1)亚里士多德,公元前 300 多年前古希腊思想家、科学家,他创立了形式逻辑学,是一名伟大的、百科全书式的科学家。

(2)伽利略,17 世纪意大利伟大的科学家,他的贡献在力学方面。他发现了落体运动规律、惯性定律和摆的振动规律,其中他证明了除去空气对物体的阻力,重物体和轻物体下落的速度是相同的。

(3)笛卡尔,17 世纪法国著名的科学家、数学家,解析几何的创始人,他用机械原理解释宇宙万物,并强调数学原理在科学中的应用。

(4)牛顿,大家熟悉的、有史以来最伟大最有影响力的科学家,他在前人工作的基础上,通过大量观察实验,总结出了成为经典力学基础的牛顿运动定律和万有引力定律,牛顿运动定律包含物体运动的三大定律,即第一定律,惯性定律:一物体若不受外力,那么它保持原有的运动状态不变;第二定律,力和运动的关系定律,物体的加速度跟作用力成正比,跟物体的质量成反比,加速度的方向跟作用力的方向相同($F = ma$);第三定律,作用与反作用定律,物体甲对物体乙施以力,则同时物体乙对甲也有反作用力,二力大小相同,方向相反,并作用在同一直线上。而万有引力定律,则是指存在于任何物体之间的相互吸引力,其大小和它们的质量的乘积成正比,而和它们距离的平方成反比。

(5)欧勒,18 世纪瑞士著名的数学家和物理学家,他把牛顿定律应用到流体力学,推出了流体力学方程式。他还通过数学分析解决了三体问题,即太阳、月亮和地球在相互引力下如何运动的问题。

(6)法拉第,19 世纪英国才华横溢的物理学家、化学家,他把磁力线和电力线这一重要思想引入了物理学中,发明了世界上第一台发动机。他发现一块磁铁通过一个封闭的线圈时,磁铁的移动会在线圈中产生电流,这种效应被称做电磁感应。

(7)麦克斯韦,英国物理学家,他创立了一组有 4 个方程式表达电磁间基本定律的方程组,世称麦克斯韦方程。这个方程在过去的一个多世纪里被广泛应用到基础科学和应用科学。他通常被认为是牛顿和爱因斯坦之间最伟大的理论物理学家。

(8)爱因斯坦,法国犹太人,他最为知名的成就是相对论,即 1905 年形成的狭义相对论和 1915 年形成的广义相对论。相对论是极难理解的理论,但被看成比牛顿的理论更正确的理论。这一理论揭示了空间和时间的辩证关系,加深了人们对物质和运动的认识。他的贡献还包括光电效应和受激辐射的理论。爱因斯坦是 1921 年的诺贝尔物理学奖获得者。他被世人称做 20 世纪最伟大的科学家和有史以来最卓越的知识分子。

(9)普朗克,法国物理学家,他因提出量子假说而获 1918 年诺贝尔物理学奖,爱因斯坦就是运用他的理论解释了光电效应,波尔把这一理论用到了原子结构理论中。被普遍认为是量子力学之父。

(10)海森堡,法国物理学家,1932 年的诺贝尔物理学奖获得者,他在创建量子力学理论方面作用重大,他有一个著名的成果叫“测不准原理”。

1992 年,美国物理学家麦克·哈特再版过一本书——《影响人类历史进程的 100 名人排行榜》,在上述 10 人中,亚里士多德被排在 13 位,伽利略居第 12 位,笛卡尔居第 49 位,牛顿居第 2 位,欧勒居第 77 位,法拉第居 23 位,麦克斯韦居第 24 位,爱因斯坦居第 10 位,普朗克居第 59 位,海森堡居第 46 位。

《场》对我的教育主要有 3 点:

(1)智慧和学术对人类的影响,远比权力与统治持久。科学的进步,对我们生存的这个世界的影响是最大的。在世界 100 名人排行榜中,前 5 名是:穆罕默德、牛顿、耶稣基督、释迦牟尼和孔子。除牛顿外,其他 4 人为宗教领袖或哲学家。在全部的 100 个名人中,有政治、军事领袖 31 人,科学家和发明家最多,为 36 人。这说明了科学的重要。事实上,正是由于科学的兴起,人类的生活才发生了革命性的变化。外国是这样,中国也是这样,现代生活更是科学发展的结果。前面提到牛顿,再用他来说明这一点。

17 世纪中叶,是一个孕育伟大科学家的时代。一些哲学家、科学家(如培根、笛卡尔)极力呼吁全欧洲科学家停止对亚里士多德权威的依赖,而依靠科学的实验和观测。但那时人们还没有建立起一套能够用来进行科学观测的理论。正是牛顿提供了这样一套统一的理论,使现代科学走上了一条一直遵循的路线。

牛顿公布的第一项发现是光,他发现普通的白光实际上是构成彩虹的所有颜色的混合光。他仔细分析了光的反射和折射定律,制造了第一架反射式望远镜,现在大多数天文观测使用的还是这种望远镜。

牛顿对数学的突出贡献是发明了微积分。微积分是科学的"种子",大多数现代数学理论是由它生长繁育出来的。它更是至关重要的工具,没有它,大多数现代科学进步就不可能实现得这样快。

当然,牛顿最重要的发现是在力学方面,这些前面已经提到了。牛顿的墓碑上有一句墓志铭:"让生灵们欢呼吧,为人类曾出现过这样辉煌的人物!"伏尔泰坚持牛顿是世界上最伟大的人,认为牛顿"用真理的力量统治了我们的头脑,而不是用武力奴役我们。"的确,在世界上最有影响的人物中,牛顿完全可以排在最高或接近最高的位置上。从这些意义上讲,我们这些从事法律服务工作的人,更应当崇尚自然科学,尤其是物理科学和理论。同时,还应对我们的职业有一个正确的定位。法律虽然属于社会科学,但它不比自然科学更重要。法律服务不是这个社会的主业,而是从属于主业的边缘业务,是产品化的末端。

(2)在自然科学中,物理学是其主要领域之一,也是最接近事物本质的学科。物理学作为自然科学中的一门基础学科,研究的是事物的道理及其规律。可以说,人类社会的一切,人类文化的一切,人类思维的一切,都是物理的,或者说都包含着它的规律。过去、现在和将来,对物理学的研究、理解,永远是自然科学、社会科学和哲学发展的渊源。法学作为社会科学的一部分,其研究和发展也应以此为基础,我们从事法律工作的人,也要学会从物理学的角度去认识世界,去处理问题。

(3)运动和相互作用,是这本书中阐述的两个主要问题,这两个主要问题涉及世界的根本。运动,是物体的位置不断变化的现象,世界是元素加上它们的运动。这一思想告诉我们,世界及其世界上的一切事物都不是静止的,而是运动的,是在运动中不断发展变化的。这就要求我们在看待问题、看待人事和处理法律纠纷中,要用运动、发展、变化的眼光,不可把人、事和问题看死了。相互作用是事物的终极原因。在这个宇宙中,在这个社会上,彼此相互发生作用的,不仅是我们周围的一切物体和现象,自然也包括我们每个人。认识世界,认识自己,处理问题,其实就是人们同世界上一切事物之间的相互作用。我们在从事律师职业的活动中,要与各个领域、各种人打交道,彼此之间要发生作用。我们在建设求是和信律师事务所的过程中,也要彼此发生作用。但愿我们大家在这种运动、发展和相互作用中,产生良性互动,并将相互作用,相互依傍,彼此有利,共同提高,成为我们求是和信文化的一部分。

这次集体学习之前,我还想到一个人、一本书。1987 年,我到中国政法大学进修时,给我们那批学员讲授《公司法》的老师,是著名法学家、时任中国政法大学副校长、翌年任校长的江平先生。江平先生 1951 年被选派留苏学习法律,1988 年 3 月担任全国人大七届常委会委员及法律委员会副主任。多年以来,江平先生"只向真理低头"的风骨和为"法治天下"而呐喊的精神,还有他对律师行业的关切和支持,一直在鼓舞着我们。2000 年,中国法制出版社出版了《江平文集》。文集共收录先生的论文、演讲、访谈、序文 72 篇,在律师界很有影响的《做人与做律师》《漫谈律师形象与使命》《律师兴则国家兴》等演讲和序文也在其中。这本书,非常值得我们律师认真研读,也会让我们在了解和思考江平先生的经历、情怀、学说和追求之后,从内心去敬佩这位当今中国法学界的泰斗。文集的具体内容,留待以后再和大家共同交流。

最后,补充几句。书犹如药,善读可以医愚,涉览越多,会心越深。但看书学习又是一种仁者见仁、智者见智的事情。咱们普通人看书,往往是为了消遣,不求甚解;而真正的大家看书是研究书,研究作者,含英咀华,格物致知,并能博贯多连,深造自得,进而作出学问来。法国科学家拉普拉斯对牛顿的巨著《自然哲学的数学原理》反复读,反复思考,反复研究,写出了他的名著《概率的解析理论》和《天体力学》,在力学、微分方程和概率论等方面都作出了杰出贡献。俞平伯看《红楼梦》,研究红楼梦,评论红楼梦,写出了《红楼梦研究》,成为公认的红学大家。其他行业也有相通的地方,张卫平、徐济成看评篮球、张路对足球的认识,李安对电影的理解,咱们的同行朱树英律师对房地产法律事务的把握,都到了很专业很不一般的境界。我们虽不能至,心向往之啊!

今天的学习,主要介绍了 3 本书。为什么介绍这 3 本书,是因为我觉得这 3 本书对我们做人、做事和思维或许有些帮助。通常情况下,人一生要解决生存、发展、责任这三个问题。人要生存,须有赖以生存的基本物质条件和财富,而保障和改善人们衣食住行的基本条件或财富,主要是由农民和工人通过体力劳动创造的,也需要每个人通过劳动来取得。人在具备了基本生存条件后,就想发展,就想完成自己的责任,而发展和尽责要借助人品、能力、学识,还有毅力、境界和思维。这些在 3 本书中都关联到了。只是人们生而不同,志向追求也不一样,至于什么重要,什么次要,什么在前,什么在后,各人有各人的标准,可谓莫衷一是,识各因人。当然,它们之间都是相互联系、相互影响的。换句话说,一个人打算怎样生活,打算活出什么质量,最主要的还是取决于自己,取决于个人的这些综合素质。善恶成败,重在个人,我们都该好自为之。

向艺术家学习

（2010年2月在山东求是和信律师事务所集体学习时交流的内容。）

各位同事，我个人认为，我们从事律师工作的所谓的法律人，和从事艺术创作或者艺术表演的人，虽然工作性质不同，但有很多相通的地方，那些艺术家们的作品、成就、作风和人品，是非常值得我们学习的。为了理解的需要，先来明确一下艺术与艺术家的概念。艺术，在《辞海》的解释是：通过塑造形象具体地反映社会生活，表现作者思想感情的一种社会意识形态。艺术起源于人类社会劳动实践，是一定社会生活在人们头脑中反映的产物。由于表现手段和方式不同，艺术通常分为表演艺术（音乐、舞蹈）、造型艺术（绘画、雕塑）、语言艺术（文学）和综合艺术（戏剧、电影）。而艺术家，是指从事艺术创作或表演且有较高审美能力、创作技巧、美学程度、艺术造诣和一定成就的人。下面分两部分来交流。

一、中国现代艺术家

艺术家是人类共同的财富，是不分国界的。世界上有很多伟大、杰出的艺术家，如音乐家巴赫、莫扎特、贝多芬、舒伯特、肖邦、约翰·施特劳斯、柴可夫斯基，画家达·芬奇、米开朗基罗、毕加索、凡·高，电影表演艺术家卓别林，歌唱家卡鲁索、吉里、帕瓦罗蒂、多明戈等。但我们对他们所知有限，了解不多。今天我只向大家介绍中国现代的一些艺术家，主要是画家、作曲家和歌唱家。在介绍他们的时候，请大家着重去思考和揣摩他们的艺术风格和作品特点，去领会和学习他们在艺术生涯中的变化、追求和创新。

（一）现代画家

在我国，绘画历史久远而丰富，历代画家的作品都被人们作为艺术珍品来欣赏，来收藏。也有很多人喜爱绘画，甚至嗜画成癖。为什么会这样？这其中又有什么道理呢？我的理解是：中国的绘画，是画家性灵之所托，它在一定程度上标志着华夏文明在美术领域的最高水准。中华民族对宇宙自然的观察和看法，对社会的认识与态度，对美的捕捉及追求，都能在绘画作品中得到显化。而且，历代的画家，多出身于书香世家，接受过良好教育，有的虽然出身寒门，却自幼聪慧，勤奋好学；他们都通晓祖国的历史和文化，有着深厚的知识和思想的积淀。能够进入这一领域，并能彪炳于世的大家，必定具备非常的才华，其人品、思想和学问，也必定有相当的修养和造诣。很多画家还著作等身，其中的述论和笔意，旁征博引，简练精妙，闳中肆外，令人叹为观止。在一些画家的文章和绘画里，既传播了文化和艺术，又表达了我们中华民族奋发向上的精神。我想，有了这些基本的理解，才会更好地去向那些画家们学习，才会更好地去欣赏和品读他们的作品。

中国的现代画家数以百计，特别突出、耳熟能详的有于希宁、于非闇、王个簃、王叔晖、王雪涛、丰子恺、关山月、叶浅予、田世光、齐白石、江寒汀、朱屺瞻、刘旦宅、刘海粟、华君武、任率英、李可染、李苦禅、宋步云、宋吟可、吴光宇、吴作人、吴冠中、陈之佛、陈少梅、陈半丁、陆俨少、陆抑非、张大千、张大壮、何香凝、杭稚英、林风眠、金梅生、赵少昂、胡佩衡、娄师白、俞剑华、俞致贞、徐悲鸿、唐云、钱松嵒、郭味蕖、黄胄、黄宾虹、程十发、傅抱石、潘天寿、潘玉良、潘絜兹等，下面介绍其中4人。

（1）齐白石（1864～1957年），享年93岁，原名纯芝，后改名璜，晚年自称白石老人，湖南湘潭人。幼喜丹青，12岁学木匠，15岁学雕花手工，27岁后拜师学习诗文画论，40岁后游历各地，50多岁后定居北京，1953年被文化部授予“人民杰出艺术家”称号，1955年成为德国艺术科学院院士，1956年获国际和平奖。其创作继承我国传统绘画的表现手法，吸收民间绘画艺术营养，通过深入观察生活现象，加以融会提炼，形成了自己特有的艺术风范。作品以写意为主，题材从人物、山水到花鸟、鱼虫、走兽，几乎无所不能。笔墨奔放奇纵，雄健浑厚，挥洒自如，富有变化。善于把阔笔写意花卉与工笔细密的写生草虫巧妙结合，造型简练质朴，色彩鲜明强烈，画面生机蓬勃，雅俗共赏，独树一帜。在理论上提出“妙在似与不似之间，太似为媚俗，不似为欺世”，其主张富有创见。精篆刻，工书法，善诗文，一生创作勤奋，画作万计，名扬世界。生前曾任中国美术家协会主席、北京中国画院名誉院长、中央美院名誉教授。

要了解齐白石老先生，只知道他的地位和声望是不够的。他从一个只读过半年乡塾的放牛娃、雕花匠,成长为一代艺术大师、世界文化名人,其中的苦辣辛酸不是三言两语能够道尽的,但有两点是可以肯定的:一是天道酬勤。他用“笔如农器忙”来形容自己的艺术劳作,自喻为终生耕耘于砚田的农夫。每天都是“未能老懒与人齐,晨起挥毫到日西”,可想其勤奋和努力非同常人。二是变革求新。老先生在60岁之前,并没有真正找到艺术中的自我,只有在定居北京结识了刘师曾走上变革之路之后,走上了“红花墨叶”“不求媚俗”的变革之路,才迈进了新的里程,得以大器晚成,有了三十多年的晚年辉煌。徐悲鸿先生曾说过:“齐白石如六十而殁,湮没无闻。”就是说,如果齐白石在六十岁左右不在画风和艺术上创新、求变,形成自己的面目,就不可能达到那样的艺术高峰。这两点,是不是对我们律师也有启示呢?

(2)徐悲鸿(1895~1953年),江苏宜兴人。自幼随父读书学画,后至上海、北京,结识康有为、王国维、蔡元培等人。1917年去日本,1919年留学法国,1927年去瑞士、意大利,视野大开,回国后被蔡元培推荐为北平艺术学院院长,大力推行国画改革,反对因袭守旧。1933年先后去法国、意大利、比利时举办个人画展。1934年回国。1940年为抗战去新加坡举办筹赈画展,1942年回重庆,1946年任北平艺术专科学校校长,1949年出席世界和平大会,同年任命为中央美术学院院长,并当选中国美术家协会主席。他从事美术教育工作数十年,重人爱才,奖掖后生,慷慨助人,当代有成就的美术家出其门下或受其指导者甚多。他是杰出的绘画大师,是现代中国绘画和中国写实主义美术教育的奠基人,一生对中国现代绘画的发展作出了巨人贡献。

徐悲鸿先生的创作坚持师法造化的写实传统,吸取外来的艺术技巧丰富中国画的表现方法,能融会中西、贯通古今,达到精湛的艺术技巧和浓厚的民族特色的高度结合。作品内容丰富,题材广泛,山水、人物、鸟兽、花卉无不落笔有神,刻画尽致;尤擅画马,所画奔马,意蕴深刻,神形兼备,称誉海内外。他提出“中国画改良论”,认为“素描乃一切造型艺术之基础”。他提倡“古法之佳者守之,垂绝者继之,不佳者改之,未足者增之,西方画之可采入者融之”。此种兼容并蓄的艺术观,对中国的美术家和美术教育家影响深远。

我们还应知道的是,徐悲鸿先生的诗词和书法艺术为画名所掩,他的诗注重比兴,寓意深刻。他的字浑厚深沉,格调高雅。可以说,继齐白石之后,诗、书、画三绝者,无人能超过徐悲鸿。何以如此?那是因为徐悲鸿先生在年轻时就打下了雄厚的国学基础。

(3)傅抱石(1904~1965年),原名长生,江西新余人。他出身清贫,父母靠修伞谋生,父亲病逝后,得多方帮助,苦学成才。少时治印刻章,临摹名迹,学画不久便倾心石涛，遂以“抱石”为名。后来留学日本，回归后，由徐悲鸿推荐，在南京中央大学担任美术系教授。抗战期间，辗转重庆。1949年后，历任中国美术家协会副主席、江苏分会主席、江苏省国画院院长、全国人大代表等职，与北京的齐白石被誉为“南北二石”。1965年9月，因突发脑出血离世。

傅抱石先生为人豪放直率，毕生治学从艺，理论史学并重，山水人物兼攻。其画奋跃飞动，气概不凡。至艺术成熟期，往往借酒倾注胸中丘壑，笔墨笔法，为同道敬仰，气势之磅礴，令画界叹服。先生一生写下了150余篇（本）美术论著，总计有200万字。其中最早的著作《国画渊源述概》，成书时只有21岁。其代表画作有《大涤草堂图轴》《丽人行》《西陵峡》《待细把江山图画》以及与关山月合作的《江山如此多娇》等。

傅抱石先生的山水画，对画坛影响很大。他早年以师法古人为主，而后有3次较大的变法，去日本一变，入四川一变，在南京师院又一变。他变法的特点是用加减法，即每次加进一些新的形式，减去一些旧的形式，但旧的形式不完全减去。所以，每一次变化，新的形式很突出，旧的形式也很坚固。这一点，非常值得我们律师在撰写法律文书时学习。

傅抱石先生还有一个观点，他认为“文人画”三字，是中国画的三原则，文指文学上的修养，人指高尚的人格，画指画家的技巧。这三原则就是中国画的基本精神，三者必须并重。这一观点，同样适用于“文人”，适用于我们律师，适用于全体“法律人”。

（4）郭味蕖（1908～1971年），山东潍坊人，幼学丹青，1929年考入上海美术专科学校习西画，后入北京故宫习中国画，得黄宾虹指导。新中国成立后，在中央美院、徐悲鸿纪念馆等单位供职。擅花鸟兼及山水，从赵之谦入手，尔后任阜长，复上溯周之冕、陈白阳、沈周、文徵明，参学扬州八怪，融会诸家，创造勾勒与没骨，泼墨与重彩，花鸟与山水相结合的表现手法。以工带写，互为涉用，画风清丽活泼，生动自然，风范别具。工书法，精鉴赏，善诗词，对于书画理论有深研，著述甚丰，编著出版《宋元明清书画家年表》《中国版画史略》《知鱼堂书画录》《散翁散记》等。

关于郭味蕖，我们应该有更多的了解，这不仅因为他是潍坊人，更重要的是他属饱学之士，是一位学者型的画家，他对花鸟画的推陈出新作出了杰出贡献。

花鸟画创作，是中国艺术中最有感染力、最贴近人与自然的重要形式之一。在郭味蕖先生之前的一千多年里，花鸟画在宫廷绘画和人文绘画中占有极其重要的地位，但那些花鸟画的作品大都奢华颓废、虚幻神秘、暧昧庸俗或者浮艳与迷醉。到了郭先生所处的年代，花鸟画创作面临着不可回避的选择，是以传统为归宿，还是开拓未来？在这个不能脚踩两只船的抉择过程中，这位来自山东潍坊的书香子弟，扮演了一个先行者的角色。他从传统走向现代的创作与创新，得到了齐白石、黄宾虹、徐悲鸿等大师的交口称赞和鼎力相助。令人敬重的是他的创作精神。本来，作为画家，他可以不用太努力就可以成为一代名流；作为教育家，他可以比较轻松地成为一代名师；作为鉴藏者，他在这个行当中也完全有资格成为一代名家。但是，他矢志不渝地在花鸟画艺术的道路上负重前行，最终使花鸟画艺术成为人性化、人道化的艺术。这种文化自觉和艺术自觉，是他最持久、最钟爱的人生目标，也是最值得后人敬仰和学习的地方。

(二)作曲家

作曲家创作乐曲，有一套表情达意的体系，那就是音乐语言。音乐语言包括很多要素，有旋律、节奏、速度、力度、音区、音色、和声、调性等。一首乐曲的思想内容和艺术美，要通过各种要素才能表现出来。

中国现代优秀的作曲家，大都谢世了，如肖友梅、黎锦晖、任光、张寒晖、贺绿汀、冼星海、吕骥、聂耳、王洛宾、时乐濛、雷振邦、马可、郑律成、刘炽、唐诃、巩志伟、田光、石夫、田歌、王酩、施光南等。仍然健在的还有吴祖强、杜鸣心、郑秋枫、吕远、傅庚辰、王立平、谷建芬、张丕基等人，五十多岁的有徐沛东、印青等。下面介绍其中 3 人。

(1)聂耳(1912～1935 年)，云南玉溪人，自幼喜爱花灯、滇剧等民间音乐，会演奏多种民间乐器。大革命时期曾参加进步学生运动，18 岁考入上海明月歌舞团，向黎锦晖学习作曲，后发起组织中国新兴音乐研究会。1934 年是他的“音乐年”，完成了《大路歌》《开路先锋》《毕业歌》《新女性》《前进歌》《打长江》《金蛇狂舞》《翠湖春晓》等歌曲和民族乐曲。1935 年写下了《梅娘曲》《自卫歌》《铁蹄下的歌女》和新中国成立后定为国歌的《义勇军进行曲》。他从事音乐创作的时间只有两年多，却为十多部电影、话剧写下了二十多首主题歌。1935 年到日本，准备经欧洲去苏联学习，不幸在游泳时溺死，年仅 23 岁。他的作品具有鲜明的民族特征和时代精神，第一个在歌曲中塑造了中国无产阶级的光辉形象，是我国当之无愧的革命音乐的开路先锋。

介绍聂耳，只有前面的内容是不够的，还应特别提及《义勇军进行曲》。这首歌曲作于 1935 年，它是聂耳最杰出的作品，原是影片《风云儿女》的主题歌。这部影片由田汉写故事；夏衍写台本的影片。表现了处于危机之下的 20 世纪 30 年代的知识分子，从学校奔赴抗日前线的主题。田汉在完成影片故事后，即遭当局逮捕，这首歌的歌词是他被捕前仓促地写在一张包香烟的锡纸衬底上的，后来不得已以“陈瑜作词”发表。聂耳在谱曲前，也因当局迫害即将离国，他从夏衍手中拿过歌词说："作曲交给我，我干！"然后就以巨大的热情投入了创作。在他去日本前完成了初稿，到日本不久后完成寄回。这首歌曲在影片中一经唱出，立刻产生了巨大影响。

聂耳在谱写这首歌曲时，付出了很大的劳动。由于田汉所写的歌词，是散文式的自由体新诗，句子参差不齐，最长的一句有 14 个字，聂耳创造性地把它谱成由 6 个长短不等的乐句组成的自由体乐段。整首歌曲除具有前后一致的昂扬振奋的精神外，还采用了主导机动贯穿发展的手法，并在最后两句加以变化再现，造成首尾相应，达到了完美统一。开始是急切的呐喊："起来，不愿做奴隶的人们"，当唱到"中华民族到了"时，用突然的休止，造成一种特有的紧迫感，在休止后更突出了"最危险的时候"，而引出人们被迫发出吼声："起来！起来！起来！"。在 3 次层层向上的呼喊之后，号角式的声调激励着人民"冒着敌人的炮火前进！"，结尾时再三强调"前进！前进！前进进！"这种动力，象征着中国人民不怕牺牲、勇往直前的战斗步伐，更为中国人民争取自由解放起到了巨大的鼓舞作用。新中国成立后，这首歌曲理所当然地成为举世闻名的《中华人民共和国国歌》。

（2）王酩（1934～1997 年），生于上海，出身贫寒，父亲用微薄的收入供其断断续续地上完小学。后家境有所好转，考入上海交通中学。1959 年，以优异成绩考入上海音乐学院作曲系。1964 年毕业后，分配到中央乐团从事音乐创作。生前为中央交响乐团一级作曲家，中国音乐家协会理事，中国轻音乐协会常务副主席，第七、八届两届全国政协委员。

1973 年，北京电影制片厂的导演谢铁骊，请王酩为电影《海霞》作曲，从此，王酩与电影音乐结下了不解之缘。在《海霞》中，一曲《渔家姑娘在海边》给自己带来被批评的同时，也给置身"文化大革命"和样板戏之中的人们带来了久违了的悠扬和舒展。其后，在电影《黑三角》《小花》《知音》《有一个青年》中，他分别创作了《边疆的泉水清又纯》《妹妹找哥泪花流》《绒花》《知音》《青春啊青春》等一批优秀作品。在李谷一演唱的诸多歌曲中，属于王酩谱曲的就有五十多首。

王酩是一个为音乐而生的人，上帝把对音乐的炽爱和天赋给了他。他倾注一生心血，不断地突破自我，推陈出新，创作了一部部、一首首美好而动听的作品，无不闪现着思考、探索、追求、创新的光彩。胡耀邦曾在一次音乐创作座谈会上讲过："王酩，你是酩酊大醉，音乐醉人啊。"当然也如胡耀邦所言："对文艺作品最高和最终的检验与评判，是人民大众，是时间，是历史……"曾几何时，王酩与施光南、王立平被誉为新时期改革开放青年作曲家的杰出代表和"三驾马车"。他虽然于 1997 年因脑出血早逝，但他的许多作品都成了传世之作，而其中在 1984 年与乔羽合作的《难忘今宵》成了历年春晚的收尾节目，更是经典中的经典。

(3)吕远(1929年生),原名吕元凤,祖籍山东海阳,生于辽宁丹东,幼时在故乡山东度过。救亡歌曲、胶东民歌和地方戏曲对他影响很大,自学过吉他、小提琴等乐器。1946年参加解放区宣传队演出活动,开始业余创作。1950年至东北师范大学音乐系学习,毕业后在中国建筑文工团和海政文工团任作曲。吕远是一位著名的作曲家兼词人。他的歌曲词曲结合得尤为妥帖,作品具有动人的抒情性,富有民族风格和地方特色。他和唐诃合作的《我们的生活充满阳光》,是电影《甜蜜的事业》的插曲,其旋律极为动听、欢快和抒情,1979年被联合国教科文组织选为亚洲音乐教材,让我们来共同欣赏这首乐曲(清唱)。

我们的生活充满阳光

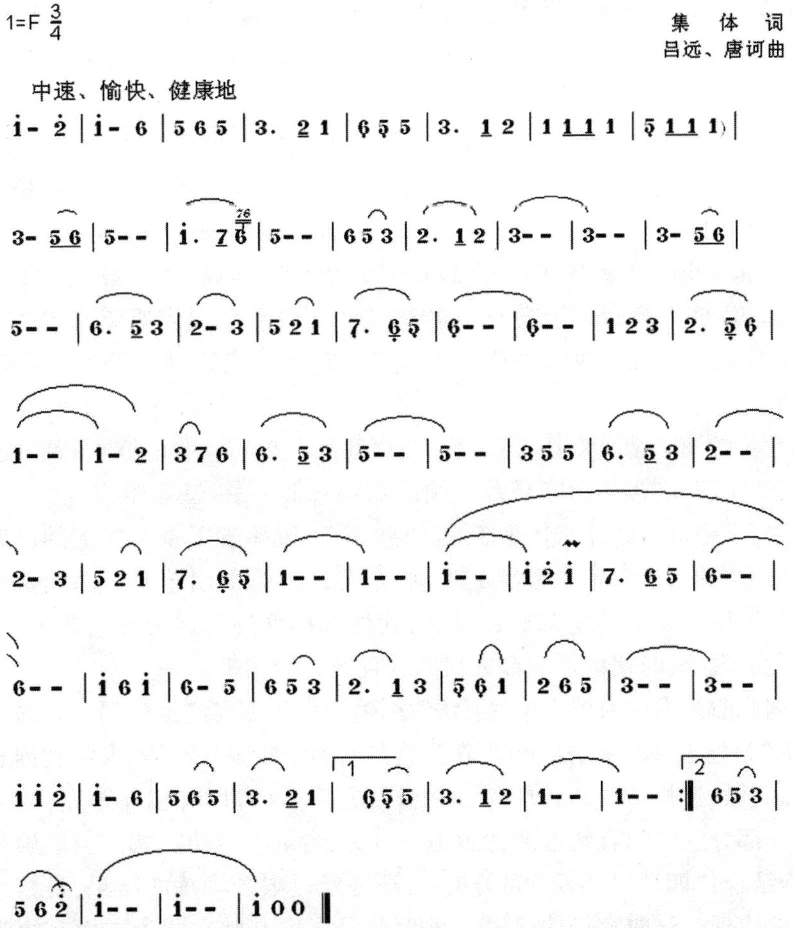

吕远在其半个多世纪的音乐生涯中,奉献了1000多首歌曲,约100首歌剧、舞台剧和影视片音乐。他创作的《八月十五月儿圆》《克拉玛依之歌》《走上这高高的兴安岭》《愿做蝴蝶比翼飞》《我们的事业比蜜甜》《思亲曲》《泉水叮咚响》《一个美丽的传说》《西沙,我可爱的家乡》《牡丹之歌》等,都深受广大群众喜爱。

(三)歌唱家

中国当代的歌唱家灿若群星,他们的名字和他们演唱的那些代表歌曲,我们大都非常熟悉,其中著名歌唱家有:周小燕、郎毓秀、张权、寇家伦、魏启贤、王昆、刘淑芳、郭淑珍、孙家馨、李光羲、郭兰英、贾世骏、郭颂、胡松华、任桂珍、罗天婵、施鸿鄂、王玉珍、叶佩英、刘秉义、胡宝善、马玉涛、于淑珍、才旦卓玛、苏盛兰、朱逢博、柳石明、李双江、何纪光、吴雁泽、杨鸿基、邓玉华、吴国松、李谷一、德德玛、关牧村、邓丽君、蒋大为、殷秀梅、阎维文、廖昌永、戴玉强、莫华伦、魏松、彭丽媛、董文华、吴碧霞、宋祖英等。下面介绍两位女歌唱家和一些戏剧艺术家。

(1)郭兰英(1929年生),她是中国民族歌剧的杰出代表人物,是在这方面最有成就的艺术家。她从声乐、表演、台词、训练以及继承、创新和风格的确立等方面,为中国歌剧艺术体系的建立和繁荣,作出了开拓性和历史性的贡献。

郭兰英从小嗓音就特别好,人也机灵。她6岁学戏,11岁学徒,13学就担任主演,16岁成为革命文艺战士。她演过歌剧《白毛女》《窦娥冤》,她演唱的歌曲《我的祖国》《人说山西好风光》《山丹丹开花红艳艳》《绣金匾》等风靡全国,经久不衰。

郭兰英的演唱情真意切,深刻感人,声音晶莹剔透,明亮动听,行腔委婉,气息悠长,吐字、归韵极为清晰规范。她的歌唱看似平易,甚至带有"土气",却是平中见奇,易中显难,"土"中见雅;她的高亢、刚健体现了奋发向上的民族阳刚之气;她感情的真挚和音乐形象的生动、精美无不折射出艺术灵动的奇巧和清新。她的风格体现了鲜明的民族性、时代性和群众性。这是民间艺术的滋养,传统文化的继承,时代的影响和人民的哺育产生的结果。

中国戏曲艺术中有"四功""五法"之说。所谓"四功"是指唱、念、做、打;所谓"五法"是指手、眼、身、法、步。郭兰英在歌唱中能服从剧情、人物和内容的需要,唱、念、做、打相结合。她的手、眼、身、法、步运用自如,相互补充,成为演唱艺术的一部分。中国有句古话,"台上一分钟,台下十年功",郭兰英能够亮相优美、动静结合,"四功""五法"完美统一,那是经过艰苦训练的结果,是数十年艺术积淀的体现。作曲家舒铁民说:"郭兰英是国宝。她在两个方面有很强的表现力:一是声音的表现力,二是形体方面的表现力……郭兰英的风格,就是我们为之奋斗寻求多年的民族风格。”乔羽说过:“在郭兰英之前,《白毛女》中饰演喜儿的最好的代表是王昆,以后演《白毛女》的演员数十上百,可没有一个能同郭兰英并驾齐驱。”乔羽还说过:“凡是一个大家,总是在她的领域内创造了一个时代,在她的时代里,别人是无法逾越的。一个大家,是一个高峰,艺术史上的壮丽画卷正是由一个个高峰的相互呼应形成的。郭兰英在半个世纪的民族声乐领域里独领风骚,她是一个大家,是一个高峰。”

(2)李谷一(1944 年生),新中国成立 60 年,中国民族声乐的发展大致可分为前 30 年和后 30 年。前 30 年是新中国建设时期,要求文艺为政治服务;后 30 年是改革开放时期,文艺向多元化、国际化发展。李谷一像一个符号,是后 30 年中国歌坛的代表人物。她勇于开拓创新,以民族唱法为本,学习西洋的发声方法,融合中国戏曲的表现手法,吸纳了流行歌曲的元素,创造性地运用了“气声”“轻声”“半声”等演唱技巧,开创了一代新风。她不仅对民族声乐而且对中国现代流行音乐的发展,起到了至关重要的引导和推动作用。她的演唱深情、流畅、甜美、婉转,其技巧、唱法影响了几代演唱家和歌手的成长和发展。她演唱过的各类歌曲 600 余首,其中许多歌曲脍炙人口,广为流传,风靡国内,远播海外。

在世界史上,每次大的社会变革都会带来文化领域的突破。20 世纪 70 年代末,正是中国改革开放的节点。李谷一演唱了一批新型的抒情歌曲,如《边疆的泉水清又纯》《妹妹找哥泪花流》《绒花》等。这些歌曲之所以称为“新型”,一是内容上为新中国成立之后前 30 年尤其是“文化大革命”中极少触及的十分人性的歌曲;二是李谷一在演唱方法上以民族唱法为主体,采用了流行唱法元素,就是今天称为“跨界”的唱法。

介绍李谷一,必然要提及《乡恋》这首歌。《乡恋》是中央电视台在 1979 年 12 月拍摄的风光片《三峡传说》中的插曲。歌曲描述的是汉代女子王昭君出塞和亲之前,离别家乡三峡时的那种“明日隔山岳,世事两茫茫”的惜别心情。李谷一在演唱这首歌时,民族唱法和通俗唱法相结合,使用了轻声,将歌曲演绎得舒缓、柔美、深情,进入了“心头往事歌中怨”的境界。没想到,《乡恋》成了“导火索”,引发了中国歌坛的一场争论和批评。在当时的很多报刊上,把《乡恋》和李谷一的唱法称为“靡靡之音”和“黄色歌曲”。有的权威人士还将李谷一先前唱过的抒情歌曲一概视做“反党、反社会主义的歌曲”。一首歌曲、一种唱法的学术问题,被提升到关于社会主义发展的政治问题。

高压之下,李谷一内心十分痛苦,有些好心人劝她用“健康”“传统”的唱法将《乡恋》再唱一遍,但李谷一坚定地说:"乡恋也好,还是我以前唱的其他抒情歌曲也好,如果说'有问题',与词曲作者无关,是我要在演唱时这样处理的,让我改变原来的唱法,我决不重唱"。这首歌被批了三年多。

在1983年的春节晚会上,李谷一当属最红的歌唱家。她先后独唱了6首歌曲,与袁世海对唱了1首,又与马季和姜昆对唱了1首,《乡恋》不在演出曲目之内。那次春晚设置了4部热线电话,观众把电话打爆了,而很多观众是点李谷一演唱《乡恋》。"春晚"总导演黄一鹤非常为难,不敢定夺,只好将点歌的条子送到坐镇现场的广电部部长吴冷西面前,吴部长犹豫再三,最后下了决心:上《乡恋》!

《乡恋》是李谷一在央视第一届春晚上演唱的第九首歌曲。《乡恋》一经在春晚播出,终于冲破了禁锢,在全国人民中快速流行。这首歌就像一个里程碑,起到了为中国内地流行音乐发展的破冰作用,堪称大陆流行歌曲的开山之作。

事实证明,任何新兴而美好的事物的出现,在一定程度上,也是斗争的果实。当时,流行歌曲在得到广大听众喜爱的同时,也被某种社会势力所禁扼,但有时候,它所产生的魅力,也能折服保守派们的偏见;倘若得到他们的肯定和支持,那么顺水推舟,新兴的事物就能更加迅速地传播和发展。我想,我们律师工作的改革也是如此。

2005年"中国流行歌曲总评榜"终身成就奖的颁奖词为:"坚持是一个瞬间的抉择,更是一个跋涉的过程,面对着一场突如其来的纷争,她选择退却,还是坚持?谁也不会想到,这样一个答案将会引领一场中国内地流行音乐的巨大变革,就在质疑与非议中,她弱小的身躯迸发出巨大的勇气。用清亮的歌声让《乡恋》深情款款,让《知音》如痴如醉,让《难忘今宵》流连婉转回味悠长,从此,中国内地有了属于自己的流行音乐!青山在,人未老,就算是我们对于这种坚持的肃然敬意和诚挚祝福,把它献给中国流行音乐第一人——李谷一。"

(四)戏剧艺术家

中国作为一个古老而文明的国家,还有一种独树一帜、自成体系的艺术奇葩,那就是戏曲艺术。它绚丽多彩,源远流长,除了具有综合性这一世界戏曲文化的共性外,还有虚拟性、程式性等艺术特征。尤其是中国的京剧,更是异彩纷呈,人才辈出。我们这一代人对京剧的理解相对较浅,但对一些著名的京剧艺术家,还是有所耳闻,如京剧初期的"三鼎甲"程长庚、余三胜、张二奎;"同光十三绝"中的梅巧玲、杨月楼、余紫云;"四大名旦"梅兰芳、程砚秋、尚小云、荀慧生;还有其他流派的创始人谭鑫培、王瑶卿、余叔岩、马连良、杨宝森、张君秋、裘盛戎、袁世海等。"文化大革命"期间,钱浩亮、刘长瑜、谭元寿、洪雪飞、马长礼、童祥龄、方荣翔、李丽芳、李炳淑、杨春霞在京剧样板戏中的唱腔和表演，让我们熟记心中。改革开放以来，李世济、尚长荣、耿其昌、李维康、于魁智、李胜素、孟广禄、袁慧琴、张火丁、史依弘、王佩瑜等名家，常亮相于舞台和荧屏，他们演唱中体现出的声韵与魅力，也一直在影响着人们。

我之所以要提到这些京剧艺术家，是因为他们都是中国京剧界赫赫有名的"角儿"，而且他们之间多有入室弟子、再传弟子的师徒关系。中国京剧事业的发展，靠的就是这些"角儿"，就是这种一代又一代的传承。如果没有他们，没有传承，中国的京剧就不会成为国粹，人类的艺术舞台就会缺失这一奇葩。

我之所以要提到这些京剧艺术家，还有一个原因，那就是我想借此向你们推荐一位鲜为今人所知的传奇人物。他生于官僚家庭，名列"民国四公子"，性情博雅，通脱超逸；他酷爱文化和艺术，集收藏鉴赏家、书画家、诗词学家、京剧艺术研究家于一身；他为了抢收中华文物，不惜倾家殒命，富贵一生亦清贫一生；他的夫人潘素女士，天生丽质，精通书画，是一位知名女画家。他，就是值得人们纪念的一代名士张伯驹先生。1956 年，张伯驹夫妇将珍藏多年的《平复帖》《游春图》《上阳台帖》等 22 件国宝级文物，悉数一次性无偿地捐赠给了国家。我读过有关他们的几本书籍，在钦佩之余，更感叹文化和艺术对人的陶冶和滋养。现代社会不会再有张伯驹这样的人了，也很难再有像张伯驹和潘素这样的夫妇了。

二、向艺术家学习

（一）艺术与生活

照天性来说，每个人都是艺术家。一个人无论在什么地方，他总是把美带到自己的生活中去。小到身上的饰物，居室的装饰，大到建筑的设计，城市的规划，都能体现这一点。可以说，对艺术的喜好是每个人生活中直接的组成部分。平时，我们都会拿出部分时间来观赏绘画，来聆听音乐，来看演出，尽管这些时间对我们的其他活动没有多大的影响，但我们仍然不能以为这些时间对我们的生活没有意义。从一定意义上讲，艺术是能够影响我们其他活动的，甚至会影响我们的整个生活。艺术能把我们和自己的灵魂联系起来，它表达了我们内心最深处的情感，又反作用于我们的情感。

一幅画作、一支曲子、一首歌、一段唱腔，能够带给我们的感受，绝不仅仅是它们本身的内容。我们在欣赏的过程中，因为各人的情趣爱好、文化修养、生活阅历的不同，会使联想呈现不同的结果。尤其是歌曲，它是时代的声音，也是时代的脚印，能让我们有"时光倒流，情景再现"的感觉。通常情况下，你所熟悉的艺术家的艺术成就越高，对你潜移默化的作用也越大。此外，有高低快慢才能有好的音乐,有明暗深浅才能有好的绘画作品,又会让我们从中理解事物相辅相成、概莫能外的普遍规律。

从人类发展的历程来看,虽然艺术家远不及宗教领袖、科学家、政治家对人类的发展影响大,但我们的文化,从社会意义上看,部分是由艺术家创造的。艺术是促成社会相互联系的黏合剂,艺术是已存在的每一种人类文明的不可缺少的组成部分。因此,作为人类社会的一员,我们对艺术的作用和地位,应当有一个正确的理解,并应对艺术家持有必要的敬意和尊崇。

另外,我们还应看到,中国的艺术源远流长,其发展并不和朝廷政权更迭同步。但就整个艺术思想而言,她还是受制于传统的宗法意志和观念。随着社会的进步和发展,艺术思想已在挣脱统治阶级的制约中有所变化,这种变化又在推动着社会的进步和发展。还有一个值得我们重视的趋势是,视觉文化越来越占上风,视觉艺术正在逐步地占领世界并将影响和改变我们的部分生活。

(二)积淀与创新

我在前面提到很多艺术家,他们有一个共同的特点,那就是禀赋很高,学养深厚,继承传统,勇于创新,治学严谨。积淀与创新,犹如厚积薄发,犹如化蛹成蝶。在这一点上,郭味蕖先生较为典型。下面,选择他人对先生的有关评论和有关画论,还有我个人对先生一点认识加以佐证。

黄宾虹:古人读书皆有记录,等身著作,无非日积月累而成。王伯厚《困学纪闻》,顾宁人《日知录》,莫不朝斯夕斯,丹黄涂乙,取精用宏,卓然成家。知人论世,尤为读书之要。味蕖学兄,博览群书,旁搜艺事,出其平生所辑《宋元明清书画家年表》见视,纲举目张,皆有条不紊。足徵劬学嗜古,巨细不遗。

于希宁:味蕖的"天赋"很高,在青年时代就名满故里。他在社会生活中养成一种静观、养心、不事交际、外静内秀的品格。三十年代初,他在上海学西画,从山东来讲,是最早接受和传播西画知识的人。我们曾一起组织抗日剧团,味蕖担任着导演和舞台监督,公演时曾轰动全城。潍城沦于日寇铁蹄之下,他愤然留起了长须闭门不出,以示反抗。他专心于中国绘画理论与技法的研究,并致力于山水,继而花鸟,直至诗、书、画、印齐攻并收。在继承传统的基础上,他大胆突破了花鸟画的陈规戒律,在表现手法上开拓出一条三结合的崭新途径。由于他的天赋和坚实的西画基础及深厚的传统文化修养,使他得以最大限度地发挥出自己的艺术潜能,在花鸟画创作上,作出了巨大的贡献。

潘絜兹:人才难得。造就一个艺术家,要有许多条件,个人的禀赋、家庭的熏陶、环境的习染、师友的启导、传统的影响、深厚的学养、非凡的勤奋等。对中国画家来说,岁月的积累是一个重要的条件。十年动乱中,味蕖身心受到摧残,他在病中还奋力写书作画，并整理了《写意花鸟画创作技法十六讲》《艺话》《疏园集》《散翁散记》等著作。这种忠诚于艺术、为艺术奋战到最后一息的精神是多么可贵！我抚今追昔，不仅老泪纵横，感慨系之。味蕖的艺术成就，有目共睹、不待辞费；而他的为人，只有深交，才得尽知。我重其画，更重其人。

林风眠：真正的艺术家，犹如美丽的蝴蝶，起初只是一条蠕动的小毛虫，要飞，它必须先为自己编织一只茧，把自己束缚在里面，又必须在蛹体内来一次大变革，以重新组合体内的结构完成蜕变。最后也是最重要的，它必须有能力破壳而出，这才能成为在空中飞翔、多姿多彩的花蝴蝶。这只茧，就是艺术家早年艰辛学得的技法和所受的影响。

我个人学习、师法郭味蕖先生多年了。我认为，郭先生的身世、家学、素养，使其具备了深厚的文化底蕴；而文化底蕴又让他形成了特有的审美观点和思想情怀。他研究、精通中国的画史、画论，见识过古人的很多艺术珍品，深悟前人积累的创作方法和笔墨技巧是后人推陈出新的重要条件，因而才在继承的基础上，能够得之于心，施之于手，见之于画作和著作，最终实现了与凡众不同的创新。

郭味蕖先生做过、录写过数对联语，在此择两对与大家分享：

石借云烟成动荡，树因摧折得离奇。

语带烟霞从古少，学如耕稼到秋成。

（三）感悟与思考

在中国现代的艺术宝库里，有许多艺术家为我们提供着足以借鉴的艺术资料。关于上面介绍到的一些艺术家，我们还缺乏学识和能力去评价他们，但我们却能从中感悟、学习、思考一些东西。

（1）先总的说一下。从艺术家身上，我们能够感悟到：一个人要想在某一领域有所成就，从小就要注重知识的学习和积淀。知识不但要日积月累，还要变得扎实，使其厚重，不去稀释，不随便蒸发。当知识积淀到一定程度时，其发展就会遇到“瓶颈”；这个时候，要再往前走，就必须创新。在实际过程中，往往先是困惑，继而思考，然后才是创新，才是突破。无论是个人还是单位，乃至一个国家，都会在创新和突破之后，取得更大的发展，并形成自己的特色。由此可见，积淀、创新、发展，是相互联系、密不可分的；当一个人的知识、阅历、修养和境界到达一定程度时，就会发生质的变化。“前朝剩物根如铁，苔藓神明结老苍”。长江水流甚大，但其源头却很小。人和事物的变化，都是从简易到繁赜，从微小到显著，从量变到质变，并且有原起、有趋向，这就是质量互变定律。

说到创新,现在是一个极热门的话题。按照新华词典的解释,创新的意思是创造革新。但现代社会,这个词的含义实在太丰富了。我个人认为,创新还含有"增长"和"重组"这两个很重要的意义,它意味着要在更高的层次上改变和提升,要在不断地学习和实践中增加新的知识,了解新的事物,并对原有和现有的知识或事物进行拆解、分析、改造,然后以一种新的方式去重新组合。我还认为,做任何学问都要老老实实先打好基础,先搞好基本训练。吸收外来营养而又充分保持自己的特色,是一个人、一个民族应有的品质,也是多元化文化存在的前提。近些年,讲创新的人很多,写创新的书也不少,有的内容是从西方传过来或搬过来的,我们需要学习,需要融合,但其中有些泛泛之谈,多属皮毛,算不上人类文化的精髓。在创新中,我们要拒绝的,是那些对西方文化的简单移植,是那些华而不实的空架子,还有那些浅尝辄止、改头换面、自欺欺人的形式主义。

当今世界,的确充满变化,我们必须去面对;但无论变化多么普遍和剧烈,只要了解人类社会的历史和规律,分辨出其中的常量和变量,就能有效地应对新的生活和市场,并在变化中发展和进步。现在有一种现象,往往一搞创新,就不要传统了,其实这是不正确的。只有对传统有很深的理解,对传统很有功底,我们的创新才有基础,才有目标。这个道理,和一位机械师在胜任修理或革新工作之前,必然要谙熟于机械设备的原理和构造是一样的。前面介绍的艺术家,都是毕生在继承传统、革新传统的道路上踏勘、颠簸,然后才得以成名成家。如果他们离开传统,不了解传统,又怎么去革新呢?如果一个人不知道旧的、过去的、传统的东西,只是幻想着去创新,那和要在半空中建造楼阁,又有什么区别啊!

我的意思还是要强调,时尚的东西大多昙花一现,基础研究才是一切创新的起点。法制史、法学理论、民法学、商法学、刑法学,传统文化和社会需求,是我们做好业务的源头活水,也是我们创新的基础。我们既要有深厚的法学的积淀,又要有国学和其他学科的素养,还要有好的品德和价值观。学习、积淀、创新、发展,应成为我们的职业修养和文化自觉。唯有如此,我们才有可能打破业务上的局限和壁垒,建立或形成独属于自己的专业风格和精神体系,才有可能在这个浮躁、功利、投机和纷繁多变的时代中,游弋在相对纯朴与平和的心灵境界里,才不会成为盲从于市场、盲从于金钱、盲从于权势的"被动型"或"跟风型"律师。关于创新和发展,需要我们实践的很多,当前要做的是:根据客户需求,把服务工作前移,前移到需求分析、课题研究、团队攻关、法律产品的研发上,把产、学、研用紧密结合起来,从碎片式服务转变为系统化服务,从粗放式服务提高到精细化服务。现在我们正在做的企业法律风险评估和雷沃重工的团队服务,就是很好的创新和尝试。

(2)再从大画家的成功因素做点浅析。中国古今第一流的大画家,没有不通美术史的。东晋的大画家顾恺之,主要的成就在美术史。其后如唐末的荆浩、北宋的郭熙、明朝的董其昌、清代的石涛,无一不是大史论家。当代大画家黄宾虹、齐白石、傅抱石、潘天寿等人,在美术史上的成就都很突出。事实说明,有些人一辈子学画作画,掌握了技术,却不懂得美术史,最终就不能取法乎上。而从美术史入手,广究各家画法,撷取历代精华,就不仅得其形,而且得其心、得其神。从技术入手,犹如低头看路,所见有限;从美术史入手,则如登上山巅,居高临下,高屋建瓴,视野自不一般。美术史是学术而不属于技术,以学术启发技术,即以精神掌握技术,就能够深入艺术宫殿。更重要的是,美术史作为学术,能丰富人的精神,充实人的心胸,提高人的品质,增益人的学问。而人品高,学问高,下笔自然就有气韵。

由此我想到咱们律师界。现在有一部分律师,一心只想赚钱,只想招揽客户,只想做案子,把时间、精力和工夫用在了如何营销、如何和法官搞关系、如何才能胜诉上。还有个别律师为了多赚钱,故意在法律上多绕路、兜弯子,把简单的案子复杂化,甚至挑诉架讼,使当事人遭受损失。这些律师,很少去研究法制史、律师制度、法学理论和专业知识,很少去关注法学界的学术成果和理论动态,也很少去学习和了解人类的传统文化。这固然有讲现实、图实惠、解决生计问题等原因,也能达到挣钱的目的,但如果一直这么做下去,恐怕后程就缺乏资本了,就很难走到一定的高度了。我们的万兴主任有个观点,他说,做律师主要靠两点:一是靠人品,人品是你的根,你的人品越好,你的根就会越深;二是靠业务,业务是你的干,你的业务越棒,你的干就会越壮。怎样才能根深干壮?它和积淀、创新、发展是什么关系?大家可以进一步去领会。我们都比较了解万兴主任,他善于学习,重视法理,不仅在刑事业务方面是潍坊律师界的翘楚,更突出的是他处事的方式方法,能够得到法官、检察官、当事人和业界的认可和尊重,这是不是也值得同事们去想一想其中的原因呢!

(3)从戏曲艺术的流派谈点看法。如京剧艺术中的诸多流派,要具备师承有自、后续有人、同业赞许、专家肯定、观众喜爱等主要条件;否则,就会有流不派,或有派不流,终难成其流派。流派的形成和发展,总是与继承、革新、超越分不开的。流,可以理解为后人对前人的承续和发展,这个续展既不是毫无曲折的笔直一笔,也不是只有量变没有质变的简单运动,而是后人对前人学得精、深、透、彻,并达至“化”境。只有青出于蓝而胜于蓝,“化”出质量,“化”出精神,才能生生不息，代代相传。只有博取精粹，冶于一炉，深自淬砺，不断革新，也才能学习前人，超越前人。

然而，学习前人，不论是其立场、观点、方法，还是思想、知识、技艺，都不是容易的；至于传承和超越，那就更难了。要想真正做到传承和超越，那就非得把前人们的东西转化成自己的一部分不可。这个过程不仅需要很长的时间，而且还必须采取老老实实的态度。这里面还有一个问题，有些先哲、伟人、大师的思想和水准，是可望而不可即的，是无法超越的，我们作为常人，只可去学习、学习、再学习，转化、转化、再转化，只要能使自己受益和提高，就是收获和目的，而不可因为不能超越就敬而远之，就不去学习。从这样的角度来看，学习、传承、创新、超越并不是一回事，至少有阶段和层次上的区别，所以，在实际的过程中，每个人都应结合自身的秉赋、学识和职业去具体把握。我感悟愚钝，对此认知偏晚，但仍觉得这种认知不失为一个重要心得。希望年轻的同事们能够更早地明白这一点。

(4)结合前面提到的，简要地交流一下学、思、行的关系。孔子说过："学而不思则罔，思而不学则殆。"康德也说过："感觉无思想是瞎的，思想无感觉是空的。"而墨子主张对事物要知道"所以为之若之何"，即明白"为什么"和"怎样做"。荀子则说得直截了当："道虽迩，不行不至；事虽小，不为不成。其为人也多暇，其出人也不远。"可见学与思、知与行是相辅相成、缺一不可的。今天，我们交流的内容是向艺术家学习，而其主旨，也是学、思、行的问题。

我想，我们律师向艺术家学习，不应只停留在欣赏他们的画作、声乐和创作技巧上，而应通过他们的创作去寻找和思考他们至今仍然鲜活的、坦荡的、自由的、独立的精神气质和美学风骨，并把这种精神风骨付诸行动。一家有远见的律师所，既要与时俱进，开拓创新，又要像艺术家那样，始终坚守自己的核心文化和价值理念，不因一时的时尚和风气而随波逐流或迷失方向。一名称职的律师，应以法学专业为基础，以律师事业为目标，以做人做事为中心。一切的知识、思想、技能、工作，其要旨皆在于做人，在于做事，在于服务社会和公民。如果不仅如此，而且能够像艺术家那样，将自己的智慧、才识和人性之光贯穿于一生的职业和生活之中，你就会提升生命的质量，就会成为一个受人尊重的"法律人"。

最后，留下几个问题，请大家共同思考：我们律师的工作，与艺术家的工作有什么异同？为什么那些歌手、画匠、艺人成不了艺术家？艺术家身上优秀的东西很多，哪些是最值得我们学习的？求是和信在文化建设、业务发展和创新方面应形成什么特色？

各位同事，从某种意义上讲，在祖国改革开放和全面发展的大画布上，在法律服务这个大舞台上，我们律师也是画者，也是歌者，同时还是生产者。让我们也像艺术家们那样，通过努力工作，描绘出美好的画卷，演唱出动听的歌曲，生产出更具竞争力的产品，并从中去体验生命的情感、奋斗、期盼和苦乐！

老潍县文化的变迁与赓续

(2012年1月在山东求是和信律师事务所集体学习时的交流材料。)

十几年来,我常在周日逛地摊,主要是淘点旧书,间或也到古玩店看看。最近五六年,对本地区,尤其是对老潍县的乡邦文献渐生兴趣,陆续收集了相关的文史资料(有些是朋友赠送的)。通读之后,大致了解了本地的历史、文化、政治、经济及其人文和自然景观。2011年下半年,与万兴主任闲聊,他建议就这方面安排个讲座;考虑到我们所的文化建设和业务发展,我也认为似有必要。适今年节后集中学习的主题为"传承、创新、发展",姑且以传承为目的,向大家介绍一下老潍县文化的变迁与赓续,也可称为老潍县的文化遗产。

介绍老潍县的文化,必然涉及科举文化和历代的官职称谓。对于这两个方面的知识,我以前只略微理解一点,这次为了准备讲座,进行了深入学习。整理总结之后,本想将其置后作为附录;但又觉得为求效果,不妨打破常规,于是,暂且把它们充做"注解",提到正文前面来先讲。

科举制度始于隋朝587年(一说607年),止于1905年。明清两代的科举制度大致相同,共分院试、乡试、会试、殿试四级。

注解一　清代科举考试程序

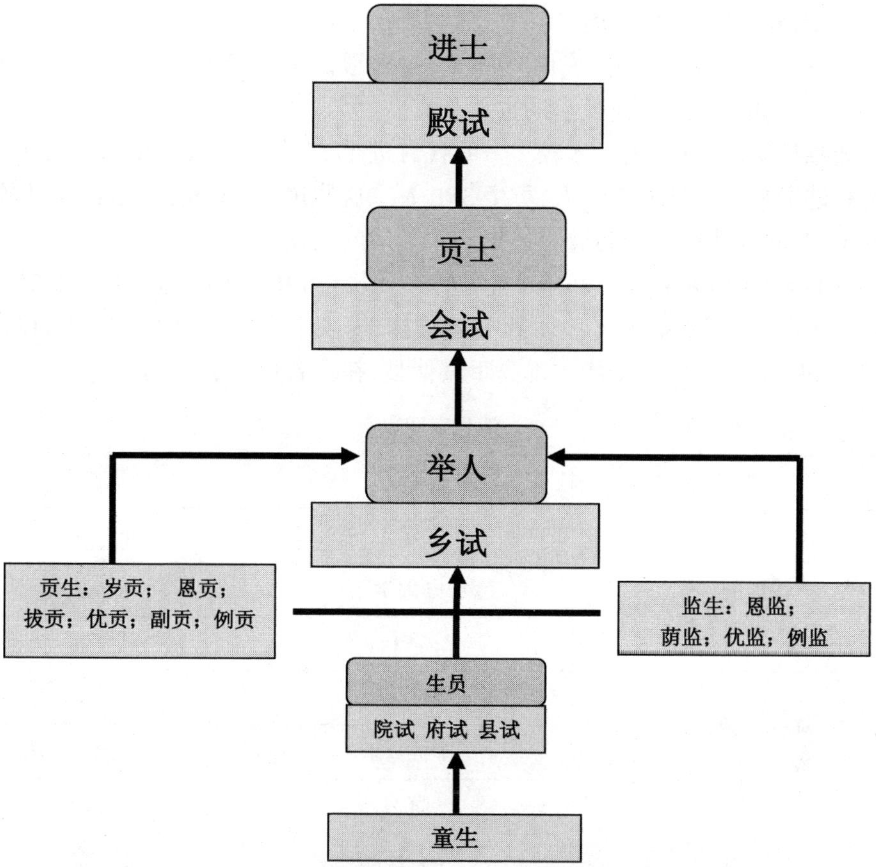

清代科举考试程序图

考试自下而上进行。先是童生试(小考),3 年内考两次,及格者方可参加县试。县试录取后,再参加府试。县试、府试均及格者称“童生”。童生参加省、府所在地书院的考试,称院试。院试朝廷派学政主持,录取者称生员,即秀才,也称“相公”。那时平民百姓见县令时须行跪拜礼,秀才身穿受赐的“蓝衫”,可免跪。

乡试在省城举行,每 3 年 1 次,试期在阴历八月,由朝廷亲命大员为各省正副主考,考场设在省城贡院。应试者为秀才,录取者称“举人”,又名“孝廉”,第一名称“解元”。

会试在京城贡院举行,每 3 年 1 次,乡试的次年 3 月举行。应试者为举人,录取者称“贡士”,第一名称“会元”。

殿试也叫廷试,在京都由皇帝亲自主持,于4月21日举行。应试者为贡士,按成绩分三甲:一甲3名,第一名称“状元”,第二名称“榜眼”,第三名称“探花”。二甲、三甲各若干名,统称“进士”,每次殿试全国录取360名。获取进士资格的人,都由朝廷命官,最小的也放县官。

老潍县学风丕振,出人才较多。明代有进士27人,举人23人,贡生149人;清代有进士81人,举人296人,贡生351人。这些进士、举人,多出自潍县的名门世家,有的致仕后,又回到潍县,推动了本地的文化发展。

(1840年至1904年的65年间,潍坊各县共有146人中进士,年均2.25人,558人中举人,年均8.58人。而其中老潍县33人中进士,年均0.51人;131人中举人,年均2.01人。平均数都高于其他县,在全省也位居前列。)

清代官职表

部门	官职	品级
内阁	大学士	正一品
	协办大学士	从一品
	学士	从二品
军机处	军机大臣	从二品
	军机章京	
六部(吏户礼兵刑工)	尚书	从一品
	左右侍郎	正二品
	各司郎中	正五品
	员外郎	从五品
都察院	左都御史	从一品
	右都御使	正二品
总督(地方)	总督	正二品
行省	巡抚	从二品
布政使司	布政使	从二品
提刑按察使司	按察使	正三品
道	道台	正四品

续表

部门	官职	品级
府	知府	从四品
	同知	正五品
	通判	正六品
州	知州	从五品
	州同	从六品
县	知县	正七品
	县丞	正八品
	主簿	正九品
	巡检	从九品
	典史	未入流

清朝官职等级,分“九品十八级”,每等有正从之别,不在十八级以内的叫未入流,在级别上附从于从九品。

大学士:内阁长官,明时实掌宰相之权,清雍正后,职权为军机大臣所代替。

协办大学士:文臣最高官位,满汉各一位,汉人非翰林出身不授。

军机大臣:由亲王、大学士、尚书、侍郎或京堂充任,统称大军机,但任命时亦按个人资历分别称为军机处行走、大臣上行走、大臣上学习行走等。

军机章京:军机大臣僚属,统称小军机。

尚书:尚,执掌,亦称掌书,明代六部尚书分掌政务,遂等于国务大臣,清代相沿不改。

员外郎:简称外郎或员外,为中央官吏中之要职。(员外,在定额以外设置的官员,可以纳钱捐买,后渐用为对地主富豪的一种称呼,常见于宋以来的小说戏曲。)

都察院:最高监察、弹劾及建议机关。

总督:地方最高长官,辖1~3省,总理军民要政,为正二品官,加尚书衔为正一品。

巡抚:省级地方政府长官,总揽一省军事、吏治、刑狱等,地位略次于总督,仍属平行,别称抚台、抚军、抚院。

布政使:专管一省的财赋和人事,清为督、抚属官,比巡抚略轻。

按察使:赴各道巡察考核官吏,隶属各省总督、巡抚。

道台:省以下府州以上行政长官,又称道员,清末在各省设巡警、劝业二道。

知府:知,主持,管辖州县,为府一级长官。

同知:知府佐官。

通判:有共同处理政务之意,地位略低于同知。

知州:州一级地方长官。

州同:知州的佐官,与州判分管粮务、水利、海防、管河诸职。

知县:一县长官,宋以前称县令。

县丞:知县佐官。

主簿:典领文书,办理事务,与县丞同为知县佐官。

巡检:以镇压反抗为专职,限于一县之境,多设于距城稍远之处。

典史:为知县下掌管缉捕、监狱的属官。如无县丞、主簿,则典史兼领其职。

(上为"注解",属于铺垫的内容。以下转入正题。)

第一节 潍县故城概况

老潍县位于山东半岛西部,地处潍河、白浪河及虞河冲积平原,涵盖今潍城区、坊子区、寒亭区的全部。远在5000年前,这里就有人类居住,原始社会的大汶口文化、龙山文化遗址在这里多次发现。

潍县地区设行政建置始于战国,历有平寿县、下密县、潍州、北海县等建置称谓。619年重置潍州时,州政机构和北海县机构同城。上述治所城址,在后来的潍县城的以西或西南,约在隋末唐初,才东移至白浪河西岸。1377年(明洪武十年)改潍州为潍县,隶属莱州。潍县城初建为土城,1512年莱州府推官刘信重建;1639年县令邢国玺砌为石城;1748年知县郑板桥募捐大修;1848年重修。至1948年潍县战役,潍县故城已有1300多年历史。1948年4月潍县解放后,称潍坊特别市。1949年6月改称潍坊市,为县级,隶属昌潍专区。1983年地改市后,改称潍城区。1994年区划调整,以白浪河为界,把原潍城一分为二,河东设立奎文区。

今日所讲老潍县,是指明清、民国至1948年之前的潍县故城。潍县故城是隔河相望、一主一从、四桥相连的两座城池;河西岸是潍县城,河东岸是东关坞。一县两城的格局在全国也不多见。请看概貌图:

潍县城面积约1.3平方公里,城有四门,东曰“朝阳”,西曰“迎恩”,南曰“安定”,北曰“望海”。内城近方形,地势中高周低。最高点为城中心的大十字口,海拔31.7米;最低是北马道,海拔24.6米。呈龟背形,加上瓮城的设置形状,活像一只面南静卧的神龟,故有“龟城”之称。城内48条街巷,多以姓氏、名胜、地势、景观、署衙等命名,如郭宅街、胡家牌坊街、增福堂街、县治前街等。原有寺庙四十多座,石坊三十多座,都建得庄严宏伟,气势轩俊。还有私人园林7处,现只剩十笏园保存完好。

东关坞比西城规模略小,早在元代就有人群临河而居,墟市交易。与县城相对,也设四门,自南而北分曰“奎文”“庆城”“通济”“耀武”,并各有一桥与县城相通,依次曰“平安桥”“朝阳桥”“小石桥”“大石桥”。因其城墙沿河而筑,蜿蜒曲折,状如盘蛇,遂老潍县有“龟蛇相依,格局祥瑞”“龟蛇双城”的美称。

老潍县城的功能一是为了预防战事,保障城内安全;二是为了防汛抗洪。20世纪50年代后,随着大规模城市建设的发展,原有的西城城墙已陆续拆除。其土石全部用于城区白浪河两岸的防洪堤坝。1953年,时任水利部部长傅作义来潍视察时,曾提出“拆除旧城墙不利于防洪”的建议,使东关坞临河的西墙得以保留,至今南头一段犹在。西城的北墙,只在1982年开通向阳路时,两边各留了十几米城墙土坯,成了仅存的原始遗址。若寻两城故址,西城大致在今和平路——胜利西街——月河路——东大街方框内;东城则在胜利东街——潍州路——福寿街范围内。

顺便说一下,有人把老潍县或现在的潍坊市称为“鸢都”是讲不通的。鸢为老鹰,都为城市,鸢都就是老鹰居住的地方。把“鸢”理解为风筝行吗?也不行,鸢和风筝没有联系。陈炳熙先生最早提出:“鸢都的名字并不讲,它不能代表潍坊。”

第二节 老潍县的历史名人

老潍县历史悠久,人杰地灵,名人辈出。2000多年来,载入史册或乡邦文献的出众人物数以千计,限于时间和篇幅,只能提及少部分。以下按其出世先后,且偏重文化影响简介之:

(1)公孙弘(公元前200年~前121年),幼年读书、放猪于浮烟山,后被汉武帝封为文学博士,官至丞相。80岁时病逝于相位,葬于浮烟山,今墓犹存。

(2)孔融(153~208年),生于曲阜,任北海相6年,推行德政,业绩显著。"融四岁能让梨"的故事家喻户晓。孔融才华横溢,胸怀壮志,可惜被曹操所杀。潍人为纪念他,曾建孔融祠。

(3)徐幹(170~217年),潍籍人,幼负才名,不尚官场,长于辞赋,有《中论》《室思》等遗作,是建安时代"三曹"之外杰出的作家代表,为"建安七子"之一。徐幹相信"天命",认为"求之有道,得之有命"。

(4)孙乾(221~263年),东汉北海一带人。经学大师郑玄认为孙乾有辅国之才,向刘备推荐。后辅佐刘备,南征北战,官至秉忠将军。史书《三国志》及小说《三国演义》中有多处叙写到孙乾。

(5)刘敏元(300年前后),偏爱星象之学,研究《周易》,认为以八卦的形式和天、地、雷、风、水、火、山、泽八种自然现象的相互作用,可以推测出宇宙变化。由于他偏于此道,故对正史不屑一顾。

(6)韩熙载(902~970年),潍州北海人,后唐进士,曾任南唐兵部尚书。才高气逸,长于文辞,精于书法,举朝上下不曾趋奉过一人。顾闳中所绘《韩熙载夜宴图》为中国十大古典名画之一,1990年被制成特种邮票发行全国。

(7)北宋时的北海人吴奎,自幼聪明过人,17岁即中进士,深受仁宗器重,拜其为翰林学士,兼摄开封府。一生廉洁奉公,家无积蓄,死后追赠兵部尚书。

(8)綦崇礼(1083~1142年),位居吏、兵部侍郎,博学多才,端方亮直。他和吴奎都在潍县留有著述。

(9)在宋代,潍县还出了道士名医宋问真。他嗜酒狂肆,能吃生葱鲜鱼,以指为针,以土为药,治病有神验。宋去世后,邑人曾为他建祠立像。

(10)杜珏(1475~1496年),才华出众却享寿不永。他幼年羸弱,17岁开始攻读,全凭天资聪明,19岁便成生员,21岁参加乡试中解元,22岁赴京会试,不幸染病死于客中。相传他极富诗才,江西有一名儒慕名来访,要他即席以葡萄为题赋诗,杜珏应声而成:"烂漫长条百尺余,叶如鲜甲蔓如须,东风鼓动苍龙舞,喷出圆光万颗珠。"

(11)刘廷锡,1522年中举,官任两淮盐运史,致仕归里后,对地方最大的贡献是首创了现存最早的潍县县志。

(12)刘应节(1522～1590年),于1547年中进士,官至南京工部尚书,刑部尚书。任职期间,文治武功,颇多建树,屡献经国大计。致仕后,为了给家乡培育人才,在浮烟山建立了著名的鹿台书院,在此讲学15年,培养了无数后学。其间有人数次荐他再任工部尚书,他皆未为所动而坚持终老故乡。

(13)郭尚友(1569～1647年),1601年,家住潍县城郭宅街的郭尚友考取了进士,从此郭氏家族成为官宦世家。他为官38年,官至户部尚书,太子太保,从政严谨,关心民情。晚年回到家乡,正逢潍县闹灾,他设厂施粥,使无数饥民得以活命。他在古稀之年,还配合知县守卫城防,保卫了县城。1645年,顺治皇帝派人亲临郭宅,下诏郭尚友回京再复重任。郭连连上疏,以年老多病坚辞不就,78岁时,病卒于家中。

(14)张尔忠(1581～1653年),1621年,张尔忠成了潍县大张疃张氏家族中第一代进士,他曾任陕甘总督的封疆大吏,在晚清之际,曾演绎出许多真实生动的文化历史故事。1642年,他辞官返乡,与知县周亮工结下生死之交,在守城之战中,表现出崇高气节。

(15)河南进士邢国玺(?～1642年),1634年出任潍县知县。他为人耿直,讲求信义,在任内政令严明,官廉民丰,将土城首创石城。1642年,被提升登州海防道,赴任路过青州,听说清兵数万围攻潍县城,即慨然往潍增援。青州太守劝其不要冒险,邢国玺说:"吾昔与潍人筑城,今日被困,当与之共守"。至昌乐尧沟,突遇清兵,身先士卒,与敌死战,身被数十创,坠马而死。潍县百姓得知,急纠人数百,代为收殓,葬于城南。18年后,其子来潍起棺扶柩归里,潍县民众纷纷赶来致哀相送。

(16)周亮工(1612～1672年),关于周亮工,当多说几句。1641年,他被选为潍县知县,正值战事紧急之际。1642年,清兵集骑兵三千,步兵万余,大举围攻潍县城。周亮工与典史王汝济率全城人民严防死守,设指挥台于北城墙头,请告老返乡的户部尚书郭尚友、陕西巡抚张尔忠、南瑞道参政王瑨、后补主事胡振奇四人分段督战。当清兵前锋兵临城下时,他命幕僚在胸前衣襟上书写"潍县令周亮工之尸"并盖上官印。他说:"敌入我死,这样好找到我。"他披甲执刀在城上指挥,肩中二箭,毫无惧色,及清兵登城,守兵稍有后退,他举起战刀对大家说,作战不利,我就死在这里,说罢举刀自刺,亏得身边有人阻止方罢。此种义烈,守城军民深受激励,一时士气大振。其侧室王金粟,年方十九,能诗文,有胆识。在与清兵激战时,她登上北城送饭,慰问守城军民,并到城头青阳楼上擂鼓助战,鼓舞士气,被誉为梁夫人(宋抗金名将韩进忠的夫人梁红玉曾擂鼓助战,传为佳话)。最后,潍县被困3个月,以清兵撤退而告终。这次守城,文史多有载述,周亮工能够坚守成功,主要采取了发动民众,治军有方、广积粮、壮军威、亲临指挥又分工明确等得力措施。周亮工重视人才,举办学塾,奖掖后生。在潍县任内,曾从童生考试中选拔16人,加以重点培养,其中有12人后来考录进士。他是明末清初的著名文人学者,知识渊博,才气横溢,长于诗文,酷爱书画,还喜收藏,他对老潍县的教育和画坛有较大影响。守城5年后,王氏死于广陵,周作悼亡诗八章,其第五章云:

危楼城上字青阳,一饭军中尽激昂。
旗影全开惭弱女,鼓声欲死累红妆。
玉台咏杂空王巷,锦伞尘迷坏色裳。
仙佛英雄成底事,劳劳亭畔柳千章。

(17)比周亮工晚30年任潍县知县,倡修康熙本潍县志的是王珍。而受王珍之托主持编修康熙本潍县志的,是出身于潍县望族陈宅的进士陈调元(1595~1684年)。

(18)刘以贵,1688年,刘应节的五世孙刘以贵中进士,相传他刚会说话,母亲就对他口授经书,10岁已遍通经史,惊其前辈。他中进士后,任广西苍梧县令,其地少数民族杂居,较难治理。他上任后革除陋规,振兴文教,很有政绩。年不到50,就告归乡里,闭门谢客,考辩经书,有多部著作刊行于世。

(19)郑燮(1693~1765年),1746年,郑燮54岁,调任潍县知县,在任7年,其诗书画及其在潍县的一些故事,地方政府已将其作为板桥文化专题开发。对此,我们了解较多,不再详述。

(20)韩梦周(1729~1798年),于1757年中进士,授安徽来安知县,后因捕蝗不利罢官。少时,韩梦周曾与昌乐进士闫循观,同在程符山西涧草堂讲学,当时就是闻名山东的"山左二巨儒",罢官后,重回山中讲学。他笃守程朱理学,是潍县古文派的代表人物。

(21)张耀璧,郑板桥离任7年后的1760年,浙江拔贡张耀璧来潍县任知县,上任后,看到潍县万历志和康熙志,惜其板字漫漶,篇轶零落,着手重修,并自任总裁。而志中的序文,修志徵言、凡例都是亲自撰写。他在任3年,最大的贡献就是给潍县的后人留下了一部乾隆志。

(22)陈官俊(1782~1849年),陈官俊于1808年考取进士,为二甲第二名,点庶吉士,后授翰林院编修。官至吏部尚书,工部尚书,协办大学士,上书房总师傅,道光皇帝的老师,恩准在紫禁城骑马。他是汉族人在清中期的著名大臣,其仕途多变,几经沉浮。死后葬于家乡小圩河,其墓在“文化大革命”时期被毁损,书法墨迹现存市博物馆。

(23)刘鸿翥、刘鸿翱,兄弟二人 1809 同中进士。弟弟刘鸿翱历任徐州守、台湾道,他主持台湾军政 3 年,是历史上的治台明吏。后任陕西按察使,云南布政使,新疆巡抚兼代总督事。他在鸦片战争中抗击英军,功绩卓著,升任闽浙总督。致仕后,回到故里,以文字自娱,其诗语清丽,不同凡响。71 岁时,端坐而逝。

(24)于祉(1788~1869 年),比刘鸿翱晚生 9 年的潍县杰出诗人于祉,自幼聪慧过人,有才子之称,而性高自重,不求仕进。他的一生,几乎都是在隐居著述中度过。他有言曰:“今欲学古人,不在学问,而在人品;人品高一等,则文章高一筹,断断乎高山流水不可向十丈软红尘觅消息也。”他的诗,有陶(渊明)谢(灵运)之精妙,在潍县文人中颇享盛名,一生清介,堪称高士。

(25)郭熊飞,1823 年中进士,补陕西延长知县,后官至直隶布政使。道光帝曾两次接见他,并说:“直隶不设巡抚,布政使即巡抚也,汝庶先副此任。”对他的信任可见一斑。

(26)郭梦龄(1795~1854 年),郭氏第 13 代孙,1823 年中进士,仕至山西布政使,山西巡抚。1853 年因所辖西城失守于太平军而革职,次年病卒于家乡。死后山西百姓公举入祀山西名宦祠。

(27)陈介祺(1813~1884 年),比郭梦龄晚生 18 年,清代著名的金石家,陈官俊的儿子,生长于北京,幼承父训,绝嬉娱,无妄言,聪慧嗜学,博闻强识。1854 年中进士,也入翰林院,任编修。其父死后的 1853 年,太平军入金陵,清廷军饷告急,他被迫报效巨款白银四万两。为此,咸丰帝以军功赏戴双眼花翎,加侍讲学士衔。(花翎有单眼双眼之分,民间称双眼为大花翎,故后人称其陈大花翎)。陈介祺惕于官场险恶,翌年借丁母忧乞假归里,不复仕宦。生平最大的癖好是古文字与金石学,收藏最为宏富,所藏毛公鼎(现藏台湾故宫)、十钟及七千多方秦汉古印,均为稀世珍宝。1827 年,将自藏及友藏的古印钤成印集,曰《十钟山房印举》,名闻海内外。他著述颇丰,同时又是著名书法家、篆刻家,且对传拓技艺有贡献。郭沫若称之“前无古人,后无来者”,可谓名副其实。所书对联“无求方觉人情厚,克己始知世路宽”,说明了他对世情观察之透,对人生感慨之深。他的故居,在潍坊三中院内,现存“万印楼”,为省级重点文物保护单位。他作为冠冕全国的人物,对潍县历史文化的影响之大、之远,无人能及。

(28)王之翰(1819～1884年),他是1844年的进士,任翰林院编修,后擢内阁学士兼礼部侍郎。他的门人张昭潜称其"胸怀洒脱,有如光风霁月"。晚年主讲于济南泺源书院,在书院无疾而终。他脍炙人口的作品《九九消寒图》,是九首七言绝句,分别描摹每"九"中的自然景色,兼含劝喻,写在消寒图上,成为一种可以致用的时令诗。现引其八、九两首如下:

八九风和日迟迟,名花先发向阳枝。
即今河畔冰开日,又是渔翁垂钓时。
九九鸟啼上苑东,青青草色含烟蒙。
老农教子耕宜早,二月中天起卧龙。

(29)张兆栋(1821～1887年),1854年考中进士,他出任过陕西凤翔知府,四川按察使,又任广东、安徽、江苏布政使,后升任广东巡抚,福建巡抚。他的叔父张翔、弟弟张兆楷、儿子张僖都是进士。

(30)比陈介琪、张兆栋稍晚的潍县文化名人,还有潍县诗人郭麟(1823～1893年),学者张昭潜(1829～1907年),篆刻家王石经(1831～1918年),乡绅诗人丁善宝(1841～1887年),周易研究家宋书升(1844～1915年)等。

(31)曹鸿勋(1846～1910年),1876年潍县西南关新巷子的曹鸿勋在殿试中一举夺魁,成为潍县的第一位状元。曹鸿勋父亲早亡,家庭贫寒,属平民出身。但自幼刻苦好学,勤奋用功,20岁那年,为文昌阁书写对联,陈介琪看后,赏识其文才字才,收为义子,亲自辅导学业。翌年,又介绍前面提到的王之翰为其授业老师,因而学业大进。高中状元后,授翰林院修撰,官至云南按察使,贵州布政使,陕西巡抚,成为封疆大吏。他政绩卓著,奏请试办石油矿,是中国石油工业的创始人。他的书法闻名于世,京城与家乡多有其墨迹,著作有《益坚斋诗文抄》一卷。

(32)王寿彭(1874～1929年),1903年三潍县西南关又一位状元,他与曹鸿勋同住一条胡同——新巷子,新巷子因此被后人称为状元胡同。王寿彭中状元后,先入翰林院,授修撰,后任湖北提学使,创办两湖师范学堂,因政绩突出,曾被任命为湖北布政使兼代巡抚。辛亥革命后,黎元洪任大总统,王寿彭任总统府秘书。1925年,张宗昌任山东督办,慕王寿彭之才,约王任山东教育厅长兼山大校长。后随张宗昌移居天津,1929年在天津病逝。王寿彭书法过人,不拘一体,在家乡留下的墨迹以楹联、匾额居多。

(33)丁锡田(1893～1941年),在王寿彭之后,潍县出了一个对家乡文化有特殊贡献的人物丁锡田,他自幼酷爱文史,16岁即通古文,并开始钻研舆地之学,又不遗余力地收集乡邦文献,缉印丛刊,有著述多种。他的藏书堪称潍县之冠,总数 3000 部 2 万余册,分藏北京、家乡两处,其心愿是建一私人图书馆,向家乡百姓开放,可惜时逢战乱又去世过早,未能实现。新中国成立后,其子女将全部图书捐献给潍坊市图书馆,不久又移交山东省图书馆保存。

光绪末年,清廷宣布废科举,兴学堂。此后,在民国至新中国成立前后,老潍县随着时代的变迁,涌现出一批革命者、革命文人和社会名流。他们是早期同盟会会员杜佐宸、于均生;爱国民主人士、九三学社创始人之一张雪岩;潍县早期的共产党人宋伯行、王全斌、庄龙甲;30 岁英勇就义的红军师长张英;抗日团长考斌之;国民党起义中将裴昌会;革命文人张眺、陈秉忱、沉樱、王大化;书画家陈君藻、郝保真、郭味蕖、于希宁、陈寿荣;地方名流郭兰村、高象九、徐培基、陈天才;核雕艺人都兰桂;现代作家田仲济;等等。

历史悠悠,史海沉钩。老潍县不知有多少有作为的人未留下姓名,还有很多人虽有记载,但史载过略难考其详。以上介绍,只是老潍县杰出者的少数代表。同事中有感兴趣者,可详读相关文献。

第三节　老潍县的名门望族

明清以来,六百年间,老潍县出现了丁、陈、郭、张、刘、田、孙、于等名门望族。他们在老潍县宗脉相连,绵绵瓜瓞,支派纷呈,成为富贵大户。这些家族多书香继世,官宦连甲。其中丁、郭、陈、张尤为显赫,人称四大望族,俗称潍县四大家族。个中名人,前面已经提到,但概况及特点又各不相同。

(1)陈家。1349 年,陈家始祖陈大观被任潍州刺史,携带家眷从祖籍沧州来潍,由于未任而罢官,便寄居潍县。1369 年编户入籍,从此落地生根,留下 3 个儿子友亮、友忠、友直,史称老三支。这老三支中老三陈友直后代最盛,到第八世生下 5 个儿子,俗称新五股。至 1649 年,第十一世孙陈兆鸾考中进士,官至知府,为陈家的兴旺发达奠定了基础。其宅第为十笏园旧址。此后,陈家陆续出了陈官俊、陈述经、陈风翰、陈述芹、陈官乂、陈应聘、陈阡、陈介祺、陈介猷、陈传奎、陈恒庆、陈翰声、陈德昌、陈蜚声、陈世昌 15 位进士,32 位举人,14 位贡生。在中进士的人中,有多人在翰林院任职,故在老潍县,陈家的宅第被恭称为“翰林院”。现在,陈家已繁衍至 26 世。陈官俊一支大多移居北京、天津、济南等地,其他后裔多数仍居潍坊。近代人物陈君藻、陈天才、陈秉忱、陈衍绪、陈寿荣、陈炳熙等皆为陈家后人。

(2)郭家。郭家的奠基人是郭礼,原籍高唐,廪生,塾师。1483 年为避家乡灾乱,携子至潍,以教书为业,后定居潍县,人口繁衍,渐成大户。郭家后人官职多,人才众,为其他氏族所不及。明清以来,郭家仕官绵连,出了郭尚友、郭梦龄、郭梦惠、郭熊飞、郭圩、郭玉章、郭恩赓、郭育才8位进士,29位举人,200位秀才,有一品至七品职衔人士224人,其中明代户部尚书郭尚友是郭家的代表。郭家还出现了一批不为官、不贪财、不随俗流,从事教育、艺术、诗文书画、金石篆刻的知名人才,如郭恩孚、郭恩坚、郭渔山、郭谷石、郭兰村、郭味蕖等人(其中郭味蕖先生为我国著名学者型画家)。潍县刊出的诗词文集、画册、印谱共计320多册,其中出自郭氏手笔者就有140余册,占总数的四成以上。可见郭氏在地方文化界的作用。如今,郭氏在潍坊已繁衍了20多世,当代的郭君彦、郭大壮、郭乃榄、郭肖容、郭怡琮、郭志光等都是郭氏后人。

(3)张家。历史久远,源于多地,宗祧纷呈。最负盛名的有三族:一是明代陕西总督张尔忠一族,祖居潍北大常疃,后居潍县大十字口以西;二是张兆栋一族,祖居河北沧州,后居潍县西门大街;三是张兆潜一族,万历年间,从寿光南关迁入潍县东关。在这三族之中,张兆栋一族中三代出了4个进士,即前面提到的其叔父张翔、弟弟张兆楷、儿子张僖,因而有"张氏一门四进士"之美谈。辛亥革命后,张氏族人中的张同普,张雪岩等成为先驱,张同信、张同和、张士元、张德新(女)等多人出国留学,回国后成了全国知名医学专家。当代著名雕塑家张德华(女)和潍县名人张镜远、张建时等都是张姓族人之后。

(4)丁家。丁家的家谱,以丁山为一世祖。明初丁山一族由江苏海洲(今连云港)迁来潍县,初来时家境贫寒,一无所有,卜居南门外。丁山有两个儿子,长子无后,次子只有一子一女。由于人丁不旺,丁山在给女儿招女婿时,要求合族,并与儿子平分家产。女婿是当时昌乐河头的王彦刚,所以在丁氏家庙里也供养着王氏牌位。后来孙子丁贵有了4个儿子,丁家人口开始兴旺起来。到了十二世孙丁庸行,经营商业发家,将住所迁居城里。丁庸行的儿子丁克成又有4个儿子丁廷模、丁廷举、丁廷选、丁廷珍,兄弟4人合伙出资"帖子钱",垄断了潍县的经济命脉,购置了大量房地产。从此,丁家暴富,在城里胡家牌坊东段定居,分为丁大、丁二、丁三、丁四宅,其中"丁四宅"是潍县首富,老百姓有"丁半城"之称。丁家的特点:一是土地多、房产多、商铺多,其代表人物是丁善宝、丁毓庚父子;二是在清末民国之后,丁家把经营活动由旧式的经营模式转向新型企业,其代表人物是丁叔言;三是丁家不但富有,而且重视教育,诗书继世,如丁四宅一支,家学渊源,一脉相承,丁善宝的孙子丁锡田,酷爱史志,保存文献,是有名的史地学家。丁锡田之子丁伟志今仍健在,是原中国社会科学院副院长,中国史学会副会长。丁伟志的儿子丁一川,现任教于北京大学历史系。可见,家有惠泽,传世绵绵。

关于名门望族,我想补充三点:一是他们之间的姻亲网。潍县的丁、陈、郭、张、刘、田、于、孙诸家,相互结亲,亲上加亲,可谓千丝万缕,盘根错节。尤以郭、陈两家,同为官宦之家,累世姻娅,实为世交。他们之间虽不好说是一荣俱荣的关系,但的确是靠着宗法的婚姻关系连接在一起,维系着一个旧时代的上层社会。二是并不是名门望族的所有家庭都是富有的。当中有的家业败落之后,也有穷得揭不开锅的时候,无奈之下,只好变卖家产,维持生活。或许过了几代,家里又出了人才,才能有所改变,或重振门庭。三是对于大家族要辩证地、客观地看待,如丁伟志先生所言,那些旧式的大家族,是很复杂的。看过巴金的《家》,基本就能了解那些大家族是个什么样子。

第四节 潍县老字号

潍县地处山东内陆交通要冲,素有东莱首邑之称。18 世纪,即为鲁东商品主要集散地,交易十分活跃。到清朝中叶时,成为手工业名城,经济繁荣,有“小苏州”之盛誉。

1904 年胶济铁路建成通车,商埠开放,潍县工商业迅速发展。另外,由于欧美帝国忙于第一次世界大战,暂时放弃了对中国的侵略,潍县的民族工业始得兴盛。至 1934 年,全县工商业有 118 个行业,共 2269 户。主要有机械、冶炼、轧布、染织、颜料、印刷、面粉、火柴、烟草、土布、杂货、书笔、点心、医药、新衣、煤炭、鞋业等。产品有柴油机、织布机、弹花机、水车、白布、台布、煮青颜料等 150 多种。在这期间,绣货、红炉、铜首饰、染坊等家庭手工业和作坊遍及全城,因此,潍县又有“二万支红炉、三千砸铜匠、九千绣花女、十万织布机”之说。著名的白浪河沙滩大集,闻名省内外,每逢集日,客商多达数万,连内蒙等地的骡马也来销售。

潍县民族工商业的发展,培育了一批技术人才,也涌现出了一批在全县、全省乃至全国较有名气的工商企业。具有地方特色的有“七东”、“八丰”、“八祥”、24 处线庄、25 家钱庄、257 家布庄等。这些企业在其发展和经营中,还大多效仿西方和上海的做法,创作、发行过一些以古今人物、历史故事、名胜古迹、花鸟虫鱼为画面的广告画(又称商业老海报)。这些广告画,形象醒目,色彩艳丽,适合中国国情,百姓喜闻乐见,而且有的在画中标有“提倡国货,挽回利权”的内容,不仅起到了推销产品的作用,也促进了民族工商业品牌的确立。现选择其中3家老字号略做介绍：

(1)华丰机器厂。潍县机器制造业现代史上的辉煌与骄傲。其创始人和经理，是著名民族企业家滕虎忱(1883～1958年)。该厂创建于1920年，创建之初，曾在青岛德国水师工务局干过13年工人，擅长锻工、钳工，有实业救国思想的滕虎忱，把集资建厂的想法与文华中学校长尹焕斋做了商量，尹焕斋热情支持，并出资现洋500元。滕虎忱卖了仅有的3间房子和几亩地，也凑了500元，又联系了梁启生等4人，共集资3000元，在东关租赁数间草房，成立了潍县华丰机器厂，以两部车床、1台五马力的汽油发动机、1台五马力的发电机和几支红炉、20名徒工开始了创业之路。滕虎忱不仅任经理，还负责掌钳，其妻也帮助拉风箱、打下锤。至当年年底，增资至1万元，建立了股东会，并扩建厂房，添置设备，渐成规模。到"七七事变"前，华丰机器厂由小到大，已有职工500多人，资金数百万元。其时，生产的织布机、柴油机等产品质量好，信誉高，行销18省、市，国内驰名。1934年，爱国将领冯玉祥曾到华丰机器厂视察，在参观了厂房、车间、设备、职工福利后，高度评价了该厂艰苦创业、自强不息的进取精神。他对滕虎忱说："全国有200人能像你这样有血性，能奋斗，国家前途就有很大的希望。"

潍县沦陷后，日军强迫华丰机器厂实行中日合作，并于1939～1940年，将华丰机器一厂、二厂的全部设备141部和所有原料，共装11列车运到济南，建立了历山工厂生产军火。1948年潍县解放，滕虎忱由济南返回潍县重建华丰机器厂，华丰机器厂始得新生。1954年华丰机器厂实行公私合营，滕虎忱仍任经理。是年8月，当选全国人大代表，1955年当选山东省人民政府委员，1958年12月，病逝于潍坊。原华丰发动机厂、潍坊发动机厂之前身，皆为华丰机器厂。

(2)裕鲁公司。其全称为"裕鲁颜料股份有限公司"，是潍县最早创办的化工企业。1923年建厂，创办人张荆芳，蓬莱人，曾在哈尔滨经商，并经常到日本购货。他看到日本颜料工业发达，认为黑色颜料硫化青膏定可畅销我国，遂生在国内办厂的打算，并在日本学会了制作技术。回国后，考虑到潍县的纺织工业比较发达，张荆芳决定在潍县开设颜料工厂。

裕鲁公司是按当时的公司法设立的，有董事会，股东丛良弼任董事长，张荆芳任常务董事兼总经理和监察人。管理机构由董事会任命，经理1人，副经理1人，经理再任命营业、会计、庶务主任各1名。到1935年，该公司发展到鼎盛时期，有职工100多人，年营利10万元，资产总值56万元，承担潍县商会经费的32%，成为当时的大型企业。

在生产经营管理方面，生产技术不公开，配料由张荆芳亲自过磅。重视产品质量，每天的成品，先用白线染样子，符合标准才包装入库；否则，另行处理。对于职工，赏罚分明，年终根据工作成绩发给奖金，以资鼓励。

日军侵华后，公司开始亏损。1948 年，公司在青岛设立分厂。1950 年政府决定部分沿海工业迁往内地，青岛分厂并入潍坊总厂。1954 年，实行公司合营。1964 年，工厂迁东郊，面积扩大到 185 亩。1965 年改名潍坊化工厂，即今日之潍坊亚星化学股份有限公司，青膏产品于 1974 年才被淘汰。

(3)泰东商行。其前身是一处不大的泰东商店，开设于城里东门大街。1931 募股增资，扩大经营，在原址附近建成 3 层营业大楼，营业面积 1000 多平方米。当时规模之大创潍县先例，开业之初，全城轰动。全楼均以电灯照明，并安装电话(当时很少)，楼外夜晚灯火通明，门前五色灯、霓虹灯流光溢彩，还有唱机播放京剧唱片和流行歌曲。店内高悬“泰东商行”金色牌匾，旁联是：言不二价，童叟无欺。在管理方面，设董事会，每年开股东大会，总经理丁子明，经理丁敬亭。下设百货部、瓷器部、绸缎部 3 部经理。商品多系珍贵名优，且品类齐全，既有门市销售，又能送货上门，还能记账赊销。

其他老字号还有信丰染印公司、大华染织工厂、和记印刷局、同祥号、福聚祥茶庄、惠东大药房、永乐大戏院、玉露春澡塘、丽芳照相馆等。这些老字号，代表了潍县老一代民族工业者的创业轨迹，其成功经验和失败教训，都有助于今天民营企业的发展，也很值得我们求是和信学习借鉴。

第五节　名胜古迹

过去的潍县，坛、祠、庙、宇、园林景观遍布全城。旧坛有 7 处，社稷、先农二坛为其代表；祠堂有 14 所，著名的有孔相祠、周工祠；庙宇计有 152 处，其中城里 19 处，如关侯庙、文庙、城隍庙、石佛寺、玉清宫(北宫)等。旧时的潍县还建有很多牌坊，有石牌坊和木牌坊两种，多为歌颂神祇或表彰忠孝节烈之用，今天看来，其原有意义已不足取，但却有观瞻和考古价值。所谓胡家牌坊街，即 1609 年明万历为胡琏及其子孙建“恩赐四世坊”而闻名。惜上述坛祠庙宇和牌坊，新中国成立后皆被拆除。

明清以来，潍县的名官显宦，士绅望族，争相购建私家园林；另有附庸风雅之辈，也建园林提升自身品位，并做呼朋引伴之所。鼎盛时期，城内城外有大小园林 17 处，如南园、半亩园、绿野斋、易园、复园(草庙子花园)、柏园、自怡园(1991 年重建)，而被誉为“北方小园第一”的十笏园，为潍县园林中仅存的硕果,1988 年被国务院公布为国家重点文物保护单位。

十笏园我们大多去过,其中的楼台、亭榭、曲桥、回廊、鱼池、假山、书斋、客房点缀得当,布局严谨,小巧玲珑,均匀而紧凑。而春雨楼、漪岚亭、水帘洞、小瀑布等,疏密有致,宛如天然,体现了我国庭院建筑的高超艺术水平。但是,园主丁善宝所写的《十笏园记》却鲜为人知。现在让我们一起来欣赏丁善宝 1886 年建造此园时写下的这篇佳作名篇。

十 笏 园 记

光绪乙酉孟秋,余得郭氏废宅于舍西,实前明胡四节先生之故居也。前有厅事,后有复室,俱颓败不可收拾。中有楼三楹,独屹立无恙。爰葺而新之,题曰砚香楼,为藏书之所。素有濂溪之好,因汰其废厅为池,置亭其上,曰四照,曰漪岚,曰小沧浪,曰稳如舟,更筑小西楼,题曰春雨楼。下绕以回廊,驾平桥,通其曲折。

老友蒯君菊畦、刘君子秀、于君敬斋,实代为筹划而布置焉。姻家刘雁臣又增以旧石,于池之东,叠而为山,立蔚秀亭于最高处。西望程符孤山之秀,朴入眉宇。山迤南为十笏草堂。前有隙地,杂莳花竹。西院有老屋八九间。中为深柳读书堂作家塾,旁曰秋声馆,曰静如小房,为留客下榻处。园之东,古梧百尺,绿荫满庭,即余家居坐卧之碧云斋也。八阅月而规模具焉,以其小而易就也,署其名曰十笏园,亦以其小而名之也。

尝慨乎世之治田园者,每为其子孙计,而子若孙,或转以逸乐,失其先人之志。余年逾十七闰,尚无子,以后之有子无子,未可知,亦无所谓计不计。虽然,不能不为后之人计。余之构斯园也,以中年多病,治此以为养静之区,非侈逞台榭之观美,以贻后人之逸乐者。今与后人约:毋得藉此会匪朋,毋得藉此演杂剧,更毋得藉此招纳倡优博赌,滋生弊端,使泉石笑人。之数事者,皆余生平所不能为,而又不愿后之人之为之也。子侄辈倘能以余之心为心,好余之所好,幸而上达,不家食吉,则故乡有此瓜牛庐,不难急流勇退,则爻占搴遁,老守田园,耕读之余,日与益者三友,或篇什流连、或杯酒斟酌、艮其趾不出户庭,亦吾家之佳子弟也。况柳州有云:“观游者亦为政之具欤。”工甫竣,记次数语,俾后之人知吾所以构斯园之意,庶几能常有此园也夫。时丙戌重阳前三日适侄孙良翰自都中来,命楷书而刻石焉。

十笏园记(大意)

清代光绪十一年(公元 1885 年)7 月,我购得西邻郭家的废宅,这所房子原是明胡四节先生的故居,前面有厅房,后面有居室,都已颓坏不能用。中间有楼房 3 间,还完好无损。于是加以修葺刷新,题名“砚香楼”,作为藏书的地方。我素爱山水,因而把原来的废厅拆掉改为池塘,以便植荷,并建了几座亭子:四照亭、漪岚亭、小沧浪亭和稳如舟亭。又筑了小西楼,提名春雨楼,下面筑有长廊环绕,架上小桥,与之曲折相通。

建筑这所园子,都是老友蒯菊畦、刘子秀、于敬斋诸先生帮助筹划和布置的。亲家刘雁臣又送来了一些旧石,于是在园子东面筑成假山,在山顶建成蔚秀亭,西望程符山、孤山,秀丽山景,尽收眼底。山南边,有十笏草堂。前面的空地上种了各种花卉竹木。西院有老屋八九间,中间是深柳读书堂,作为家塾。旁边有秋声馆和静如山房,作为宾客休息处。园子东面有老梧桐高百尺,满院绿荫,是我在家休息的碧云斋。用了8个月工夫就粗具规模,因为园子小而容易建成,所以题名为十笏园,也因为它小才起了这个名字。

我曾感叹那些修建田园的人,都是为子孙后代打算,但他的子孙后代往往借此来享乐,忘掉了先人的遗志。我现在已46岁,还没儿子,今后有无儿子不可知,也就无所谓为子孙打算了。虽说如此,我也不能不为后代打算。我建筑这所园林,是因为中年多病,用它作养病的处所,不是去奢侈浪费钱财、讲究亭台楼阁的华美,以便让子孙在此享乐的。现在我和后代子孙定一规约:不能用这地方聚会流氓匪人,不能用这地方来演出戏剧杂耍,更不能在这里纳娼聚赌,弊端滋生,让泉石来嘲笑我们。以上几件事,都是我所不能做,更不乐意后代子孙去做的,子侄们如果能以我的心为心,喜欢我所喜欢的,并努力实行,侥幸飞黄腾达,出外为官,不在家吃闲饭,在家有这几间简陋的房子,在官场上还顺利时,为了避祸而及早引退,能有家可归。如果遇到不顺利,回家隐居也好。在耕读余暇,每天与良友饮酒赋诗,不随便外出,这也算家中的好弟子了。况且柳宗元曾说过:旅游、观察,也是从事政治活动的一项内容啊!

建园工程刚完成,我写这些话以便后代了解我建筑这一园林的用意,或者可以较长久地保住此园吧。

这时是光绪十二年(1886年)9月6日,正巧侄孙良翰从北京回来,就叫他用楷书写下来并刻在石头上。

让人感叹的是,丁善宝在“园记”中,对后人如何使用这个园林提出了要求。他建这个园林时,已年逾十七闰(每2.71年一闰,十七闰为46岁),尚无子嗣,一年之后就去世了。他知道享受这个园林的是后来人,但难以预料是怎样的人,在隐隐的不甘中,希望后人不要辜负他的苦心,不要污损了这个园子,于是在文中与后人相约,其用心之良苦,言辞之恳切,足以让人感动。今天,此园废私为公,侥幸留存,并成为国家重点文物保护单位,亦可告慰地下主人了。

第六节　潍县乐道院

把潍县乐道院单列一节介绍，是因为乐道院所具有的历史和文化价值。它与广文中学、齐鲁大学、潍县集中营、潍坊第二中学和潍坊人民医院，都有着很深的渊源。

潍县乐道院的始创者，是美国基督教的传教士狄乐播。1883 年，他和夫人狄珍珠由登州来潍，在教友的协助下，购买了李家庄的 16.5 亩土地，用 1 年多的时间初步建成了以平房为主的"乐道院"。乐道院主要分教会、学校、诊所 3 部分，早期大门面南，上悬匾额，潍县人习惯上称"洋楼"。

1900 年，义和团运动兴起，"反洋教"风潮波及潍县。当地民众围攻乐道院，陈锡庆等人在教堂内点火，大火烧毁楼房 42 间，平房 136 间。教会控告，陈锡庆等 7 人被捕。那时，清政府既怕洋人，又怕义和团，经交涉，赔款白银五万两用于乐道院重建。1904 年，狄乐播又利用 10 万两"庚子赔款"和 2.6 万美元的美国教会捐款扩建乐道院，面积达到 200 多亩。扩建后的乐道院，主建筑为"礼拜堂"，可容纳千余人，成为昌潍一带基督教的传播中心。全院学生开设基督教课，院内学生职工吃饭时颂唱谢饭歌："谢谢天父赐我衣穿，谢谢耶稣赐我灵餐，恳求圣灵住我心间。阿门！"1921 年，狄乐播在乐道院病逝，其妻掌管教会事务，后又有美国教士继任。

乐道院的学校，初时叫文华馆，专招男生。1895 年，又设"文美书院"，专收女生，是山东仅有的女子中学。扩建后，改称文华学校。1922 年又建模范小学、培基小学。1933 年，文华中学、文美女中、培基小学三校合并，取名广文中学。直到 1952 年，潍坊市政府正式接管，称"山东潍坊第二中学"，广文中学附小迁工人新村，称工人新村小学。而在 1904～1917 年，乐道院还开办过广文大学，其师资、设备、教学堪称上流。1917 年，广文大学西迁济南，成为齐鲁大学的一部分（山东大学医科学院前身）。

建院之初，乐道院的医院规模略同诊所。1924 年，中国大夫张同信主持建成病房大楼，成为胶东一带大规模、高档次的医院。太平洋战争爆发后，日本将许多在中国沦陷区搜到的英、美等国的侨民及战俘，关押在乐道院。日称"敌国人民生活所"，百姓叫"潍县集中营"。1948 年 4 月，医院被人民政府接管，改称"潍坊特别市乐道院医院"，后几易其名，1984 年 1 月 1 日，改称"潍坊市人民医院"。

潍县乐道院，风雨沧桑，历经60多年，随着潍县解放和政权更替逐渐式微。于今，她已退出历史舞台大半个世纪，但教会及其西方文化在老潍县的传播，中西方文化在老潍县的融合和碰撞，都值得我们研究。而狄乐播等人的传道重教精神，更值得我们敬仰和深思。

第七节 潍县战事

潍县战略位置重要，历来为兵家所重视，有史可查，影响较大的战事，除了前面提到的周亮工死守潍县之战外，还有1857年、1861年、1867年捻军三过潍县之役，1916年中华革命军东北军占领潍县事，1930年晋军围攻潍县之役。而规模最大，影响最大的当数潍县战役。

潍县战役是1948年山东战场上以攻克潍县为中心而展开的一场攻坚战役。作战双方为国共两军。当时，潍县守军为国民党整编第45师整部及直属部队之一、二旅，山东第八保安司令部及直属部队保六旅、保八旅，还有还乡团等杂牌部队，总共兵力4.7万人。守军指挥官为96军中将军长兼第45师师长陈金城。第八区行政专员为少将保安司令张天佐。攻城部队的总指挥为山东兵团司令员许世友。兵团政委为谭震林。指挥部设在潍县北部的东常寨。主攻部队为9纵、鲁纵、渤纵；另有7纵、13纵阻击东援、西援之敌。战役自4月2日开始，4月27日结束。攻城部队采取的是“稳打稳扎”的指导方针和“不怕碰硬，以硬对硬，先打西城，再取东城”的战术。兵书所载“摧其坚，夺其魁，以解其体”即是此术。

潍县城的城防工事，经日、伪、蒋十几年苦心经营，构成了以西城为核心的强固防御体系，守军又有飞机支援，战斗激烈程度可想而知。最终攻城部队取胜。整个战役，共毙伤俘敌2.5万人，加上扫清外围，共歼敌4.6万人。陈金城被活抓，张天佐被击毙。另俘国军将级军官7人，校级军官127人。解放军也有1400多人战死，其中有500多人为无名英烈，新中国成立后被葬于潍坊烈士陵园。

潍县战役除了军事上的意义外，还在政治上有显著影响，尤其是获得了城市接管工作的全面经验。潍县战役是老潍县历史的终点，也是潍县人成为潍坊人的起点。

第八节　潍县文化浅析

(1)老潍县科举蝉联,文风昌盛,有其深厚的历史渊源和社会人文背景。概括起来,一是地方主政官吏对教育学风的重视;二是书院教育及名师效应;三是学塾重教,严师出高徒;四是名门望族注重子弟教育且捐资助学。而归其根本,则是科举制度的深刻影响。

对于科举制度,我们还应当看到它的另一面。科举文化,本质上是一种政治文化,其表现是人在家盛,人亡政息,政息家衰。潍县的胡家、陈家、郭家,都曾经是赫赫有名的大族,他们的共同特点就是以科举起家,以官致富,富贵还乡,衣锦度日,最后人才凋零,家势渐败,崽卖爷田,沦为平民。这也是科举以来中国社会阶层流动的写照。中国古代社会士、农、工、商四民分治,农为本,工商为末;但科举以来,读书成士,却是农工商阶层的共同追求。万般皆下品,唯有读书高;书中自有黄金屋、书中自有颜如玉、书中自有千钟粟;十年寒窗无人问,一举成名天下知。偌大的诱惑,成就了几多寒门学子,光耀门楣,却也不知让多少人皓首穷经,一无所获。即使这一代科举起家,如果后代没有读书"种子",那么家族也很快就会衰败。曾国藩曾说过:"凡天下官宦之家,多只一代享用便尽,其子孙始而骄佚,进而流荡,终而沟壑,能延续一二代者鲜矣。"中国的封建社会,就是在这种循环中延续的。"旧时王谢堂前燕,飞入寻常百姓家""无边落木萧萧下,不尽长江滚滚来",有人体会的可能是造化的弄人和人生的无常,但这种流变和更替,却是时代的必然,也是社会公平的发端。

(2)我国的官场文化,提倡道与术的结合。道的含义很宽,但主要是指"修治齐平",为国尽忠;术则是做人的技巧。道术结合的内涵,应是做官为人相统一。老潍县人才辈出,仕官连绵,前面提到的韩熙载、刘应节、郭尚友、张兆栋、陈官俊、曹鸿勋以及周亮工、郑板桥,称得上大臣名吏,他们"衷心效国""勤勉供职",成为后人研究的标本,也对潍县的地方官吏有一定的影响。但我们应当认识到,在封建体制下,道术结合,是很难达到的,甚至是自相矛盾的。因为封建官僚政治下的各种官吏,代表的是统治阶级的利益,他们只对皇帝负责,对上级负责,而不对下级和百姓负责。这种体制决定利益分配,既不讲民主,也不讲法治,主要依靠人治和各种宗法思想来维持的封建社会,即便有人想追求做官和为人相统一,想体恤民瘼民意,想为官一任造福一方,也是难以实现的。而中国官员的"道术结合",客观上与王权主义合流,在一定程度上又助长了官僚主义的形成和强盛。另外,所谓的做人之术,有时也是被迫无奈之举,官场的风险,又有多少人体验?贵为协办大学士之子,本身又是翰林院编修的陈介祺,借母丁忧归里,有诗曰:“热闹场中良友少,巧机关内祸根蟠”。他还留下家训:一不做官,二不经商,三与僧道无缘。这些都值得后人深思。

(3)书画篆刻,工艺美术,是潍县文化中的珍品。清代以来,潍县书画篆刻盛行不衰,蔚然成风。数以百计的名家,留下了大量的文集、遗草、画册、印谱,不仅造就了老潍县浓厚的文化氛围,而且形成了延续至今的良性循环。简析原因,一是潍县历史悠久,文化相对发达,又是龙山文化和金石文物出土胜地,给古文学者和书法家们提供了从事研究的良好环境。二是潍县人在外为官者遍布全国,其中不少人酷爱金石丹青,任职时收集的大量的文物和名人字画带回故里,为潍县的书画篆刻家及其爱好者,提供了学习研究的良好条件。三是潍县书画人才层出不穷,薪火相传,且有“同志画社”“北海书画社”“万印楼印社”等富有影响的书画篆刻组织。我想,老潍县书画篆刻的名家,不仅是一些不随俗流的文人雅士,他们对潍县的推动和影响,也不是仅体现在文化这个单一的层面上,他们留给后人的还有其他,还有很多。

潍县的工艺美术,同样历史悠久。历代的匠师和艺人,用他们的勤劳和智慧,创造了门类繁多、丰富多彩的民间艺术品,尤其是在手工业产品中,嵌银、仿古铜、年画、风筝、核雕、铜首饰、传拓、刺绣、印花等驰名中外。这些名艺珍品,与老潍县的日常生活、文化品位、审美情趣及社会风俗等联系在一起,以其独特的地方艺术风格,被列入山东省非物质文化遗产项目。今天,这些工艺美术,仍然对点缀市民的生活,繁荣城乡经济,搞好对外开放发挥着积极作用。

(4)潍县的历史,曲折多变,源远流长,历史上的潍县,已成为一种文化概念和文化情结,刻印在潍坊人的心里。令人欣喜的是,自 1984 年以来,潍城政协文史委,即开始编印《潍城文史资料》。一代了解、热爱潍县文史的老人,如周庆元、陈景蕃、陈瑞曾、刘秉信、郭子宣、谭先民、陈炳熙、刘督宽等,精心收集、整理、撰写、编辑,于今已编录出版了 26 辑。而潍城区委、区政府,也在几轮的拆迁改造之后,又回过头来致力于潍县文化的保护与开发,并将潍县的人文精神提炼为“经世唯实、创新求变、负重奋进、博采众长”。这些对我们理解潍县文化,都是有很大帮助的。

我个人认为,潍县文化作为一种地域文化,与本地的政治、经济、历史、人文密不可分;它的个性、特点和局限,也是前人数百年来“积习成性、习以为常”的结果,即它的形成、改变和进步,是有条件、有惯性且相对缓慢的。总体说来,潍县文化的形成受制于传统的影响,受富贵家族的影响,也受一些书画文人的影响,其中也不乏踵武前贤、克绍箕裘的范例。但老潍县作为一个半城半农的小县城,自然有它落后和庸俗的地方。正确认识一种地域文化并非易事,常常需要较长的时间。如何更好地认识和理解潍县文化的个性,如何更好地传承和改进老潍县的人文精神,还有待人们进一步挖掘和研究。另外,一个人、一个地域、一种文化是否博大,在一定意义上是以他(它)的包容性、开放性和创造性来衡量的。近几年在潍坊举办的风筝会、鲁台经贸会、中国画节暨文展会,还有寿光蔬菜博览会和青州花卉节,都对地方文化有很大影响。而在全球化、网络化和各地区文化、中西方文化高度交汇的今天,人们的思想正在发生空前的变化,相信在这一大的背景下,老潍县的文化也必然会得到提高和升华。

讲到这里,延伸几句。刚才提到,一个人、一个地域、一种文化是否博大,是以他(它)的包容性、开放性和创造性来衡量的。求是和信建所以来,一直都在加强和深化自身的文化建设。在今年的年会上,我们提出了启动"文化落地工程",决定成立专门小组,对文化建设的步骤、方法进行研究,争取在本年度内总结、提炼、形成系统的求是和信文化。同时,还要求我们全所员工深化对"诚信、责任、合作、发展"文化理念的认同感。我想,这既是一项非常重要的工作,也是一项高难度的任务。因为求是和信文化,不是简单的几个字,几句口号,而是一种内在的东西,是求是和信人在20年的发展过程中形成的一种精神财富。它不但需要培育,而且需要修正,需要坚持,需要传承,更需要我们大家共同思考,共同实践,共同锤炼,共同创造,共同落实,共同提高。

结束语

各位同事,今天,我们穿越时空的隧道,缅怀老潍县的先贤名人,追思老潍县的名门望族,寻觅老潍县的古迹名胜,介绍老潍县的"老字号",目的是探索、了解和继承老潍县的文化遗产。

星移斗转,沧海桑田。朝代的更替,时代的变革,早已荡涤了老潍县故城的形制与功能,更荡涤了名门世家的富贵与繁荣。如今,我们只能在斜阳草树、寻常巷陌中,透过历史的沧桑,去寻找老潍县昔日繁荣的残迹;透过乡邦文献的载述,去品味老潍县历史文化的积淀和厚重;透过诸多进士、举人和书院的产生,去审视中国的科举制度和老潍县的文风之盛;透过四大望族的兴衰,去求证家族循环和延续的要素;透过清末之后潍县工商经济的发展,去认识民族工业乃至市场经济的基础;透过民国至潍县战役的动荡,去捕获中国近代历史的缩影;

进而透过数百年历史演变的轨迹去感受和把握老潍县人文精神的脉动；最后，再透过上述全部文化的表象，去反思中国文化的本质——官僚政治以及官僚政治发展的社会基础及其在现代的转型……

往者已矣，来者可追。文化继世，薪火传承。我们生活在这座古城，我们工作在这座古城，我们的后代也是、曾是或将是这座古城的居民，我们与这座古城的关系是何等亲近！以史为鉴知兴衰，以人为镜明得失。只有深刻地认知本土文化的底蕴，才能进一步激发我们的爱乡情怀；只有让传统文化在新时代延伸，才能形成文化的传承。因此，让我们在不断地学习和探索中，去承继这座古城的文化，去建设这座古城的现在。同时，作为一名中国的律师，作为一名求是和信的成员，还应凭借我们对文化的理解，对法律的信仰，对公平的追求，对宪政的崇尚，以比较理性的思维，比较淡定的心态，比较开放的思想，比较积极的行为，去面对各种机遇、困难和挑战，去推动中国律师事业的发展，去推进民主与法治的进程，去建成我们的“求是大厦”（在建办公楼），去建好我们的“和信家园”（待建宿舍楼）。让求是和信成为名副其实的“国优所”，让求是和信成为若干年后的“老字号”。路漫漫其修远兮，我们将上下而求索。我们的愿景一定要实现，我们的愿景一定能够实现！

这个讲座内容偏多，我的语速有些加快，一下午没有间断，没有中休，但大家都很投入。前七节概由史料缩写而成，文字上进行了加工；第八节中包含了个人的看法；结束语部分，是我有感而发。其中的观点、情感和表述难免有误，诚望大家批评指正。谢谢！

第五章

职 业 心 得

本章是我在从事律师业务和律所经营管理中体验和领悟到的部分思想认识。有山东潍坊求是和信律师事务所所刊的卷首语,有即席发言,有札记。《深入理解依法治国》和《共同拥有一个理想世界》,涉及法治、职业及制度;而我参与研究、提炼的《求是和信文化及其释义》也收录在里面。虽然这些是由个人所写或由我负责执笔,但它表达和体现的内容,是一个律师、一个律师事务所、一个行业发展到一定阶段的所思所想和所为。

职业　事业　责任

在我国,律师还属于一种新兴职业,但它已经率先与国际接轨。律师和律师事务所被推向市场,面对生存、机遇和挑战时,要心系职业、事业和责任,依靠自己的人品、能力、学识,依靠执业群体的共同努力,在社会上树立起良好的职业形象,才能有所发展,有所作为。

为当事人提供法律服务,是律师的本质属性。在诉讼、庭审、辩论和谈判、签约以及其他非诉讼活动中,律师的职能是把握事实,运用证据,援引法律,最大限度地维护当事人的合法利益。而要实现这一职能,就必须勤学苦练,历经磨砺,具备充分的专业知识和综合解决法律事务的能力。

律师执业的核心价值,在于实现社会公平正义。既然我们选择了律师职业,就要在职业操守和执业能力两个方面,努力达到这个职业的要求。我们应以严谨、科学、老实的态度对待每一项业务,尽全力满足当事人和客户的正当需求;同时,还要在执业活动中,不断地自省、自律、自强、自励。我们不仅以律师职业作为生活来源,更重要的是要以律师职业为他人服务,为社会服务,为维护他人权利和社会公平正义而斗争。唯有如此,我们才能真正发挥作用,体现价值,使收入和人格取得平衡,让经济效益与社会效益达到统一。

创建和经营一家成功的律师事务所,是值得终生追求和倾力奋斗的事业。多年以来,求是和信律师坚守“诚信、责任、合作、发展”的事业理念,已初步实现了把本所建设成为规范化、规模化、专业化律师所的预期目标。我们注重文化建设,强调团队合作,讲求办案质量,重视管理效益,不虚伪,不浮夸,真诚坦荡,质朴务实,因而赢得了许多固定的客户和可贵的友谊,获得了潍坊市第一家"市级文明律师事务所"、潍坊市唯一一家"省级文明律师事务所"、"山东省优秀律师事务所"和"全省司法行政系统规范执业先进集体"等荣誉称号。但我们在取得成绩的时候,还要看到不足,想到责任,勿忘进取创新。如何面向市场,优化人才结构,为客户提供专家型和综合配套型的法律服务;如何打造品牌,突出核心竞争力,壮大和夯实事业发展的牢固基础;如何把握大局,深入贯彻落实科学发展观,积极参与和谐社会构建,为推进民主与法制的进程多做贡献,都需要我们理性的思考和具体的行动。

中国的改革和发展,需要一大批先行者。中国的律师,已经用自己特有的智慧、学识、尊严和业绩,证明了律师是经济生活和法制社会不可或缺的重要力量。律师兴,则法制兴;法制兴,则国家强。让我们与社会各界携手并进,继续为祖国的经济建设添砖加瓦,为实现依法治国尽一份责任。

(本文载《求是和信律师》2007 年第 4 期卷首语)

庆“国优”　谋发展

（2008年12月26日在山东求是和信律师事务所座谈会上的发言。）

和大家交流几点看法：

1. 一家律师事务所，就像一支部队一样，都有自己的传统和文化。一支部队的传统，往往是由这支部队组建时，首任军事首长的性格和气质决定的。一家律师事务所的文化，也是由初创时的合伙人以及在发展中的骨干力量决定的，他们为这个所注入了灵魂。我们应当记住，吴爱华、李万兴、王玉亮、马东宁、张法科、高玉玲等人，既是我们求是和信的元老，也是我们求是和信文化和品牌的奠基人。这种文化和品牌的核心，就是责任、奉献、诚信、包容和团队精神。这也是我们求是和信能够荣获“全国优秀律师事务所”的根源所在。

2. 一支部队的强大，主要体现在火力的强大；而一家律师所的强大，主要体现在人才力量的强大。我们所要想有更大的发展，要想成就更大的事业，就必须要有人才，要有实力；而这个艰巨的任务，主要靠年轻的同事来完成。你们年轻人不但要传承，要发展，更要突破和奉献。你们一定能够自觉地、尽快地承担起这个责任。

3. 一个人一生中最重要的事情之一，就是在社会上找到自己的位置。我们选择了或者被动地接受了律师这个职业，也算找到了自己的位置。我常常想，律师这个职业，是平衡权利义务关系的，是解决人间利益纷争的，是为别人排患释难的，是为那些精明的商人和官员当顾问的。在公众心目中，律师是有知识、有智慧、有能力的人；是有法律学问、有社会常识、有思想道德的人。那么,我们是否就是这样的人呢?这真的需要扪心自问,更要有自知之明。苏格拉底有个重要的观点:智慧就是知道自我的无知,并认为人人都应承认自己的无知。只有“知己无知”,才能正确地、客观地认识自己,对待自己,才能怀着一颗谦卑和自励之心,虚怀若谷,低调处世。实践证明,客户和当事人,就是律师的考官,他们考察你的学识,检验你的能力,尤其是揆度你的人品。因果的织机,始终在编织着相关联的线,操纵人们的是隐居在内心的欲念和价值观。我们每个人在智慧、能力等方面都有缺欠,但如若在工作之中做到正直、向上、尊重、投入,既充满力量又充满温情,就能达到或者接近达到人格、知识和职业的统一。

各位同事,人是按照真、善、美的愿望和规律建造世界的。真、善、美是生命的光环,是人类的光辉,它们寓于社会,寓于家庭,也寓于我们从事的具有复杂性、多样性、创造性的律师工作当中。对真、善、美的追求,既是当年创建求是所的精神动力,也是当时创始人的行为动机。今天,在成绩和荣誉面前,我们要回顾总结,不忘初衷,正确定位;今后,面对新的任务和目标,我们还要克服困难,自觉修正,砥砺前行。记得老律师张斌生提倡从业“三忘”,即守道而忘势,行义而忘利,修德而忘名。这“三忘”固然较难做到,但对于律师执业操守的修炼,对于律师行业的发展,对于律师个人人格的培植和升华,还是很有帮助的。祝愿我们的求是和信日益强大,名副其实;也祝愿同事们都能获得工作的进步和美好的人生。

积淀 创新 发展

——《向艺术家学习》节选

人类社会每次大的变革,都会带来文化领域的突破,也会产生一批具有时代风范的艺术大师。徐悲鸿、郭味蕖、聂耳、冼星海、郭兰英、李谷一,这些中国当代的艺术家,都有一些共同的特点,那就是禀赋很高,学养深厚,继承传统,勇于创新,治学严谨。

从他们身上我们感悟到:一个人要想在某一领域有所成就,从小就要注重知识的学习和积淀。知识不但要靠日积月累,还要学会积淀。积淀就是变得扎实,使其厚重,不去稀释,不随便蒸发。当知识积淀到一定程度,业绩也达到一定程度时,其发展就会遇到"瓶颈",这个时候,要再往前走,就必须创新。在实际过程中,往往是先发现问题,发现变化,然后才是创新,才是突破。无论是个人、单位乃至国家,都会在创新和突破之后,取得比前面更大的发展,并形成自己的特色。由此可见,积淀、发现、创新、发展,是相互联系、密不可分的。

提到"创新",现在是一个极热门的话题。创新的原意是抛开旧的、创造新的。但现代社会,这个词的含义实在太丰富了。我认为,创新还含有"增长"和"重组"这两个很重要的意思,还意味着要在更高层次上重新定义自己的角色和任务。但我同时又认为,吸收外来营养而又充分保持自己的传统特色,是一个人、一个民族应有的品质,也是多元文化存在的前提。现在有一种现象,往往一搞创新就不要传统了,其实这是不正确的。只有对传统有很深的理解,对传统很有根底，我们的创新才有基础，才有内涵，才有目标，才会成功。近年来，讲创新的人很多，写创新的书也不少，其内容大都是从西方传过来的。这些东西我们也需要学习，需要融合，但其中有些泛泛而谈，算不上人类文化和智慧的精髓。在创新中，我们要拒绝的，是那些对西方文化的简单移植，是那些华而不实的空架子，还有那些浅尝辄止、改头换面、自欺欺人的形式主义。

在世界史上，大多数事物都是相对稳定的。时尚的东西大多昙花一现，基础研究是一切创新的起点。法学理论、民法学、商法学、刑法学、传统文化及社会需求，才是我们做好业务的源头活水，也是我们研究与发展的基础。律师业务的创新，应放在市场分析、课题研究、团队攻关、服务产品的研发上，把产学研用紧密结合起来。一个有远见的律师事务所，既要坚持与时俱进，开拓创新，又要像艺术家那样，始终坚持自己的核心文化和价值理念，才有可能打破业务上的局限和壁垒，建立或形成独属于自己的专业风格和品牌效应，并向社会提供出高效、优质和更具竞争力的法律服务产品。

“雨带烟霞从古少，学如耕稼到秋成。”这是一代艺术大师郭味蕖先生留给后人睿智、真诚的哲理和信念。我们向艺术家学习，不应只停留在欣赏他们的作品上，而应通过他们的创作，去寻找和思考他们至今仍然鲜活的、坦荡的、自由的、独立的精神气质和美学风骨，进而抛弃那些浮躁、功利和投机的色彩，让积淀、创新、发展成为我们的职业修养和文化自觉。

（本文载《求是和信律师》2010 年第 7 期卷首语）

尽精微　致广远

这期所刊，主要选载了同事们有关所庆的文章，也收录了部分论文和案例。

1993～2013年，求是和信已经走过了20年。20年风雨之路，20年奋斗历程。马东宁主任心中的"求是和信梦"渐行渐近；吴爱华律师的《这些年》道出了大家的心声；李万兴律师生前创作的所歌，激励着全所同事高举"我们的旗帜"，建设"我们的家园"；中青年律师把求是和信作为培养他们成长的"沃土"，更让我们期盼美好的明天。

"致力法治中国，建设百年强所，辉煌律师事业"，是求是和信的愿景；"崇法尚德，尽责敬业，协作共融"，是求是和信的价值观；"大道求是，大智求和，大德求信"，是求是和信字号的内涵；我们的理想和目的，是要尽精微，致广远，实现百年求是，和信百年。

精微和广远，是事物的对立统一规律，适用于很多领域和范围。从律师事业上讲，是指局部与全部的统一，细节与整体的统一，职业、行业与公民和社会的统一。具体到求是和信，就是要始终坚守本所的创业理念，不断地探索和完善本所的机制，不断地巩固和健全质量信誉体系，不断地加强文化建设和队伍建设，不断地强化学习和产品研发，不断地开拓、发展和创新。而所有这一切，都必须从自我做起，从一点一滴做起，从案件和工作的每一个细节做起。

尽精微，致广远，还有一层意义和因果关系，那就是"是""和""信"在本所内部的结合和运用，个人和集体在本所内部的融合和统一。求是和信20年的发展，主要是因为有好的所风，好的团队，好的声誉，而其中最关键的则是"人和"因素。养正气,讲和谐,重诚信,相互支持,相互尊重,应成为求是和信律师自觉的思想和行动。唯其如此,才能百尺竿头,更进一步,也才能由近及远,代代传承。

在庆祝求是和信建所20年之际,我们还要特别感谢当年的发起合伙人。他们的事业心、责任心、使命感和奉献精神,为求是和信注入了灵魂。“八千日夜流金去,一路春风扑面来”。20年打下了坚实的基础,未来任重而道远。为了求是和信的百年理想,让我们同心同德,坚持不懈,团结协作,全力奋进。

(本文载《求是和信律师》2013年第11期卷首语)

职场小言

（一）

职业之谓，乃社会性职位名称，是有相称知识或技能者所从事的工作，其有预先必要的训练，并非一定程序的学问和运用技术的能力，亦非一个人的饭碗问题，而是社会之职能，社会之分工，社会存在之需要。

（二）

律师职业，有原质二，曰事实，曰法律。前者为既已形成或即将形成的法律关系，后者为对其法律关系的界定及处理办法。前者客观，后者主观；前者须明了而确定，后者要适用而解决。事实，为律师业务活动之根据；法律，为律师业务活动之准绳。故律师职业，不外乎事实与法律的认定及处理，苟无正确地把握事实之能力与熟悉法律专业知识者，不足以从律师之业。

（三）

律师，服务于社会公众。一个人，一家企业，如遇到法律上的困惑，即可聘请律师。不管是受人尊敬的名人，或是被人鄙视的罪犯，不管是实力雄厚的大财团，或是初始起步的小公司，律师之职责，是为其排忧解难，维护其合法权益。此种服务，须忠诚可靠，老少无欺，须济之以法律，赋之以德性。如若丧失职业道德，沦为金钱奴隶，最终必将失去社会公众承认和尊重，甚至被视为卑污小人。故有志于为律师者，又须具备优良之品行。

（四）

平等、公正、法治，水里不生，土中不长，实为近代平民所追求。清朝晚期，欧风东渐，平等理念随之而来，“法律面前人人平等”始为中国司法之原则。然理念虽已接受,贯彻却是不易。律师在执业中,最能体验到法律的强大和软弱,最能感受到司法工作中的不公和不平,最能了解中国距离真正的现代法治社会有多远。故律师要具备使命感和责任感,要见于言而出于心,发于声而践于行,为公平正义而斗争,为建立法治社会而斗争,为实现法律面前人人平等而斗争。

(五)

律师的职业感和话语权,在于是否敢于、是否能够挑战权力,包括挑战国家行政机关的公权力和司法机关的公权力,在于愿不愿意、有没有能力处理当下的法律热点问题。不畏权势,一身正气,唯真理是从,唯法律是依,为他人的权利而斗争,为自己的权利而斗争,应当成为律师职业的信仰和追求。唯其如此,律师才能获得政治地位,也才能实现社会价值。

(六)

律师履职,其作用、功能在于维权,在于争权,在于凭借法律知识为他人服务,在于通过工作参与和促进社会进步。一个律师应记住,对待和运用法律,要恭敬慎重,要纯正无私,要科学老实,还要有善恶观念,有悲天悯人的情怀。千万不要亵渎法律,不要玩弄法律,不要用法律忽悠客户,更不要把法律当成实现个人欲望的道具。

(七)

世间的很多规则,都有局限,但是,良知没有,正义没有,它们永远闪耀着生命的光辉。在这个世界上,除了法律之外,还有良知和正义;当法律与良知和正义产生冲突的时候,良知和正义是最高的行为准则。对律师而言,重事实、讲法律是可贵的;但对社会、对人类而言,良知和正义,更具有崇高的精神价值。

(八)

律师职业本身很容易被名利所误。执业过程中,不计较收费高低,不去追求与自己不相称的东西,而是受人之托,终人之事,把功夫用在业务上,用在与法官、检察官、当事人的观点沟通上,即使付出了努力,赢得了代理成果,也不沾沾自喜,不自我膨胀,这是一个优秀律师的操守。一个人收入高低,有没有虚名,并不是成功的既定标准。律师不应以挣钱多少论英雄,不应以名声大小论英雄,也不应利用网络和媒体自我标榜。律师生活于人文渊薮之中,智者云云,应谦逊低调,有自知之明,切不可嚣嚣然。

(九)

思维乃智慧之利器。法官、检察官、律师等法律人的思维,是指符合其独特职业要求的法律思维。其原则通常为合法性优于客观性,程序公正优于实体公正,形式合理优于实体合理,普遍正义优于个案正义。它以法律关系和权利义务作为逻辑线索。然律师之业务、之角度,又有别于法官、检察官,其思维还应具有多元性、建设性、全局性、均衡性、程序性、诚信性等特点。而"诚实信用,公序良俗"乃世界各国民法中的"帝王"条款,故诚信性不啻律师思维之特点,亦是律师思维之准则。

(十)

律师应是精通法律的工作者,亦是实施法律的实践者。然其业务范围涉及社会生活各个领域,如若精专,需进行专业化分工,使其业有专攻,各有侧重,且要有技师、工匠之技能。粗略归并,律师业务有刑、民和诉讼、非诉讼之类。具体划分,则有刑辩、婚姻、继承、商务、金融、公司、房地产、知识产权、涉外、证券、融投资、人事、损害赔偿等。精通是取胜的关键,所谓的资深律师,多是做专业,做专案,而非"万金油"式服务。

(十一)

律师接待咨询的当事人,犹如医生接待初诊的病人,应持和蔼尊重的态度。要耐心倾听、询问、弄清其原委与诉求,然后依据事实和法律作出解答,或是为其提供可资参考的解决问题的途径和方法。只要心怀善意,就会让当事人满意。有的律师"看客下菜碟",对地位卑微、表述不清、不打算委托的当事人态度傲慢,甚或使用责问的语气,敷衍回答了事,那是极为不当的。

(十二)

客户由不得律师自由选择,有的依靠关系,有的凭借能力。但与企业、机关一旦发生业务,是否能够发展成作为常年法律顾问的固定客户,则取决于律师的服务质量及其维护。熟悉相关企业、机关的经营情况和社会职能,能够与负责人经常交流沟通,就会逐渐得到信任;如果能够挖潜法务,切实解决企业内部存在的深层次问题和机关负责人相关的责任风险,就会形成长久合作并获得比较稳定的报酬。

(十三)

出口为言,书之曰笔,笔为言使,有强有弱。律师拟定的辩护词、代理词、合同、法律意见等文书,是律师的有形产品。这些产品不仅体现承办律师的写作能力和业务水准,还能反映其工作态度。此类文书,要求旨意突出,有理有据,层次分明,结构严谨,同时,还要仔细检覈,反复修改,切忌粗制滥造,掉以轻心。

(十四)

刘勰曰:"文场笔苑,有术有门。"律师制作法律文书,虽不同于文学创作,也有别于其他文体,但"履端于始,则设情以位体;举正于中,则酌事以取类;归余于终，则撮辞以举要”。其中的设情、酌事、撮辞的规律、步骤和方法，还是值得学习和参考的。至于文书的语法和用词，则宜通顺易懂，在当而不在奇。

（十五）

律师做短篇之法，不外简而成章；做长篇之法，不外尽而不汙。长篇的要旨，或置篇首，或置篇中，或置篇末。在篇首则后要顾之，在篇末则前要注之，在篇中则要前注后顾。顾注为合闭之变，也即古人所说的文眼。

（十六）

感而不思，则意不足以称物；思而不睿，则文不足以逮意。一篇好的辩护词、代理词，在于感思相融，物意兼备。论证要精审中要，叙理要是非分明；主观想法要和客观事实相吻合，运用法律要与案件性质相贴切；要弥缝周密没有漏洞，气度平妥不亢不卑；既要使反驳方无隙可乘，更要值得法官参考或采用。

（十七）

言为心声，文如其人，文品出于人品。能言善辩者，虽然可以违背道理把事情说通，看起来文书也剪裁得巧妙，但用事实检验就知道是错了。作假、狡辩是小人伎俩，往往弄巧成拙，也历来被端方者鄙夷。正派、诚实的律师，是不会混淆黑白、强词夺理的。

（十八）

律师执业，应弃薄、板、散、空、急、滑、死，而求厚、活、凝、实、稳、拙、和。

（十九）

“操千曲而后晓声，观千剑而后识器。”就是说，要精通过上千首乐曲才能辨别音乐的韵律、好坏，要观察过上千把名剑才能懂得剑戈的利钝、真伪。同理，一个律师至少要在十几年以上的时间里，为数十家企业担任过法律顾问，并经历过上百次的庭审历练，承办过数百件法律事务，与上千人次的当事人打过交道，才能积累下一定的职场经验，才能掌握相应的办案技巧，才能成为一名熟谙行业甘苦的名副其实的资深律师。

（二十）

律师从业初期，先要解决人与事的关系，个人与业务的关系，个人的生存与发展问题，个人的专业知识与法律实务结合的问题。接下来要解决人与人的关系，即个人与同事的合作关系，个人与固定客户的关系，个人与相关法官、检察官的关系，个人作为律所合伙人与其他合伙人的关系。最后，在退休、退伙之前，要解决个人与自己内心的问题，要学会放下，学会淡出，学会感恩，包括以欣赏、尊重的心态看待行业发展和后来人。此为律师职业生涯之三阶梯，未有不经一、二之阶梯，而能遽跻第三阶梯者。当然，还有更高一级，即不以法律为生活,而为法律生活者,但至者甚少,亦难达到。

（二十一）

刚入职之律师,多是从校门踏进社会。一张白纸,贵在从头写起。选择什么样的律所,师从什么样的前辈,这“第一口奶”很是重要,起步如何,关乎终身。所以要有辨别好坏的能力,要择其有营养、可吸收的东西化为己有。要切忌名利心过急、过重,也不可轻易效仿他人。乍进职场,倘能有品行优秀、阅历通达者扶助、指教,自是幸运;如若遇不到理想的指导老师,则应沉下心来,扎扎实实,做些基本业务。一个人在事业上到底能走多远,最终到达何等高度,主要是靠自己。唯有博采众长,冶炉自铸,才会逐步成形,渐近成功。

（二十二）

律师经过一定的工作年限,就会形成各自的执业风格。一个律师的执业风格,是其人品、气质、禀赋、学养在执业过程中的渗入和流露,是其把法律、利益、人性糅和到工作中的体现,是其在口头语言和书面笔墨间反映出来的不能言其所以然的个性特点。在律师界,无疑需要倡导和保护不同的执业风格,而一个优秀的律师,还要注重个人风格与时代风尚和社会需求的结合及统一。

（二十三）

每个律师的执业风格,都与本人的性格有直接关系。性格外向的律师,偏于热情、豪放、果敢、泼辣、直言不讳;性格内向的律师,偏于理性、严谨、含蓄、稳健、言辞留有余地。两种性格,各有长处,只要直而有理,刚而有节,蕴而有意,且能做到兴到而不自纵,气到而不自浓,适体而又适度,都是工作的至境。

（二十四）

做律师要有热心,要有进取心,要有追求和实际行动;在业务遇到困难、压力的情况下,还要有恒心,有“啃骨头”的精神。换言之,律师要有积极入世的思想,要紧紧跟随时代的脉搏,及时学习和接受新知识、新思维、新观念,不断拓展业务领域,创新工作方式,提升工作技能;否则,就会不进则退,就会落伍,就会逐渐萎缩直至被淘汰。当然,做律师最终也会走下坡路,也会转化,或者想敛翅止飞,谦卑自处,但那应是在即将退休或自愿结束职业生涯的时候。

（二十五）

一个人在社会上的地位和作用,首先离不开他的职业。如果一个职业的形象被社会所认可,所尊重,那么,从事这个职业就会感到体面、光荣,就可以“买花赞花香”;反之,如果一个职业的形象被社会所否认,那么,从事这一职业,就不会理直气壮。律师职业,既存在受人尊重的一面,又存在招人不满的可能。

(二十六)

言知利害,动现臧否,中国的律师,应修之于身,见之于言,施之于行。要自觉地建立良好的社会形象,树立为社会服务的宗旨,把社会利益放在第一位。如果律师和律师所不讲职业道德和执业纪律,也做虚假宣传,也搞坑蒙拐骗,也把营利作为最高目标,那么律师职业就会渐离公平和正义,律师队伍就会成为一个堕落和腐败的群体。

(二十七)

所谓事业,通常要具备几个条件:一是有一定目标;二是有一定规模和系统;三是有功于社会;四是会有浮世之名。当然,事业有大小之分,有重轻之别。律师之事业,就大、重而言,由全体律师之成就,为公民社会所共有;就小、轻而言,由一所合伙人之始创,为一所律师所拥有。至于律师个人,如将事业、职业和生计合拢,则当欣慰;若尚不及,亦可视为正常,不必强求。

(二十八)

中国律师百余年间,历经四变:民国时期一变,国共交替之后一变,改革开放一变,21 世纪以来又一变。而在四变之中,其地位、作用各不相同。最近十多年,中国律师在经济市场和部分刑事案件辩护中,充当了重要角色,也产生了一批高水准、高收入的专业律师。但就其历史、渊源、整体素质及影响而言,中国律师尚显稚嫩和羸弱。无论是民国律师,或是当下新锐律师,多是哺啜于欧美,汲汲于争存,受制于机制。此等境况得改善,真正杰出律师之孕生,未来事业集大成,此乃中国律师之使命!

(本文写于 2014 年 2 月)

求是和信文化及其释义

（2012年，山东求是和信律师事务所启动“文化落地工程”，由马东宁、李万兴、曾庆春、陶书健、孟令华、窦荣刚、孟奇、张玉铭、孙明江、王克民等人对本所文化进行总结，提炼出了本所的愿景、使命、核心价值观、经营管理理念和战略理念。后由马东宁、王克民统稿，由王克民主笔起草了《求是和信文化释义》。其后的《补充思考》和《交流两个问题》是我在本所集体学习时交流的内容。）

一、愿景与使命

建设百年强所　辉煌律师事业

致力法治中国　实现人生价值

建设百年强所，是求是和信人的目标。所谓百年，意在生命长久，传承相继，能够成为逾越百年的“老字号”；所谓强所，是指具有规模优势、专业优势、人才优势和品牌优势。

辉煌律师事业，是律师群体的共同向往。所谓辉煌，意在光辉灿烂，成绩显著。律师是职业，还是个专业，更是事业。我们要站在事业的高度，为中国的律师事业达至辉煌，拼搏进取，贡献力量。

律师兴，则法制兴；法治兴，则国家强。国家由人治走向法治，是中国富强、文明、民主、自由的必由之路，也是百余年以来中国改革开放的重中之重，是实现中国梦的内容之一。

为了目标、事业和法治中国而奋斗，才能体现求是和信的意义和律师个人的人生价值。换言之，我们的人生价值寓于服务国家发展的进程之中，寓于律师事业和求是和信的发展之中。

愿景,在全所的文化体系中居引领、主导位置,关乎方向和大局。

二、核心价值观

崇法　尚德　敬业　协作　奉献

治国者,必以奉法为重。法正则民悫,罪当则民从。崇尚法律,法律至上,是从事律师职业应当坚守的理念;而理念和行为的高度统一,就是维护当事人的合法权益,维护法律的正确实施,维护社会的公平正义。

君子盛德,容貌若愚,为人处世,贵在有德,唯贤唯德,能服于人,故品德高尚至为重要。律师之德,在于恪守职业道德和执业纪律,勿以恶小而为之,勿以善小而不为。

勤恳努力,谓之敬业。受人之托,终人之事,严慎细实,勤勉尽职,不仅是对工作的态度,而且是客户对律师的基本要求。

协作,是指律师之间、部室之间、所际之间的相互合作和配合,义在弥补个人、部室力量的不足,形成规模优势,使求是和信保证业务质量,并成为大型的、综合性的律师机构。

奉献是一种高尚的情操,它虽然不属于制度体系,但在律师所内部,却具有独特的影响和作用力。

价值不仅是“满足需要”的问题,而且包含“衡量需要”的问题。律师职业的价值取向和价值标准,应当是自身需要、当事人需要、社会需要三统一。

价值观不是先天的,而是选择的。求是和信的价值观,是在选择之后经过二十年的践行、培育、传承才初步形成的。

三、经营管理理念

服务　创新　人和　发展

律师的服务不同于一般的商业服务,而是具有法治意义。律师在为他人、为社会服务时,其内涵包括服务技能、服务理念、服务质量。法律服务作为一种产品,同样可以进行定制服务。而服务所遵循的原则是以事实为根据,以法律为准绳。

创新是持续发展的内在动力,积淀、经验、博学是创新的基础。创新的重点在业务领域,但也包括内部管理、制度建设和机制设置。而制度建设和机制设置,均需合伙人做出牺牲和付出。

“兄弟同心,其利断金。”人和,体现集体的凝聚力,也是本所团结向上的特征;而人和的境界不止于包容、宽容和相互理解,重要的是以心相交,并达至相融,相亲,相爱。

发展是生存的支撑,但不是简单的业绩增幅,而是全面地、整体性地由小到大、由弱到强、由低级到高级。同时,还要讲求科学发展,稳定发展,可持续发展。

服务、创新、人和、发展有机结合,相辅相成,共同成为求是和信经营管理的基石。

四、战略理念

人才　团队　专业　品牌

十年树木,百年树人。人才,是求是和信的最大财富。要尊重人才,培养人才,唯才是举,选贤任能。真正优秀的人才,是不仅精通业务,而且品行高尚、德才能都具备的人。

团队,是有共同目的、共同志向的组织。它以团结协作、群策群力的文化共识聚合众力,发挥特长,共赢共荣。优秀的团队应有精兵强将,但精诚团结、相互支持尤为重要。

"修业以卫身,业专自得食。"求业之精,别无他法,唯有专攻。专业,既是对律师个人的职业要求,更是求是和信实施业务分工、保障业务质量的具体措施;其要求是对从事的业务领域具有理论造诣、实务技能、精益求精。

律师所的竞争力、影响力和社会知名度综合体现于品牌。品牌建设是"双刃剑",最为重要的是质量。求是和信作为全国优秀律师事务所,其品牌价值不限于潍坊、山东,而应更大,更广。

战略是决定前途命运的大事,实现求是和信的愿景,战略理念至关重要。战略涉及本所的市场定位、战略规划、基本思路、重大举措。实施和实现本所的战略,必须锻造和培养能够承上启下、承荷其重的领军人物和优秀团队。

补充思考

一切思想、知识、经验、文化,都是生活的工具,都是工作的基础,都是为了帮助我们解决问题。

上述文化,只是求是和信文化的主体,而不是全部;同时,这些文化中的理念和观点,并非完全正确,亦无严格标准,每个人对此均可持有自己的见解。

求是和信文化创始于本所发起人,经二十多年发展变化,修成现在的内容。提炼这种文化的主流,旨在引导、弘扬,而绝非縶约、禁锢。

律所文化,犹如家风、家道,贵在全所人员认知、认同和自觉践行。这种文化,不图华丽,不务空名,而求质朴本真,实在致用。我们深知本所文化尚显浅薄,还不成熟,还需要踏踏实实地依次推展、不断扩充。

文化的培育和形成,如春雨润花,如清渠溉稻。雨之润花,过小则难透,过大则凋零,适中才能润泽而涵濡;渠之溉稻,过小则枯槁,过大则伤涝,适中才能滋养而茂盛。因此,本所文化的培育、推进和落实,宜于循序渐进,不可急于求成。

"踵其事而增华,变其本而加厉"。有了增与变,才有创新,才能永葆文化之树常青。但这个增中之变、变中之新,又必须根植于人类文化积累之上。创新与传承,如同车行之双轮,鸟飞之双翼,二者是不可偏废的。

培育求是和信文化,要凝聚精神动力。要使求是和信文化内化于心,外化于形;推动本所文化与律师事业的深度融合;推动质量、责任、创新、产品等专项文化的建设与落地;建立具有本所特色的文化体系;夯实事业发展的精神丕基。

求是和信要实现百年强所的美好愿景,必须保持战略定力,坚定不移地走创新发展驱动道路。要坚持自主创新的战略基点,密切跟踪行业前沿,通过搭建平台、加大投入、充实力量、制度激励,全面提升原始创新、集成创新和协同创新能力,形成强大的专业优势和综合发展能力。

求是和信文化具有阶段性、实用性和承继性,同样需要传承与创新、修正与提升,故有待求是和信后人在思考中领悟,在领悟中传承,在传承中创新,在创新中提升。

文化,是一种无形的力。它是虚的,但又是实的;它异常强大,却容易被人忽视。文化是社会的镜子,而未来则是文化的镜子。

人世间有诸多奇迹,所有的梦想皆有可能。但天上不会掉馅饼,一切全凭付出。业精于勤,行成于思;功崇唯志,志不可止。求是和信的愿景,需要数代人为之拼搏、奉献、努力。

交流两个问题

刚才,和大家一起学习了我们所提炼的求是和信文化及其释义,借这个机会,再和大家交流两个问题。

一、我个人对本所的看法

我们求是和信律师所已有二十多年的历史了,这二十多年,大致可分为三个阶段:

第一个阶段是创建阶段,从1993年到1999年,共7年。这个阶段,原求是律师事务所的发起人、合伙人背景相同,志向一致,同心同德,为求是和信奠定了基础。艰苦创业、上下团结是这个阶段的显著特点。就人数和规模而言,则在起步和发展之中的小型律师事务所之列。

第二个阶段是合并和建设阶段,从2000年到2011年,共12年。这个阶段,原求是所合伙人中的部分律师另行组建了中强所。求是所与信义和所两所合并,还有其他合伙人加盟,队伍扩大,力量加强,搞了制度建设、文化建设、品牌建设,2008年荣获全国优秀律师事务所。大概在2009年,我们明确地提出了建设百年强所的想法。这个阶段是大部室格局,吴爱华、李万兴、杨少敏、王克民,分别兼任大部室主任,全力支持、辅佐马主任,几驾马车齐头并进,堪称潍坊律师界黄金一代。这个阶段是从小型律所向中型律所过渡,老律师发挥了重要作用。

第三个阶段是业务发展和突破阶段,从2012年到现在,共三年多时间。这个阶段,大部室格局变为小部室分级经营,业务工作显著提高。各部室主任、各骨干律师积极肯干,收入突破千万元、1500万元、2000万元。这期间,我们成立了公司,投资经营商务办公楼和宿舍楼,队伍也从50余人快速增加到了今天的 70 多人。令人痛惜的是,在这个阶段,万兴主任不幸身患重病,英年早逝,其才干、其智慧、其轩昂之躯,带着他对求是和信的心血浇灌一去不复！业界俊彦,竟未永年,让我们蒙受不可估量的损失。

纵观 20 多年的历史,我们的成就有目共睹,声誉、地位、经验、业绩,可以说都有了。但多年的发展,尤其是近几年的快速发展,也让我们积累以下一些问题,或曰在前进中遇到了一些必然要出现的问题,譬如导向和价值观问题、部门利益问题、团队合作问题、文化建设不落实问题、资源不能共享问题、业务发展不均衡问题、凝聚力不如以前的问题、分配机制问题等。如何看待这些问题、怎么解决这些问题,是我们必须面对的。

我个人认为,这些问题在中国律师界具有共性,在一些知名大所都曾遇到过,出现这些问题不算坏事;这些问题不尽快解决,就会影响发展;而解决了这些问题,就会成为好事,就会有一个更大的突破和发展。2004 年的时候,北京大成所 60 多名律师,收费是 1680 万元,也是遇到了这些问题,然后他们下定决心,实行改革,搞了“一五规划”。到 2007 年,他们是 200 余名律师,创收到了 1.7 亿元。然后又搞“二五规划”,2010 年,总收入超过了 10 亿元。去年他们在全球的律师总数是 3000 多名,总收入 25 亿元左右。他们为什么能有如此大的发展,主要是进行了三大改革,建立了两大机制,即改革了管理体制、分配机制和作业模式,建立了资源共享机制和质量控制体系。金杜所同样也是在改革创新中取得了巨大成功。现在大成所实行计时制,金杜所实行计点制,还有的所实行公司化管理模式下的分级制。这些所的成功做法都值得我们学习和借鉴。

但是,世界上没有两片相同的树叶,也没有两家相同的律师事务所。大成所、金杜所和其他所的做法和经验,只能学习和借鉴,而不可复制和照搬。我们求是和信要想有大的发展,也必须进行改革,进行创新,只是我们要根据我们自己的情况,具体分析,具体对待,走适合我们自己的路子。这个路子我们要在两到三年之内找出来,然后坚定地走下去。10 年之内,是我所重要的发展机遇期和峰值期,当全所员工到了 100 名的时候,我们的业务收入力争达到 5000 万元左右;当执业律师到了 100 名,常年固定客户拥有 400 家,刑事、民事、商事、行政诉讼案件能够承办 1500 件,非诉讼业务、新型业务和高端业务都有突破的时候,我们的收入将会过亿元,所里的资源、资产、实力将有所充实。当然,那时的钱要比现在毛(贬值)一些,那时我们还要面临新的问题和更大的挑战。

二、关于今后几年的主要任务

春节前,我和马主任商谈工作,认为我们今后几年要努力完成三大任务:一是要把基建项目完成。我们的办公楼虽然已经使用,但还没有验收,还没有全部卖出去、租出去;我们的宿舍楼刚完成主体工程,接下来要进行水电安装和外部装修。让大家住进去,把大家的投资收回来,把利润分配好,至少还需要四五年的时间。二是咱们所正在事业发展的节点上,在两到三年之内,我们要搞出规划,修改制度,制定措施,找到改革创新的路子,然后少则用三四年,多则用五六年完成一次飞跃,在质和量上都达到更高的层次。三是这期间,我们还要站在战略的高度,进一步加强队伍建设,吸纳具备条件的律师成为合伙人,培育好领军人物和业务骨干,择优招聘适当数量的新人,并形成与之相适应的人才梯队。

如何完成这三大任务,马主任正在认真考虑,吴主任和其他合伙人也有一些很好的意见。当然,重要的是依靠大家团结一致,群策群力,攻坚克难,创新发展。同时,我们要清醒地认识到,人事有代谢,往来成古今;芳林新叶催陈叶,流水前波让后波。新老交替、人才培养事关我们所的前途和命运。请大家记住,法乎其上,得乎其中,法乎其中,仅得其下;我们的现在和未来,是因果关系,是条件关系。尤其在队伍建设、人才培养这个战略问题上,一方面,我们对德才兼备、年富力强的青年律师要畀之重任,大胆使用;另一方面,你们青年人也要有所作为,敢作敢当。唯有你们第二代、第三代能够相互完成承上启下的任务,才有可能实现我们建设百年强所的愿景。

深入理解依法治国

依法治国，有狭广两义。狭义的理解，仅把依法治国理解为健全法律制度和司法工作。广义的理解，是把依法治国理解为依据法律制度来处理国家的一切关系。而欲深入理解，须认识法制与法治的不同、法治和人治的区别、历史上各种依法治国的类型。

法制和法治，是两个同音异义词。在我国，"法治"一度被认为是西方的民主，对法制、法治的探讨和争论徘徊了二十多年。有法学家以"制"是立刀旁、"治"是水旁而提出了"刀制"和"水制"的形象说法，并逐渐引导人们认识到法制和法治的不同内涵。

法制是指法律制度的整体而言，其范围比法律更为广泛；法治则是指治理国家的方法和原则。法制是个中性词，它可以和民主结合，也可以和专制结合。法治则是指"法的统治"，它要求一切个人和组织（包括执政党）都要受法的支配和约束。法制关注的焦点是秩序，是统治；而法治关注的焦点是人民的权利及权利至上，是法律的至上权威。

法治与人治的基本对立是：法治是有好的法律和制度，要求法律具有最高权威，任何人都要依法办事，它在任何时代，都是一种先进的治国理论与原则。人治则认为决定因素是有一个或几个英明领导人，强调领导人的权威至上，其实质仍未脱离君权。

世界历史上有过各种依法治国的类型，对其有所了解，有助于对依法治国的深入理解。

第一种是封建的法制国。中国早在战国时期就有法律传世，其后历代都定有律法，中华法系也比较完备，甚至三纲五常都算法，它也可以说是依法治国。但中国从秦朝至明清，行政与司法不分，刑民不分，礼法不分，司法与监察合一，这样的法制国，是在皇帝一人统治和没有立法机关条件下的法制国，其本质是封建专制的法制国。中世纪的欧洲处在宗教迷信和封建君主统治之下，其法制也是落后、残酷和野蛮的。

第二种是自由法治国。小政府，大社会，政府不干预社会事务，不干预市场经济的自由。自由法治国通过宪政国家予以实现，通过限制国家行为的范围，以维护法律对公民的保护。19世纪早期自由资本主义时代的国家，基本属于这种类型。

第三种是国家主义法治国。德国于1919年制定的《德意志联邦宪法》（又称《魏玛宪法》）提出废除君主政体，建立法治国，承认主权在民；主张只要是立法机关或者最高权力机关通过法定程序制定的法律，不管是良法还是恶法，国民都必须服从。这是国家至上主义的法治国。就法学角度而言，是法律实证主义，认为法就是法，恶法、良法都是法，这为后来希特勒法西斯主义提供了理论基础。

第四种是到了现代，一些先进的资本主义国家，明确提出建立社会法治国。它不是封建专制的法制国，不是自由法治国，也不是国家至上的法治国，它强调法治以社会为主体，政府以服务社会为目的，国家要承担所有国民从摇篮到坟墓的生存照顾。这是很大的突破，是一种比较文明、比较先进的法治国。

中国经历过数千年唯上唯权的人治历史，近代的法治思想是从晚清开始的。戊戌变法时，康有为、梁启超等人效仿英国和日本的制度，主张改革内政、设立议院，走君主立宪道路。20世纪伊始，清廷进行修律立法，沈家本主持起草了部分民刑法律、商事法律和诉讼法律。辛亥革命时期，孙中山先生提出了三民主义学说。大约在20世纪80年代，依法治国的理念，成为国人的共识，并且提出要有法可依，有法必依，执法必严，违法必究。1999年3月，在九届人大二次会议上，将依法治国纳入了《中华人民共和国宪法修正案》。

我们党在十五大提出了依法治国方略。党的十八届四中全会通过了《关于全面推进依法治国若干重大问题的决定》，其中提到坚持走中国特色社会主义法治道路，建设中国特色社会主义法治体系，建设法治政府。这是以前未曾提到的。但法治的困惑在政治，也绕不开现行的国家制度，绕不开市场经济，绕不开对公权力的限制和监督。什么是中国特色社会主义法治体系？什么样的政府是法治政府？如何才能保证司法公正？如何将法律从纸面进入生活、把理念变成现实？这些过去似乎没有真正讨论过，现在也还缺乏深入研究。

可以说，中国早在一百多年前，就试想改变自己的传统法制，并且经过了几十年的实验。新中国成立后，在废除旧法统的同时，运用了新民主主义革命时期的部分法律，后来，曾经照搬过苏联模式。改革开放以来，我们有了一些新的东西，形成了一定的基础和体系。但我们的依法治国，尚处于初级阶段，其间还出现过倒退和反复。我们已经认识到，只有全社会多数人具备了法治意识和公民意识，公民的私权得到充分法律的保障，那样的社会，才是我们所追求的法治社会。

著名法学家江平先生认为，中华人民共和国成立后，前 30 年是从法律实用主义到法律虚无主义，后 30 年是从法律经验主义到法律理念主义。也就是说，我们国家经历了法律实用主义、法律虚无主义、法律经验主义和现在正走向法律理念主义这四个阶段。而江平先生所说的法律理念主义，就是法治，就是把法律从工具变成治国的理念。我们的宪法中已经写明依法治国，写明人权私权保护，表明了一个很高的理念。但写明并不等于实现，真正实现还要很长时间。

年高德劭、心灵睿智的百岁老人周有光先生说过，要从世界看国家，而不要从一个国家看世界。这个观点非常有现实意义。其实，全球化的进程，早在 19 世纪就已经悄然起步。而从经济社会角度来看，当今世界已经走向全球化；从科学技术角度来看，当今世界已经走向网络化。但只有经济、网络的全球化而没有人类基本价值的全球化，这个全球化还是残缺不全的。因此，今天我们实施依法治国方略，建设中国特色社会主义法治体系，既要从实际出发，充分认识和把握我国的历史和国情，又不能安于现状、故步自封。我们应当面向世界，面向未来，学习和借鉴世界上优秀的法治成果，合理吸收，为我所用，开创一条通向社会主义现代化法治国家的大道。

（本文写于 2015 年 3 月）

共同拥有一个理想世界

——兼谈律师制度、律师职业、时代和人生

(一)

律师制度,起源于古罗马帝国时期,它在大多数国家,都有比较长的历史。17世纪中期,英国发生资产阶级革命,欧美资产阶级相继掌握国家政权,近代资产阶级律师制度随之建立。随着商品经济的迅猛发展,各种法律关系日益频繁,资产阶级为了获取最大利益,又建立起现代资本主义律师制度。美国的律师虽然渊自英国,但却开辟了独特的发展模式,它不但推动美国法制走在了世界前列,也为世界的律师的发展提供了借鉴(正、负两面都有)。律师制度作为一种法律的产物,它最初是为资产阶级服务的,但其可贵之处在于它延至今日,代表的是一种法治理念,承担着社会的一些特定责任,它正在推动着人类社会的进步。

中国的律师制度建立较晚。在中国立法史上首次规定律师的内容始于1902年。北洋政府时期,中国建立律师制度。国民党政府时期,律师制度趋于规范。新中国成立后,废除旧法,律师体制一度效法苏联,不久即被撤销。1980年至2000年,是中国律师制度的恢复发展期。这一时期,律师制度在加强法制、追求公正、促进经济社会发展、维护公民法人合法权益以及法制宣传教育等方面,都发挥了不可或缺的重要作用。但随着市场经济的发展,公设律师的弊端也逐渐显现。

2000年,中国的律师体制进行了重大改革,国办律师事务所一律与政府实行人员脱钩、财务脱钩、业务脱钩、名称脱

钩。律师机构及其律师,在经过分化、重组、兼并和蜕变之后,实现了律师职业的非公职化和社会化。此后十几年来,中国律师逐渐与国际接轨,律师工作在经营发展中普遍采用了规范管理、市场营销、商业运作等手段,律师事务所逐步向着企业化、商业化、大型化方向发展。在北京、上海等地,孕育产生了诸如金杜、大成、国浩、君合等国际知名和国内一流的特大律师事务所。这些知名大所,人才济济,眼光远大,已经率先完成了国内整合、国际布局、管理战略、机制创新等重大举措。他们之中的精英及其团队,不仅处在法律服务业的高端和前沿,而且在一定程度上推动乃至引导着市场经济的发展和法制建设的进程。这是多么争气,又多么值得可喜可贺啊!

我个人认为,律师这一职业,是从西方社会发育出来的,是在晚清之后才进入中国的。它与西方的民主、自由、司法制度及其意识形态都有密切的关系,它与中国本土古老的传统文化和政治结构,自然存在很大的冲突。中国的律师制度,必然要带有中国社会的特色。在今后的一定阶段内,国家对律师工作的发展,仍将重其政治属性,轻其职业属性,对其管理的核心,也仍会是定性、定位、定调等实质问题。但在未来 60 年之内,即到 2070 年中国建立律师制度 160 年之前,随着全面深化改革和全球一体化的推进,中国律师的性质、任务、业务领域、职业伦理、经营方式其执业环境,会发生很大转变。中国的律师队伍,将会形成一定规模的职业群体和社会阶层,进而成为法治社会的桢干;中国的律师事务所,作为新型的社会组织和经济组织,则会向经营管理型、服务国际化、追求高额利润和社会责任方向发展。这期间,由于政治、资本、商品、利益对律师的客观需求,再加上律师工作日益专业化、精细化、产品化,素被尊崇敬仰的行业,将会逐渐抹去神圣的光环,成为社会中一种知识和技术含量更高的服务业。另外,随着一些德、才、能特别突出的优秀律师的相继产生,以及他们具有社会代言人、公共领导人气质的展现,还有社会"义士"形象的独特影响,律师的政治地位将不断提高。几十年之后,至迟到下一个世纪,中国也会有律师通过选举,成为国家级领导人。

(二)

职业,关乎一个人的主要生活来源。一个人从事某一种职业,或是主动的选择,或是被动的接受,既是一种生存的方式,也是因为商品的交换和社会的分工。

人世间的职业繁多缛杂,数以千计。每一个人,不论在哪个地域,从事什么职业,也不论在高端,还是基层,都是人类共同社会的一员,都是人类这张大网上的一个结点。人们相互帮助,相互合作,相互作用,共同维系着人类的生存和发展。可谓众生平等,万源归宗,各尽所能,共生共荣。

虽说是社会分工不同,职业没有贵贱,但执业技能和职业要求还是有所差异。律师的工作,主要是靠脑力劳动实现,通过知识和智慧的输出完成。为客户提供法律服务,是律师职业的本质属性,在诉讼、非诉讼法律事务中,律师的职责,是全面把握事实,充分运用智力,最大限度地维护委托人的合法权益。与此同时,律师还应当效忠于一个更高的"主人",这就是法律和正义。换言之,崇法尚德,公平正义,应是律师职业的核心价值。如果一个律师不能用崇敬之心去理解法律,再好的法律也没有光彩;如果法律不是由正义之人去操持,再好的法律也会被玷污。故习法之人必先修心,操法之人必先正身,做律师更当注重做人。

律师工作具有很强的知识性、综合性和挑战性。要想达到一定的高度,要想有所作为,就必须将专业根基深植于人类文化,滋养庞博,兼收中西。还要深切地洞察和把握时代的要求,依靠个人和团队在业务领域的综合优势,引领行业,标举新风,不断向客户提供新型、高端的法律服务。近年来,在中国律师界,涌现出了不少学者型、政治型的律师。他们知识丰富,视野开阔,思想敏锐,参政议政;他们坚持在开拓中发展,在发展中创新,理论研究与业务实践双轨同步,社会效益与经济效益相互推重。他们的业绩,对我们同行和从事其他职业的人们都有所启示。

律师是职业,是专业,更是事业。法律人的作用、地位和声誉,代表着所在国家和民族的文明程度。中国律师应站在事业的高度来定位,来谋划,来发展。律师、法官、检察官、公安干警、司法干警、法学教育和研究人员,同属于法律职业共同体,都是社会的法治力量,都是为公众输送公平正义的平等一环。中国律师唯有建立和维护这种相生相存的价值纽带,凝聚起与法律职业共同体之间的最大共识,并在服务国家、服务社会、服务公民和依法治国中作出突出贡献,才能赢得信任,赢得尊重,才能成就事业,做大做强。

我本人在中国改革开放的节点中置身到了律师行业。三十多年以来,有付出,有回报,有所失,更有所得。我从法律的角度认识社会,从职业的需要扩充知识,学以致用,服务他人,从中觉悟到律师的职业要义,体验到做人做事与人生的统一。与此同时,也目睹了许多法律事件,见证了律师工作的发展和国家的法制建设,深切地感受到依法治国步履维艰。只是因为理论功底不够,专业知识不足,又受小农意识影响,未能达到理想中的境地;对社会和生活的认识,还需要由浅入深,由表及里,由卑下至高远,由狭隘到宽宏。

（三）

我们这些出生于20世纪50年代，被称为恢复高考以后“新三级”的人，与“老三届”和“知青一代”，同属一个群体，身历过相同的社会状态，接受过相同的时代思潮，有着相似或相近的命运。

我们这代人，既遇上了新中国艰难困苦的时期，也经历了新中国激情燃烧的岁月；既过过贫穷和落后的日子，也赶上了富足而现代的生活；既参与了改革开放的探索和建设，也为此付出了代价和心血；既承担了社会转型带来的阵痛，也分享了国家进步给予的喜悦；既实现了物质和生活的欲望，也经受了道德和精神的沉沦；既有保守传统的一面，也能接受时尚和新潮的事物。我们自身有兄弟姐妹，但后代却是独生子女。我们质疑过信仰，但又不愿意没有信仰。

我们这代人之中，有幸运者，有佼佼者，有富豪，有新贵，也有一批祸国殃民的赃官墨吏；但更多的是被埋没和被下岗者。被埋没、被下岗者并非因为无能，而是由于历史的阴差阳错，由于企业的改制和经济的转轨。回首既往，我们没有自卑，也不去抱怨，而是庆幸和面对。我们庆幸在20世纪80年代，中华民族走到了与世界发展潮流一致的方向；我们面对生活、工作在一个急剧变革的时代。这个时代，改变了我们的内心，改变了我们的思想；而内心和思想的改变，又让我们变得厚重、坚韧、包容、坦然和淡定。当然，因文化断层，信仰缺失，我们这一代，在思想文化领域，鲜有称其为“大家”和“通人”的人物。比之近代有章太炎、梁启超、蔡元培、王国维、陈寅恪、鲁迅、胡适，稍后又有钱钟书、张岱年、顾准、季羡林、任继愈，还有当代的李慎之、郭道晖、江平、吴敬琏等诸多大师，我们自当汗颜。

其实，一代人有一代人的经历，一代人有一代人的生活。任何一个群体，都是同一代人的组成部分，都是历史长链上的小小一环，都是前代人的延续和发展。在短短的几十年里，他们既是新的历史的创造者，也是被时间和潮流牵动的“木偶”。诚然如此，他们折射出的社会职业和人生的斑驳影像，他们的生命轨迹及其行为、思维与情感方式，还有他们的缺欠和瑕玷以及制度、权力、时代背景与部分官吏腐化堕落的关系，仍可供后人思考、咀嚼、借鉴。

（四）

人类，是宇宙孕育的精灵。人在少年，天真幼稚，充满幻想。及至青年，通常都有爱国情怀，政治抱负。成家立业后，精力会转向工作和家庭。年纪大一些，有的转向艺术。到了晚年，还可能转向宗教。人生中的这些变化，是一定的社会地位、处境和阅历造就的。当一个人能够把他的理解与感觉延伸到世界万物时，才有一点灵性；而当他似乎有所超越又于心不甘的时候，却即将在无奈和痛苦中死去。

人们共同生活在这个世界，生活的方式千差万别，性格、造化也各有不同。当他们年轻快乐、欣然自得时，是不会觉察到时日如逝，老之将至的。但等到人过中年，思想随着事物的变化而转换，认识到人生的卑微、短暂、脆弱和无常，无限的感慨就会随之而来。而综观古往今来人类的思想和感慨，便会发现竟然是那样的不谋而和；虽然时代不同人事各异，但人们感慨的原因却往往是一致的，对社会和生活的理解，也往往是相似的。

从表面上看，每个人都是微不足道的个体，各自生活在不同的国家、地域和家庭之中，似乎具有一定的独立性；但从实质上讲，每个人都不是独立的，不是孤立的，而是都被无数的因素制约着，都按某种秩序组合着，都被结构在时空、自然和社会里，而且你中有我，我中有你，在大的方面也是相同的：父母给了生命，大自然提供了生活所需，学校的老师及各类书籍传授给知识，然后便通过个人的职业、工作和奋斗，去为自己的家庭，为自己的亲人，为国家和社会做一些有益的事情。为什么人们的内心常常感念和激奋，为什么有人那么优秀和杰出？那是因为他们对自己的亲人和国家爱得深沉，那是因为他们都想更好地去完成自己的责任！人，既是个体的存在，更是群体的存在，人们皆仰仗他人的劳动和情感而安身活命，也因此以相应的劳动和情感去报偿他人。一个人，只要在不同阶段、不同岗位担当起自己的多重角色及责任，就无愧于不可复活的生命。

多年以来，我在感知真善美的同时，也从另一个角度认识了社会和人生。我在承办刑事辩护中，理解了被告人失去自由、身陷囹圄的悔恨和痛苦；在代理民事、经济案件时，看惯了家人、朋友对簿公堂、互不相让的场景；在为数十家中小企业担任法律顾问后，既经历了国有企业、集体企业的衰落和改制，也见识了涉外企业、民营企业和个体经济的兴盛和“瓶颈”。现实中的人们，大都在蒙昧、贫困、劳碌、疾病和磨难中度日，也大多在利益、压力、竞争、迷惘和希冀中生存；而除了天灾和疾病，世间的很多悲剧、祸患、罪恶和苦难，却是人类自己造成的。职业经历、社会现实和人生体悟，让我渐生人道主义和人本主义，同时也认识到理想的社会须先有良好的个人，良好的个人须先有良好的教育。但作为一名律师，我更多的还是从政治和法律的层面去认识法治的内涵和外延，去寻求法律的公义和目的，去思考权利与义务、惩罚与犯罪之间的等量关系，去关注人的价值、人的权利、人的自由如何得到承认和解放，去向往建立把宪法和法治置于一切个人和组织之上的国家和政府。

人类社会的美好状态，是以人类的智慧和信仰，共同拥有一个理想世界。

从长远来看,这个理想世界当然是没有阶级、没有剥削、没有压迫、实现了人类自我解放、实现了社会化集体大生产、最终过渡到了“各尽所能、各取所需”的共产主义社会。但从现实来讲,实现共产主义还要有一个相当长的过程,当代社会最为重要的,是要有良好的国家制度和政府形式,同时,不仅要在物质生活方面达到一定的程度,包括在教育、医疗和养老方面享有良好的福利,更要有各种与人们相适应的职业及其相对公平合理的分配机制。在国家内部形式上,要德配其位,政治清明,百姓安乐,社会公正。在国家与国家之间,要讲信修睦,和平共处,友好往来,互通有无。每个国家及公民都在制度、法律、道德和信仰的规范下,以宽容和谅解对待他国,对待别人,相互尊重,相互友爱,进而达到心灵的宁静与社会的和谐。制度、形式、信仰和友爱,是构建理想社会的法宝,也是照明我们的黑夜的希望之光,但当人们的素养尚未达到相应程度,社会还存在阶级及阶级对立时,制度和形式是处在首位的,是起决定性作用的。

自从文明诞生以来,人们就渴望了解这个社会的规律,就想确立一些公认的是非真伪标准,就想从根本上解决人生的切要问题。一个动态的国家、政府和社会是在有限的时间里起始的,也会在有限的时间内终结;但只要它存在,人们的追求就不会停止。

大道之行,天下为公;制度建设,关乎苍生。人类为了共同拥有一个理想的世界,已经受苦、斗争、努力数万年,然而仍要继续,并必将获胜!

(本文写于 2015 年 4 月)

第六章

杂 文 随 笔

本章收录了我近年来的 9 篇杂文随笔。其中有对天道、家世和知识精英的认识，有在高中师生聚会时的发言，有和傅春明老师关于文化、制度及人性的探讨。《向郭味蕖先生学习》表达了我的敬意和郭先生对我的影响。我为本族族谱撰写的序言，尊其旧例，采用了古语体。《半生辛苦跻山麓》，是对生命历程的概括及比喻。《让系统引领法律 让法制纳入体系》是受钱学森先生的系统论的启发而想到的。这些杂文随笔，基本反映了我的世界观、人生观和价值观。当然，其中的观点都有很大的局限性，错误和偏见也在所难免。

想到天道

天道，属于哲学术语，其来已古。人们对它的认识，有唯心和唯物之分，也有东方和西方的差异。

我在小的时候，常听老人们提到“老天爷”，说“老天爷”是“神”，就认为人的吉凶祸福，是“老天爷”这个“神”说了算。少年时代，赶上“文化大革命”，全国破旧立新，打倒一切“牛鬼蛇神”，受其影响，对“老天爷”就不再盲目迷信了。

大学时代，启读外国文学，基督教和但丁的《神曲》对我影响很大。认为天道就是上帝，上帝就是宇宙万物的创造者和主宰者。任何人都向往美好，也都无法摆脱罪孽，人经过了迷惘和苦难并依靠信仰和洗罪，才能到达真理和至善的境界。但那时对人性和罪孽及其与欲望、权力、财富的关系，还没有切身的感悟。

三十多岁的时候，比较接受荀子在《天论》中阐述的思想，即自然界的运行，不因为尧的贤圣而存在，也不因为桀的暴虐而消亡，以合理的行动来适应自然规律就会吉利，以不合理的行动去违反自然规律就会遭灾。但抛弃了人力而仅寄希望于天，那就违反了万物的情理；人世的治乱，既在天道，更在人事。这期间，确立了“天道酬勤”“事在人为”等基本观念。

中年时期，开始把天道和阴阳联系在一起，认为天下的事物没有孤悬独存的，都有与它对立统一的东西，正所谓“一阴一阳之谓道”。天道就像个太极图，半边是黑的，半边是白的，中间是界限，过了界限，阴阳失去平衡，情形就会发生变化。盈缩消长，盛衰荣辱，以及与自己相关的法律规范和职业道德，皆含有天道的要义。

如今到了所谓知天命的年纪,对天道的认识已逐渐深入。一方面,认为天道不再神秘,其实就是一些经常而普遍的道理,就是自然界的变化规律。这些道理和规律,既贯穿于人类社会之间,又充斥于天地万物之内,还绵亘于无限的时间之中。它不仅迟速有时,而且有施有报,有感有应。另一方面,又认为天地并不与人同类,"道常无为而无不为",天道本身是没有意志、没有知觉的,它的作用只是一个"自然";自是自己,然是如此,是万物自己如此而已。但天道自有费解之处,了然于心是极难的。近读老子、庄子、路德、康德等人的著作,方悟天道远、人道近,有些事理和大问题,是超出人类理解能力之外的。我们作为芸芸众生,对此可以不求甚解,安于信奉"天道向善","唯道是从",以人类自身为本位来认识天道,来理解社会。

古人很早就认识到,天道本身所蕴涵的性质,正是人们感悟自然和修身养性的依据。正确理解和对待天道,就可以预知和判断一些事情的发展轨迹。道家诸子强调的"体道",指的是一种实践修养的工夫,它要求人们通过对天道的体悟和践行,去把握天道的特质,并将这种特质运用在生活之中。所谓"朝闻道,夕死可矣",就充分表达了人们对天道的追求和尊重,这也是中国的传统思想文化之一。这一传统思想文化,在今天不仅还有实用价值,而且仍然非常重要。

人们对于天道的认识,是在进化之中不断形成的。这些认识大多包含在古今中外的哲学、佛学和伦理学之中。而这些认识,并不是墨守成规、一成不变的。换句话说,人类既信奉这些思想,又对其不断修正,不断补充,不断突破,因为在它的形成过程中,必然不可避免地包含着宗教信仰、宗法制度、统治阶级意志和时代的局限性。

从以上意义来讲,人类应当研究天道的本源,探讨天道的演变,以辩证唯物主义的观点来认识天道,理解天道,适应天道。既要敬畏天道,尊重天道,守住天道的底线,少一些违背天道的言行;又要反思人类的历史,总结既往的得失,讲求客观规律,坚守信仰理念,处理好人与自然、人与人、人与其他生灵的关系。只有这样,我们才能把事情做得更好,才能让社会和人生更好。国家是这样,单位是这样,家庭是这样,一个人也是这样。

(本文写于2007年10月)

与时俱进　共谋发展　面向未来

——泊子高中一、二年级师生聚会发言

同学们,我们这些人,生活的经历是相似的。小的时候,都是生长在老潍县北部的土地上。读完高中,有的当兵,有的就业,有的上过大中专后参加工作。那个时候,家乡贫穷、落后,尤其是文化匮缺,教育失常;那种物质和文化的双重贫乏,对我们后来的思想和发展,都有很大的限制和影响。但家乡的水土哺育了我们,农村的苦日子锻炼了我们,我们这一生,始终都会对农村充满特殊的感情。

光阴似箭,往事如烟。当年,在座的老师们大都三十几岁,于今,你们已是年迈之人了。那时,同学们多数不到二十岁,现在,我们也是五十岁开外的人了。星移斗转,时移境迁,我们的母校早已撤销了,原来的校舍也被拆除了。但是,我们谁都忘不了那所培养了我们的普通乡村中学,也忘不了那段在贫寒和迷惘中向往未来的学生时光。泊子高中,永远是我们知识的摇篮;泊子高中,永远是我们亲爱的母校!

离开家乡和母校,我们已经工作三十多年了。三十多年来,风云变幻,改革突进,中国实现了两大转变:一是工作重心从“以阶级斗争为纲”转向了“以经济建设为中心”;二是经济体制从社会主义的计划经济转向了中国特色社会主义的市场经济。这两大转变,对我国的经济发展和人们生活、观念都产生了剧烈而深远的影响。而我们每个人的那些经历、得失、甘苦和成败,也都留在了这段历史之中。缕析社会的变迁,勾勒生命的履痕,我们深深地体会到:世事沧桑,人生艰辛!让我们欣慰和坦然的是,我们这代人,有幸遇到了

一个千载难逢的伟大时代。我们真诚而充满激情地在这个时代中生活过,工作过;也在其中抗争过,奋斗过。我们亲历和目睹了改革大潮的汪洋恣肆,也见证和推动了新旧事物的兴衰消长。抚今追昔,岁月如歌。我们都在20世纪60年代的"文化大革命"、70年代的农业学大寨、工业学大庆和80年代之后的改革开放与经济建设中历经磨砺并作出了积极的贡献。

老师们,同学们,咱们家乡一带,大多是在明代建村。那片被称做"北洼"的小地方,鲜有历史名人产生;在明清两代,也没有孕育出较多的在外从事非农工作的人才。究其原因,低洼涝碱之地,固然缺少灵气,但更主要的还是经济条件制约了祖辈们的文化和教育。感谢社会的变迁和馈赠,我们在几十年前走出了农村,成了"农裔城籍"的一部分,从此过上了一种新的生活,也由此逐步改变了自己、家庭及其后代的发展方向。不过,由于出身、起点、学识、能力以及地域观念的影响,我们现在大都生活在一个相对较低、较窄的层面上。我们在政治、经济、文化、思想和事业等方面的基础和积累也很有限。目前,我们正面临一个经济迅速发展、财富急剧增加、"马太效应"日益凸显、科学技术日新月异的前现代社会,而在这个社会的进程中,还包含着生存的竞争,义与利的冲突和若干人情关系的重造。在这个生活已被开放化、多元化、市场化的现实社会,如何确定今后生活的心理基础和思想动力,如何提高自己的生活水平和认知能力,如何把握好人生的价值判断标准以及个人与社会的平衡尺度,已成为我们需要思考、交流和必须面对的实际问题。

市场经济的理论基础,依然是亚当·斯密的《国富论》。在市场经济制度下,融入其中,学会经营,创造财富,不仅可以解决生存问题,而且能够促进生活富裕和思想进步。近年来,市场经济的发展及北部沿海的开发,给我们的家乡带来了良好的效益,而经济的持续增长和滨海新城的建立,尤其是今后投资领域的不断扩大,私营企业的普遍兴起,还有外地企业及其文化的引进,将会对我们的家乡产生全面的影响,也会给人们带来更多的机遇。我们这些老师、同学,熟悉、热爱我们的家乡,工作、生活在不同行业,具有各自的特长和优势。为此,在今后的日子里,我们宜于加强联系,互通信息,优化资源,相互支持,以期同乘天时而行,共因地利而为,合借人和而兴!

知识和技能,是影响我们生活的另一要素。对于我们,工作和学习的峰值时期虽已过去,但现代社会,已步入知识经济和信息网络时代。学习新的知识,掌握专业技能,犹如蚕吃桑叶,然后吐丝成茧,既是工作的需要,也是生存的资本。更重要的是,我们要想形成开阔的视野,要想在更高的层面上思维和选择,要想跟上社会的发展而不被社会所淘汰,就必须具备相当的知识和相应的技能。历史证明,一个崇尚知识、注重技能、拥有伟大思想的国家,才真正具有不断创新和发展的原动力。国家如此,个人也是如此,让我们在创造物质财富的同时,终生都不放弃对知识和技能的学习、储备和应用。

当然,对于生活和人生,我们还有更广义的理解。一个人的人品、能力、学识、境界,以及家庭、身体和人脉,都是财富和生命的重要组成部分。尤其是家庭,那是我们生命的本源和幸福的核心。而人与国家、人与社会、人与人之间的关系,即一个人如何融入国家,如何适应社会,如何与他人友好交往,并在其中发挥作用,体现价值,有所为,有所不为,也都值得我们重视和深思。

老师们,同学们,我国在历史上是一个典型的宗法制国家,自从秦朝实行郡县制以来,历经汉晋唐宋元明直至清末,其间长达两千多年,国家的治理模式和国民的生产方式,实质上没有发生大的改变。再加上朝代更迭,枭雄蜂起,战乱频仍,历代的劳动人民,在动荡不安的社会中,过得都是艰难的生活。而近代的鸦片、甲午等战争和 20 世纪的日本侵华战争,曾使我们国辱权丧,民不聊生。经过数代人的奋战和建设,直到近几十年,我们才得以改变积贫积弱的落后面貌,步入了复兴复壮的改革征程。人事更新,时移世易。如今,我们的国家已初步进入现代化并开始融入国际社会,当代世界的科技文明、物质文明与精神文明,正在影响并改变着我们的机制和生活;许多原来我们想不到、见不到、做不到甚至排斥反对的思想、事物和行为,已成了现实生活中很一般的现象。而社会生产方式的不断改变,人民生活水平的极大提高和国家综合实力的显著增加,更是不争的事实。毫无疑问,这是一百多年来,特别是近三十年来中国改革开放逐渐演变的结果。当然,改革总是要付出代价的,但我们应当从社会发展的高层面上,正确地看待这段历史,从国家的社会结构、经济关系和政治体制等方面,来确认变革的伟大并把握未来的发展。只有这样,我们才能解放思想,更新观念,面对现实,立足其中,进而去过一种理性的、有计划、有质量的生活。只有这样,我们也才能融入时代的大潮,跟随着祖国前进的步伐,进入下一个改革开放的新阶段。

当今世界,和平与发展是最大的主题;全球一体化,是经济运行的趋势;相互合作,是人们活动的基本规则;而彼此作用,则是一切事物的终极。可以预见,在不远的将来,一场在综合科学理论上发展起来的新的革命,将会使人类步入一个相对合理、和谐和人性化的社会。我们深知,我们每个人的生命都是渺小的、卑微和短暂的,是不能超越历史和现实的,但人的本质毕竟不是单个人固有的抽象物,而是一切社会关系的总和。作为人类社会的一员,我们只有借助于同类和其他具体的对象,才能产生和体验生命的那一点点含义。同时,社会与国情,也始终在决定和影响着人的境遇及命运。因此,让我们怀着一颗谦卑和感恩之心,继续在平凡的岗位上,将个人的一生与社会的发展紧密相连,与国家的荣辱休戚与共,携手同行,与时俱进,共谋发展,面向未来,直到将我们自己,以及我们创造的一切,全部奉献给我们伟大的祖国和这个世代繁衍的社会!

借此聚会之际,衷心地敬祝老师们健康长寿!衷心地祝愿同学们家庭幸福!

(本文写于2008年3月15日)

家族家世琐想

国庆节公休,在家杂读,阅及父亲抄录的几页支谱谱系,想到了家族家世,想到了历史上许多家族兴盛的范例。

曾氏家族:曾国藩的祖父曾星冈,家教严厉,期于子孙读书有成。其子曾麟书,天资平常,历十几次童试,都名落孙山,直到43岁才补为生员。一个人读书应试坚持到不惑之年,足以说明他的追求和决心。曾麟书无望步入仕途的更高阶梯,遂发奋教育诸子,把光大家族的希望寄托在曾国藩兄弟们身上。后来,曾氏后裔果然人才济济,仅曾国藩兄弟五房之内,就出过有成就者240多位,构成了一种特有的家族文化演变史象。

宋氏家族:宋耀如一生传教、经商、革命,可谓卓尔不群,但他最大的"投资"和成功,是在家庭教育方面获得的回报。他讲求教育艺术,重视名人效应,崇尚个人创造和独立进取的精神,有许多开风气之先的理念和行动。他把子女先后送到美国接受现代文明教育,宋霭龄、宋庆龄、宋子文、宋美龄、宋子良、宋子安姐弟6人,都是中国现代史上赫赫有名的人物,以致形成了一代家族王朝。

钱氏家族:钱氏家族的祖上是古代吴越国王钱镠。钱镠立有家训,对其后代影响很大。他告诫子孙,"爱子莫如教子,教子读书是第一义"。因此,钱氏家族特别崇尚知识,培育了很多思想家、教育家、科学家。近现代的钱穆、钱玄同、钱钟书、钱其琛、钱正英、钱伟长、钱三强、钱学森,都是钱镠之后。

钱学森的祖父钱承镃是钱镠的三十一世孙。父亲钱家治(字均夫)和伯父钱家润(字泽夫)尤其看重学业和科技,不但钱学森是著名科学家,堂弟钱学榘也是著名科学家。钱学榘的两个儿子钱永佑、钱永健(诺贝尔化学奖得主)都是美国科学院院士。钱氏支族按照“继承家学,永守箴规”论辈排名,其家训“利在一身勿谋也,利在天下必谋之”,体现出一个家族忠于国家、服务社会的核心文化和特殊精神。钱家治对钱学森的培养和教育,钱学森负笈留学、冲破桎梏、回国振兴国防和航天事业的传奇人生,堪称举世公认的爱国典范。

家族家世对于每一个人都至关重要。虽然每个人都无法自行选择,豪门贵族也是平民百姓可望而不可即的,但其中的因素、规律是值得学习和深思的。又想到一个家族的传承,是漫长岁月中悄无声息的积淀,是祖祖辈辈对精神命脉的坚守。良好的传承,并不是留给子孙的万贯家财,而是家庭中无形的“不动产”——家风。每个人身上,都遗传着家族基因;每个家族的发展,都有各自的路径。那些世家大族、书香门第,无一不重视家教、家风、道德、知识、视野和格局,而且都要经过数代人的努力和奋斗,才能有仁人志士和国之才俊产生。可见人、家气运有体,总体条件不备者,不可强行而致。我们这些出身寒微、家族缺乏根底的普通人,既要以名门世家为榜样,又应客观定位,不谋近利,守住本心,把为家族和后代铺砌垫基作为己任;即使子孙后代并非那么优秀,只要他们健康平安、自食其力、品行端正、继递家声,就当为之祝福,为之欣喜。

(本文写于 2009 年 10 月)

中国知识精英的百年衍变

中国从19世纪末到现在,一直处于社会转型的大变革之中。作为大变革重要推动者的知识精英们,他们的思想、贡献和衍变,一直在影响着中国的发展方向,也一直在影响着一代又一代人的观念和成长。近几年,我在学习与思考中,接受了部分研究者的观点,也有少许浅薄的认识,暂且略做整理,留待以后进一步探讨。

(一)

清末至今,历经100余年,以20多年为一代人计,已孕育了七八代人。这期间产生的知识精英,大致可分为六代,相继活跃在20世纪以来的中国舞台。

第一代是晚清的精英。代表人物为康有为、梁启超、严复、谭嗣同、章太炎、蔡元培、王国维等人。这代人大多出生于1860~1880年,他们既重传统文化,又崇西学思想,还有士大夫的地位和情怀,为了改良社会,变法图强,主张"中体西用",进行"戊戌变法",是20世纪之初开启新思想、新时代的先驱。

第二代是"五四"时期的精英。代表人物有鲁迅、胡适、陈独秀、李大钊、梁漱溟、陈寅恪等人。这代人出生于1880~1900年,从事教授、作家等独立职业,且有在日本或欧美留学的经历,在知识结构上,中西兼备,偏重人文,是新文化运动和"五四运动"的旗手,是中国第一代现代意义上的知识精英。

第三代产生于20世纪30~40年代,以冯友兰、费孝通、傅斯年、罗隆基、闻一多、茅盾、巴金、周有光等人为代表。他们是第二代精英的学生辈,直接接受过"五四运动"的洗礼。

他们分属不同的领域，是哲学、历史学、社会学、文学和语言学方面的专家，在学术研究和现代文学上具有开创性贡献。

第四代为新中国成立后至“文化大革命”前的一代，也可称为红色一代。他们自身都是共产党人，有的从延安时代走来，深受苏联影响，政治意识极其浓厚。他们在马列主义、毛泽东思想的框架中进行理论研究，致力于建立社会主义和共产主义的学术规范。这代人之中的很多精英，历经时代风云或大起大落，在“文化大革命”前后及其晚年有深刻的反思，是思想解放的先行者。顾准、李慎之、王元化、曾彦修、郭道晖、江平、李步云、吴敬琏、朱厚泽等人为其代表。

第五代即“文化大革命”一代。这代人出生于1950～1960年，有过“文化大革命”的经历，之后通过高考和自学，具备了面向世界的知识能力和文化视野，开始参与新一轮的思想启蒙和学术拓展。相较于前几代，他们之中虽然鲜有特别突出的领军人物，但他们的知识开放、多元、博杂，是目前知识界的中坚。

第六代是新崛起的一代。这代人出生于1960年之后，对“文化大革命”记忆不深，但对80年代有自己的经历和见解。他们或是出国留学，或是在国内攻读硕士、博士，接受了系统的专业教育，是一批专家型精英。他们不仅在商贸、金融、法律、电子、计算机等新知识领域有深入研究，而且直接参与市场经济，有的还是现代企业的高管，可谓当下社会的新锐。

（二）

六代知识精英的思想和衍变，反映了20世纪以来中国知识分子的兴亡更替，也在一定程度上折射了中国百年的历史变迁。对他们进行粗略分析，便会发现他们是既有联系又有区别。就其思想知识的侧重而言，第一代和第四代，偏重于社会关怀，他们处于改朝换代之际，考虑的重心是国家的政治体制，具有强烈的政治意识；第二代和第五代，更多的是文化关怀，他们对文化和道德的关心超过对政治的关心，侧重于文化启蒙工作；第三代和第六代，则对知识的关怀更重一些，他们重视知识（专业）自身的价值，并利用专业知识获取财富和社会地位。就其历史影响而言，前四代精英业已构成历史，且影响深远；而第五代和第六代，仍然参与着今天的社会，其历史影响还继续处在发展和流变之中。

无论是前三代还是后三代，他们的思想都涉及两个渊源：一个是中国自身的传统文化；另一个是西方的近代文化。对于自身的传统文化，他们承继的内容是相同的；而对于西方近代文化，则受康德、黑格尔、尼采、叔本华、罗素、马克思等人影响多一些。但相比较而言，对于中国传统文化的“通人”之学和西方近代文化的“通识”教育，前三代比后三代承继和学习得要更为系统和深入一些。

另有一点不该忽视，在第四代、第五代知识精英之中，还有少数人，虽然没有那么高的知名度，也并非时代的风云人物，但他们有着与常人不同的遭遇、经历和叛逆精神。他们通过独特而理性的思维，从道德理想主义中走出来，成为超越时代的思想先知，给后人留下了宝贵的启迪，张中晓、遇罗克、张志新、王小波、史铁生等人即是。

（三）

文化传统、社会制度和人们的思想，是相互耦合在一起的。一代人有一代人的境遇，一个时代也会有一个时代的知识精英。从戊戌变法开始，近代中国的知识精英，在改变传统社会格局的艰难历程中，发挥了突出的作用。这期间，他们的处境、思想和行为，也在不断地发生着变化。

1905 年废除的科举制度，标志着中国的知识分子结束了由士而仕的单一发展渠道。出版、教育、新闻、法律、经贸、科技事业的兴起和社会分工的发展变化，使知识精英及知识大众在职业的选择上，具有了较为充分的空间。他们作为作家、教授、记者、律师、企业家、科学家，得到了属于自己的生存之地，进而在人格上有了独立的意识。

西方文化的进入，让知识大众的信仰选择趋于多元化。物竞天择说，自由平等说，社会主义、共产主义、无政府主义、宪政思想、普世价值，在新与旧、中与外的对抗与融合中，使知识精英的内心世界变得活跃、丰富、开放。他们不再固守于一家一说的小圈子，而是按照各自的理解及需要，进行分析比较，进而在信仰的选择及学术的研究上，有了较多的自由。虽然他们的信仰和观点有所不同，但却都有爱国主义、民族主义的共性。

与封建社会的士大夫相比，中国百年以来的知识精英少了一些在政治上一味追求仕途、委身皇权，在思想上过于效法古人、拘泥经典的依附人格，而开始表现为在政治上不盲目崇拜权威，在真理的认同上具有独立的判断能力，在社会变革中积极参与政治和经济活动。一个可喜的趋势是，从第五代、第六代知识精英开始，他们已经淡化了官本位的思想，不以出将入仕、治理国家作为人生首选，而是自觉利用知识、专业和职业技能去服务国家，服务社会。这些变化，既是文化的演变和赓续，也是社会的进步和必然。

（本文写于 2013 年 2 月）

有关文化、人性及制度的探讨

——师生对话摘要

傅春明　王克民

题记:文化,是一个非常大的概念,它所涵盖的内容极其广泛。我们这一代人,成长于文化断层时期,对于人类文化,尤其是传统文化,虽能深刻认知它对国家、民族和个人的重要影响,但缺乏一个清晰而系统的概念。

多年来,个人对此有所思考,但苦于学习能力、经历阅历、知识和视野的局限,往往浅尝辄止。不过,它就像一道难题,总在引我深思,于是也就愈加希望能够对它有进一步的了解。

傅春明先生,是我三十多年前的古典文学老师。近几年,师生二人常有交流,所涉内容,惯以文化为主线,兼及人性、君权和社会形态。有些认识,大同小异;有的观点,和而不同。更多时候,是学生从老师对文化的理解中受到启发和教益,这对我的思想和工作都有帮助。以下是二人在2013年上半年的对话摘要。

一、中国的传统文化及其主线

王克民:文化之河,犹如人类的血脉。对其研究、探讨,必须了解它的渊源和流变。请老师先对中国文化的发展过程做一概括。

傅春明:早在四千多年前,中国就形成了以黄河流域为中心的夏、商、周的汉文化。周初,周公制礼作乐,建立典章制度,后世称为礼制,成为儒学之滥觞。在此前后,出现的《易》《诗》《书》《礼》《乐》等典籍,为战国诸子的"百家争鸣"

开创了条件。代表中华民族的汉文化,又衍生了秦蜀、邹鲁、三晋、燕齐、荆楚、吴越等区域文化。公元前221年,秦灭六国,统一中国。秦始皇焚书坑儒,儒家学说遭到贬抑。汉武帝“罢黜百家,独尊儒术”,儒家学说成为统治思想主流。两汉之际,佛教传入中国,继而在老子学说的基础上产生了道教。此后,历经400多年,儒、道、佛相互渗透,传统的经学受到冲击,“玄学”思想有所活跃。隋唐时期,社会处于稳定繁荣阶段,儒法一体,兼收西域文明,形成了丰富多彩的民族文化思想。宋明时期,新兴的理学居于社会主导地位,中央集权的帝制文明开始走向衰微。

15世纪之后,西方文化思想有了明显的进步,并同东方开始交流。明清以来,不少思想家开始认识到传统文化的弊端,创导“经世致用”之学。西方列强入侵后,国人痛心疾首,要求废科举,兴科技,争民主,求自由。“戊戌变法”、“辛亥革命”和“五四运动”,使中华民族文化从此进入了一场新的改革历程,并一直延续至今。

王克民:以我个人的经验,知道中国文化的发展过程和概况,并不意味着理解、认识和把握中国文化的内涵。中国的传统思想文化,虽然贯穿于中国的历史之中,并伴随着历史的演进而不断发展变化,但影响最大、起决定性作用的,当是最基础、最根本的思想及制度。请您对此谈一下自己的分析性观点。

傅春明:我个人认为,探讨中国文化(此文化为广义的),就要把握中国文化的主线。这个主线,就是建立在农耕经济基础上的宗法制的君权制,以及与之相互耦合的大一统、一体化的社会结构,亦即中国最根本的社会制度和文化体系。

宗法制具有鲜明的特征。它是建立在天命论和血统论的基础上的,主要包括宗法制的继承制、等级制和男尊女卑制,即古之所谓“君为臣纲、父为子纲、夫为妻纲”的“三纲”伦理。继承制的原则是父死子继,嫡长子继承制,兄终弟继。等级制体现在王权时代的世卿世禄制和帝制时代的爵、官等级制。男尊女卑起始于一夫多妻制,如王权时代的媵妾制,帝制时代的嫔妃制。

中国大约在1万年以前,就开始了由渔猎经济向农耕经济的转变,至7000年以前基本完成。在7000年以前至5000年之前的仰韶文化时期,中华民族完成了由母系氏族社会到父系氏族社会的转变,也由家长、族长、酋长、部落首领,形成了父权、夫权、君权的雏形。到了夏、商、周,分封制和世卿世禄制已经成熟,中国进入王权时代。所谓分封制,即汉朝所称封建制,就是根据血缘关系、异姓亲缘及功勋大小,封给土地,建立社稷。所谓世卿世禄制,即“诸侯封国,卿大夫食邑”,且“世袭罔替”。秦自商鞅变法,用军功和选拔来任用官吏,等于在贵族和平民之间搭建了一座桥梁,这对世卿世禄是一种冲击,是一大进步。但秦建立了中央集权制的大帝国之后,在皇室家族内部,实行的仍然是宗法制的等级制和继承制。

秦朝之前,中国有上万年的历史文化。春秋战国时期,诸子百家竞起,以孔子、孟子、墨子、老子、韩非、孙武为代表人物,形成了儒家、墨家、道家、法家、兵家等学术流派,造就了人类文化史上特有的高峰。可以说,这一时期的文化思想灿烂辉煌,博大精深,后世中国所有的文化思想,几乎都能从这一时期找到源头。

王克民:绵延上万年的思想文化,是我们中华民族智慧的积淀,也是我们中华民族心灵的结晶,而精华与糟粕也往往掺杂在一起。在学习和理解这些文化时,您认为应当注意些什么问题?

傅春明:中国是一个古老而文明的国家,但在四大文明古国中,中国是较晚的。对待我们自己的文化,应持一种朴素的态度,既要了解它曾经的辉煌,也要认识到它的不足和近代的落后。重视理念世界,追求“大同”;强调自强不息,刚健有为;注重修身之道,讲求内省尚文;倡导诚信、谦和、礼让、协同合作等传统美德,是中国传统思想文化的优秀特征。政得其民,变法图强,选贤任能等传统政治思想,也值得借鉴和研究。

中国的传统思想文化与君主思想文化不是一码事。语言文字、农耕文化、道德伦理等内容多为传统思想文化;礼文化、君权制及其“三纲”思想,基本属于君主文化。在学习与理解时,应从本质上加以区分。

二、关于语言文字

王克民:语言、文字及其典籍,是探讨文化必然要涉及的内容,也请老师做简要评骘。

傅春明:语言和文字,是人类交际的工具,也是人类文明的载体。思维是无声的语言,发出声音就是语言;文字是记录语言的符号;词汇是语言的基本构件;语法是由词汇组成语言的规则;典籍则泛指用文字记载下来的古代图书。把这个基本的概念搞清了,就能领会语言文字及其典籍在人类文化中的地位和作用了。人类的文明,首先是通过人的思维形成,然后再通过语言和文字的表达来完成的。

由于人类发展过程的不平衡性,以及地域及生存环境的隔阂,每个民族都有自己的语言,比较先进的民族并创造出各自的文字。据多数语言学家的习惯分类,中国属于东方语系。中国文字以表义为特点,西方是拼音文字。每个国家的整体文明,通过语言文字的总和来体现;能够体现人类思想和国家文明最充分的,就是最好和最先进的。

王克民:经史子集是中国古代图书的"四部",而史学是其中重要的组成部分,如何理解经史之间的关系?

傅春明:完整而系统的史书,是中华民族文化的瑰宝,是世界上其他古老文明所没有的。中国之史始于史官。春秋之际,各诸侯国多有史官,史书之名也五花八门,曰"史",曰"乘",曰"梼杌"等。秦始皇焚书,后存者仅《春秋》与《左传》、《公羊传》、《谷梁传》而已。汉武帝将《春秋》奉之为"经"后,史学方为大盛。司马迁的《史记》成为第一部纪传体通史,也是中国正史的开始。此后几乎每朝一史,共有二十四史。

从考古学的角度来讲,体现人类文化的一是实物;二是文字。中国的文字主要是书籍,传统上分经史子集四大类。据《毛诗·郑笺》的解释,"经者,常也,道也","天下之常道也。"它是中国正统文化的集中代表。经学既包括四书五经,也包括研究、阐释五经的有关书籍。释经之书曰传,亦曰注,注注曰疏,如《十三经注疏》即其代表。中国的经史关系极其密切。所谓的历史,实际上是通过史来印证经,或按照经的道理记载史,其目的是为君主积累统治经验。史的阶级性非常明显,故中国的史书是有缺陷的。子集在很多方面突破了经史,但其突破仍然有限。"正经为道义之渊海,子书为增深之川流"。对经史的研究,大体上经历了从史附于经到经附于史的过程。经与史,构成了中华文明的主旋律。研究经史关系,是研究中国文化的一个重要方面。

王克民:记得司马迁在《太史公自序》中,对《礼》《乐》《诗》《书》《易》《春秋》都有过简评,曰:"《礼》以节人,《乐》以发和,《书》以道事,《诗》以达意,《易》以道化,《春秋》以道义。拨乱世反之正,莫近于《春秋》。"这些经书,对中国的经学、史学、政治和文化都产生过重大影响,请您重点谈一下对《春秋》和《易经》的看法。

傅春明:司马迁的《太史公自序》,是《史记》的最后一篇。它主要是通过和壶遂的问答,借对《春秋》等六经的评述,委婉、隐微地说明写作《史记》的目的和深意。

《春秋》是中国现存的第一部编年体史书。其纪年依据鲁国,记述范围却遍及当时整个中国。内容包括政治、军事、经济、文化、物质生产、社会生活等诸方面,是当时有准确时间、地点、人物的原始记录。旧说《春秋》为孔子所作,但近代学者证实,它应为鲁国历代史官世袭相承集体编录。司马迁认为,《春秋》对上阐明三王之道,对下分辨处理事情的准则,是后世群臣父子十分重视和精心研读的典籍。胡适先生认为《春秋》的意义不在于记实事,而在于正名字、定名分、寓褒贬,是中国正名主义的渊源。但《春秋》中的礼仪思想,是与《礼》相一致的,都是用来治理人事、整治人伦的。尤其是在它被奉为圣经之后,不少儒生对其曲解依托,使它带有了浓厚的封建统治阶级意志。

《易经》一名《易》,又称《周易》,包括经和传两部分,含有变易、不易、简易三义。传说伏羲画八卦,周文王演八卦,说明《易经》的成书不是出于一时一人之手,史学界所据也不一致。今日所见《易经》,当属汉儒定型的版本。

《易经》是一部蓍书。它认为宇宙的起点叫太极,太极由阴阳构成。"—"是阳爻,"--"是阴爻,这两个符号排列组合,形成了八卦,即乾(天)、坤(地)、震(雷)、巽(风)、坎(水)、离(火)、艮(山)、兑(泽);八卦又两组一个错综组合,构成六十四卦。它虽是蓍书,但它是"群经之首,大道之源"。《四库全书总目》中有言:"《易》道广大,无所不包,旁及天文、地理、乐律、兵法、韵学、算术,以建方外之炉火,皆可援《易》以为说,而好异者又援以入《易》,故《易》说愈繁。"它还涉及了治国、处世、道德和事物发展变化等各个方面,蕴涵了深刻的理论思维和朴素的辩证观念。在当时,它相当于中国的百科全书。它不但对中国文化有重大影响,而且对世界上一些伟大的思想家乃至科学家也有启发。

王克民:由语言文字、经史子集延伸到文学艺术、音乐舞蹈,还有"季札观乐"等故事,便会加深对语言文字的认识。

语言文字不仅是国家、民族历史文化和社会现实的反映,也是形成每个人思想情怀、审美趣味的底色。一个人对语言文字的修养越深,能够调动的文化资源、语汇以及思想就越丰富。古今亦然,中外亦然。

三、农耕文化及其影响

王克民:老师多次谈及玉文化、农耕文化、儒家文化和礼文化等概念,而且认为农耕文化奠定了我们民族的特性,影响了延续至今的国民心态。您这种认识的基础是什么?

傅春明:大约1万年前,中国是以伏羲为时代符号的渔猎时代;到8000多年前,完成了以神农氏为时代符号的农耕时代的转变。以后中国的原始农业文明时期和传统农业文明时期,统称为农耕文化时代。中国虽然地大物博,但历来人口众多,农民一直是最庞大的群体,国家的财富也主要是来源于农民和土地。农业、农民和土地,在社会中处于绝对的基础地位。千年相袭的传统伦理,也根植于广大的乡村。长此以往,农耕文化便成为中国最古老、最广泛的文化类型。

王克民:在农耕文化、小农经济下形成的意识,主要是指国人的价值观念、道德思想和思维方式,您如何看待它的正面和负面影响?

傅春明：农耕文化养成了农民吃苦耐劳、忍辱负重、艰苦奋斗、勤俭节约的优良传统，同时也锻造了我们的民族淳厚和善、自强不息的人文品格。但农耕文化，是在原始条件、生产力低下、小规模经营、靠天吃饭的自然经济基础上形成的，人们的思想方法，知识的获取，世界观的形成，是祖祖辈辈依次相传的，是一种经验哲学。因此，总体说农耕文化缺少创造精神，有愚昧、保守、自私、狭隘的一面。这也使我们整个民族缺乏独立、自由、创造、人权等精神和意识。中国虽然历史悠久，但一向重经典，轻科技，把科技发明视做淫巧末技。虽然有四大发明，但在发明后又很难有进一步的创新和发展。正如雨果所言：中国是一个善于把自己的创造发明长期保持在婴儿阶段的民族（大意）。因而工业革命就不可能发生在中国，最终造成了在人类社会文明进入现代化过程中的落后状态。

王克民：农耕文化是在封建王朝“家天下”的社会中产生的。在这样的社会里，统治阶级只对家族和王朝负责，不对民族和民众负责；民众则只管小家，不管国家，只知个人，不知民族。全社会缺乏了“天下为公”“万众一心”的理念和实践，就会形成不关心外部事务、只追求个人利益、闭关锁国、自满自足甚或一盘散沙的局面。有学者认为这种文化缺陷，为中华民族注入了必然要经历痛楚的基因，尤其体现在近代的外强欺辱、戊戌变法、宪制之路和当今改革开放的历史之中。但近代中国的衰弱和历史成因是多方面的，仅归咎于农耕文化的缺陷，似乎有失偏颇。

傅春明：任何国家的历史成因都是多方面的，中国也不例外。影响中国近现代社会发展方向，以及让国人在近代社会变革中感到痛楚的原因，实在更为繁多和复杂，但农耕文化是主要原因之一。小农经济的封闭性、狭隘性和长期性，造就了中华民族独特的思维模式，或叫它“同心圆思维”，亦有人称为“环闭思维”。古人认为天是圆的，八卦是圆的，罗盘为其代表。谶纬之学，《奇门遁甲》，圆作为预测依据。天干地支是循环的，六道是轮回的，天下也是“分久必合，合久必分”。否极泰来，周行而不殆。一切皆在圆中，一切也突破不了圆——而每逢历史的紧要关头，往往是回过头来从过去的经验中寻找答案。这种思维的局限和弊端，在很大程度上抑制了我们民族的改革和创新精神。

四、礼文化及其本质

王克民：中国作为一个数千年的封建帝国，必定有一种文化占据主导地位，您认为它是哪一种文化？

傅春明：中国几千年的文化，居核心和主导地位者，当为礼文化。中国向来以礼仪之邦而自豪，但对礼文化的要义和本质，国人却多缺乏深入理解。

礼的内容包括典章、制度、仪式、礼节。礼到底是什么？借用孔子之言："礼者，经国家、定社稷、序民人、利后嗣者也。"所谓经国家，是指治理国家；所谓定社稷，是指巩固政权；所谓序民人，是指划分等级贵贱；所谓利后嗣，主要是保证统治者的血统继承制，即保证宗法制的继承制。

"三纲"和"五常"(通常指仁、义、礼、智、信)，是礼文化提倡的人与人之间的行为准则和道德标准。尤其是"三纲"，它是礼文化的核心，是中国封建传统文化的根本原则。理解了三纲五常，就有了理解中国文化的钥匙。

"三纲"的形成、发展和强化，前面已经提及。中国自夏商周实行分封制，是典型的封建社会。秦之后，汉武帝独尊儒术，"三纲"成为统治思想，君权、父权和夫权，变成了单项要求的绝对权力。"君叫臣死，臣不死，则为不忠"，"父叫子死，子不死，则为不孝"。妇女则要遵守"三从四德"，"饿死事小，失节事大"。这些违反人性的政治道德原则和伦理思想，反映了礼文化的本质。

王克民：前面提到玉文化、儒家文化、农耕文化和佛教，怎样理解它们与礼文化的关系？

傅春明：随着原始农耕经济的发展，玉成为中国最早的礼器，成为礼文化的标志物之一。玉的出现一开始就带有一定的神秘色彩，是以人神交接的媒介开始的。后来，逐渐发展为天命的象征，贵族的标志。《易经》中"匹夫无罪，怀璧其罪"是实指，故玉为贵族所专有，唐之后才逐渐流传到民间。如果把夏朝之前也划归为前礼时期，那当时的玉就是礼的标志，如传说"黄帝以青玉封于嵩山"，这里的玉就是最高最重的礼器。秦朝之印都用玉石刻制，称玉玺(玺，本从玉)。秦始皇的玺文为"受命于天，既寿永昌"。此后历代皇朝仍以帝王玉印作为传国之玺，可见玉文化与礼文化关系之密切了。

儒家伦理思想的核心是仁，但追本溯源，古礼是源，儒学是流。孔子自称"述而不作，信而好古"，就是认为他是礼文化体系的继承者而非创作者。应当认识到的是，儒家学说在先秦只是诸子百家之中的一家，它之所以在汉武帝之后被统治者"定为一尊"，就在于它有助于巩固以礼文化为核心的封建君主制度，有助于陶铸大一统所需要的依附人格。儒家倡导由士而仕，将"修身齐家""治国平天下"作为最高的理想人格，将"圣贤"作为崇拜的偶像，将"四书"作为文化正宗，其最大弊端是致中国历代的知识阶层失去了独立自主的基础和意识，进而成了忠于君主、依附皇权的力量和工具。当然，儒家主张"仁者爱人"，反对殉葬制度，主张为政宽惠而不苛猛，体现了对统治阶级有人性的道德要求。另外，儒家提出的一系列社会道德规范，根植于中国的固有文化和传统道德，被中国民众广泛接受。总之，儒家思想在后世处于独尊地位，对中国历史及中国民族发展影响太大,历代统治阶级尊儒或反儒,都是因为有政治上的需求。

前面提到,农耕文化是建立在传统农业经济基础上的文化类型,而礼文化则是一个表意系统,是一个以礼为核心的完整而严谨的体系。礼文化居于国家的政治和制度层面,它的地位和作用要高于、大于农耕文化。礼文化,对君权制的巩固和发展,对我们的国家和民族,其影响都是至深至远。

佛教的思想相当复杂,其教义为“苦、集、灭、道”四谛(四个真理),即人生所经历的生老病死等一切皆苦;招集这些苦的烦恼是“集”;灭绝一切欲望,人就可以到达不生不灭的“涅槃”;到达“涅槃”必须修行。佛教与礼文化互不搭界,佛教之所以能够超越印度边界在中国传播,是由于释迦牟尼的影响及其广泛的诉求。自唐朝以后,佛学已逐渐成为中国思想文明的一部分。

王克民:您的认识使我想到了作为一代国学宗师和革命家的章太炎先生。章先生的思想体系主要来自诸子学、佛学和西方哲学,他认为儒学只是周秦九流之中的一流,并竭力肯定荀子在儒学中的地位;而老子、庄子、荀子、墨子等诸子,要比孔子高明,因此,不应独尊孔子。章先生还认为,三教中的佛教,是传统文化的精华,佛最恨君权,其中的慈悲、平等、无我、无常的思想及义理,能够开解世人的心扉,增进世人的道德,有助于民族主义和民生主义的实行。

柏拉图说过:“灵魂有多少形状,国家就有多少形状。”林肯也说过类似的话:“有什么样的人民,就有什么样的政府”。如何理解礼文化及其本质,如何甄别诸子百家学说中的陈腐和精粹,如何看待宗教对中国文化及其人类的影响,都需要深入学习。而构建人民与国家和政府的理想关系,则必须有广大公民的觉悟、参与和制衡。

五、关于君权制

傅春明:君权,是指封建国家中君主的权力,是君主居于民之上的特权。这样的君主称皇帝或国王,大多数为世袭制。历代的君主,主要是凭借国家机器和武力进行统治。

前面提到,父系社会时期,是君权制的萌芽期;夏、商、周,是准君权时代;秦始皇之后,中国进入君权制社会。而宗法制的君权制,是中国最根本的制度。对此,我们的探讨,不妨稍加深入。

中国从父系社会开始,到公元前21世纪夏王朝建立,就基本完成了由部落到国家、从父权到君权的发展历程。夏朝父子兄弟传袭,历17王,400余年。商朝共传17世,31王,历时约500年。公元前11世纪,周武王灭商建周,史称西周。西周传11世,12王,历时200余年。此后,春秋和战国合称东周,共历时500余年。

春秋战国时期,周朝已开始衰败,中国处于诸侯割据、战争不断的局面。当时,秦国是势力较强的诸侯国之一。在治国理念上,诸子百家各不相同,法家强调法治,主张集一切权力于君主一人;儒家提倡仁义,主张德治;老子则讲求无为,自然。秦始皇采用了法家的思想,在灭掉最后一个诸侯国之后,建立了中央集权的大帝国。秦始皇统一中国后,立即实行重大改革,他尊称自己为皇帝,制定尊君卑臣的各种制度。在中央,设立以丞相、御史大夫为首,下辖诸卿的政府机构。在地方,郡县制代替了分封制,郡守、县令由朝廷任命,随时可以调动。县以下设乡、里以及司治安的亭。同时,还规定"书同文"、"车同轨"、统一货币、统一法律、统一度量衡。当然,最著名的是焚书坑儒,还有修筑长城。虽然后来秦朝被汉朝所取代,法家让位于儒家,但汉承秦制,秦始皇所创立的政治及文化方面的统一,并没有被改变。事实上,汉及汉后中国两千多年的体制,基本上是秦制的逐步演变和强化。而猜忌、猜防和永续执政,是历代皇帝专制心思的本质,也是其进一步强化专制的心理动力。

君权制具有三大特点:一是神化君主。"君权神授","天人感应",天子即神,君即天子。二是垄断真理。君即真理,非君无真理,皇帝即法的化身,天下皆由皇帝说了算。三是迷信暴力。用暴力获取一切,用暴力维持一切,一切依靠暴力。在这样的关系中,是不讲道德、不讲公正的。中国古代的帝王们,也一直很重视制约权力,并且取得了政治技术层面的效果,譬如废除宰相之职,强化中央派出机构等。但这种制约的目的,是为了追求皇权的排他性,是为了消除其他势力对皇权任何可能的觊觎与竞争。而这种专制的结果是,君主的权力越来越大,黎民百姓的权利越来越少。

其实,政治斗争、权力之争、君位之争,像人性一样,与生俱来,随君位产生而来。因为君位至高无上,以致没有制约,为欲望之最,利益之最,故围绕君权斗争为必然。史书有载:"春秋之际,天国五十有四,臣弑其君,子弑其父,二十有九"。可见君权斗争之残忍,也说明人性之叵测。中国的历史,实际上也是一个夺权和反夺权的历史。所谓的太平盛世,是权力之争的内部时期;所谓的乱世,即臣子或百姓造反。但造反者的思想也是统治思想,"一将功成万骨枯",王侯与败寇之下,又有多少黎民生灵涂炭?下层受战乱之苦,渴望和平,但与统治者的思想和野心往往相左。故改朝换代多是造成灾难,很难成为进步。朱元璋是其典型。

王克民:正如老师所言,秦之后历朝历代的改革,都是在原有的制度上变得更加专制。皇权至上、法自君出被视作天经地义;神权、君权和暴力,成为专制制度的命根子;皇亲国戚、宦官势力、官僚体系,也是君权制的孵化和延伸。由此想到马基雅维里在《君主论》中的基本观点:君主为了取得成功,抛弃了道德上的考虑,依靠力量和技术。他甚至劝告统治者,为了巩固和增强力量,应该运用欺骗、阴谋、谎言和暴力。该书被称为"独裁者的手册",毋宁说是对君权和专制者的写实。世界公认的社会学奠基人之一马克斯·韦伯,也认为国家是一个"拥有合法使用暴力的垄断地位"的实体。

关于君权制,我还想到两个问题:一是无论中国,还是欧洲,君权制都曾经是长期的国家制度;二是为什么在15世纪之前近两千年的时间里,中国曾经是世界上统治最好的地区之一?思考这两个问题,可否认为封建社会的君权制,是人类社会发展过程中的必经之路?而除了宗法一体化的传统社会结构这一根本外,科举制度、儒家思想及其民众对皇权的认同和顺从,是否也是中国的君权制得以延续和强盛的因素?由此还曾联想到对黑格尔那句"合理的就是现实的;现实的就是合理的"名言的通常理解:旧事物在当时能存在,曾是合理的,有理由的,新事物否定和代替了它,这也是合理的。当然,黑格尔的学说,有代表国家主义和专制主义的倾向。

傅春明:这些认识,值得进一步探讨。

六、人性的善与恶

傅春明:人身上具有动物性和社会性两个方面。动物性的一面,大家都是一样的;人性主要是指人的社会性。

人性自有人类社会以来就有研究。在文艺复兴之前,关于人性主要有四种观点:一是根植于东方的性善论,如孟子所言"人性之善也,犹水之就下也";二是根植于西方的性恶论,如圣经里的原罪论;三是认为人性不善不恶,是后天形成的;四是有善有恶,善恶相混。

人的欲望,是人性善恶的本源。性善论、性恶论和不善不恶论,未把人性放在发展的观点去看待,有时候,善发展到一定阶段或成恶。大体区分,欲望为恶,但欲望非纯恶,它有两面性;无限制为恶,有限制是动力,在理智支配下的欲望即人类发展的动力。统治者无限制的欲望是恶,不受约束的权力是恶中之大恶。

权力是一种非常可怕的东西。但在中国的历史上,执政者大多是对权力过于热衷,而很少恐惧。他们一旦掌握权力,往往就在某些方面丧失了自制力,开始玩弄权术,绝少意识到自己心灵的扭曲。通常情况下,君权越专制,地方官吏则越专横。比较好一些的,尚能在操守上把持自己;差一些的,则会钩心斗角,徇私枉法;更有甚者,与地方豪强朋比为奸为所欲为。西汉时,就曾出现过"天下郡太守多为奸吏"的局面。

王克民：关于人性的理论，除了您提到的几种外，还有我国古代的性三品说，性日生日成说等。达尔文的进化论及其自然选择说，也适用于人类。胡适认为，人性是个哲学问题，难有定论。我个人倾向于扬雄的善恶相混说，还有王充的人性有善有恶犹人才有高有下之说，而且认为人是社会和政治的动物，善是人性的主流。人类行为的善与恶，多为动机或意志所作用；人性中的善，决定了人类的主旋律，人性中的恶，决定了人类的不完美。

"人之性也善恶混，修其善则为善人，修其恶则为恶人。"释放光明的是人性，制造黑暗的也是人性。其中的正义与邪恶，高尚与卑鄙，诡谲与坦荡，淳朴与浇漓，都因财富、地位、权力的获得、使用和占有交织在一起。而人与人之间的安全生存，也是人的本性和本能，家庭就是人们为了和平相处的形式约定，国家之间的契约和法则，便是这种约定的扩大和延伸。人的天性和本能，决定了每个人都是善的创造者，同时也都是潜在的法律、制度、道德和秩序的破坏者。如果所有束缚制约人们的规则全都失效，人类就会无异于其他动物。

在人性中，感情具有独特的色彩和功能。母性，父性，亲情，爱情，友情，是维系家庭关系、社会关系、两性关系乃至人类共同体的要素。尤其是亲情，是基于血统或婚姻而产生的，是人世间最为密切和珍贵的。在这些感情里面，孕育着浓厚而美好的道德意识，包含着生命的主要内容。人的价值，人生的意义，一般表现在这里。

此外，我从中外传统文化的理念里、从古今人们的生活中，还认识到为人处世的因果和内在逻辑，认识到个体的思想及品质与人类社会的关系。一个人，只有心地善良，品行端正，真诚宽容，才会得到人们的尊重；只有全社会的大多数人将道德、知识、信仰、责任、感情付诸行动，这个社会才能成为一个好的社会。人类数千年的历史，就是不断追求美好的历史，就是不断走向文明的历史。人性、人生虽然不尽完美，但人间是有大美和大爱的。

七、机制是人性的最高形式

王克民：人类社会有史以来，已经经历了多种社会形态。当代各国的机制先进与否，有关民主、自由、人权、法治，也关乎国体和政体，还涉及人类文化的进化与交融。

傅春明：有关人类社会发展阶段的划分，属于社会科学的范畴。斯大林在他主持的《联共（布）党史简明教程》中，将原始社会、奴隶社会、封建社会、资本主义社会和社会主义社会五种社会形态，规定为人类社会发展的普遍规律。这个社会发展"五阶段论"的理论，被所有社会主义国家确定为官方意识形态的灵魂和社会科学的渊源。苏联解体后，有人主张对社会发展历史的分期重新进行研究，并从经济（农业化——工业化——知识化与信息化）、政治（神权政治——君权政治——民权政治）、思想（神学思想——玄学思想——科学思想）三个方面，对人类社会的发展规律，提出了新的见解。

前面提到，人的欲望如果没有限制，就会不断地扩大膨胀。一旦这种欲望与权力相结合，便会产生崇尚权力的统治者，便会产生崇尚暴力的专制制度，便会形成高度专制和极权。暴力专制让人惧怕而驯服；极权控制让人虔诚而狂热。德国的纳粹政治、苏联的斯大林时代等都付出了极其高昂的代价，也成为人类重大的历史文化遗产。正因如此，人类在反思中研究和制定了一些限制欲望、限制权力的办法和法律，也因此有了社会机制的改变和进步，有了关于民主、自由、法治、人权的言论和制度。而这些人类都认同的理念集合在一起，就构成了一些普遍性价值。

这些普遍性价值的核心内容是民主和人权。民主的本义是主权在民，其基础是天赋人权，即人的生存权、自由权和财产权，非经法律不可剥夺。而民主、人权与依宪行政，是相辅相成的。维护民权和限制公权，是其核心；分权制衡是其精髓；确立一个有限政府是其要义。在这种机制下，权力来自于公民，而且尊重公民的意愿，选举最杰出、最优秀的人来掌管国家。同时，权力的行使，受到广泛的监督。

王克民：关于权力制衡，一直是近代人类关注的焦点。英国著名哲学家洛克是首位集民主立宪思想之大成者。早在 1689 年，他就认为在自然状态下所有人都是平等而独立的，没有人有权利侵犯他人的生命、自由或财产，并提出了“政府只有取得被统治者的同意，其统治才有正当性”的主张，提出了政府的主旨是保证公民人身和财产安全的“政府守夜者理论”。其后，又有孟德斯鸠的“以权力制约权力”、贡当斯的“以权利制约权力”、托克维尔的“以社会制约权力”等论点。1776 年，美国大陆会议发布了由杰斐逊负责起草的《独立宣言》。1789 年，法国制宪会议发布了《人权宣言》。这两个宣言，都集中体现了人的自由、平等、民主的权利和要求。而于 1787 年制定通过的《美利坚合众国宪法》，则精心设计了“三权分立”的原则，即立法权由参、众两院组成的国会行使，受总统和法院的制约；总统行使行政权，受国会和法院的制约；司法权由法院行使，受国会和总统的制约。这样把国家权力分给三个不同的机关行使，发挥三种权力的相互制约作用，就可以防止某一个机关或某一个人的独断专行。它的制定和实施，不仅实现了机制的创新，而且为其他国家提供了龟鉴。

人类对于机制的探索和创立，是与时俱进的。从柏拉图、亚里士多德到洛克、伏尔泰、孟德斯鸠、卢梭，从华盛顿、林肯到孙中山、毛泽东、哈维尔，从《汉谟拉比法典》《1215 大宪章》《独立宣言》到美国宪法,从亚当·斯密的《国富论》、马尔萨斯的《人口论》、马克思的《资本论》到现代经济学,诸多的先贤伟人、法律规范及学术经典,都为人类的文明和进步作出了巨大的贡献,也给后人留下了极其宝贵的思想和遗产。

先贤伟人们的理论思想,虽然影响着人类社会的机制、形态,也影响了人类历史的进程,但一个国家选择什么样的治理体系,具有什么样的治理能力,是由这个国家的历史传承、文化传统、经济社会发展水平、统治者的意志以及民众的素养和取向决定的。

八、其他认识

世代相传的文化、思想、道德和制度,形成了人类的传统。而追求美好,追求幸福,追求公平,追求自由,是人类共同的、持续的、永久的传统。人生在当代,却无不活在传统之中。人类最大的、最主要的传统,就是关于人的传统,就是关于人怎样生活、怎样更好地生活的传统。

人类的进步,主要是来自人类思想文化的传承、合作和交流,而不是基因的变化。随着全球经济的一体化和国际交流、国际合作的常态化,世界各国和各个民族的文化,将会在交汇中不断变化。中国文化有其自身的特点和数千年的惯性,改变和提升会相对缓慢;但中国文化在与世界各国文化的高度交汇中,必然会得到提高和升华。到 20 世纪末叶或者 21 世纪,中国将会重新走到世界的前列,而在复兴的过程中,发展和变化的顺序,或许是经济发展、个人自由、社会正义、政治民主。

科学技术正在逐步地影响和改变着文化活动的形态,也在改变着人们的部分生活。科技的社会化和全球信息的对称化,已成为提升人类素质的重要资源。视觉文化、电脑和网络的普及,还有人工智能产品的研制,不仅改变了人们的工作方式,更改变着人类对世界、对自己的思维和认知能力。政治制度虽不能与科学技术同步,但科技文明能够冲击和推进政治文明。未来必然还会有更高级、更神奇的科技产品应用到人类生活的各个方面。诚然如此,发展的文明,也包含着发展的不文明。一个社会、一个国家的发展,必然是“善恶兼进”,现代文明虽然解决了许多旧的矛盾,但又会带来一大批新的问题。人们应切记爱因斯坦的忠告:“关心人的本身,应当始终成为一切技术的主要目标。要使科学造福于人类,而不致成为祸害”。

人类进化到当代社会,社会的经济成分,行业类别,产业结构,政府职能,以及人们的衣食住行,与古代社会相比,都发生了量和质的巨大变化。这种变化,不仅使社会关系更为复杂,而且导致国家管理成本急剧增加,更要求建立在经济基础之上的政治、法律、文化及其制度与之相适应。如何科学地、高效地管理当代社会,如何建立与之匹配的、更先进的社会机制,是全人类共同的课题。

人类文化是属于人类的,也是人类唯一的。人类对文化、制度、社会及至宇宙中一切事物的认识,都是自身的主观认识。这种主观认识,既包括对已知的客体,也包括对未知的客体,还包括对永远不可知的客体,而且未知客体始终大于已知客体。人类只是生活在银河系中一颗小行星上面的灵长类动物,它的外部还有几万亿颗行星;分享世界,或许从来就不是人类的独想,因为宇宙之中必有更高级的生命。主观和客观的问题,在人类历史上一直没有得到彻底解决,这一问题关系到人类对其他问题的认识。人类只有深切地意识到自身的狭隘、愚昧和卑微,才能敬畏自然,才能回归理性,才能自觉地辨析并遵从社会发展的规律。

人类繁衍,世代不已;社会进步,永无止境。人类的智慧和希望,在于不断地探讨、创造和建立更加先进的文化、制度及其一切文明。

(2013 年 7 ~9 月整理)

[傅春明,1937 年生,潍坊市人。1960 年毕业于山东师范学院中文系。原昌潍师范专科学校中文系副教授(1982 年晋升),主讲先秦文学。]

向郭味蕖先生学习

——兼谈先生对我的影响

郭味蕖先生,原名郭忻,字味蕖,老潍县郭氏族人,著名画家,美术史论家,艺术鉴藏家。

我出生晚,未曾见过郭先生。初记先生大名,缘自我的一次过错。20世纪60年代,我的伯父伦奎公曾在原潍坊市政协及统战部任职,与郭先生有些交往,并得先生画作一幅。"文化大革命"开始后,伯父被批斗,因担心抄家,就把收藏的几幅潍籍画家的作品,让我奶奶带回了老家。那时,我少不更事,出于喜爱,遂将这些未曾装裱的名人丹青,在其背面涂满糨子,牢牢地贴在了住屋的石灰墙壁上。待想再把它们揭下来时,已不可能——本应好好收藏的艺术品,就这样被我糟蹋了。伯父得知后,笑着对我说:"你这孩子,不知爱惜财宝,那里面有郭味蕖先生的画呢!"从此,先生的名字就刻在了我的心里。

多年以后,我也开始在这个潍县古城工作。伯父寄厚望于我,时常谈及郭先生等潍籍名人,并督促我读书习字,多向古人学习。及至中年,我在工作之余,开始涉猎本地史志,尤以郭、陈、丁、张四大望族作为重点。而在数以百计的历史名人中,又对郭先生格外敬慕。以先生命名的美术馆在潍落成后,我常去参观,对先生的认识亦日益加深。近十多年来,又自觉地收集先生的画辑、文章;或是缘分吧,前几年出版的《郭味蕖传》《郭味蕖纪年》《郭味蕖艺术文集》等,都是在偶然中获得。待通读之后,先生的生平、画作、学识、造诣及其人品和境界,便成了我心中的师表,学习的榜样。先生对我的影响，主要在以下4个方面。

一、家族方面的启示

老潍县郭氏一族，远追二虢，肇始高唐，尊师重教，文脉悠长，贤达辈出，浩浩荡荡，先生为郭氏第十八世孙，其居潍始祖郭礼，廪生，塾师，授课精熟，教子有方，为郭氏家族奠定了家学和族风。六世祖郭尚友，明万历进士，累官户部尚书。十三世祖郭梦龄，道光三年进士，官至山西巡抚，能文擅武，尤喜诗文，入祀山西名宦祠。高祖郭襄之，甘肃西宁府知府，善诗词，喜书画，以功受西宁兵备道。曾祖郭恩观，咸丰乙卯举人，在浙江任知县期间，与江南文士任阜长、任伯年、赵之谦多有交往。父郭迺钰，聪颖好学，未及弱冠，诗文即被众人称道，有诗集《垂髫吟》传世。20岁赴天津南开学堂读书，又以第一名考取法政学堂，惜未及入学染时疫而卒，年仅21岁。

先生生而失怙，祖母疼爱倍加，母亲悉心照料。7岁开蒙，十余岁就喜好美术，喜欢音乐，显示出从事文艺的兴趣和气质。中学时代，痴迷于翻阅家中旧藏，尤喜戏曲内容的年画，为后来从事版画史、年画史的研究打下了良好基础。1927年，先生17岁，与著名金石学家、大收藏家陈介祺的玄孙女陈君绮女士结为伉俪。婚后，先生接触到陈家祖传的大量古代文史典籍和金石书画真迹，对以后从事绘画、金石、文物和考古的研究，产生极大的助益。1929年，先生考入上海艺专西洋科专究西画，较系统地接受了西方文化熏陶。1937年，又考入故宫博物院国画研究室专修国画，并得临历代名家真迹。家世遗风，中西兼学，俾使先生历数十年苦功之后终成大师。

综观先生的身世，再结合潍县郭氏家族的特点，便可得知：洵为官宦世家、书香门第、士绅大户的郭氏家族，是培养造就郭先生的根本。虽然我们大多数人的家族背景和家庭条件比之郭先生望尘莫及，但郭氏家族注重文化积淀，以文兴族，以文传家，世代不已的文化渊源，却能启示我们：家族的文化传承，家庭的教育熏陶，是何其重要！可谓"染于苍则苍，染于黄则黄"，成天下之才者在教化，教化之所本者在家庭。

二、学者型艺术家的启示

先生虽然幼承家学，壮负盛名，但从不显耀身份，自我满足，而是志学不倦，虚怀若谷。先生虔诚地研究传统，涉猎之广之深，非一般画家所能及，所涉领域涵括了书画史、书画鉴赏、金石学、版画史、建筑雕刻史等。

20世纪40年代，先生致力于青铜器研究，著有《殷周青铜器释名考略》《说镜》《镜文考释》。50年代到北京工作后，完成了《古代建筑与雕刻》《佛都云冈》《汉画研究》《版画史话》《现代的版画艺术》。60年代，又发表了《旧年画录略》

《山东的木板年画和风筝》,郑燮、陈洪绶、高凤翰、恽格等画人的评传。而先生的重要研究成果《知鱼堂书画录》《宋元明清书画家年表》都是从 20 世纪 30 年代就开始编写,呕二十多年心血方才成书。令人敬佩的是,先生晚年遭受迫害,迁回故里,在手头没有资料和参考书的条件下,写成了《写意花鸟画创作技法十六讲》。

先生在美术史论研究上,著书立说,入辟精要,经略庞博,丰赡成典,是近代美术史论奠基性的人物。先生在美术创作及其教学方面,自出町径,不落常蹊,以思想更新带动技法更新,堪为同代人的楷模。先生庋藏甚丰,知古鉴今,在艺术鉴藏方面留下了宝贵的文献和珍品。先生的诗词、书法、题识、治印,古朴秀美,一如其人其画。他被人们誉称为学者型艺术家和通人达才,可谓名副其实,当之无愧。

探求知识,成为学者,是很多人一生的追求;但其中多数人虽也勤奋努力,却终难做到。究其原因,除了天赋、教养之外,自然还有其他因素。我由陆机在其《文赋》中提出的"意不称物,文不逮意"和"虚静"的关系问题,曾经想到艺术创作和郭先生的学问。陆机认为,创作构思的关键在于能否做到"虚静"。他提出要"伫中区以玄览","玄览"即心体虚静之意。心体虚静后,方能智照日月,洞察精微;方能意称其物,文逮其意。同时,陆机十分重视灵感,且把灵感的产生归之于"天机",亦即"应感之会"。当然,这里面有道家深观物化的思想。郭先生是大家,具有博涉多方的天资,他能够成为一代学者型艺术大师,必然有"虚静"和"应感"的境界,有着解决物、意、文的功力,从而能够取诸怀抱,罄其心胸,心游万仞,精骛八极。但综合先生的人生轨迹、创作方法和学术造诣,他的"虚静"和"应感"是凭依焚膏继晷、劬学嗜古、厚植根基为前提的。

三、在继承和创新方面的启示

1958 年至 1965 年,是郭先生一生艺术生涯中最活跃、最充实、最出成果的时期。这一时期,先生在绘画理论和创作上,透视古今,兼收中西,标举新风,振发时代,尤以花鸟画继承和创新问题,成为开宗立派、推陈出新的一代先驱。《东风朱霞》《银汉欲曙》《晨光》《惊雷》《杜鹃花图》《大好春光》等作品,表达了先生对于理想境界的向往,吟唱了生命的赞歌,鸣响着健康明丽、清新谐和的节奏,赋予了一种时代的象征。与此同时,先生在执教生涯中,探索改革,不断实践,确立了自己的教学思想和课程结构体系,提出了理论、生活、技巧三轨同步、互补共进的主张,成为奠定我国花鸟画教学基本体制的美术教育家。

对于花鸟画创作和教学的创新,郭先生一方面注重从精神和艺术规律上继承前人的遗产,承袭前人重视资料的学风;另一方面又对传统采取批判继承的态度,不滞于皮毛的袭取。他认为,花鸟画的推陈出新,是一次本质的革命。所谓“本质革命”的思想，就是他反复讲过的时代感和思想情感的转变问题。他说过：“精神生产一定要随着物质生产的改变而改变。”“画家在创作上是导演，目的性要明确。”“研究笔墨技巧，要钻研历代画论，借鉴前人的经验，还要付出长时间的劳动实践。”“推陈和出新是统一的，要在继承优良传统的基础上去出新。”这种辩证的变革观，既是郭先生的主导思想，也是时代的要求。而先生晚年“不必作前人墨奴”的意识，则超出了一般意义的创新，体现的是他的人格追求。

继承与创新，是人类永久的命题，它涉及人类文化、生活、工作和技能的所有领域。变者生，不变者衰，是万物变动不穷的普遍规律。中国的律师业虽然只有百余年的历史，但同样面临继承与创新。我受郭先生启发，认为律师应自觉坚持积淀、传承、创新的理念，也要有消化前人成果的能力和长期实践修炼的体悟。在律师文书的制作上，倡导言由己出，意由心使，用笔沉稳，行文遒韧，尽力去避免公式化、概念化、浮薄化和板滞化的弊病。在业务拓展上，不赞成效法商界那种过于功利性的营销，而讲求融入社会，深入生活，敏感地抓住时代特征，以社会需求、客户满意为前提，发现、培育和研发新的法律市场和法律产品，创新业务内容，创新工作方式。在律所管理上，注重体制创新，制度创新，自主创新，同时，还要加强文化建设和队伍建设，借鉴国外律师的先进经验，推动律师事业健康发展，与时俱进，步入通向现代的新途。

四、与学界、艺术界交往的启示

郭先生的艺术之路是从故乡起步的，与书画界的交往也是从故乡开始的。先生的美术启蒙老师丁东斋，是“潍县同志画社”的创办人，是老潍县画坛重要的实践者和组织者。先生与家乡的书画家郭谷石、徐培基、赫保真、郭兰村、于希宁、陈寿荣终生都保持着密切联系。他到北京后，与中国现代画坛巨擘何香凝、陈半丁、于非闇、潘天寿、李可染、叶浅予、李苦禅、王雪涛、蒋兆和、田世光、潘洁兹、俞致贞等都有书画往来，有的还私交深厚，堪称挚友。先生师从黄宾虹学习画史、画论，又在黄先生的建议下，着手编写《宋元明清书画家年表》。1950年，先生携《宋元明清书画家年表》到北京，拜见时任中央美院院长的徐悲鸿，受到徐先生热情接待。徐先生看了书稿，亲自为此书题写了书名。不久，经徐先生举荐，即调美院工作。可以说，是徐悲鸿先生改变了郭先生的命运，让郭先生从小城潍坊进入了首都北京。而齐白石老人，也是一位素敦友谊，提挈后俊的长者，评赞“味蕖画笔工矣”。先生与白石老人相识二十余年，并以老人所赠篆书“知鱼堂”匾额作为堂号。

中国是一个注重社交、讲究人脉、珍视感情的文明古国。尤其是在交友上，讲求物以类聚,人以群分。但从职业和学识的角度看,一般的交往是远远不够的,“君子忌苟合,择友如求师”。郭先生所交往的人,多是学界、画界的同好。特别是他到北京后,接触的是艺术前沿,相识的是大师和精英。而这些大师精英们对先生的帮助、影响和促进,与先生自身的积淀和情志相融合,益使先生高瞻远瞩,博闻多知,艺文骏发,流芳于世。由此可见,一个人要想在事业上走向高峰,除了潜心治学、励志创新外,与业内同人、精英的切磋交流,跻身文化、行业的中心,实在是非常重要的。

郭先生是艺术大师,而我只是一名普通律师。就生活时代而言,我相距先生半个世纪;就绘画艺术而言,我是孤陋无知的;就职业而言,我和先生又是“跨界”的;但郭先生却让我认识到:事有必至,理有固然;天下之事,莫不同理,人心之灵,莫不相通,人世间的精神和思想,是不受时空和职业阻隔的。先生对我的启示和影响,不只以上所及,还有其惨淡经营、孜孜以求的理性心态,谦谨低调、宽容冲和的儒雅胸怀,真诚待人、热爱祖国的高尚人品。我将先生作为人生之师,学习和工作都得以进步,既是一种方法,也是一种福分。

(本文写于2014年2月)

泊子王氏族谱续修序

庚辰二度，岁又甲午，我泊子王氏族谱不获续修，迄今百有三十馀年矣！惜其创修、再修之谱本，皆散失不复。兹可稽考而相承者，有道光甲午本与光绪庚辰本传世资料，另有清末之后部分支谱。谱牒之续，关乎纲纪伦常，旧例当三世一修。顾瞰百年以来，战乱兵燹，世事迭变，遑论修史续谱？斯岂一家一姓憾事哉！

壬辰子月，族中长者成章、永志、汉忠、法增诸公会商修谱，倡言既出，阖族响应。遂于腊冬筹划，夏暑不辍，广询遍访，精稽细核；又蒐研旧藏，荟萃所长，往复折衷，详缮誊录，越年馀而纂成是编。此举旨在昭穆有序，敦宗睦族，存史教化，承先启后；其功亦大焉，其义亦远焉。

溯我始祖讳彦荣，河南彰德（今安阳市）人；始祖母，广东海丰人。明初定鼎，诏令移民，始祖自中原殷墟故地迁来潍北潟卤僻壤，在白水之东，奠厥攸居，立村泊子（因地处低洼常年积水而故名）。由此肇启，生齿繁衍，支派开散，历六百馀年已成烝烝大族：二世祖德林，生三世祖冲、重、言、堆；言祖外迁，今昌邑岞山村王姓是其后人。四世之中，洪祖析居村前，渐成屯落，曰南泊子。迨至七世，人丁兴旺，堆祖玄孙四十有八，皆以“朝”名；朝礼、朝殿、朝进、朝选移居曲范村。及八世，读、策两支移居邻村东官亭；沼、有两支西迁青州普通村；权支东徙平度五里庄。清代，十一世国焕公迁新庄，国代公迁北孟。十三世至十六世，有数支出居口外、关东。新中国以降，在外从事军、政、医、商、文教、科技等职业者数以百计，定居他乡者遍布四方。于今，潍坊、济南、青岛、淄博、烟台、东营、泰安、滨州，冀、黑、吉、辽，京、沪、宁、深，以及豫、川、皖、黔、浙、晋、新、陕等地，皆有我王氏族裔也。

明清以来，祖上修身立业，孝悌为先，忠厚传家，耕读继世。康熙四年，菩萨庙落成村东，十世祖会昌（廪生）撰碑文，文中记始祖播迁与奠居。道光十四年，文博公（郡庠生）编汇家乘一卷，并录节孝、墓志若干。光绪十年，凤楼公（邑庠生）作《乡约碑记》，叙及乡人议定守则，立碑以志。民国十八年，区立泊子小学初建校舍，其题壁载族人慨然出工捐资。另据旧谱附注，竹公为员外郎；希闵公为太学生；昌龄、国祯、復振、復生、希孔、允清、克心、景轼、若度、冠乂等公是郡、邑生员；璟、伽、士基、文京、叙伦、冠茂等公是监生；安周、书云二公充任乡饮介宾。岞山名公王训，顺治四年登第进士，授官万全知县，曾匡助故乡创办书院，修建祠堂，编著《续安丘县志》。诸事诸贤暨懿行，俱鉴我族敬宗亲族，尚德自律，尊师重教，且有蜚声庠序、望重乡里者久矣。

谱之义理，尤重后世克绍箕裘，传承家风，孝慈相继。盖阅本族之谱者，明世系，辨尊卑，遥想诸多先祖颠沛流离，创业维艰，知难而进，感念之心油然而生之。噫吁嚱！水有其源，木有其本；祖宗衍生后代，父母育子女之身。人为人后，孰能不怀木本水源之思？孰能不动春露秋霜之情？故曾子有言："慎终追远，民德归厚矣"。

此次修谱，体例多仍其旧。一世祖至七世为总图，八世起分为各支，均五世一表，凡二十五世。谱之所列，涵括泊子、南泊子、曲范村、东官亭及新庄支族，馀者暂未收录。难能可贵处，在于变易旧章，顺应时代，将女子纳入其中。古人于谱牒主张阙如、阙疑，意在慎度其身，存而不论。与事诸公恪守古训，严于取舍，对涉争议及俟考者，均付阙如，留以有待。

嗟乎！枝繁叶茂，赖有根深本固；祖德显彰，辄裕后昆炽昌。方今改革开放，物阜民康，又逢滨海开发，新城在建，我族亦与荣同享。沧海桑田，日新月异，余之桑梓将成潍北滨南一壮邑。更喜累世德业淀积，浸润学子莘莘，后俊蔚起。然当铭记：凡家族兴盛、人杰挺生、继往开来而光大门第者，俱以勤劳、令德、知识为大要，胥由经济、文化、教育为丕基。社会予人，丰啬有别，亦有规则，惟坚守此心，尽力而为，是其传家垂福正道也。

族谱续修告竣，诸公命余作序。藐焉晚辈，诚不敢违，乃恭遵祖典，慎引史料，略述修谱事由、本族源流及先人陈迹如右。槐堂世瑞；珠树家珍。德音永响；师表常尊。此谱若能踵武前人，延拓祖业，增进族谊，和衷共济，俾我族贤达辈出，任职各界，功施社稷，祉惠后嗣，何啻列祖列宗夙愿欤？实我泊子王氏子孙大幸耳！

公元二零一四年六月　岁次甲午夏五月

二十世孙克民　薰沐谨志

注释

泊子王氏族谱上次修于光绪六年(1880 年),岁在庚辰;再上次修于道光十四年(1834 年),岁在甲午。二度,时间越过两次庚辰,即两个六十年。

不获:得不到。

纲纪伦常:社会秩序和伦理道德。

顾瞰:回头看。

兵燹:战争造成的焚烧破坏等灾害。

遑论:哪有条件论及。

壬辰子月:2012 年阴历 11 月。

辍:停止。

蒐:搜集。

荟萃:聚集。

昭穆:宗族的辈分。

溯:向上探求。

定鼎:建立王朝。

诏令:皇帝下达的公文、命令。

殷墟故地:商代从盘庚到康丁,在殷建都达二百七十二年,遗址殷墟位于安阳市,也是甲骨文发掘地。

潟卤:盐碱地。

生齿:人口。

烝烝:兴盛。

口外:泛指长城以北地区,也称口北。

关东:山海关以东地区,旧指东北三省。

孝悌:善事父母为孝,善事兄长为悌。

廪生:科举生员名目之一,每人给廪米六斗,有对童生考试具写保结之责。

播迁:迁徙。

庠生:明清时代府、州、县学的生员,亦称秀才。

太学生:在太学读书的最高的生员。

乡饮介宾:参加各府、州、县乡饮酒礼的嘉宾,多有本籍致仕官员或年高德劭的人担任,犹如现在的政协委员。

进士:科举时代通过殿试考取的人。

暨:和,与。

懿行:美好的德行。

蜚声:扬名。

庠序:古代地方学校。

克绍箕裘:继承父祖的事业。

尊卑:长辈和晚辈。

噫吁嚱:语气助词,慨叹,相当于“啊”。

孰:谁,哪个。

春露秋霜:缅怀先人。

阙如:欠缺。

阙疑:对疑难问题不下判断。

俟考:等待考证。

桑梓:故乡,老家。

莘莘:众多。

令德:美好的德行。

胥:皆,都。

丕基:基础,根底。

垂:流传,延续。

藐焉:微小,藐小。

槐堂世瑞:宋代王旦之父王祐手植三槐于庭,预言其子孙必能贵显,后次子旦果为宰相,世称“三槐王氏”。

珠树家珍:唐代王勃与其兄王勮、王勔的合称,三人皆著才名,简称三珠树。

踵武:效法。

俾:使,达到。

贤达:有才能、德行和声望的人。

社稷:国家。

祉惠后嗣:幸福惠及后代。

何啻:岂但,不只。

薰沐谨志:表示恭敬,虔诚。

(原文为竖版)

半生辛苦跻山麓

人类生命的表现形式虽然千差万别,但对信念、志向的追求和珍爱,是有很多共性的。人生可以比做一溪春水,比做一棵小树,也可以比做攀登高塔。而我常常想到,我们这一代"城籍农裔"的大多数人,就像是成群结队的行者,从低洼荒凉的地方出发,辛辛苦苦几十年,终于到达了心中的目标——山麓。

近代以前,中国长期沿袭四民社会的传统形态,士、农、工、商不仅分业经营,而且分别居住在固定的地区。我们生在农村,老辈们世代务农,数百年来,土地就是他们承袭的生产场所,稼穑就是他们主要的工作。他们终其一生,每天都在那里劳动,每年只能得到有限的收获。他们具有丰富的农村生活的知识和经验,能把庄稼种得很好,能把日子过得很节俭,生活劳累而贫困。他们知道外面的光景好一些,也就渴望自己的后代,能够改变身份,脱离农村,去从事另一种职业。

20世纪70年代末,国家恢复高考,上千万农民的子女,赶上了改变命运的特殊机遇。我们作为其中的少数人,有幸成了当年的大、中专学生;毕业时,以国家干部身份,分配到了各行各业,开始了各自的旅程。

起初,我们年轻气盛,行进中充满激情,充满新奇,眼前的景色也足够赏心悦目。我们对工作热情主动,积极肯干,很快就赢得了认可和晋升。其中有的还踌躇满志,欲以开拓更广阔领域。30岁的时候,可谓成家立业了。然而,就在这个阶段,我们行进的速度放慢了,也感觉困难了。一是我们在用所学所识回报社会的同时,还要承担起养家糊口的责任,包括对农村老家要全力帮衬;二是我们意识到由于出身寒门,缺乏资质和资本,有些愿望是力不从心的,一生的重任之一,应是为家庭和后人续造基址;三是对个人的前途、职业和努力方向开始考虑(主动与被动兼有),而要在某个领域寻求发展,仅凭在学校学到的知识是远远不够的。于是,在政治趋势转变、经济浪潮涌动、新的政策出台之际,我们当中的一部分人,率先作出了选择:或者辞职经商,或者停薪创业,或者出国深造,或者脱离政界改变职业,也有的在仕途上继续进取。

有了理性的思考和新的追求,我们又努力前行了。与以前相比,每个人的志向更为明确,工作的专业性也更强。只是,我们在向前行进的同时,需要深入到人类历史的宝库,去汲取前人储藏下的思想和知识。通常是白天工作,晚上看书,以精神食粮来补充营养,开阔视野,增加能量。这种生活让我们忙碌充实,乐此不疲,甚至忽视了时光的流逝;我们的眼睛,已经看到了远处的山梁。这个阶段,是我们生命的峰值期,局面已经打开,工作小有成绩,经济上也不再穷困。最为美好的是,每年春节,我们都要回到农村老家,和父母一起过年;父母做的馒头和水饺,是我们感觉最香、最好的年饭。

及至壮年,我们已接近山麓,犹如是人生的秋天,我们也到了收获的季节。血汗、付出、压力、奋斗,转化成了名誉、地位、成果、事业;还有一些亲切的思想和感情给我们以馈赠。更欣慰的是,子女已长大成人,有了工作,继而谈婚论嫁,让我们升级为祖辈。但前进的道路崎岖不平,有的地方还隐藏着诱惑和陷阱,稍有不慎,就会步入歧途,尽失前功。这时,我们当中的多数人,还要经受岁月带来的忧伤:至亲至爱、勤苦操劳的父母,走完了他们的一生,让他们的子女在悲思中感受"子欲养而亲不待"的心境。

我们还要继续前行,就像要去完成某种使命。只是不再充满新奇,不再充满幻想,目光已不大留恋景色,事物看起来似乎都是相似的。我们心无旁骛,在上坡的路上,沉稳而坚定;肩上的负荷在加重,空间也有变化,但仍可在其中创造、表达和活动。当年过半百、即将退休、亦感疲惫的时候,我们终于到达了山麓,达到了我们力所能及的高度。

山麓,是山脚,山根儿,靠近平地的地方。跻身山麓,山的形象就在眼前,山腰的景物似曾相见,那被云雾笼罩的山顶若隐若现。面对大山,我们认识了自己的渺小,体验了生命的虚幻,也知道到了人生的节点。还能往上攀登吗?似乎还能再攀登一点。但对我们多数人来说,确已心余力绌,或者客观条件及思想发生变化,遂想返璞归真,回依家庭;而把登山的任务,把身历华岳的感受,留给子女,留给后代,留给年轻的同事。——这,就是我们的生命轨迹,也是无数人和数代人的宿命。

(本文写于2015年4月)

让系统引领法学　让法制纳入体系

2016年伊始，我和妻子依从儿子、儿媳的意见，到北京过元旦，并借机照看几天小孙子，住在了阜成路8号院。

这个大院，是原航天部机关的办公区和职工家属的生活区。在院内的东南角，有几栋普通而又陈旧的红色老式公寓，1960年至2009年，钱学森先生就一直住在这其中的一个单元里。

钱学森先生是世界著名的火箭专家，是中国航天事业的先驱和领袖，是我们这一代人崇敬的当代科学家。前几年，我读过人民出版社出版发行的《钱学森传》，在了解先生辉煌的人生历程和巨大的科技成就的同时，曾经由先生的工程控制及其"系统"理论，联想到律师工作和司法工作。元旦后的一天，我经过先生的旧居，再次想到这个问题，随即赶往西单书店，意欲购买先生的《工程控制论》，虽然书店里没有这本书，但喜出望外地得到了一本先生关于哲学、科学、艺术的讲谈录。

回到潍坊，我把《钱学森传》和《钱学森讲谈录》放在了床头。经过阅读思考，拟以"让系统引领法学，让法制纳入体系"为题，从中甄选出先生有关系统工程和法制建设的论点，添加到文集之中，与大家共同分享和学习。

1954年，钱学森先生的《工程控制论》在美国正式出版。这本书出版后，迅速引起了美国科学家和世界科学家的关注，认为它是一部奠基式的著作，是科学技术领域里的圭臬，相继被译为俄文、德文、中文等多种文字。

"控制"一词源于希腊文，原意是驾驶的意思。在《工程控制论》这部论著里，钱学森先生第一次提出了在工程设计和实验中,能够直接应用的关于受控工程系统的理论、概念和方法,奠定了现代控制论的基础,并提出了诸如用不太可靠的元件组成可靠系统的系统学思想。钱先生认为,控制论研究的"是一个系统的各个不同部分之间相互作用的定性性质,以及由此决定的整个系统总体的运动状态"。"系统就是由相互作用和相互依赖的若干组成部分结合成的具有特定功能的有机整体。这些组成部分称为分系统"。"世界就是大大小小系统的集合"。

钱先生回国以后,把系统工程的思想首先应用到了航天科技领域。他在国防部第五研究院建立了总体设计部,按照系统工程的方法组织实施火箭、导弹、卫星等复杂系统的论证、研制、实验和使用。1978 年,经钱先生建议,国防科技大学设立了数学与系统工程系。这是全国高校开办的第一个系统工程系。

系统工程和系统科学,是钱先生长期潜心研究的学科。它虽然属于技术科学层次,却有着深远的实际应用前景,是一门关于管理技术的崭新学科。钱先生认为,系统学的建立,是一次科学革命,其重要性不亚于相对论和量子力学。先生在 20 世纪 80 年代退居"二线"后,对系统工程、系统科学提出了一系列更为深刻的见解。

钱先生认为,现代科学技术,是一个严密而开放的体系,这个体系有 9 个大部门,即自然科学部门、社会科学部门、数学科学部门、系统科学部门、思维科学部门、人体科学部门、文艺理论部门、军事科学部门和行为科学部门。将来随着科学技术的发展,还会有增减。这 9 个部门都在研究整个的客观世界,求得掌握它的规律并改造它,不同之处只在于着眼点和研究的侧面不一样。钱先生还认为,人们经验的总结被系统化后就成为知识;但这些知识毕竟还不能叫科学。科学并不是一个孤立的经验体系,而必须纳入整个现代科学技术体系中,能够同其余各部门相融一致,才算进入了科学体系。钱先生的这些思想及其应用,在中国现代化建设事业中,发挥了显著的作用。

系统工程是包括许多门工程技术的一大工程技术门类。在现代这样高度组织起来的社会里,复杂的系统几乎是无所不在的,任何一种社会活动都会形成一个系统,这个系统的组织建立、有效运转就成为一项系统工程。同类的系统多了,这种系统工程就成为一门系统工程专业。钱先生用图表的形式,分列了 13 门系统工程,即工程系统工程、科研系统工程、企业系统工程、信息系统工程、军事系统工程、经济系统工程、环境系统工程、社会系统工程、计量系统工程、教育系统工程、农业系统工程、行政系统工程、法学系统工程。钱先生说:"法制有一系列法律、法规、条例,从国家宪法直到部门的规定,集总成为一个法治的体系,这也是系统工程,法治系统工程,它的专业的特有学科基础是法学"。

1985 年 1 月，钱学森先生在《新技术革命与系统工程——从系统科学看我国今后 60 年的社会革命》的讲座中，从系统工程的角度提出，我国今后 60 年社会发展的大战略主要包括 8 个方面：(1) 经济的发展；(2) 科学、文化、教育的发展；(3) 为以上两方面做后勤工作的第三产业的发展；(4) 国家的行政管理；(5) 社会主义法制的不断完善；(6) 国际交往和国际关系的发展；(7) 整个国家进行环境管理，即保护生态环境，进行“三废”利用；(8) 国防事业的发展。这 8 个方面都要科学化，都要用系统工程来制定大战略。

从上述 13 门系统工程和社会发展的 8 个方面来看，钱先生都把法学和法制纳入其中。三十多年以来，我国的法制系统科学，正在钱先生的倡议和指导下逐步建立和形成。

1985 年 4 月，钱先生在全国首次法制系统科学讨论会上，做题为《现代科学技术与法学和法制建设》的报告。在报告中，钱先生认为，现代科学技术完全可以为法学和法制建设服务，并具体阐述了服务的途径和方法。他特别指出：要以马克思主义哲学的观点科学地对待法学，把法学作为一门人类认识世界、改造世界的学问，即把它作为现代科学技术之中的一个部门，它要受自然科学等其他部门发展的影响。法学是控制社会的一个杠杆，应用系统工程、系统学可以使其发挥最佳功能。同年 5 月，钱先生对中山大学、西南政法学院和中国政法大学的有关同志，就法学现代化问题做了重要讲话。他指出：我国法学存在两种脱离实际的偏向，即有的法学“权威”死抱着经典著作不放，述而不作，没有创造性，脱离了当前的实际；还有一种人，专门引进资本主义国家的东西，把它吹得天花乱坠，脱离了中国的实际。这两种脱离了中国实际的法学都不好，都是法学现代化的障碍。法治和法制必须现代化，而现代化必须引用系统科学。我们的任务，就是要运用系统科学这门现代科学来研究法学。按照系统科学的观点，现代科学技术具有整体性，不能完全互相割裂，而要相互渗透。因此，社会主义法学要引用大量的现代科学技术。

2008 年 1 月，原中共中央总书记、国家主席、中央军委主席胡锦涛来到钱学森先生家中，看望这位享誉世界的科学家。交谈中，胡锦涛在谈起钱先生的系统工程理论时说：“钱老，您在科学生涯中建树很多，我学了以后很受教益。20 世纪 80 年代初，我在中央党校学习时，就读过您的有关报告。您这个理论强调，在处理复杂问题时一定要注意从整体上加以把握，统筹考虑各方面因素，这很有创见。现在我们强调科学发展，就是注重统筹兼顾，注重全面协调可持续发展”。

2014 年 10 月，中国共产党以法治为专门议题召开的第十八届四中全会，通过了《关于全面推进依法治国若干重大问题的决定》。决定指出,全面推进依法治国的总目标是建设中国特色社会主义法治体系,建设社会主义法治国家。要形成完备的法律规范体系,高效的法治实施体系,严密的法治监督体系,有力的法治保障体系,完善的党内法规体系。这几个体系的提出,无疑与钱先生的系统科学有着密切的关系。

在学习和领会钱先生上述思想理论之后,让我们回到法学和法制方面来。我们知道,法学是有关法律和法制的科学,是一个研究法律制度的原则和原理以及法律观念的学科,是社会科学的重要组成部分,它与其他科学之间有着密切的关系。法制,则是指法律制度的整体而言,它的范围比法律更为广泛,它几乎与人类社会生活的各个方面都息息相关。法学与法制,是一个体系,是一个系统。在这个系统里,又包含着国家的审判系统、检察系统、公安系统、司法行政系统、法律人才的教育培训系统,以及部分行政执法系统等许多子系统。每个子系统既参与整个系统的行为活动,又受整个系统和环境的影响,形成复杂的相互作用。因此,只有将法学和法制引入到钱先生所倡导、建立和推动的系统工程和科学技术体系,来研究,来规划,来发展,才能使其系统化、科学化、整体化、最佳化,才能发挥更大的作用。同时,在法律领域工作的每一个人,都是整个科学技术体系中的一分子,都是法学和法制系统中的一分子,都是每个子系统中的一分子,有了这样的认识和定位,就会改变狭隘的思维方式,就会自觉地融入系统,融入法律共同体。

另外,从我国两千多年以来君权专制、宗法制度造成的历史与封建统治思想去反省,只有将法制真正纳入系统体系,用法治来取代强权,用法律来促进和保障公民的基本权利,才能不断改善国家的社会结构,才能提高国民的地位和素质,才能使改革开放向着既定目标和现代文明迈进。

钱学森先生是中国现代史上一位杰出的科学家,一位杰出的思想家,一位伟大的传奇人物。伟人已逝,精神永存;高山仰止,景行行止。先生离开我们六年多了,在他之后,留下了更为宽广的科学道路和更加复杂的科技难题。如今,中国已经进入了一个互联网时代,一个经济新常态时代,一个科技创新时代,一个依法治国的初级时代。在这个时代,我们来进一步研究、运用钱先生的系统工程思想,其意义尤为迫切和重要。

我们处在奥妙无穷的世界中,也生活于仍在发现基本定律的社会里。一切事物都有其必然的趋向和终点,任何道理都有它本来具有的正确答案。宇宙间的一切,虽然头绪纷繁,却有条理系统可循;真的知识,真的科学,即在于能寻出条理系统,在于能以一持万。人类进入 21 世纪之后,犹如14 ~ 16 世纪的文艺复兴时期,犹如17~20世纪的科学创新时期,也要经历一次像恩格斯评价的那样的最伟大、最进步的变革,也要产生一批学识渊博、思维超凡、能够从目前的隐微知道显著的将来的智者和巨人,也要获取一些崭新的理论和科技成果,使人类前所未有地接近理解宇宙、自然和社会的本性,进而更加深入地认识世界,认识自身。让我们结合钱先生的科学技术体系和系统工程理论,还有他那发人深省的最后的一问——为什么我们的学校培养不出杰出人才?去思考,去行动,去迎接这个新时期的到来!

(本文写于2016年1月)

附　录

师友勖勉

整理完以上资料后，发送给了几个老师和老同事，本想请他们在审阅后多提意见，并着重论述对律师职业的见解，但他们却对我做了很多过奖的评价，自己深感愧恧。这些老师和老同事的品德、为人和学识，都是我所敬重的，也是我一直在学习的。又想到我个人只是律师界的普通一员，师友们的认可与勖勉，就是对中国律师的褒扬和肯定；师友们的思想和评论，就是对律师行业的见解和期许。于是，特将他们的笔札列为一章，恭纳本集，让我在以此鞭策自励的同时，也留存住过往岁月的馈赠——人与人之间的相识、相知和情谊。

一个律师的情怀与追求

许临星

谷雨过后,我的学生王克民提着一袋厚厚的资料来到我的寓所,想让我看看,提提意见。王克民是一位执业二十多年的律师,资料拟名为《职场文存》,主要内容是有关律师工作的。在前,我对律师职业所知甚少;只是朦胧地感觉到律师的工作是神圣而高尚的,整天在复杂的法律事务中游走,和证据有不解之缘,同法官、检察官经常联系,一定是严肃而缺乏情感交流的。而当我读罢这本文集后,却陷入了长时间的思索,我仿佛走进了一个风景独具的特殊领地,走进了一个充满无限情怀和追求的精神世界。

这本《职场文存》,涉及法律、文化、职业、人生的方方面面。既展示了七十多年尤其是改革开放以来本地区律师业发展的艰难历程,记载了律师本职工作的各种案例文书,也有对律师业务深层次的钻研与探讨,还有诸多对职业道德的认识和对社会与人生的感悟。所有这些,都会使我们对律师工作有所了解,并对律师"敬业、自律、严谨、博学、创新"的职业形象和"维护国家法律尊严,维护当事人合法权益,维护社会公平正义"的执业原则有所认识,从而认同"崇法尚德,公平正义,应是律师职业的核心价值",认同"专业知识、业务能力和综合素质,是律师生存和发展的要素和资本"。我特别赞赏文集中的一些观点:"如果一个律师不能用崇敬之心去理解法律,再好的法律也没有光彩;如果法律不是由正义之人去操持,再好的法律也会被玷污。""一切的知识、学问、工作,其要旨皆在于用于做人,用于做事,用于服务于当事人。

如果不仅如此,而且能够将你的智慧和人性之光贯穿于工作的始终,你就有可能成为一个有思想、有技能、有价值的人。”这里包含着对国家、对社会、对人民,特别是对弱势群体的无限情怀。由此我联想到,律师和教师、医师的职业要求有些相近,虽然也讲团队协作,但其人生的社会价值主要是通过个体脑力劳动的形式实现的,所以过去人们称其为“自由职业者”,也就是无法对其行为进行规范划一。正因如此,社会对律师的职业道德的要求一向是比较高的。整个律师业的进步与发展,也越来越受到社会的普遍关注与尊重。

多年以来,王克民正是按照这种职业要求来塑造自我的。为了全面提高自己的人文素质,为了更加充实自己的人格内涵,为了成为一个称职的“法律人”,他特别注重对文学艺术的领悟与激赏,对传统文化的钩沉与反思,对地方历史的认知与传承,对本职工作的思索与追寻,从而使自己的思想境界和业务水平上升到一个新的高度,逐步完成自己从技术型律师到学者型律师的转化。他对郭味蕖、路遥、江平等人的认识以及这些人对他的影响,还有学习前人“劬学嗜古”的裨益,都在他的这一转化过程中发挥了重要作用。

王克民是1979年昌潍师范专科学校中文系的学生。记得那年全国参加高考的人数多达468万人,但因校舍不足,不得不缩招,山东的文科招录名额只有1000余个(一说为1045人),昌潍师范专科学校中文系只收1个班。班里的学生大年龄的已有30岁,小的是几个应届高中生。他们共同的特点是勤奋好学,学起来如饥似渴,给老师们留下的印象十分深刻。王克民在校时就品学兼优,初露头角。他是班干部,校学生会成员,被评为昌潍地区新长征突击手;还喜文艺、体育和书画,获得过全校书法比赛一等奖。1981年毕业,被学校举荐分配到司法系统工作,过了几年才转岗做了律师。他走的是与原来专业不同的发展之路,但又很好地利用了原来专业打下的深厚基础,并在原有基础上不断地自修和深造。他30岁之前在司法局工作时撰写的总结、报告,就体现了中文专业的功底;40岁之前在执业中撰写的法律文书,其文意和用词形成了自己的特点;而中年之后的文笔,则趋于工简和老练。仅从《泊子王氏族谱续修序》就可看出,他讲求删繁就简,文以载道,字去而意留,辞殊而意显。这种文学修养和其中的学识,不是一般人能够企及的,即使是学习中文的,也是不易达到的。这里面又暗示了他潜心自励、研阅典籍、积学储实、学以致用的功力。这些基础、功力和境界与追求融合在一起,或许就是他成功的秘诀。

可能是因为我和王克民有着相近的处世哲学,又比较珍视彼此之间的师生之情,多年以来一直保持着那种清淡淳朴的思想及知识的交流。王克民属于那类处事低调,重视品行和文化修养的人,三十多年来坚持抱朴求真,勤奋工作,默默耕耘。古人说过,人不可以无学,而强学力行,贵在施之事业,或见于文章。这本文集,既能看出王克民生活与工作的内容与轨迹,也能窥视出他的心路历程和内心世界。在世风浮躁、急功近利、充满无序竞争的转型社会,从事的又是与金钱和利益密切关联的律师职业,能够不涉市气、不染商习,不去迎合权势,而是自觉地去思考和践行作为一个律师及其行业的社会良知和责任,这无疑是难能可贵的,也是作为他的老师感到欣慰的。

2011 年,在昌潍师范专科学校中文系 79 级毕业 30 周年师生欢聚时,我曾吟诵过自己的一首《学子情结》:“半生清苦不知贫,学子莘莘慰我心,风采当年常过眼,临窗望月候佳音”。此时此刻,我由于对王克民的赏识,也怀着对其他学生们的美好祝愿,写下了上面一席话。是为刍荛之言。

(许临星,1937 年 10 月生,山东招远人,1962 年毕业于曲阜师范学院中文系,原昌潍师范专科学校中文系教授、副校长,主讲文学概论。)

律师的伦理和愿景

苗金春

读完王克民律师的《职场文存》，感触良多。认识王克民律师20多年了，每次交谈，都让我深深领略到一个长者的风范。作为潍坊律师界受人敬重的一位资深律师，他不仅实现了专业的转型——从文学到法学，而且实现了身份的华丽转身——从国家干部到自由执业的律师。克民律师自喻“半生辛苦跻山麓”，而这部书恰恰反映了他对更高境界的追求。

这本书全面反映了王克民律师在律师业务领域中对职业伦理与技能以及对中国传统文化领域的朴实见解。作者既没有刻意追求晦涩难懂的理论和内容，也没有堆砌华丽的辞藻，只是用心将其三十多年来从事法律职业的经历及其所学、所思用平实的语言展现给我们。特别是读完书中《中国律师业的发展历程》《职业·事业·责任》《求是和信文化及其释义》《职场小言》等文章后，作为同行更加感同身受。我深深地感受到一个老法律人对新人的鼓励和期许，以及一个法律人(律师)的美好愿景。

愿景是发自个人内心的，一生最热切渴望达成的事情，它是一个特定的结果，一种殷切期许的未来或意象。社会中的每个人上至先贤伟人下至啬夫黎庶都有基于自己的愿景。一百多年前生活在德国哥尼斯堡的一位老人留下了这样的墓志铭：“有两事充盈性灵，思之愈频，念之愈密，则愈觉惊叹日新，敬畏月益：头顶之天上繁星，心中之道德律令。”这正是哲学家康德的一生的追求。孙中山先生说：“将来世界上总有和平之望，总有大同之一日，此吾人无穷之希望，最伟大之思想。"这是他一生为之奋斗的"天下为公"的社会发展目标。我们普通百姓也有自己的愿景,希望自己的日子越过越好,希望老人幸福安康,孩子平安快乐。

克民律师在书中也明确地阐释了一个法律人(律师)的美好愿景。这也是他对法律职业使命和职业伦理的表述中,对我触动最深的地方。

众所周知,由于知识的专门性、服务的公共性和行业的自治性,律师作为最早出现的职业之一,是人类社会分工的产物。现代社会中越来越多的法律人组成了一个法律共同体,这个共同体是由以法律为业的人——律师、法官、检察官——因为职业的接近和目标(追求社会正义、维护社会秩序)的一致而自然地或者通过一定制度的力量形成的职业群体。但是我们知道,只有在这一群体能够折射出一种无形的、支撑着这一群体所从事的法律事业的法治精神时,它才能够被称为法律共同体。[①] 正如德国著名社会学家马克斯·韦伯指出:"透过任何一项事业的表象,可以在其背后发现有一种无形的、支撑这一事业的时代精神力量;这种以社会精神气质为表现的时代精神,与特定社会文化背景有着某种内在的渊源关系;在一定条件下,这种精神力量决定着这项事业的成败。"[②]因而,是否具有法治精神内涵是判断现代社会中是否已出现了法律职业共同体的关键标准,也是这一共同体能否担当得起推进法治之责的关键因素。

现代社会中,法治是治国理政的基本方式,然徒法不足以自行,法治的建构必须依赖于法律共同体。法律共同体首先是一个职业共同体,它有着自己的神圣使命。法律共同体首先是法律的实施者,只有高素质的法律人才能实现社会的公平正义;富有效率并且强大的法律共同体,才能有足够的权威和力量来实现政府和公民权利的平衡,才能防范政府对公民权利的侵犯,并真正成为社会在法律上的"信托人";统一且稳固的法律共同体是法治精神的塑造者和传播者,它对于法治精神的弘扬和民众法治观念的塑造具有直接的影响作用。这正是克民律师在书中所表述的:"律师兴,则法治兴;法治兴,则国家强";"从事律师职业有幸运感、光荣感和使命感,可以为之奋斗一生。"马克斯·韦伯也说过:正当程序在欧洲500余年的法治进程中起过重要作用,它与法律职业并列被称为具有重要意义的两个推动力。

作为一种特定的职业,法律职业在实现社会责任方面有什么具体优势呢?美国法学家克罗曼的《迷失的律师》一书提出,法律人的理想是具有责任担当的,是追求卓越的。法律人能够实现政治理想的原因,在于他们"特殊的才能,

---

① 张文显、卢学英:《法律职业共同体引论》,载《法制与社会发展》2002年第6期。
② 苏国勋:《理性化及其限制——韦伯思想引论》,上海人民出版社1988年版,第2页。

能够发现公众利益并作出这些利益分配的安排”。[①]

法律共同体要实现历史使命,更应该坚守自己的职业伦理,法律共同体更是一个伦理共同体。他们遵循一个所谓“基本伦理定向”,实际上就是最基本的法律职业伦理准则,即他们以追求秩序和正义为最高、永恒的目标,并且通过他们各自的具体行动表达对法律的忠诚和信仰。正如书中所言,“既然我们选择了律师职业,要在职业操守和执业能力两个方面努力达到这个职业的要求。”而这种职业伦理或职业操守体现为三个方面:

一是人文关怀。法律职业的公共性特征就决定了法律职业应该具有人文关怀精神,强调社会良知。人文关怀在于肯定人性和人的价值,要求人的个性解放和自由平等,尊重人的理性思考,关怀人的精神生活等,这种人文关怀在法律上表现为尊重和保护人权。社会良知必然要求一种社会责任感,社会责任感就是在一个特定的社会里,每个人在心里和感觉上对其他人的伦理关怀和义务。现代社会的法律实质上是一种“尊重人的价值、维护人的权利、关注人的生存、重视人的发展”的法律制度。法律职业者以实现人的尊严和价值为其终极目标,如美国制宪会议的55名代表中,有31人为律师,包括当时最有影响的代表如托马斯·杰弗逊、亚历山大·汉密尔顿、约翰·马歇尔、约翰·亚当斯等,他们皆为构建理想的“自由平等”社会而奔走呼号。

二是维护正义。正义是人类的崇高理想,也是法所追求的最高价值目标,因而罗尔斯说:“正义是社会制度的首要价值。”[②]法律职业的根本价值取向是正义,这一本质属性决定了整个法律共同体都必须以追求和实现正义作为共同的、根本的使命。每种特定法律职业角色的职业活动,每个法律职业者的职业活动,都是以对个案事实的尊重和个别正义的追求来寻求普遍的社会正义的,他们共同坚守着修补社会正义的伦理使命。即使在法律职业共同体内部人们对个别正义有或大或小的分歧,但通过论证追求个别正义,并以此来表达他们对普遍社会正义的关注,是法律职业伦理的显著特征。[③] 西方正义女神雕像的背后,镌刻着一句简洁的古罗马法格言:“为了正义,哪怕天崩地裂。”可见,正义是整个法律职业伦理规范体系的基石,是确立其他法律职业伦理规范的根本依据。

---

① [美]克罗曼:《迷失的律师——法律职业理想的衰落》,周战超、石新中译,法律出版社2002年版,第17页。

② [美]罗尔斯:《正义论》,何怀宏等译,中国社会科学出版社1998年版,第1页。

③ 谢晖、陈金钊:《法理学》,高等教育出版社2005年版,第317页。

三是忠于法律。“法律必须被信仰,否则它将形同虚设。”[①]社会正义必须通过法律职业正确实施法律的专业实践活动才能得以实现,法律人的基本使命,就是准确适用法律。因此,忠诚于法律,忠实地理解和实施法律,就成为法律职业应遵循的基本伦理准则。在白纸黑字的法律面前,法律职业者尽管可以解释之、续造之、补充之,但他们绝对不应蔑视之。法律职业者就是法律精神的传承者,就是法律传统的卫道者。所以,“英国法学家之所以尊重法律,并不是因为法律良好,而是因为法律古老”;他们往往“宁肯违反理性和人情,也不改动法律上的一文一字”。[②] 其实,这恐怕也是任何一种法律传统中的法律职业者共守的伦理,只不过在普通法精神中它表现得格外突出而已。我们也就很容易理解为什么17世纪英国普通法院科克法官为了维护法律的权威敢与当时英王詹姆斯一世据理力争,慷慨陈词“国王在万人之上,但是却在上帝和法律之下”。

台湾地区大律师陈长文先生有一本著作《法律人,你为什么不争气?》,该书对台湾地区法律人的职业伦理状况深表忧虑并试图对“法律伦理与理想”进行重建。马英九先生给此书作序——法律人的“希波克拉底之誓”,文中指出,医生职业与法律职业的使命是非常相近的,并引用了古希腊“医学之父”希波克拉底(Hippocrates)创立的“视病犹亲”的医生誓词,提出法律人也应有自己的誓词——“秉心公正、为民谋福、担当正义守护”。

目前,我国法律职业发展面临诸多困境,一些有识之士也在反思。有一句朝鲜族谚语说道,“永远别让你的技巧胜过你的品德”,我想这与克民律师的愿景是一致的,亦是最符合法律人职业伦理的品质:法律人请时刻牢记我们法律人的职业伦理——忠于法律,维护社会公平正义。黎巴嫩诗人、作家纪伯伦说过,把手指放在善恶交界之处,就可以碰触上帝的袍服。而马英九先生则进一步说,法律人的工作,本应是上帝的权柄,法律人越而代之,能不戒慎?能不恐惧?

(苗金春,1970年生,山东高密人,毕业于北京大学法学院获法学博士学位。现任潍坊学院法学院院长,法理学教授,兼职律师。)

① [美]伯尔曼:《法律与宗教》,梁治平译,三联书店1991年版,第15页。

② [法]托克维尔:《论美国的民主》(上卷),董果良译,商务印书馆1988年版,第308页。

记录历史是一种责任

王玉亮

本书的作者是我的同人，我的兄长，也是我的老师。

把从事的职业、专业和事业形成文字，写成书，留给自己，留给后人，留给历史，好像是很多人的梦想。很多人是在想，想去做，但做成的很少，王兄做成了，而我没有或者还没有。

记忆是一种乡愁，记录历史是一种责任。我们无不期待一个有责任的民族，有责任的社会，有责任的国家，有责任的行业，有责任的职业，有责任的单位，有责任的个人。

记得我们曾经高呼过的口号："忘记历史就意味着背叛。"我们知道法治是好东西，也一再提出，而我们却曾经无法无天；今天我们把法治作为治国之重器，但从认识到实现又是一段里程。我们似乎一直走在建设法治的路上，目标若隐若现，法律文明成为历史而被人们忘记，我们希望法律成为我们的信仰，信仰不会成为历史，也不用再用记录的方式方便人们查找，因为它成了信仰。

记录中国律师很无奈，但王兄在无奈之下执着着他的那份律师情怀。律师是什么？这个根本不应当是问题的问题，中国律师事业的发展自20世纪80年代开始历经30年方有定论：从国家工作者、社会工作者、自由职业者、中介机构、法律工作者到司法制度的组成部分，我们奋斗了三十多年方成正果。都说律师是法治社会的"晴雨表"，中国律师制度的历史也确实反映了中国法治社会建设的历程。从二十几岁到五十多岁，其中的职业甘苦难以品味，说起来似平淡，走起来却困难。回顾是孤独,也是孤独的享受。

读王兄有关律师工作的史料和案例文书,让我深深感受到他对律师事业的感情和投入,感受到他对潍坊律师、山东律师乃至中国律师留下的宝贵资料。这不仅是历史资料,而且是解释律师生命历程的轨迹。

王兄在这本文集中,还收录了他在本所集体学习的讲稿和多篇杂文随笔,仔细品读,便会感到在那些平实却又含蓄的字里行间,包含着他对政治、经济、文化、历史、法律、哲学、艺术、职业、制度以及人生和生活多方面的认识。其中的思想观点,言近旨远,质朴本真,非常有助于我们对传统文化和律师的综合素质及其职业伦理进行思索和讨论。

春江水暖鸭先知,社会百态问律师。律师是正义之门,又是地狱之门。读兄长著作受益匪浅,思绪万千,谨以己浅见及感悟,答谢兄长器重,是以遵嘱而书。

(王玉亮,1962 年生,山东临朐人。1984 年 7 月毕业于西南政法学院,现为山东中强律师事务所合伙人,主任,二级律师。山东省律师协会副监事长,中华全国律师协会战略发展研究委员会委员,山东省第十一届政协常委。2011 年荣获“全国优秀律师”称号。)

职场讲道义　修业有专攻

——兼记克民老师对我的影响

刘国军

1993年,我自西南政法学院毕业分配到潍坊市律师事务所执业。幸得克民老师关爱有加,不吝指教,使我课堂知识渐与实践结合,专业方向、职业操守得以形成,业务和客户日益增多,所谓传道授业解惑之师无非如此。而随着执业阅历的增长,愈加感到一个成功的律师想必如克民老师一样,情感丰富,业务超然,同时兼顾社会道义、律所管理和行业发展。

老师是个讲究职业道德、社会良知和责任心的人。当事人往往由不得律师个人选择,但如何对待当事人则是必然选择。记得自己在执业的头两年,经办的多是琐小案件,克民老师亦多有安排,我却因为标的偏小,或因当事人不胜其烦,时有敷衍之作。但老师视大小案件如一,都是妥善处理未有怠意。他多次讲过,律师眼里的小案件,或许就是当事人无比重大的,甚至是一生中唯一的案件。琐小案件,或为气,或为利,当事人总觉不公,倘若解决不当,后果必然不良;此类案件即是免费也应办理,尤其对于刚入行的律师,更是重要的开端。多年来,我时常受理类似案件,或免费,或予资助,且影响了随我执业的年轻律师。进而还认识到,如果每个弱势个体的琐小案件都能得到律师的帮助,有了持续而长久的积累,国家就会向法治社会转型,律师的作用也因此而举足轻重。此道义我等有所传承,盖由当年老师教导之功。

如何从事律师业务,是每个初始执业律师的困惑,而如何开拓和创新业务模式，则是每个律师必然要遇到的问题。在这方面，克民老师的做法，同样让我受益。20 世纪 90 年代中期，律师还不重视专业侧重，也对创新工作模式缺乏研究。那时，克民老师虽多有普通刑民业务，但已在金融、公司和企业法律顾问类业务上取得突破。记忆深刻的是信托投资公司的业务，老师根据公司的实际，结合法律实践，对资产清收工作提出主导方案，安排公司专人配合，协调法院庭室人员，形成相对独立的小组，有计划、有规模地开展工作，在一段时间内，取得了很好的效果，凸显了律师的地位和作用。在当时法院纠问式审判为主、律师也忙于一般传统诉讼业务的情况下，克民老师跳出框架自主开展业务，这对一名从业不久的律师此后的专业方向和职业定位无疑有非常大的影响。老师在负责全所的业务工作后，即对全所律师的资源规划配置，分组进行专业攻研，其中安排我和几个同事侧重公司及非诉讼业务并给予具体指导。近 20 年来，我的工作一直围绕公司类业务并在较高的层面上开展，自然与克民老师的影响和指导有很深的渊源。

克民老师在执业之前，从事律师管理工作多年，执业之后，便多有全局意识，律师业务不限于一所一部，与其他律所和律师常有联系和协作。尤其对行业发展和律师队伍建设颇为关注，而对年轻律师，更是真诚奖掖提携，给以更多的提升能力、开阔视野的空间。“三刘一王”（1993 年 7 月一同分配到潍坊市律师事务所的刘俊峰、刘振波、刘国军、王宝华律师）便是老师对 4 人的誉称并一力宣传的。1999 年 4 月，潍坊市司法局本来确定克民老师去参加第四届全国律师代表大会，他却把这么重要的机会给了我。而我本人后来由潍坊去北京执业，老师也在思想和精神上给予了宝贵的支持和鼓励。每念及此，感慨良多。1997 年，所里一群年轻律师意欲拥克民老师创设新所，几次动议，但未成其事，心中记挂多年，虽时过境迁仍引为憾事。

国办所脱钩改制，改走了体制，改走了干部身份，也改走了曾经的设想；直面现实，直面市场，重新定位，重新选择，是当时全国 10 万律师的共同境况。此后便与克民老师在各自的江湖上拼搏，但关爱和共勉是持续的，相聚时还是探讨旧知，交流新学，只是不在一地执业，彼此多了一份牵挂。

克民老师大学修的是中文，工作之后转攻法律，在从事律师业务的同时，还对文化、艺术、史志及欧洲的人文思想深入研究，而且这种研究超越了个人私利。多次拜读老师在这方面的文章，其中的思想和境界令人敬重。所作《向艺术家学习》，充满了对积淀与创新的深切感悟；《老潍县文化的变迁与赓续》，旨在以史为鉴，以人为镜；《职场小言》《共同拥有一个理想世界》，体现了他对制度、职业和人生的思考与追求；《泊子王氏族谱续修序》则追溯了一个大家族的繁衍与传承。而现实生活中的老师，则性格谦和，处事低调，工作虽然也有困惑压力，却能视之若素，从不违心去求名，也不随波去逐利，但求坦然而淡定。他说过，律师职业，对社会而言，应当力尽维权服务之责；对个人而言，主要还是一种谋生手段，也只是人生内容的一部分，在做到一定程度的时候，或环境变化，或思想、年龄使然，就应适度放缓，顾念其他，回归家庭。对此，自己从业多年始悟其中真义。

当下转型社会，人的追求不同，定位不一，律师行业和执业律师也不例外。在道德缺失、过于功利的世俗浪潮中，有浮在表面不由自主的，有推波助澜昙花一现的，也有名利双收但未必让人敬重的；而在波涛之下的沉静之处，则往往汇集着许多优秀的人物。王阳明先生讲，此心光明，亦复何言。如克民老师一样的资深律师，不处一线二线城市，不占行业新锐之位，不求虚名以闻达于世，襟怀磊落，坚守本心，执一方行业牛耳，便是行业基本。或许浮躁过后才是一个沉稳有序的世界，而老师则一直是我辈的楷模。

（刘国军，1970 年生，山东诸城人。1993 年 7 月毕业于西南政法学院，在潍坊鸢都律师事务所工作 7 年，现为北京中银律师事务所执业律师。）

一个律师的时空境界

韩其德

读完克民兄的这本工作资料,内心良久不能平静:在这个资讯越来越发达的世界,在追求物质的现实生活中,能静下心来学习与思考,热爱自己所从事的职业并具有强烈责任感的人越来越少。真庆幸我能有这样的朋友并接受心灵的洗礼与激励。

在潍坊律师界,克民兄是位受人尊敬的人物。从司法行政恢复重建开始,他先后实现从机关干部、律师管理者、国办所的领导到高级合伙人的转变,而这每次华丽转身的背后,展现的不光是他个人对自身价值和作用有清晰明确的定位,也体现了律师事业乃至整个社会发展变化的轨迹。

一个出色和优秀的律师,不仅体现在自己的职业技能和专业智慧上,更重要的还因为他追求的境界理念。克民兄的足迹说明,他较好地彰显了一个成功律师的基本规律。这本《职场文存》,就让我们看到了三十多年来他所追求的境界中一幅幅多姿多彩的时空画面。

在多年的律师生涯中,克民兄不但是一个行动者,更是一个思考者。由于职业使然,律师有更多的机会以全方位视角去认识社会,体验社会,律师的活动也与全社会的脉动息息相关。这就使律师与社会的政治生活和经济生活紧密相连,成为最能感受和维护公众切身利益并与民主和法治共存的一种特殊职业。综观这本书,他将充满逻辑的思维能力、准确而专业的写作能力、丰富而深刻的表达能力运用得臻于成熟。而这些能力的形成与提升,不仅需要长期的积累和刻苦的磨炼,更需要知识结构的调整与拓宽。

众所周知,潍坊是一个内涵丰富、历史悠久的文化古城,克民兄十分注重文化修养,对于传统文化有广泛的涉猎和深入的了解。我的理解,到了我们这个年龄,传统文化对于我们,也许更重要的,是一种幸福感的源泉,是一种精神的生活方式,是一个人心灵的依托。在这一点上,我们两个人的心肯定是相通的。在做好律师工作的同时,致力于文化建设的实践与探索,潜心于文化的打造与传承,不仅需要广博的知识,更需要定力、耐力、实力和合作力。克民兄正是循着这样一条清晰的思路,将法律智慧与文化思想、法律思维与工作实践有机地结合在一起。我们看到,在他的笔下,从对文学作品的理解到对历史的解读,从对文化、制度及人性的探讨到对社会未来的展望,从对老潍县文化的变迁与赓续到泊子王氏族谱续修序,无不充满着丰厚的思想和哲学的思考,不断收获着从个别到一般的归纳之果,不断领略着一般到个别的演绎之魅。而在这个过程中,他也实现了人生的自我升华,涌现出对人生更深更真的感怀与领悟。他自喻"半生辛苦跻山麓",事实上,他早就逾越了"山麓"的高度。

我有幸与克民兄在一起共事三年多,他的人品和才识让我敬重。他与本地政界、司法界、金融界和工商界的一些负责人相交有年,洞悉律师、律所与权力机关和企业的关系,但他不做政治型律师,不做商业型律师,而是注重业务实践和团队合作,恪守职业道德和执业纪律,不滥用社会资源,不染指非分利益。在他的意识里,德配其位、能配其职、名副其实、人与人之间的正常交往,是一种理想的社会状态;而德不配位、能不配职、名过其实、为了一己之私而僭越法纪,对社会、公众和单位都是极大的损害。作为律师,要崇法尚德,要把做人放在第一位,要具备相应的专业水平和广博的学识;作为律所的合伙人和管理者,要凝聚力量,把握方向,充分调动和发挥全所人员的作用。克民兄长期坚持以自学丰富学养,没有去搞第二学历,也没有去拿什么在职的学位,而是认为维护好第一学历的底色,做到职业、职称和职位与个人实际相符,就是自尊自爱和自重。他尊敬师长,珍视情义,与高中和大学时代的老师以及自己的老同学、老同事一直保持着友好往来。他把钱财看得很淡,也不把挣钱作为人生目标。多年以来,他在淡泊宁静中孜孜追求,在谦卑宽容中结识朋友,在团队合作中成就事业,在学习实践中创新提升。他不事张扬,不慕虚名,甘居"人后";但只有与他深交、对他了解的人才知道,这正是他的非凡之处,是因为他的思想、修养达到了这样的境界,是因为他的内心世界还有更高、更美好的追求。

(韩其德,1959 年生,山东昌邑人。1997 年 8 月至 2000 年 12 月,任潍坊鸢都律师事务所主任。)

《职场文存》读后感

马东宁

1991 年 7 月,我从华东政法学院毕业,分配到潍坊市法律顾问处工作。那时,克民主任三十多岁,是处里的业务骨干和负责人之一。1993 年,在该处执业的吴爱华、张法科、李万兴、高玉玲、马东宁律师辞去公职,还有之前已离开该处的王玉亮律师,共同发起成立了潍坊求是律师事务所。求是所成立后,克民主任一直热心关注和支持,常有业务上的交流与合作,彼此之间一直保持着珍贵的情义。2000 年,在国办律师事务所实行脱钩改制前后,我们曾对律师职业的非公职化、律师机构的重组以及求是律师事务所的发展问题,一起进行过分析、研究和商讨。不久,克民主任就作为高级合伙人加盟到了求是和信律师事务所。时代的发展,行业的变革,共同的志向,使我们再次走到一起,进而成为相互信赖的同事,成了同甘共苦的挚友。克民主任是我敬重的老领导和老大哥,我一直尊称其为克民主任。而我们的相识、相处和相知,或许也是人生的一种缘分吧。

2015 年年初,克民主任跟我说,他想把自己写过的文章、办理过的案件整理一下,搞一个小集子。我认为这是一件好事情,这不仅是对自己工作的总结,也可以把自己多年来在律师工作中积累的经验传承给年轻一代。但当时我只是以为他会把这些年来办理的有典型意义的案件和撰写的论文汇总一下。几个月之后,克民主任把整理好的电子稿件发给我,粗略浏览了一遍,想不到文稿竟有 400 多页,约三十多万字,内容十分广泛,形式多种多样,信息量非常大。仔细拜读之后,感悟颇多,进而写下这篇文字,谈谈自己的读后感。

二十多年来,我从克民主任身上学习到很多东西,尤其是在人品、学识和境界方面。同时,也深切感受到了他对律师事业的热爱,感受到了作为恢复律师制度后的第一代老律师对行业的责任感,这从他的这本文集中就可以体现出来。其中第一篇《潍坊地区律师工作发展史料》,从1931年潍坊地区出现律师这一职业开始,一直写到2000年,时间跨度长达70年。其中既有律师制度的沿革、机构的变迁、人员的发展,也有律师业务的演变和扩展,还有期间律师界发生的重大事件,这实际就是一部潍坊律师史志。应当说这篇文章对潍坊市律师工作具有重大的意义。因为它不仅总结了过去,还为后人了解我市律师的发展沿革,提供了翔实的资料和数据。克民主任为编好这个史料,先是把自己保存、积累的资料进行了整理,又查阅了大量志书、文件;为了保证事实和数据的准确性,在做律师业务的同时,还到潍坊市档案馆查阅了历史档案,走访了多名老同事、老律师和经历者,不仅付出了大量的时间和精力,而且支付了所需的费用。是什么促使他做这样一件事情呢?只有一个答案,那就是对律师事业的热爱,对律师行业高度的责任感。

克民主任到市司法局工作时,正是中国恢复律师制度的初期,也是重建律师机构后的第一年。他经历了潍坊律师从无到有、从小到大、从弱到强的全过程,经历了律师体制从国办到合作、合伙、个人及与国办所并存的沿革,经历了律师从国家法律工作者到社会法律工作者身份的转变。特别是1988年之前,他在市司法局从事公证律师管理工作,全面掌握全市的律师、公证工作情况,写下了很多宝贵的材料。书中的《1984年全市律师工作总结》《1985年全市律师工作情况及1986年工作意见》《关于我市律师工作情况和今后意见的报告》《潍坊市试行律师工作承包责任制的基本情况》等几篇文章,真实地反映了潍坊律师恢复初期的发展脉络和全市律师的工作概况,也记录了法律顾问处从创建初期的吃"大锅饭"到带有时代烙印的"承包责任制",体现了前辈们当时不满足于现状,不断改革的创新精神。《益都法律顾问处接受聘请,为益都卷烟厂担任法律顾问》《刑事辩护案例四则》《关于我市律师参加省外经贸洽谈会提供法律服务的情况报告》《关于检查律师、公证机构为经济活动提供法律服务的情况报告》等文章,则记载了当时律师业务从单纯的刑事辩护到民事代理,再到常年法律顾问、涉外业务和非诉讼业务艰难前行的过程。那一时期,国家刚刚走出"文化大革命"的乱局,法律还不成体系,人们普遍地缺乏法律常识,对律师制度、律师的工作和作用还存在一些错误认识,而且20世纪50年代的老律师们大多都有过被批斗、被划为右派的遭遇,但就是在这种情况下,他们抛开思想上的顾虑,不计较个人的得失,为心中的法治理想,不等不靠地开展工作,把潍坊的律师工作做得有声有色。无论是业务范围、办案数量,还是工作质量和业务收费,在山东省都位于前列,山东省司法厅也经常来潍坊进行调研和总结。从书中可以看到,他们依法为“坏人”辩护,敢于提出无罪或罪轻的辩护意见,维护了被告人的合法权益,维护了法律的正确实施,维护了公平与正义,这在当时阶级斗争的阴影依然存在、人们对律师职业还存在偏见的情况下是难能可贵的。同时,前辈们大胆创新律师工作方式,拓展律师业务范围,为企事业单位担任常年法律顾问,为农民策划成立股份有限公司并起草公司章程、设计发行股票,为宋氏家族代理主张房产所有权,帮助参加外经贸洽谈会的厂矿企业提供涉外法律服务等,这在《合同法》《公司法》《房产法》《物权法》等主要法律尚未制定颁布,既缺少法律依据又没有实践经历的情形下是不可思议的。他们这种积极进取的精神和突出的业绩,逐渐赢得了社会各界的认可和好评,潍坊市人民政府早在1988年6月就聘请律师担任了常年法律顾问,并在山东省介绍做法和经验。文集中还收录了一份珍贵的历史资料——我市第一份《常年法律顾问协议》,这份协议现在看来十分简单,但其所确定的常年法律顾问工作模式至今仍在运用。克民主任的这些“律政往事”,向我们真实地、原汁原味地展现了潍坊律师前辈们对律师事业的热爱,对律师工作大胆创新的改革精神和“拓荒者”的艰辛,也为研究潍坊律师业发展提供了翔实可靠的第一手资料。从这些文章中,我们看到了潍坊律师的发展历程,从潍坊律师的这个缩影,也能反映出中国律师的发展历程,反映出国家法治建设的变革和进步。

书中的第二部分,收录了克民主任在潍坊市律师事务所执业时的部分法律文书。在20世纪八九十年代,电脑、网络还没有应用到办公系统,法律文书不像现在有模板和软件可参考甚至套用,那时的律师文书,都是律师用笔写出来的,都是自己实实在在的“产品”。细读这些文书,不仅能够了解当时克民主任承办案件的不同类型和办案水平,还能看出那一时期老一代律师对待案件认真负责的态度。在认定案情方面,尊重客观事实,注重运用证据;在适用法律方面,严谨准确,并且善于从法学原理上阐述争议;在布局谋篇方面,思路清晰,观点明确;在制作文书时,用笔沉稳,紧扣重点,内容厚实;而在代理过程中,则讲求与同事合作,以老带新。由此我想到现在在卷宗评查中发现不少律师的文书空洞、短浅、有错字病句等问题,单就答辩状、代理词、辩护词的篇幅设定、语言表述和内在质量而言,克民主任在这方面的做法和功底,就非常值得年轻律师们好好学习。

克民主任是一个善于学习、勤于思考的人,这在他的这本书中都有充分的体现，也是我与克民主任共事二十多年来的深切感受。克民主任在大学里学习的是中文专业，多年以来在转攻法律、注重技能、注重理论与实践相结合的同时，一直坚持广泛学习。他了解文学、艺术、哲学以及潍坊的人文历史，对中国传统文化及其人文思想都有很深的研究。克民主任不仅是学习，而且是在学习中思考和感悟，并将所学、所知、所思、所悟运用到工作和生活中。书中的几篇论文，都是他在工作中的经验总结，都是具有可操作性的务实之作。而《中国律师业的发展历程》、《生存　境界　思维》、《向艺术家学习》和《老潍县文化的变迁与赓续》，是克民主任在求是和信律师集体学习时的讲稿，这四个讲座内容十分丰富，不仅向大家介绍了中国律师的历史，谈了名著和作家对自己的影响，从艺术家身上学习到的传承与创新精神，以及潍坊的历史文化等，同时还有这些历史、文化、艺术家对律师行业的启示和对我们所的借鉴之处。在听了克民主任的讲座后，大家深受启发，收获很多，反响非常好。

克民主任对律所文化的重要性很早就有认识，2000 年国办所改制时，克民主任面临创办新所、到济南或北京发展等多种选择，最终之所以商定加盟求是和信律师事务所，对求是和信律师事务所的情义、信任和文化认同都是重要原因。但我所在前十年形成的文化理念是零散的，只是总结了一部分关键词，还没有提炼形成文化理念体系。这其中有条件不够成熟的缘故，没有人来做这件事也是一个因素。克民主任在加盟求是和信律师事务所后，先是担任管委会成员，后被全体合伙人连续三届选举为合伙人会议主席，并兼任民事法律事务部、知识产权法律事务部和投资法律事务部主任。这期间，他对求是和信有了全面的了解和深入的思考，多次与我和万兴主任在一起研究文化建设工作，探讨如何在本所管理者和合伙人中实现言传身教、无私奉献和自我完善。书中收录的《职业　事业　责任》、《庆“国优”　谋发展》、《积淀　创新　发展》、《尽精微　致广远》和《职场小言》，都是他研究和思考的成果。2013 年，适逢求是和信律师事务所建所 20 周年，我们决定重启“求是和信”文化理念体系提炼工作，克民主任是当仁不让的人选，对文化理念体系的提炼形成发挥了重要作用。此后，他又主笔起草了《求是和信文化及其释义》和《补充思考》，对我所的文化理念进行了系统的阐释。为了统一大家的认识，更好地贯彻落实我所文化，克民主任又专题在全所集体学习中进行讲解辅导，书中的《交流两个问题》就是他在辅导时涉及的内容。从克民主任的这些文章中，不仅可以读到他对求是和信律师事务所文化深刻的理解和思考，更能读出他对求是和信律师事务所的深厚感情和期望。

克民主任对我说过，他整理这些文稿，主要是想对自己三十多年来的工作和思想做个简单的梳理，给自己留存一个电子版的文件作为纪念。我个人认为，这本书是一名资深律师的工作记载，是一本凸显行业特点的职场之作，也是一本反映我国律师发展变革的珍贵资料。它不仅特别有益于律师同人的学习交流，对从事司法工作和其他职业的人们也有很大的参考价值。它不仅饱含着克民主任对职业的爱，对所在工作单位的爱，对本地区同行的爱，对祖国和家乡的爱，还包含着对文化、制度、社会、历史、人生、人性及家族继递的深刻见解，是用心来书写的，也是值得用心去品读的。尤其是了解克民主任和有近似阅历的"过来人"和"法律人"，感受一定会更为深入。我常想，老一代律师们创造出的劳动成果和精神财富，我们不但要去学习，而且要去传承，这也应当成为我们行业的优良传统。因此，我建议并期盼克民主任的这本书能够与更多的律师同人和从事其他工作的朋友们见面，也希望社会各界更多地理解、关心和支持律师的职业、行业和事业，共同成为法治中国进程中的参与者和推动者。

（马东宁，1969 年生，山东泰安人。1991 年 7 月毕业于华东政法学院，现为山东求是和信律师事务所高级合伙人，所主任，二级律师。潍坊市律师协会会长，山东省律师协会副会长。潍坊市第十四届、第十五届、第十六届、第十七届人民代表大会代表，山东省第十二届、第十三届人民代表大会代表。2016 年荣获"全国优秀律师"称号。）

后　记

岁月不居，时光如流，我与律师职业结缘，屈指已三十八载。这本以职场文稿为主的小集子，既是一个普通律师的工作资料，也是一个人对过去的回忆和记录。

自从1980年恢复律师制度以来，潍坊地区由最初的12家法律顾问处、36名律师人员，已发展到现在的185家律师事务所（含两家公司律师部）、2042名执业律师和259名实习律师。那些我熟识的第一代“拓荒者”，已有二十多人离世；而此时与彼时的律师，在执业环境、业务范围、工作方式、经济收入等诸多方面，都已不可同日而语。作为这期间的见证人和经历者，可对其中的相关资料收遗拾旧，结集留念，或者借以为潍坊律师同仁提供参考，是我起初的动机和心愿。

资料初稿完成，自知单薄粗陋。老厅长陈明甫先生审阅后，给予了热情鼓励，师友们也建议印行。在将其搁置期间，我意识到自己的有些看法已和过去不同了，某些新的观念，多次在脑海中闪现、翻腾，但所涉内容偏于复杂，有的属于学术争鸣，我还缺乏能力去析疑论证；又想到作为记载工作、胪述感受、反映一地一隅历史之类的文字，应该保持它的原色，故而没有多做修改，2017年之后的文章也未纳入。

特别感谢令人敬仰的一代师表和法学界泰斗江平老师为拙作亲笔题词。这个言近旨远的题词，不仅是对后学的勉励，也是对晚辈的教导。的确，热爱养育自己的一片土地，热爱支撑自己的那份职业，既是淳厚质朴的情感，又是人们应有的责任。正是这种基本的情感和责任，充塞渗透身心，培植提升意境，融入落实到我们平凡的工作和生活之中；而且不管时代潮流如何动荡，社会风尚如何变化，总能让我们依此作出抉择，并将个人的命运与国家的兴衰结合在一起。江平老师播扬大爱、壮心治法的家国情怀，更是这样的写照。

三十多年以来，我一直在追求光明，追求美好。同时，作为一名法律人，身为一个自然人，也广泛地了解到人类社会充斥着纷争及不公，切身体验到人的生存进取艰辛与不易。在对待社会和人生的态度上，我思考过老子致虚守静、和光同尘的哲学，但那种大思维、大智慧我们常人难以具有。我可选择和奉行的，是遵从天道，惨淡经营，以律师职业为社会服务，并坚信正义和法治必胜。

我在20岁之前荒疏了学业，又苦于非法律科班出身，经过数年学习、跋涉、探索，始稍识律师门径。整理这本资料，反思工作中的不足，我更加深刻地认识到：一个人在学生时代的学业是一生的基础；所学专业和从事的职业应力求一致；要想在理论修养和业务实践上取得成果，有所建树，还需要有一个较大、较高的平台。这些要素，直接主导着一个人的职业轨迹及其最终所能到达的高度。

关于职业心得，补充几句。中国律师始于清末，盛于当今，其间两度摧毁两度重建。作为改革开放之后执业的律师，能够立足国家的巨变之中，维护当事人的权益，助推法律的昌明，并且还可对晚年的工作作出适当安排和延续，这无疑是幸运的。我们受益于法学从“荒蛮之地”走向“显学”，受益于法治从虚无主义走向理念主义，受益于历史上那些为法律文化和法制实践发端、夯基的先贤们。

人类文明肇始以来，就在按照美的规律建造世界。律师工作，也是按照这一规律去创造、去实践。正如业界前辈张思之先生所言，律师的作用和意义，绝不限于解决具体问题，它的本性在于创造，在于对理想境界永不止步的追求；律师的操守、行为及其理论，完全可以用美的尺度加以衡量。从这样的要求和境界讲，执业越久的律师，就会愈加感到自己并不称职，因而就会自觉地谦逊、低调和自励。这种感悟、自觉和自励，也不失为另一种较好的回报。

这本小集子里的文字，受立意、体例和布局的影响，没有局限于律师工作和法律问题，也加进了其他方面的内容。我知道它有篇次杂沓、闻见狭仄的缺点，讹误不当之处也在所难免，还望读者予以指正。刘勰曰：“生也有涯，无涯惟智。文果载心，余心有寄”。若是这本小集子能表达我的些许思想，那就寄托了我的部分情志；若是它能遇到心灵相通、借鉴勉旃者，那就达到了我的目的。

书稿得潍坊市司法局和潍坊市律师协会支持，经朋友陈夏红博士推荐，承蒙法律出版社分社长孙东育女士、编辑周丽君女士及美编汪奇峰先生审定匡正，将于近日出版。在此，我谨致诚挚的谢忱。

王克民

二〇一九年十月于潍坊

岁 月 留 影

学生时代（1979年）

参加工作后小照（1981年）

潍坊市司法局、法律顾问处、公证处工作人员合影（1984年）

与同事韩其德合影（1998年）

与同事马东宁合影（2014年）
（背景为本所自建办公楼和在建宿舍楼）

与江平老师在其家中合影（2016年）

图书在版编目(CIP)数据

职场文存：一个律师的工作资料 / 王克民著. --
北京：法律出版社，2019
ISBN 978-7-5197-3767-2

Ⅰ. ①职… Ⅱ. ①王… Ⅲ. ①律师—工作—中国
Ⅳ. ①D926.5

中国版本图书馆 CIP 数据核字(2019)第 179723 号

职场文存
——一个律师的工作资料
ZHICHANG WENCUN
—YIGE LÜSHI DE GONGZUO ZILIAO

王克民 著

策划编辑 周丽君
责任编辑 周丽君
装帧设计 汪奇峰

出版 法律出版社
总发行 中国法律图书有限公司
经销 新华书店
印刷 三河市兴达印务有限公司
责任校对 王晓萍 王语童 王 皓
责任印制 张建伟

编辑统筹 独立项目策划部
开本 710 毫米×1000 毫米 1/16
印张 22
字数 385 千
版本 2019 年 10 月第 1 版
印次 2019 年 10 月第 1 次印刷

法律出版社/北京市丰台区莲花池西里 7 号(100073)
网址/www.lawpress.com.cn
投稿邮箱/info@lawpress.com.cn
举报维权邮箱/jbwq@lawpress.com.cn
销售热线/400-660-8393
咨询电话/010-63939796

中国法律图书有限公司/北京市丰台区莲花池西里 7 号(100073)
全国各地中法图分、子公司销售电话：
统一销售客服/400-660-8393/6393
第一法律书店/010-83938432/8433 西安分公司/029-85330678 重庆分公司/023-67453036
上海分公司/021-62071639/1636 深圳分公司/0755-83072995

书号:ISBN 978-7-5197-3767-2
定价:78.00 元
(如有缺页或倒装,中国法律图书有限公司负责退换)